CONNAISSEZ-VOUS

L'ÉGLISE

DU

CHRISTIANISME CÉLESTE

DE

SAMUEL BILÉOU JOSEPH OSCHOFFA ?

par

Amouzouvi Maurice AKAKPO

2024

Ce livre ne peut être vendu et reste disponible pour consultation et téléchargement sur le site de la FRATERNITÉ CHRÉTIENNE (www.fraternite-chretienne.org) dans la rubrique Publications.

DÉDICACE

À
NOTRE SEIGNEUR
JÉSUS-CHRIST,

À
LA TRÈS SAINTE VIERGE-MARIE :
PROTECTRICE DES CHRÉTIENS, PRIEZ POUR
NOUS !

En mémoire de :
**Révérend Prophète Pasteur Fondateur de
L'Église du Christianisme Céleste (E.C.C.),
Samuel Biléou Joseph OSCHOFFA
(1909 - 1985) ;***

**Révérend Pasteur Alexander A. BADA
(1930 - 2000), ***

**Révérend Pasteur BENOIT D. AGBAOSSI
(1930 - 2010), ***

**Supérieur Évangéliste Samuel. O. AJANLEKOKO
(1907 - 1997), ***

**Révérend Pasteur Philips. H. AJOSE
(1932 - 2001), ***

Pasteur Martin N. BARARMNA-BOUKPESSI
(1931-2007)

fut nommé, avec onction, **Assistant Évangéliste et Responsable de L'E.C.C. au TOGO** par SAMUEL BILÉOU JOSEPH (SBJ) OSCHOFFA le **21 juin 1985** à Kétu-Ikeja (Nigéria). Il fut par la suite, confirmé le **28 mai 1988** par le Suprême Évangéliste (SEV) Benoît D. AGBAOSSI (devenu Révérend Pasteur le **14 septembre 1996**). Ce dernier le nomma, avec onction, Pasteur du Togo, le **31 août 2007** à Porto-Novo (Bénin). Il fut ancien Préfet et Officier dans l'Ordre National du Mono du Togo.

Vénérable Sénior Maman (V.S.M.W.) Hélène A. GABA
née ACOLATSÉ
(1912-1984),

Fondatrice en 1972 de la Paroisse JÉRUSALEM de Lomé (Togo) avec l'autorisation exceptionnelle de SBJ OSCHOFFA. Elle est décédée à Lomé, le 10 septembre 1984. Pour rappel, SBJ OSCHOFFA mourra le mardi 10 septembre 1985) ;

ET DE TOUS LES RÉVÉRENDS PASTEURS, PASTEURS ET FIDÈLES QUI SE SONT ENDORMIS DANS LE SEIGNEUR.

« Et j'entendis du Ciel une VOIX qui disait : Écris : Heureux dès à présent les morts qui meurent dans LE SEIGNEUR ! Oui dit L'ESPRIT, afin qu'ils se reposent de leurs travaux, car leurs œuvres les suivent » **(Ap 14 : 13 ; 2 Ti 4 : 7 - 8).**

En hommage

À TOUS LES RÉVÉRENDS PASTEURS, PASTEURS ET FIDÈLES QUI CONTINUENT L'ŒUVRE DE SBJ OSCHOFFA

« Ainsi, mes frères bien-aimés, soyez fermes, inébranlables, travaillant de mieux en mieux à l'œuvre du SEIGNEUR, sachant que votre travail ne sera pas vain dans LE SEIGNEUR » **(1 Co 15 : 58).**

---

[*] Membres de la Haute Instance Mondiale de l'Église (**HIME**), instituée par SBJ OSCHOFFA le 29 octobre 1982. [+] Cf Premier Chant Révélé.
[**] Cette date est celle donnée par Papa BOUKPESSI qui avait assisté à son dernier soupir.

PRÉFACE

> « *Les tiens rebâtiront sur d'anciennes ruines, tu relèveras des fondements antiques ; on t'appellera réparateur des brèches, celui qui restaure les chemins, qui rend le pays habitable.* » (*Ésaïe* 58 : 12).

Pourquoi un énième livre sur le Christianisme et spécifiquement que le Christianisme Céleste ?

Dans un monde aujourd'hui où tout est bouleversé, les guerres se multiplient, les non chrétiens combattent les chrétiens, Satan trouve refuge et **force** dans tout ce chaos !

Toi Mon Bien Aimé Frère, toi ma Bien Aimée Sœur, chrétien ou non, souviens-toi d'où tu viens et pourquoi tu es venu sur cette Terre. Nous avons tous notre mission première qui est de '**servir Christ afin d'hériter du Royaume des Cieux**'.

Prends ton bâton de pèlerin, soit aguerri pour l'œuvre que Dieu te demande et tu verras sa gloire dans ta vie, voilà la réponse à cette question.

L'Église du Christianisme Céleste est une église particulière car elle a été créée par notre Seigneur Jésus Christ lui-même pour **ASSEOIR L'AUTORITÉ DE SA MÈRE : LA SAINTE VIERGE MARIE.**

L'objectif de ce livre est de permettre à chaque lecteur, de découvrir l'origine biblique de cette église, et de mieux s'approprier ses fondements et les appliquer dans notre vie de chrétien. En quelques mots, **FAIRE LA VOLONTÉ** de notre Dieu Créateur.

Réveillons-nous et prions pour que nous soyons une multitude marquée de son sceau céleste pour que nous ayons la vie éternelle.

Que la Grâce et la Paix du Seigneur soient avec vous !!!
Amen !

Carole LOBEAU
Joël DA PIEDADE

L'AUTEUR

L'auteur de cet ouvrage, **Amouzouvi Maurice AKAKPO,** est un enseignant chercheur émérite de l'Université de Lomé (Togo), né le 11 juillet 1940.

Il a été directeur de l'École des Lettres de 1974 à 1987 et maire de la Ville de Lomé de 1987 à 2001.

Il est le premier togolais à être Docteur en Histoire (Aix en Provence, le 07 avril 1971) avec une thèse de Doctorat de 3ème Cycle sur « **Les Persécutions contre les Chrétiens en Afrique Romaine au IIIème siècle, Étude de relations de martyre ».**

M. AKAKPO est Docteur ès Lettres (Aix-en-Provence, 02 Juin 1987) avec la thèse d'État sur « **La Problématique des Frontières Togolaises ».**

Il est :

- Officier de la Légion d'Honneur (France) ;
- Officier de l'Ordre des Palmes Académiques (France) ;
- Officier de l'Ordre National du Mono (Togo) ;

CONNAISSEZ-VOUS

L'ÉGLISE DU CHRISTIANISME CÉLESTE

DE SAMUEL BILÉOU JOSEPH OSCHOFFA ?

A. *« Reflet de l'Église Chrétienne Primitive »* écrit, le **11 mai 1976**[1], par **Samuel Biléou Joseph OSCHOFFA**, fondateur de l'**Église du Christianisme Céleste** (**ECC**), est révélée à Porto-Novo au Bénin, le jour de la SAINT MICHEL, le **dimanche 29 septembre 1947**. Cette Église fait partie intégrante de *l'Église Universelle de Jésus- Christ (Mt 16 : 18-19 ; Mc 16 : 15-18 ; Jn 20 : 21-23)* dont elle développe, avec surabondance (*1 Ti 1 : 14*) la dimension charismatique, pour délivrer le prochain des esprits impurs, comme dans les *Communautés Nouvelles*, avec le concours de L'ESPRIT-SAINT qui continue la Rédemption (*Jn 14 : 16, 18, 26 ; 16 : 13 ; Mt 28 : 19-20*).

B. *Ses fidèles* invoquent les Archanges *MICHEL, GABRIEL, RAPHAËL et URIEL* comme dans la *Tradition Juive*. Ils ne consomment pas *la viande de porc* sous toutes ses formes (*Lv 11 : 7 ; Mc 5 : 12 - 13*), ni *tout produit enivrant (Lc 1 : 15-17)* comme *l'alcool, le tabac* ou *la drogue*. Ils sont *pieds nus* dans la paroisse (*Ex 3 : 5 ; Jos 5 : 15*) et partout quand ils sont dans

---

[1] DE SURGY, A., 2001, p. 27, § 3.

leur soutane blanche ; c'est une forme de jeûne (*2 S 15 : 30*). Ils sont également *pieds nus* quand ils prient chez eux. Ils font *l'adoration avec prosternation* (*Ap 7 : 11-12*).

C. *Les cultes* célébrés **sept (7) fois** dans la semaine, sont faits de *prières* de repentance, de demande de dons spirituels, d'une vie agréable à DIEU et d'actions de grâces.

Ces prières accompagnent, le dimanche matin et à certaines grandes fêtes, **cinq (5) psaumes** : *51, 24, 27, 118* (ou **136**), *72* et **20**, précédés de Saints Noms de DIEU. Les cultes sont animés avec **sept (7)** *Chants Révélés*. Le *NOTRE PÈRE* est récité par les fidèles au début et à la fin des cultes.

Ceux-ci atteignent leur plénitude avec la *Prédication* ou *Homélie*, après la récitation collective du *CREDO* qui en est le fondement. Les *Textes Bibliques* du jour sont tirés de l'Ancien et/ou du Nouveau Testament, le dimanche matin et à certaines grandes fêtes, dans LA BIBLE, version Louis Segond.

D. *Ses 4 Sacrements* sont : le *Baptême avec immersion,* la *Communion, l'Onction,* et *le Mariage.* Toute la DOCTRINE de l'Église est fondée sur LA BIBLE et les *4 Écrits Fondamentaux* relevant aussi de LA BIBLE.

Le Premier Chant Révélé à L'ECC célèbre LA TRÈS SAINTE VIERGE MARIE.

« Oh Bien chers frères croyants,
Levez donc haut la tête !
Et, prêtez oreilles à ce que dit JEHOVAH :
Savez-vous pourquoi vous êtes /
Dans cette Grande Église ?   / bis
Que LA SAINTE-MARIE,
Vienne nous accompagner.
Et, qu'ensemble, tous les Saints
Puissions-nous accompagner ! AMEN » [2]

[2] OSCHOFFA, 1980, Art. 77, 99 § *g*

*Figure 1 - <u>**Immaculée Conception**</u>*

CETTE PUBLICATION EST FAITE PAR LA
FRATERNITÉ CHRÉTIENNE RÉALISANT AINSI UN
CONTENU DE SON ORDRE DE MISSION, QUI EST DE
FAIRE CONNAÎTRE AUX AUTRES, LE MESSAGE REÇU
PAR SAMUEL BILEOU JOSEPH OSCHOFFA.

(Cf. Ordre de Mission. 3e partie chapitre 5 § 7)

NOUS FAISONS CETTE PUBLICATION EN NOTRE
QUALITÉ D'ENSEIGNANT CHERCHEUR AYANT BIEN
CONNU L'ÉGLISE DU CHRISTIANISME CÉLESTE

Figure 2 - __Près de la Croix, Marie et Jean__

*Figure 3 - <u>**Notre Seigneur Jésus-Christ**</u>*

*Figure 4 - **<u>La Très Sainte Vierge-Marie</u>***

ÉGLISE DU CHRISTIANISME CÉLESTE

CONNAISSEZ-VOUS

L'ÉGLISE DU CHRISTIANISME CÉLÈSTE

DE SAMUEL BILÉOU JOSEPH OSCHOFFA ?

SOMMAIRE

LE CONTENU

3.3. Le NOTRE PÈRE (*Mt 6 : 9-13 ; Lc 11 : 2-4*) est récité au début et à la fin des cultes

3.4. L'ECC possède 4 Sacrements : le Baptême avec immersion, la Communion, l'Onction et le Mariage.

3.5. Toutes les pratiques de L'ECC se retrouvent dans LA BIBLE, comme les travaux spirituels

4. ECC, UNE ÉGLISE RÉVÉLÉE

4.1. L'ECC est révélée à un charpentier, Samuel Biléou Joseph OSCHOFFA le dimanche 29 septembre 1947, le jour de la SAINT MICHEL

4.2. Tout est révélé dans L'ECC

4.3. Le Culte et ses cantiques.

4.4. Les Ordonnances de L'ECC

4.5. Les Préceptes ou Les Douze Interdits

5. ECC, LA DOCTRINE

5.1. LA BIBLE

5.2. Les 4 Fondamentaux qui contiennent des Révélations et les pratiques

5.3. L'Histoire de l'Église Universelle

DEUXIÈME PARTIE - POUR RÉUSSIR LE VÉCU QUOTIDIEN DANS L'ECC

1. LE PREMIER CHANT RÉVÉLÉ

Introduction

1. Sources bibliques et constitutionnelles

2. Prophétie de SBJ OSCHOFFA

3. Contenu du Premier Chant Révélé

Conclusion

2. LE BAPTÊME

Introduction

1. Un Baptême avec immersion

2. Les Conditions à remplir pour être baptisé dans L'ECC.

3. Le Rituel au bord de l'eau

Conclusion

3. LA FEMME

Introduction : Le rôle de la femme dans L'ECC

La purification de la femme

Conclusion : Respectons la femme dans L'ECC

4. LES ANGES DE DIEU DANS LA BIBLE

Introduction : Définitions

1. Caractéristiques des Anges

2. Les missions des Anges

3. « Les Anges de la Face »

Conclusion : Il y a encore des choses à dire sur les Anges de DIEU dans L'ECC

5. LE VISIONNAIRE ET LA VISION

Introduction : En plusieurs étapes

1. Le Visionnaire (2019)

2. La Vision

3. Le Visionnaire

4. Comment expliquer une vision ?

Conclusion : La Vision est une des grandes caractéristiques de L'ECC.

6. LE PSAUME 3

Introduction

1. Qu'est-ce qu'un Psaume ?

2. Pourquoi commenter le Psaume 3 ?

3. « Plus de salut pour lui auprès de DIEU !» (v.3)

4. « Mais toi, Ô éternel ! TU es mon bouclier … » (v. 4)

5. « Car tu frappes à la joue tous mes ennemis … » (v. 8)

2.2. Grand Travail de Refondation dans la plus grande discrétion

2.3. Des Chants Révélés à la VSMW Juliette A. AZIALE-AKAKPO (1985-1991)

3. 28 MAI 1988, LE RÉGENT, BENOÎT D. AGBAOSSI CONFIRME LA NOMINATION DE PAPA BOUKPESSI

3.1. 1985-1996, Benoît D. AGBAOSSI, est Régent de L'ECC. Il confirme, le 28 mai 1988, la nomination de Papa BOUKPESSI

3.2. Le 14 septembre 1996, le Régent Benoît D. AGBAOSSI est élu Pasteur

3.3. Son Ange se manifeste souvent à LA FRATERNITÉ CHRÉTIENNE.

4. 1993, RÉCÉPISSÉ DE DÉCLARATION D'ASSOCIATION N° 1354/ MATS-SG-APA-PC DU 31 DÉCEMBRE 1993 DANS LE JOURNAL OFFICIEL DU TOGO DU 19 JANVIER 1994

4.1. 1993, Légalité : des Statuts

4.2. 1994, Grande Mission Pastorale du Régent Benoît D. AGBAOSSI au Togo.

4.3. Les différentes Associations Nationales du Diocèse

5. 2001, LA FRATERNITÉ CHRÉTIENNE EST RÉVÉLÉE LE 04 FÉVRIER 2001 À ASNIÈRES-SUR-SEINE (FRANCE). ANNONCÉE LE 15 JANVIER 1993 À LA PAROISSE JÉRUSALEM DE LOMÉ (TOGO)

5.1. 2001, La Révélation est donnée à Asnières-sur-Seine (92) en France.

5.2. 2005, La Dénomination : le nom est révélé le 24 janvier 2005 à Pantin (93) en France.

5.3. But : Contribuer à la Réhabilitation de L'ECC en faisant Asseoir l'Autorité de MARIE par une bonne connaissance de la Doctrine de L'ECC

5.4. Siège : L'Autel est béni à Asnières-sur-Seine par Le Révérend Pasteur Benoît D. AGBAOSSI en 2004

5.5. Activités provisoires en domicile : séances de prières, cultes de dimanche matin et des grandes fêtes

5.6. 2011, Le Révérend. Pasteur Bennett D. AGEOGUN confirme LA FC le 11 juillet 2011 à la Paroisse-Mère à Aubervilliers (93) en France

5.7. 2014, L'Ordre de Mission est donné par MARIE le Jeudi Saint 17 avril 2014 à Asnières-sur-Seine (92).

6. 2002, LA RÉOGANISATION DU DIOCÈSE DU TOGO

6.1. La Réorganisation du Diocèse du Togo

6.2. Les Instances Dirigeantes de L'ECC du Togo

6.3. Le Bureau Permanent ou Bureau Exécutif

7. 2007, MARTIN N. BARARMNA-BOUKPESSI OINT 1ER PASTEUR DU TOGO PAR LE RÉVÉREND PASTEUR, BENOIT D. AGBAOSSI LE 31 AOÛT 2007 À PORTO-NOVO (BÉNIN)

7.1. 2007, Des jours heureux auprès du Révérend Pasteur Benoît D. AGBAOSSI

7.2. Rendons hommage

7.3. À la recherche d'une solution pour le Diocèse du Togo avec Le Révérend Pasteur Bennett A. ADEOGUN, après les tentatives infructueuses de Papa AGBAOSSI au lendemain du décès de Papa BOUKPESSI le 06 décembre 2007 à Lomé dans sa 77ème année.

8. 2012, PAUL ADETOLA BELLOW DEVIENT PASTEUR

8.1. De la succession de Papa BOUKPESSI

8.2. Paul Adétola BELLOW devient Pasteur

8.3. Perspectives de L'ECC au Togo

CONCLUSION GÉNÉRALE

*Figure 5 – **Illustration de Vierge Marie à Lourdes***

RÉSUMÉ

A. L'Église du Christianisme Céleste (ECC) fait partie intégrante de L'ÉGLISE UNIVERSELLE de JÉSUS-CHRIST (*Mt 16 : 18-19 ; Mc 16 : 15-18 ; Jn 20 : 21-23*) avec une mission particulière d'Asseoir l'Autorité de MARIE avec la puissance de L'ESPRIT-SAINT qui continue la Rédemption (*1 Co 12 : 4-11 ; 28-31 ; 2 Co 12 : 1-10 ; Ep 4 : 11-12*).

B. L'ECC prend en charge intégralement le fidèle dans sa vie quotidienne avec ce que disent LA BIBLE et les Révélations afin de réussir le vécu quotidien dans L'ECC.

C. L'ECC présente des dimensions particulières selon les pays comme le Togo où dix ans après son introduction (en 1962), une femme, Hélène A. GABA née ACOLATSÉ (1912-1984), ouvrit la Paroisse JÉRUSALEM [3] de Lomé (Togo) en 1972 avec l'autorisation exceptionnelle du Révérend Pasteur Fondateur, Samuel Biléou, Joseph OSCHOFFA (1909 - 1985).

*Figure 6 - **Sainte Bernadette et La Vierge Marie***

---

[3] Cette Paroisse, comme toute L'ECC, devait Asseoir l'Autorité de MARIE comme annoncée par SBJ OSCHOFFA, dans L'ECC Constitution, 1980, **Art. 77, 99 §**. Mais ce ne fût pas le cas.
Cette Mission échut donc en 2001 à un togolais Werner K. M. GUNUBU et à une Française d'origine guadeloupéenne, Carole M-L. LOBEAU, sous le nom de L'*ÉGLISE DE LA FRATERNITÉ CHRÉTIENNE* (LA FC) car « LA FC VIENT DE MOI » a dit CHRIST, devant DIEU et devant les hommes, le dimanche de Pâques, 20 avril 2014.

AVANT-PROPOS

Des études universitaires comme celles du Centre National de la Recherche Scientifique (CNRS) en France, au Laboratoire « Système de pensée en Afrique Noire », sont consacrées à l'Église du Christianisme Céleste (ECC)[4].

Mais les propres publications de l'Église se limitent :

> à ses Quatre Fondamentaux dont la Constitution ECC d'OSCHOFFA de 1980 en anglais (cf. **Appendice 1**) ;
> aux Sacrements, Ordonnances & Prescriptions, 2e édition ;
> à l'Ordre des Cultes et Cérémonies, à La Constitution de L'ECC à Porto-Novo, **Siège Suprême**, (OSCHOFFA SBJ, 1980, **Article 1**)
> aux Textes bibliques annuels ;
> au Guide du Prédicateur ;

Quelques brochures sont publiées çà et là par quelques fidèles tous animés de la bonne volonté de faire connaître L'ECC. Elles sont toutefois sans grande audience, compte tenu de leur faible tirage. Sur Internet, des publications de certains fidèles n'honorent pas cette grande Église.

Depuis quelques années, notre frère en CHRIST, Lévi M. YANSUNNU a lancé une série de publications sur L'ECC. Il intervient aussi sur les réseaux sociaux. En effet, il est dépositaire d'une abondante documentation sur l'Église, étant le petit-fils de Moïse YANSUNNU, le premier éducateur de Samuel Biléou Joseph (SBJ) OSCHOFFA, Prophète Pasteur, Fondateur de L'ECC.

---

[4] Voir les bibliographies de :
1. DE SURGY Albert, 2001, Église du Christianisme Céleste, Un exemple d'Église prophétique au Bénin, KARTHALA, Paris, réédité en 2005, p. 323-324. Le rite du Baptême est décrit aux pages 75-78.
2. HENRY Christine & NORET Joël, *Le Christianisme Céleste en France et en Belgique,* juillet -septembre 2008, Archives de sciences sociales des religions, 143 : *Christianismes du Sud à l'épreuve de l'Europe*, p. 90 - 109.

Il est fils de Nathaniel A. YANSUNNU, compagnon d'enfance du Prophète et initiateur de la Première Chorale de l'Église. Ses écrits font autorité et concernent : Les Chants et leur histoire dans L'ECC. Il a initié une biographie en plusieurs tomes, de SBJ OSCHOFFA. Les YANSUNNU sont de grands musiciens [5].

À travers ses écrits, on perçoit l'évolution historique de L'ECC dans le monde.

Toutefois, en 2017 lors du 70e anniversaire de L'Église, nous avons cru devoir mieux faire connaître et comprendre cette Église du Christianisme Céleste « **dotée d'une force au-dessus des forces des ténèbres, qui opère toutes sortes de miracles et de prodiges... et qui sera la dernière barque pour amener les hommes au salut** » [6].

Mais tout d'abord, qu'est-ce que l'Église du Christianisme Céleste ? Après avoir défini ce qu'elle est et sa place dans la Chrétienté, l'accent sera mis sur certains grands thèmes qui permettent de réussir le vécu quotidien dans L'ECC.

Quelques étapes de L'ECC dans le Diocèse du Togo compléteront ce que vous avez pu lire dans la biographie de SBJ OSCHOFFA de Lévi M. YANSUNNU, depuis la fondation de L'ECC, le dimanche 29 septembre 1947, le jour de la fête de l'Archange SAINT MICHEL, à Porto-Novo (Bénin), en Afrique de l'Ouest.

L'approfondissement de sa Doctrine se fera avec les Textes fondamentaux en **Appendice 1** et le Rituel du Baptême en **Appendice 2**.

Dans les Annexes, nous découvrirons les fac-similés des pièces originales de l'Hymne du Cinquantenaire de L'ECC, composé par notre frère en CHRIST, Jean-Marie J. KETOWU du Diocèse du Togo.

---

[5] Cf. Bibliographie Sommaire
[6] ADETONAH A., 1972, Lumière sur le Christianisme Céleste, nouvelle édition, p. 26, fin § 5 ; p. 24 § 1 ; cf. 2e Partie, chap. 8 : La toute-puissance de L'ECC

L'autorisation pour toute copie et/ou traduction de cet ouvrage est accordée gracieusement à tous les Diocèses de L'ECC et cela uniquement à deux conditions :

1. Rester fidèle au contenu ;
2. Utiliser les ressources nécessaires pour un avancement effectif de L'ECC ;

Quant à nous, cette publication ne peut faire l'objet d'aucune vente.

Amouzouvi Maurice AKAKPO

*Figure 7 - <u>**Saint Joseph**</u>*

INTRODUCTION

Samuel Biléou Joseph OSCHOFFA, le Prophète Pasteur, Fondateur de L'Église du Christianisme Céleste (ECC), définit lui-même son Église comme étant « *un reflet de l'Église Chrétienne Primitive* » [7]; celle des premiers siècles de notre ère, qui avait rayonné dans toute la Méditerranée, particulièrement au Moyen-Orient, en Afrique septentrionale et même dans la Corne de l'Afrique.

« Les tiens rebâtiront sur d'anciennes ruines, tu relèveras des fondements antiques ; on t'appellera réparateur des brèches, celui qui restaure les chemins, qui rend le pays habitable. » de *Es 58 :12*.

L'ECC fait, dès lors, partie intégrante de l'Église universelle de JÉSUS quand IL dit à l'Apôtre Pierre : « [18] *Et MOI, JE te dis que tu es Pierre, et que sur cette pierre, JE bâtirai mon Église, et que les portes du séjour des morts ne prévaudront point contre elle.* [19] *JE te donnerai les clés du royaume des cieux : ce que tu lieras sur la terre sera lié dans les cieux, et ce que tu délieras sur la terre sera délié dans les cieux.* », de *Mt 16 : 18-19*. Lire aussi *Mc 16 : 15-18* et *Jn 20 : 21-23* [8].

Un dimanche matin, vous avez peut-être rencontré des femmes, des hommes et des enfants, BIBLE à la main, en soutane blanche avec sangle ou non à la taille, les femmes avec une coiffe blanche en plus (*1 Co 11 : 5-6*), tous marchant pieds nus [qui est une forme de jeûne (*2 S : 15-30*) [9]]. Il s'agit de fidèles de L'ECC.

---

[7] DE SURGY, 1., 2011, page 27, paragraphe 3
[8] OSCHOFFA, SBJ, 1980, ECC, Constitution, Nigéria, **Art. 1**
Cf. également LA DOCTRINE en Appendice 1
[9] OSCHOFFA, SBJ, 1974, Lumière sur Le Christianisme Céleste…, p. 8, § 2

La multiplication des références et des citations bibliques, confirme l'enracinement biblique de La DOCTRINE de cette Église.

Nous restons à la disposition du lecteur qui voudrait bien dialoguer avec nous pour une meilleure connaissance et une meilleure compréhension de L'ECC dont la lisibilité n'est pas encore bien perçue dans la Chrétienté malgré quelques ressemblances avec les Communautés Nouvelles comme Le Renouveau Charismatique.

Dans L'ECC, il est conseillé d'utiliser LA BIBLE, version Louis Segond. En effet, elle est traduite dans plusieurs langues africaines comme l'Éwé au Togo et au Ghana. Rappelons que certaines NOTES en fin de chapitres sont reprises, si nécessaire, pour certains chapitres qui avaient fait l'objet de publications en interne. Ce faisant, chaque chapitre devient autonome. Volontairement, nous avons mis en capitales tous les Noms Divins et des Saints, ceux des auteurs et des Dirigeants.

Quelques notions de vocabulaire au sein de L'ECC :

> Le/la **Devancier(ère)** est le/la fidèle très gradé(e) dans L'Église.
> La **Prédication** est l'Homélie.
> Le **Visionnaire** (*Woli en Yoruba, qui signifie Voyant*) est le Prophète (cf. 2e Partie, Chap. 5).
> Le **Conducteur** est le Célébrant des cultes.

Figure 8 - <u>Sainte Anne et sa fille Marie</u>

*Figure 9 - <u>**Révérend Pasteur Samuel Biléou OSCHOFFA**</u>*

PREMIÈRE PARTIE

L'Église du Christianisme Céleste :

Sa place dans la Chrétienté

SOMMAIRE

1. L'ÉGLISE DU CHRISTIANISME CÉLESTE, UNE ÉGLISE CHRÉTIENNE

2. L'ÉGLISE DU CHRISTIANISME CÉLESTE, UNE ÉGLISE CHARISMATIQUE

3. L'ÉGLISE DU CHRISTIANISME CÉLESTE, UNE ÉGLISE ENTIÈREMENT BASÉE SUR LA BIBLE

4. L'ÉGLISE DU CHRISTIANISME CÉLESTE, UNE ÉGLISE RÉVÉLÉE

5. L'ÉGLISE DU CHRISTIANISME CÉLESTE, LA DOCTRINE

L'ÉGLISE DE L'ECC

Préambule

« Le nom de l'Église est : **'Église du Christianisme Céleste'** du Diocèse du Nigéria. L'Église du Christianisme Céleste est une partie de **La Sainte Église Spirituelle, Universelle, Unie, Indivisible**.

Elle est venue des cieux par **L'ORDRE DIVIN, le 29 septembre 1947** à Porto-Novo en République du Bénin, (auparavant République du Dahomey) par l'intermédiaire d'un seul homme qui est le fondateur de l'Église : le **Révérend Pasteur Prophète Fondateur SAMUEL BILÉHOU JOSEPH OSCHOFFA**.

L'Église (au Nigéria) est un Diocèse de l'Église du Christianisme Céleste universelle avec un **Siège National** (Diocésain) aux 12/15 Rue de l'Église, Makoko, Yaba, Lagos State au Nigéria.

Le **Siège Suprême** est à Porto-Novo au Bénin, et avec le **Siège International** à la Maison de la Mission, à Kétu, Lagos State, au Nigéria. »

Cela est tiré de l'ouvrage *'ECC, Constitution, OSCHOFFA, SBJ, 1980, Lagos, en son Article 1er'*.

Figure 10 - __Bannière de l'Église du Christianisme Céleste__

PREMIÈRE PARTIE

L'Église du Christianisme Céleste :

Sa place dans la Chrétienté

1. L'ÉGLISE DU CHRISTIANISME CÉLESTE, UNE ÉGLISE CHRÉTIENNE

Comme son nom l'indique, l'Église du Christianisme Céleste fait partie intégrante de l'Église Universelle de JÉSUS-CHRIST *(Mt 16 : 18-19 ; 18 : 18 ; Mc 16 : 15-18 ; Jn 20 : 21-23)* [10], avec le Credo et le Notre Père que JÉSUS LUI-MÊME nous a enseigné *(Mt 6 : 9-13 ; Lc 11 : 1-4* ; cf. **4.3** ci-dessous).

Ce nom d'Église du Christianisme Céleste est révélé. En effet, selon SBJ OSCHOFFA : « Le nom de l'Église est venu des cieux par la révélation divine à M. Alexandre YANGA qui attendait, en ce moment-là, une guérison spirituelle à la résidence du Pasteur Fondateur, et qui entra en transe sept jours durant. À la fin du septième jour, il demanda un morceau de craie et écrivit sur le mur, le nom de l'Église (en Français) : L'ÉGLISE DU CHRISTIANISME CÉLESTE. ».

1.1. CHRIST (*OINT, MESSIE*) EST LE FILS DE DIEU, IL EST DIEU. (Mt 26 : 63 - 64 ; Lc 1 : 35)

Dans *Jn 17 : 7-8*, il est écrit « *7 Maintenant ils ont connu que tout ce que TU M'as donné vient de TOI. 8 Car JE leur ai donné les paroles que TU M'as donnée ; et ils les ont reçues, et ils ont vraiment connu que JE suis sorti de TOI et ils ont cru que TU M'as envoyé.* »

---

[10] OSCHOFFA SBJ, 1980, ECC, Constitution, Lagos, **Art. 1**; cf. Appendice 1. Le nom en cercle rappelle l'Arc-en-ciel

IL est son FILS UNIQUE car : « *DIEU a tant aimé les hommes qu'IL a donné son FILS UNIQUE, afin que quiconque croit en LUI ne périsse point, mais qu'il ait la vie éternelle* » de *Jn 3 : 16*.

IL est DIEU car : « *en LUI habite corporellement toute la plénitude de la divinité.* » (*Col 2 : 9 ; Jn 1 : 1-14 ; 2 Co 4 : 4*).

« *JÉSUS lui dit : il y a si longtemps que JE suis avec vous, et tu ne m'as pas connu, Philippe ! Celui qui M'a vu a vu LE PÈRE ; comment dis-tu : montre-moi LE PÈRE ?* », *de Jn 14 : 9 ; 8 :19*.

« *MOI et LE PÈRE nous sommes UN* » de *Jn 10 : 30*).

IL est LE MESSIE attendu et, c'est à une femme, la Samaritaine, qu'IL a révélé cela pour la première fois. « *La femme LUI (JÉSUS) dit* : 25 *Je sais que LE MESSIE doit venir, celui que l'on appelle CHRIST. Quand IL sera venu, IL nous annoncera toutes choses.* 26 *JÉSUS lui dit : « JE LE suis, MOI qui te parle. »*, de *Jn 4 : 25-26*.

IL est annoncé par :

David et Salomon aux -11ème et -10ème siècles (*Ps 2 : 6-9 ; 22 : 2-6, 13-17 ; Ps 72*) ;

Esaïe aux -8ème et -7ème siècles (*Es 7 : 14 ; 8 : 8 ; 9 : 5-6 ; 11 : 1-10 ; 40 : 1-5 ; 53 : 1+ ; 59 : 20 ; 61 : 1-3*) ;

Michée au -8e siècle (*5 : 1-3*) ;

Jérémie aux -7ème, - 6e siècle (*23 : 5 ; 33 : 15*) ;

Zacharie au -6ème siècle (*Za 9 : 9-12*).

Jean-Baptiste aussi était annoncé (*Es 40 : 3 ; Ml 4 : 5*). Et tous ces Prophètes ont été repris dans le Nouveau Testament (lire *Mt 1 : 22-23 ; 11 : 11-15 ; 21 : 1-11…*).

CHRIST a pris chair de **LA TRÈS SAINTE VIERGE-MARIE** par **L'ESPRIT-SAINT** (*Lc 1 : 26-35*) [11]. IL a apporté la salut (*Mt*

---

[11] Credo (Je crois en DIEU), Le Symbole de Nicée (325) et de Constantinople I (381), est récité dans L'ECC dans sa forme liturgique abrégée de l'époque carolingienne. Aujourd'hui, la tendance est de reprendre le texte dans sa forme liturgique originelle, intégrale déjà chantée en latin chez les Catholiques. Dans L'ECC, le Credo est récité juste avant la prière introductive à la Prédication (Homélie) pour montrer que celle-ci ne peut en aucun cas être déviée du contenu doctrinal du *Je crois en DIEU*

1 : 21) à l'humanité tout entière, la sauvant ainsi du péché originel et de ses conséquences *(Gn 3 : 1+)*.

« *Car le Fils de l'homme est venu chercher et sauver ce qui est perdu.* », *(Lc **19** :**10**)*.

« *Ce que JÉSUS ayant entendu. IL leur dit : ce ne sont pas ceux qui se portent bien qui ont besoin de médecin, mais les malades. JE ne suis pas venu appeler des justes, mais des pécheurs.* », **(Mc 2 :17)**.

*Figure 11 - **La Vierge de L'Annonciation***

JÉSUS [12] se nomme *LUI-MÊME, FILS DE L'HOMME,* pour affirmer sa « domination éternelle » annoncée par Daniel (*Dn 7 : 13-14*).

JÉSUS, par ce nom, affirme aussi son pouvoir de Prophète comme Ézéchiel qui a eu le mérite, au - 6ème siècle, d'être appelé **83 fois** par L'ÉTERNEL, FILS DE L'HOMME, dans le Livre d'Ézéchiel. Ce nom est repris **82 fois** dans les Évangiles [13].

1.2. LE SALUT VIENDRA PAR L'AMOUR, FONDEMENT DE L'ENSEIGNEMENT DE JÉSUS.

Aimer DIEU car DIEU est Amour (*1 Jn 4 : 8, 16*) et LE PREMIER, IL nous a aimés (*Ibid v. 9*). JÉSUS demande aussi d'aimer son prochain (*Mt 22 : 34 - 40 ; Mc 12 : 33 ; Ga 5 : 14 ; 1 Jn 4 : 20 - 21 ; 1 Co 13 : 1+*), même ses ennemis (*Mt 5 : 43 - 48 ; Lc 6 : 27-28 ; Ro 12 : 14, 20*). « *Persévérez dans l'amour fraternel* » (*Hé 13 : 1 ; Jn 13 : 34-35*) car la Charité est plus grande que la Foi et L'Espérance (*1 Co 13 : 13*).

Paul fait apprécier aux Éphésiens les dimensions de cet Amour du CHRIST (*Ep 3 : 17-19*). DIEU demande d'aimer l'étranger (*Lé 19 : 34 ; Dt 10 : 18-19*).

Le thème de l'Amour est déjà récurrent dans l'Ancien Testament (*Ex 20 ; Dt 5*). C'est donc une tradition juive. L'Amour de DIEU est dans les trois premiers Commandements, et l'Amour du prochain dans les sept autres. « *Tu ne te vengeras point, et tu ne garderas point de rancune contre les enfants de ton peuple. Tu aimeras ton prochain comme toi-même. JE suis L'ÉTERNEL.* », (*Lé 19 : 18*).

---

[12] Le nom JÉSUS (équivaut à Josué) signifie : DIEU SAUVE ou PUISSE DIEU SAUVER (**Mt 1 : 21 ; Lc 1 : 31**) ; c'est l'étymologie populaire. Mais l'étymologie originale ou scientifique donne : DIEU AIDE ou PUISSE DIEU AIDER. (MEIER P. John, 2004, Un Certain Juif JÉSUS. Les données de l'histoire, T1 : Les sources, les origines, les dates, Paris, CERF, p. 128, § 5).
[13] Cf la **Note 12** dans la **1ère Partie, Notes Complémentaires**

Le prochain « c'est celui dont je décide de me faire proche », selon Frédéric MOUNIER [14].

Le prochain est donc la victime des brigands, dont s'est occupé le Bon Samaritain alors qu'il y a un antagonisme séculaire entre la Samarie, (Royaume d'Israël) et Juda (Royaume de Juda) depuis le Schisme de -931 à -721. « *Mais lui (un docteur de la loi), voulant se justifier, dit à JÉSUS : Et qui est mon prochain ? » (**Lc 10 : 29**) ; « [30] JÉSUS reprit la parole…Lequel de ces trois te semble avoir été le prochain de celui qui était tombé au milieu des brigands ? … [37] C'est celui qui a exercé la miséricorde envers lui, répond le docteur de la loi. Et JÉSUS lui dit : Va, et toi, fais de même. » (**Lc 10 : 30-37**).*

*Figure 12 - **L'Appel des Disciples***

*JÉSUS assume donc cette loi d'Amour car IL n'est pas « venu pour abolir la loi ou les prophètes … mais pour accomplir » (**Mt 5 : 17-19**). « MAÎTRE, quel est le plus grand Commandement de la loi ? JÉSUS lui répondit (à un pharisien, docteur de la loi) :* **Tu aimeras LE SEIGNEUR, ton DIEU, de tout ton cœur, de toute ton âme, et**

---

[14] MOUNIER Frédéric, 2014, « Aimez-vous les uns les autres », dans La Croix, Hors-Série, (Ce que JÉSUS a vraiment dit, p. 11, 2e col, § 1).

*de toute ta pensée. C'est le **premier et le plus grand Commandement**.*

Et voici le second, qui lui est semblable : Tu aimeras ton prochain comme toi-même. De ces deux Commandements, dépendent toute la loi et les prophètes. », de **Mt 22 : 36 - 40**.

JÉSUS va plus loin, tu aimeras tes ennemis : « [43] *Vous avez appris qu'il a été dit : tu aimeras ton prochain, et tu haïras ton ennemi.* [44] **Mais MOI, JE vous dis : aimez vos ennemis**, *bénissez ceux qui vous maudissent, faites du bien à ceux qui vous haïssent, et priez pour ceux qui vous maltraitent et vous persécutent,* [45] *afin que vous soyez fils de votre PÈRE qui est dans les cieux ; **car IL fait lever son soleil sur les méchants et sur les bons, et IL fait pleuvoir sur les justes et sur les injustes.** »*, de **Mt 5 : 43 - 45**.

Paul nous y encourage en disant : « *Si ton ennemi a faim, donne-lui à manger ; s'il a soif donne-lui à boire ; **car en agissant ainsi, ce sont des charbons ardents que tu amasseras sur sa tête.** »*, de **Ro 12 : 20**.

JÉSUS, sur le lieu appelé « le Crâne » (*Golgotha*), a pardonné à ses bourreaux : « [34] *JÉSUS dit : PÈRE ; pardonne-leur car ils ne savent pas ce qu'ils font. »*, (**Lc 23 : 33 - 34**).

JÉSUS a donné sa propre vie en signe d'Amour pour l'humanité comme son **PÈRE** l'a voulu (**Jn 3 : 16**). « *Il n'y a pas de plus grand Amour que de donner sa propre vie pour ses amis »*, (**Jn 15 : 13**).

À ses amis, à ses Apôtres, JÉSUS a rappelé l'Amour mutuel avant de les quitter. « [34] *JE vous donne un Commandement nouveau : Aimez-vous les uns les autres ; comme JE vous ai aimés, vous aussi aimez-vous les uns les autres.* [35] *À ceci tous connaîtront que vous êtes mes disciples, si vous avez de l'Amour les uns pour les autres. »*, de **Jn 13 : 34 - 35**.

Ainsi, l'amour mutuel est le résumé de tous les Commandements. « *Celui qui aime les autres a accompli la loi »* écrit Paul aux Romains.

Il poursuit : « *En effet, les Commandements : Tu ne commettras point d'adultère, tu ne tueras point, tu ne déroberas point, tu ne* convoiteras point, et ceux qu'il peut encore y avoir, se résument dans cette parole : *Tu aimeras ton prochain comme toi-même.* », (voire **Ro 13 : 8-10** et **Ga 5 : 14**).

L'Amour devient « la racine de la vie chrétienne » dans le Catéchisme des évêques de France [15].

1.3. CHRIST, PAR LA CROIX, A VAINCU LA MORT : PÂQUES, ASCENSION (*Ro 6 : 9 ; 2 Ti 1 : 10 ; Ap 1 : 18*)

La Semaine Sainte est très suivie dans L'ECC comme dans toute Église chrétienne. Des cultes sont organisés tous les jours et le Lavement des pieds a lieu le Jeudi Saint.

Hosanna (*qui signifie Sauve maintenant*) remplace **Alléluia** (*qui signifie Louez L'ÉTERNEL, Allez Louez YAH*) depuis le dimanche des Rameaux. C'est la **seule semaine de jeûne** dans L'ECC en **dehors de toute révélation ponctuelle** à un fidèle ou de tout jeûne qu'on s'impose soi-même. Mais qu'on se rappelle le texte, le vrai jeûne décrit dans *Esaïe 58 : 1-14*.

Voici ce qu'écrit OSHOFFA à propos du jeûne : « **Notre jeûne est de marcher pieds nus quand nous endossons notre robe de prière** (*2 S 15 : 30*). Plus d'autres carêmes pour nous, sauf pendant les six ou sept jours pour commémorer la semaine marquant la souffrance de NOTRE SEIGNEUR JÉSUS - CHRIST » [16].

JÉSUS-CHRIST est ressuscité le jour de Pâques (*Mt 28 : 1 - 20 ; Lc 24 : 1+ ; Jn 20 : 1 - 29*). Et ce sont des femmes, les premières qui l'ont appris : « *JÉSUS, étant ressuscité le matin du premier jour de la semaine, apparut d'abord à Marie de Magdala, de laquelle il avait chassé sept démons.* », dans *Mc 16 : 9*. Elles sont chargées par l'Ange de DIEU « *d'aller promptement dire à ses disciples qu'IL est ressuscité des morts. Et voici, IL vous précède en Galilée : c'est là que vous LE verrez. Voici, je vous l'ai dit.* », dans *Mt 28 : 1-10*.

---

[15] Cité par MOUNIER Frédéric, *op; cit.* p. 9, 1e- 2e col., § 1.
[16] OSCHOFFA, S.B.J, Lumière sur le CC, provenant du Révérend Pasteur SBJ OSCHOFFA, Fondateur du CC, Vendredi 25 octobre 1974, Porto-Novo, p. 8, § 2

Le rendez-vous en Galilée (*Mt 28 : 7*) est célébré le lundi de Pâques dans L'ECC par un culte qui commence à 06 heures en dehors de la Paroisse mais qui s'y termine. Et à partir de 14 heures, tous les fidèles s'y retrouvent dans un repas communautaire ou agapes [17], (*Ac 2 : 46 - 47*).

JÉSUS est retourné au PÈRE le jour de l'Ascension « *LE SEIGNEUR après leur (les disciples) avoir parlé, fut enlevé au ciel, et IL s'assit à la droite de DIEU.* », (*Mc 16 : 19 ; Lc 24 : 50-51 ; Jn 16 : 5 - 7 ; Ac 1 : 1 - 2, 9*).

IL doit partir « [1] *Que votre cœur ne se trouble point. Croyez en DIEU, et croyez en MOI.* [2] *Il y a plusieurs demeures dans la maison de mon PÈRE. Si cela n'était pas, JE vous l'aurai dit. JE vais vous préparer une place.* [3] *Et lorsque JE m'en serai allé, et que JE vous aurai préparé une place, JE reviendrai et JE vous prendrai avec MOI, afin que là où JE suis vous y soyez aussi.* », (*Jn 14 : 1 - 3*). IL ne nous a pas laissés orphelins (*Jn 14 : 18*).

« [5] *Maintenant JE m'en vais vers CELUI qui M'a envoyé, et aucun de vous ne me demande : où vas-TU ?* [6] *Mais, parce que JE vous ai dit ces choses, la tristesse a rempli votre cœur.* [7] *Cependant JE vous dis la vérité : il vous est avantageux que JE m'en aille, car si JE ne m'en vais pas, LE CONSOLATEUR ne viendra pas vers vous ; mais si JE m'en vais, JE vous L'enverrai.* [8] *Et quand IL sera venu, IL convaincra le monde en ce qui concerne le péché, la justice, et le jugement :* [9] *en ce qui concerne le péché, parce qu'ils ne croient pas en MOI ;* [10] *la justice, parce que JE vais au PÈRE, et que vous ne verrai plus ;* [11] *le jugement parce que le prince de ce monde est jugé.* », (*Jn 16 : 5 - 11*).

Avant LUI, Hénoc (*Gn 5 : 24 ; Hé 11 : 5*) et Élie (*2 R 2 : 11*) étaient montés au ciel, et, après LUI, les deux témoins de l'*Apocalypse 11 : 3 - 4, 11 - 12*.

---

[17] Ordre des Cultes et Cérémonies, 2004, Porto-Novo, (Bénin) p. 78-79

Jeudi 25 mai 2017 : Fête de l'Ascension

Ce jour-là, je reçois pour la Prédication, ce qui suit, devant **DIEU et devant les hommes** [18]:

« *Que pensez-vous de Mon Ascension ?*

« *C'est une fête pour vous. Elle est au cœur de Ma Rédemption.*

« *Beaucoup ignorent le sens profond de mon Ascension.*

« *JE vais vous l'expliquer MOI-MÊME.*

« *MON PÈRE M'a envoyé pour vous sauver.*

« *Le péché originel d'Adam et d'Ève vous ont rendus coriaces à toute Parole de Rédemption.*

« *Mais par Ma Miséricorde, certains ont pu accéder à la Parole.*

« *Le nombre reste infime.*

« *C'est pourquoi LE CONSOLATEUR devrait venir.*

« *Mais là encore, son travail n'est pas aisé à cause de la dureté du cœur des hommes.*

« *Ce qui explique la multiplicité des Églises pour essayer de les convaincre.*

« *Et, même cela ne suffit pas.*

« *Alors JE dois revenir pour achever le travail de Rédemption que J'avais commencée.*

« *Mon Jugement final aura pour objectif de récupérer le maximum de l'Humanité* ».

Ainsi, CHRIST, par la Croix, a vaincu la mort et par la Croix, IL nous a reconciliés avec LE PÈRE. « [20] *IL (DIEU) a voulu par LUI (JÉSUS-CHRIST) réconcilier tout avec LUI-MÊME, tant ce qui est sur la terre que ce qui est dans les cieux, en faisant la paix par LUI, par le sang de la CROIX.* [21] *Et vous, qui étiez autrefois étrangers et ennemis par vos pensées et par vos mauvaises œuvres, IL vous a maintenant réconciliés par sa mort dans le corps de sa chair,* [22] *pour vous faire paraître devant LUI saints, irréprochables et sans reproche.* », de **Col. 1 : 20 - 22.**

---

[18] ADETONAH A., 1972, nouvelle édition, p. 52 § 6 ; p.78, **Art. 38**
OSCHOFFA SBJ, 1980, **Art. 72**

Cette réconciliation fut le thème de l'Année Biblique, révélé en 2017 à LA FRATERNITÉ CHRÉTIENNE [19].

1.4. CHRIST NOUS A ENVOYÉ L'ESPRIT-SAINT, DIEU : PENTECÔTE (*1 Co 3 : 16 ; 2 Co 13 : 13*)

L'ESPRIT-SAINT était déjà présent au Baptême de JÉSUS dans le Jourdain (*Mt 3 : 13 - 17 ; Mc 1 : 9 - 11*) ; et à la Pentecôte (*Ac 2 : 1 - 41*). IL est *ESPRIT DE VÉRITÉ* (*Jn 15 : 26*) que JÉSUS nous a envoyé pour ne pas nous laisser *orphelins* (*Jn 14 : 18*).

L'ESPRIT-SAINT a parlé par les *Prophètes* et les *Apôtres* pour nous rappeler tout ce qui a été dit (*Jn 14 : 26*) et nous annoncer les choses à venir (*Jn 16 : 13 ; 2 Pi 1 : 21*). IL accompagne la Rédemption à laquelle nous contribuons tous.

1.5. LE RETOUR DE JÉSUS EST CERTAIN (*Ac 1 : 10-11 ; Jn 14 : 3*)

IL reviendra sur des nuées (*Mt 24 : 30 ; Ap 1 : 7*), dans la gloire du PÈRE avec les Saints Anges pour juger le monde (*Mt 16 : 27 ; Mc 8 : 38 ; Mt 25 : 31 - 46*). « [22] *Le PÈRE ne juge personne, mais IL a remis tout jugement au FILS...*[27] *Et IL LUI a donné le pouvoir de juger, parce qu'IL est FILS DE L'HOMME.* » (*Jn 5 : 22, 27 ; Ro 2 : 16 ; 2 Co 5 : 10*).

---

[19] Cf. 3e Partie, chap. 5 et lire La Prédication à LA FRATERNITÉ CHRÉTIENNE

*Figure 13 - **La Colombe du Saint Esprit***

PREMIÈRE PARTIE

L'Église du Christianisme Céleste :

Sa place dans la Chrétienté

2. L'Église du Christianisme Céleste, Une ÉGLISE CHARISMATIQUE

2.1. L'ECC POSSÈDE DES CHARISMES, DONS SPIRITUELS EXTRAORDINAIRES

Certes, L'ECC n'a pas l'apanage des charismes, en exclusivité. Mais elle les possède en surabondance. Ces charismes sont accordés à des fidèles, à des Visionnaires appelés **Wolis** (*mot Yoruba qui signifie Voyants*). Ils sont suscités au sein de l'Église par DIEU SEUL d'après les promesses que DIEU a faites à son peuple. : « *Et IL (L'ÉTERNEL) dit : Écoutez bien mes Paroles ! Lorsqu'il y aura parmi vous un Prophète, c'est dans une vision que MOI, L'ÉTERNEL, JE ME révélerai à lui, c'est dans un songe que JE lui parlerai.* », de **Nb 12 : 6.**

« 15 *L'ÉTERNEL, ton DIEU, te suscitera du milieu de toi, d'entre tes frères, un Prophète comme moi : vous l'écouterez !* 16 *Il répondra ainsi à la demande que tu fis à L'ÉTERNEL, ton DIEU, à Horeb, le jour de l'assemblée, quand tu disais : que je n'entende plus la Voix de L'ÉTERNEL, mon DIEU, et que je ne voie plus ce grand feu, afin de ne pas mourir.* », de **Dt 18 : 15 - 16.**

Au Prophète Joël, L'ÉTERNEL a révélé ceci : « 28 *Après cela, JE répandrai Mon ESPRIT sur toute chair ; vos fils et vos filles prophétiseront, vos vieillards auront des songes, et vos jeunes gens des visions.* 29 *Même sur les serviteurs et les servantes, dans ces jours-là, JE répandrai mon ESPRIT.* », de **Joël 2 : 28 - 29.** Lire également **Pr 1 : 23.**

Aussi, L'ÉTERNEL prévient-IL le Prophète avant d'agir : « *Car LE SEIGNEUR, L'ÉTERNEL, ne fait rien sans avoir révélé son secret à ses serviteurs les prophètes.* », de **Am 3 : 7.**

Mais il y a lieu de rappeler tout de même que L'ÉTERNEL a caché à Élisée la mort du fils de la Sunamite, dans **2 R 4 : 27**. DIEU agit comme IL veut.

Les devoirs et les responsabilités du Prophète et donc du Visionnaire sont consignés, avant tout, dans les Livres du *Deutéronome 18 : 15-22* et d'*Ézéchiel 3 : 17-27 ; 33 : 1 - 20* [20].

2.2. CES DONS DE L'ESPRIT-SAINT SONT RAPPELÉS PAR PAUL DANS SES ÉPÎTRES.

Ils sont donnés « *pour l'utilité commune* » : une parole de sagesse, de connaissance, la foi, des dons de guérison, d'opérer des miracles, de prophétie (Vision), de discernement des esprits, la diversité des langues, leur interprétation. Lire les passages suivants : *1 Co 12 : 4 - 11 ; 28-31 ; 2 Co 12 : 1-10 ; Éph 4 : 11-12*.

Ils se manifestent de façon complémentaire dans une Paroisse donnée (*Ro 12 : 1 - 8*) et nécessitent la foi chez le fidèle : '**plus tu crois, plus tu vois'**.

« *Puisque nous avons des dons différents, selon la grâce qui nous a été accordée, que celui qui a le don de prophétie l'exerce selon l'analogie de la foi.* » de (*Ro 12 : 6*).

2.3. DANS L'ECC, ON RETROUVE, ENTRE AUTRES, DEUX GRANDES MISSIONS DE L'ESPRIT-SAINT.

CHRIST nous a promis de ne pas nous laisser orphelins (*Jn 14 : 18*) ; Ce n'est pas un apanage non plus :

- a/ Le rappel de tout ce qui avait été dit (*Jn 14 : 26*) ; c'est le cas par exemple, du rappel de l'existence de l'Archange Uriel [21] révélé à L'ECC, mais qui était invoqué par les Orthodoxes et dans la Religion juive.
- b/ L'annonce des choses à venir (*Jn 16 : 13*). Dès lors, écoutons les Prophètes (*Dt 5 : 27*). « [20] *Ne méprisez pas les*

---

[20] Cf. 2e Partie, chap. 5 : Le Visionnaire et la Vision
[21] Dans la nouvelle édition de LA BIBLE TOB, 2010, avec Notes Intégrales, on trouve maintenant le Livre 4 Esdras qui mentionne l'archange Uriel. Lire la Note 8 dans la 1èrePartie, - Notes Complémentaires.

prophéties. [21] *Mais examinez toutes choses ; retenez ce qui est bon.* », (*1 Th 5 : 20 - 21*).

Dans la compréhension de cette recommandation de Paul, on n'oublie souvent le verset 21. On ne peut pas faire tous les travaux spirituels dans toutes les circonstances. Il appartient donc au Visionnaire de solliciter une simplification des travaux spirituels.

C'est pourquoi, il est indispensable que le Chargé de Paroisse donne son accord avant l'exécution de tout travail spirituel révélé. En effet, dans la hiérarchie de l'Église, établie par DIEU, le Visionnaire, le Prophète, vient seulement après l'Apôtre (le Devancier, le Sacrificateur), lire aussi *1 Co 12 : 28*.

2.4. LA VISION EST UN MOYEN PAR LEQUEL DIEU SE RÉVÈLE AUX HOMMES

IL le fait aussi par le Songe (*Nb 12 : 6* ; cf. ci-dessus). « *La Vision est une lumière du SAINT-ESPRIT qui permet à L'ECC, ainsi qu'à tous les fidèles d'avancer avec assurance dans la foi* », de *ADETONAH, A. 1972, nouvelle édition, p. 78, Art. 37.*

« *Et nous tenons d'autant plus certaine la parole prophétique à laquelle vous faites bien de prêter attention, comme à une lampe qui brille dans un lieu obscur, jusqu'à ce que le jour vienne à paraître et que l'étoile du matin se lève dans vos cœurs ;* » (*2 Pi 1 : 19*). Toute séance de Vision doit être dirigée par un Devancier ou un Sacrificateur et les messages consignés sur une feuille de Reportage qu'il vise avant toute exécution (cf. 2e Partie, chap.5).

2.5. LE VISIONNAIRE EST UN ÉLU DE DIEU (*Dt 18 : 18* ; *Ps 20 : 7* ; *105 : 15*) [22],

Il est une sentinelle (*Es 21 : 11-12* ; *Ez 3 : 17* ; *33 : 7*), un intercesseur (*Gn 20 : 7, 17*), un temple du **SAINT-ESPRIT** (*1 Co*

---

[22] « Étymologiquement, « le prophète », mot formé de « pros » (de la part de, d'avance, avec), et de « phémi » (parler), désigne celui qui parle de la part de DIEU ; Il a reçu de LUI, le pouvoir de parler à Sa place, et de Sa part, et aussi d'avance, pour annoncer un projet de DIEU dans le futur, proche ou lointain. », de AKPAGAN K.

6 : 19) qui continue l'ŒUVRE de la Rédemption. Il permet aux fidèles de craindre la Parole de DIEU (*Es 66 : 2*) qu'il reçoit car tout n'est pas écrit dans LA BIBLE. Lire les passages de *Jn 20 : 30* et *Jn 21 : 24 - 25.*

Le Visionnaire peut être agité (*Jg 13 :25*) comme le fut CHRIST LUI-MÊME par LE SAINT-ESPRIT. Parlant aux 70 disciples qu'IL « *[1] envoya deux à deux devant LUI dans toutes les villes et dans tous les lieux où IL devait aller LUI-MÊME, [2] IL dit : « …[20] Cependant, ne vous réjouissez pas de ce que les esprits vous sont soumis ; mais réjouissez-vous de ce que vos noms sont écrits dans les cieux. [21] En ce moment-même, JÉSUS tressaillit de joie par LE SAINT-ESPRIT, et IL dit : JE TE loue, PÈRE, SEIGNEUR du ciel et de la terre, de ce que TU as caché ces choses aux sages et aux intelligents, et de ce que TU les as révélées aux enfants. Oui, PÈRE, JE TE loue de ce que TU l'as voulu ainsi.* », de *Lc 10 : 1 ; 2 ; 20 - 21.*

Le Visionnaire est obligé de dire la Vision (*Dt 18 : 17-19 ; Ez 3 : 16 - 21 ; 33 : 1+*), et de la dire fidèlement (*Jr 23 : 28*). Il peut la garder secrète, peut-être pour un temps si tel est l'ordre divin (*Dn 8 : 26 ; 12 : 4, 9*). En effet, voici ce que JÉSUS - MÊME a dit à l'issue de la Transfiguration : « Comme ils descendaient de la montagne, *JÉSUS leur (à ses disciples) recommanda de ne dire à personne ce qu'ils avaient vu,* jusqu'à ce que LE FILS DE L'HOMME fût ressuscité des morts. » (*Mc 9 : 9 et Mt 17 : 9*).

IL va jusqu'à faire cacher son identité. « Alors, *IL recommanda aux disciples de ne dire à personne qu'IL était LE CHRIST.* », de *Mt 16 : 20.* « *[20] Et vous (Apôtres), leur demanda-t-IL, qui dites-vous que JE suis ? Pierre répondit : LE CHRIST de DIEU. [21] JÉSUS leur recommanda sévèrement de ne le dire à personne.* », de *Lc 9 : 20-21.*

« *[11] Les esprits impurs, quand ils le voyaient, se prosternaient devant LUI, et s'écriaient : TU ES LE FILS DE DIEU. [12] Mais IL leur recommandait très sévèrement de ne pas LE faire connaître.* », de *Mc 3 : 11 - 12.*

Le Visionnaire doit donc être un vrai disciple de JÉSUS (qui signifie **DIEU sauve, DIEU aide**) [23], « *qui fait la volonté du PÈRE qui est dans les cieux* », de **Mt 7 : 21-23**. Il ne peut recevoir que ce que L'ÉTERNEL veut bien lui faire connaître. Élisée, l'homme de DIEU, dit à son serviteur Guéhazi qui allait repousser la Sunamite venue embrasser les pieds de son maître car elle venait de perdre son fils unique : « *Laisse-la car son âme est dans l'amertume, et L'ÉTERNEL me l'a caché et ne me l'a pas fait connaître.* », de **2 R 4 : 27**.

Le Visionnaire ne doit pas mentir et doit confesser JÉSUS-CHRIST sinon, il perd sa **Vision** (**Mi 3 : 6**), remplacée dès lors par l'esprit de Python (**Ac 16 : 16-18 ; 1 Jn 4 : 1- 6**) dont il faut se méfier parce qu'il peut inspirer une vérité.

Paul, Silas et Luc ne sont-ils pas les serviteurs du DIEU TRÈS-HAUT, qui annoncent le salut ? Luc rapporte des catastrophes dont les disciples sortent vainqueurs (**Ac 16 : 19-40**). Et comme le dit, un de nos cantiques inspirés « *Satan n'a jamais été vainqueur* ».

Si le Visionnaire menteur ne perd pas sa Vision, il peut mourir de son mensonge (**Dt 18 : 20 ; Jr 28 : 15 - 17**). Si la Vision vient de DIEU, elle doit se réaliser (**Dt 18 : 21 - 22**). Il faut savoir attendre. La réalisation peut ne pas être immédiate. DIEU est SEUL MAÎTRE du temps (**Ac 1 : 7 ; Mt 24 : 36**).

C'est pourquoi, avant de donner sa Vision, le Visionnaire doit faire le serment, **une seule fois, de dire la vérité** : « **Devant DIEU et devant les hommes** », « **la main gauche tenant une Bible et la droite levée devant un crucifix** » [24].

Ne méprisons donc pas les prophéties qui nous sont données de **1 Th 5 : 20 - 21**. « *Celui qui méprise la parole se perd, mais celui qui craint le précepte est récompensé.* », de **Pr 13 : 13**.

---

[23] MEIER, JP, Tome 1, 2005, page 128, paragraphe 5
[24] ADETONAH A., 1972, nouvelle édition, p. 52 § 6 ; p. 78, **Art.38** / OSCHOFFA SBJ, 1980, **Art. 72** ; et **Lc 24 : 19**

« *Aujourd'hui, si vous entendez SA VOIX, n'endurcissez pas vos cœurs* », (**Hé 3 : 7 - 8 ; 4 : 7 ; Ps 95 : 7**).

Le Visionnaire et tout fidèle de L'ECC ne peuvent se faire payer pour des séances de <u>visions, de prières, de travaux spirituels</u> de peur d'avoir de désagréables surprises comme Guéhazi, le serviteur du Prophète Élisée. Alors que le Prophète n'accepta pas ce qu'avait apporté Naaman, le chef de l'armée du roi de Syrie, après sa guérison de la lèpre, Guéhazi obtint frauduleusement de Naaman de l'argent et des habits. « *La lèpre de Naaman s'attachera à toi et à ta postérité pour toujours. Et Guéhazi sortit de la présence d'Élisée avec une lèpre comme la neige* », de **2 R 5 : 27**.

« *Vous avez reçu gratuitement, donnez gratuitement* », (**Mt 10 : 8**). LE SEIGNEUR même saura vous récompenser. Vous, persévérez dans l'œuvre.

« *Ainsi, mes frères bien-aimés, soyez fermes, inébranlables, travaillant de mieux en mieux à l'œuvre du SEIGNEUR, sachant que votre travail ne sera pas vain dans LE SEIGNEUR.* », lire **1 Co 15 : 58**.

« *IL leur dit encore : Quand JE vous ai envoyés sans bourse, sans sac, et sans souliers, avez-vous manqué de quelque chose ? Ils répondirent : De rien.* », (**Lc 22 : 35**).

Toutefois, il importe que les Chargés de Paroisse s'occupent bien de leurs Visionnaires et de leurs Lévites. Néhémie stupéfait apprit que « [10] *les portions des Lévites n'avaient point été livrées …* «[11] *Pourquoi la maison de DIEU a-t-elle été abandonnée ?* ». Et il remet les choses en place (**Néh 13 : 10 - 11** et cf. 2ᵉ Partie, chap. 5).

PREMIÈRE PARTIE

L'Église du Christianisme Céleste :

Sa place dans la Chrétienté

3. L'Église du Christianisme Céleste, Une Église entièrement basée sur LA BIBLE

3.1. L'ECC CONFESSE LE « CREDO », LE « JE CROIS EN DIEU », LE SYMBOLE DE NICÉE (en 325) ET CONSTANTINOPLE I (en 381).

Le « CREDO » est le fondement de notre foi chrétienne, que les fidèles récitent ensemble durant les cultes avant la Prédication (ou Homélie) dont il constitue la source d'inspiration fondamentale. L'ECC ne peut donc s'en écarter.

3.2. L'ECC PRATIQUE « LES DIX COMMANDEMENTS DE DIEU » (*Ex 20 : 1 - 17 ; Dt 5 : 4 - 22*).

Elle a aussi ses Onze Ordonnances ou Fondements et ses Douze Préceptes ou Interdits, tous basés sur LA BIBLE. (Cf. ci-dessous les parties 4. 4 et 4. 5).

3.3. LE NOTRE PÈRE (*Mt 6 : 9-13 ; Lc 11 : 2-4*).

Est la prière par excellence de L'ECC, récitée au début et à la fin de chaque culte ; et à la fin de toute prière de circonstances, laquelle se termine toujours par « **Au Nom de NOTRE SEIGNEUR JÉSUS - CHRIST, Amen !**», (*Jn 14 : 13 - 14*).

Toute prière dans L'ECC commence toujours par : « **JÉHOVAH, JÉSUS - CHRIST, SAINT - MICHEL** ».

Il est à rappeler que depuis le dimanche 03 décembre 2017, le début du **verset 13** du NOTRE PÈRE se traduit comme suit : « *Ne nous laisse pas entrer en tentation* ». « Fais que nous n'entrions pas en tentation, serait une traduction plus exacte de l'avant dernière demande du PATER. JÉSUS nous révèle ainsi que la prière permet le combat contre le mal, d'abord en soi-même. » [25].

3.4. LES FIDÈLES DE L'ECC REÇOIVENT 4 SACREMENTS.

1. <u>Le Baptême avec immersion</u>
(Jn 3 : 5, 23 ; Ac 8 : 38 ; Mt 3 : 16).

Un **deuxième baptême** est demandé aux fidèles venant d'autres Églises chrétiennes [26], et qui, dès lors, est un simple baptême de purification, même pas de repentance, comme celui de Jean-Baptiste.

« *Moi, je vous baptise d'eau, pour vous amener à la repentance ; mais CELUI qui vient après moi est plus puissant que moi, et je ne suis pas digne de porter ses souliers. LUI, IL vous baptisera du SAINT-ESPRIT et de feu* », de **Mt 3 : 11.**

En effet, on retrouve ce second baptême dans l'Église chrétienne primitive en Afrique romaine et dans le Moyen-Orient antique. Il était imposé aux *lapsi*, ceux qui avaient chuté, c'est-à-dire, ceux qui avaient fui pendant les persécutions et qui souhaitaient réintégrer la Communauté chrétienne [27].

Pour les nouveaux fidèles qui n'ont jamais été baptisés, ce Baptême avec immersion devient celui de la foi chrétienne exprimée dans le texte intégral du « Credo » : « *Je reconnais un seul baptême pour le pardon des péchés* », et basé sur LA BIBLE : « *Allez, faites de toutes les nations des disciples, les baptisant au nom du PÈRE, du FILS, et du SAINT-ESPRIT.* », (**Mt 28 : 19 - 20 ; Mc 16 : 15 - 16**).

---

[25] DUMOULIN Pierre, 2013, Luc, L'Évangile de la joie, éditions des Béatitudes, cité dans Doctrine et Vie, janvier 2014, p. 11, 1ᵉ col, § 2.

[26] OSCHOFFA, 1980, **Art. 99 a, 102**

[27] Lire dans *AKAKPO Amouzouvi, Afrique romaine, 1980, NEA, Dakar, p. 193 § 4 ; Tertullien, De patis, 15*

Le baptême n'est pas à confondre dans L'ECC avec le bain sacré que doit prendre toute personne avant son admission comme fidèle de L'ECC [28] .

2. **La Communion** (*Lc 22 : 19 - 20 ; 1 Co 11 : 23 - 25*) peut être donnée plus de 4 fois dans l'année [29]. Les deux autres sacrements sont : le Mariage et l'Onction.

*Figure 14 - **La Communion de Saint-Jean***

3. **Le Mariage** : L'ECC admet en son sein aussi bien les monogames que les polygames [30]. Mais le mariage

---

[28] Lire OSCHOFFA, 1980, **Art. 105** et la Note 9 sur le sacrement du Baptême dans le Chap. Notes Complémentaires

[29] « L'importante cérémonie de la Sainte Communion a lieu trimestriellement aussi bien le Jeudi Saint (précédant Pâques), et le Jour de Noël à la plage de Porto-Novo. Elle peut aussi avoir lieu à des occasions spéciales telles que le mariage, les funérailles, les messes en mémoire des âmes des défunts etc. ».
Lire OSCHOFFA SBJ, 1980, ECC, Constitution, Nigéria, **Art. 99**, § (b).

[30] Lire ADETONAH, 1972, p 42 § 9

religieux en son sein conserve toutes ses exigences comme dans toute Église chrétienne (*Gn 1 : 27 ; 5 : 2 ; Mt 19 : 4 - 6, 8 - 9 ; 1 Co 7 : 1+ ; Ep 5 : 22-33*), et même plus dans la mesure où tout divorce est frappé de conséquences imprévisibles. L'ECC étant une Église prophétique.

4. **L'Onction** (*Ex 30 : 30 ; Lv 8 : 12 ; Ac 10 : 38*) accroît la force spirituelle et détermine les grades dans L'ECC.

Chez les hommes, les grades évoluent de celui de **Dèhoto** (Prieur), à celui de Pasteur en passant par ceux d'*Allagba* (Doyen), de **Leader** et d'*Évangéliste*.

Les grades des femmes vont de **Dèhoto** (Prieure) à celui de **Vénérable Senior Maman**. De nouveaux grades ont été créés pour elles comme ceux de *Supérieure Maman*, de *Suprême Maman*) en passant par ceux d'*Assistante Maman*, de *Maman*, de *Senior Maman*, de *Vénérable Maman*.

Pour les *Visionnaires* (*Wolis*), ils vont d'*Assistant Wolidja* à celui de *Pasteur* en passant par ceux de *Wolidja*, *Senior Wolidja*, *Senior Wolider*, *Vénérable Senior Wolidja*, *Vénérable Senior Wolider* et d'*Évangéliste Woli*, et des divers degrés de ce dernier [31].

Au cours d'une prière de circonstance, et de façon ponctuelle sur révélation, une onction peut être faite sur le corps de la personne pour laquelle on prie (*Jc 5 : 14*).

3.5. TOUTES LES PRATIQUES DE L'ECC SE RETROUVENT DANS LA BIBLE

La soutane blanche que nous portons (*Ex 28 : 1 - 2, 40 ; Ap 7 : 13 - 14*), le fait de marcher pieds nus dans la Paroisse, même en

---

[31] Lire Sacrements, Ordonnances & Prescriptions, Porto-Novo, 2ᵉ éd., p. 8-20. L'Onction est le 2ᵉ fondement de L'ECC, après le Baptême qui en est le premier (cf. ci-dessous Annexe 1 : LA DOCTRINE ; ABIASSI G., 1987, p. 4, § 2 ; p. 5, § 4).

civil (*Ex 3 : 5 ; Jos 5 : 15*) ; et partout quand on est en soutane, constitue est une forme de jeûne [32].

Il est utilisé de l'eau bénite pour la purification (*Nb 8 : 5 - 7 ; Ex 15 : 25*) et de l'eau potable placée dans le Saint des Saints de l'Autel. Il peut être révélé de prier sur un verre d'eau potable à prendre.

L'ECC utilise de l'huile sainte (*Gn 28 : 17 - 19 ; Ex 29 : 7 - 15 ; 1 Sm 10 : 1 ; 16 : 12 - 13 ; Mc 6 : 13*) ; de l'encens (*Lv 2 :16 ; Mt 2 : 11*) ; le sel (*2 R 2 : 19 - 22 ; Lv 2 : 13*).

La dîme est destinée à l'entretien de la Maison de DIEU et à son bon fonctionnement (*Gn 14 : 20 ; Nb 18 : 20 - 32 ; Dt 14 : 22 - 29 ; Néh 13 :10 - 14 ; Ml 3 : 10 ; Lv 27 : 30 ; He 7 : 4 - 10*).

Les offrandes et les objets des Actions de grâce ont la même destination (*Lc 5 : 14 ; 1 Co 16 : 1 - 3 ; Hb 13 : 16*).

Des travaux spirituels complètent ou non les prières, comme on en trouve dans LA BIBLE :

> Le Prophète Élisée assainit au sel, les eaux mauvaises de Jéricho (*2 R 2 : 20 - 22*).

> Par des gestes spécifiques, il fit revenir à la vie le fils de la Sunamite (*2 R 4 : 32 - 37*).

> Élisée jeta de la farine dans le grand pot de potage empoisonné, des fils des prophètes. « *Et il n'y avait plus de mauvais dans le pot* » (*2 R 4 : 41*).

> Naaman, le chef de l'armée du roi de Syrie, fut guéri de la lèpre en se lavant sept fois dans le Jourdain, sur recommandation d'Élisée, selon l'ordre de L'ÉTERNEL : « *et sa chair redevint comme la chair d'un jeune enfant, et il fut pur.* » (*2 R 5 : 15*).

> Pour la chute de Babylone où son roi Nebucadnetsar avait envoyé en l'Exil les Israélites pendant 70 ans (*Jr 25 : 11 ; Dn 9 : 2*), et avait détruit Jérusalem en - 587.

---

[32] 2 S 15 : 30 ; cf. ci-dessus 1. 3 § 3

Voici le travail spirituel qui fût recommandé au Prophète Jérémie: « [58] *Ainsi parle L'ÉTERNEL des armées : Les larges murailles de Babylone seront renversées…*[60] *Jérémie écrivit dans un livre tous les malheurs qui devaient arriver à Babylone…* [63] *Et quand tu auras achevé la lecture de ce livre, dit le Prophète à Seraja, tu y attacheras une pierre, et tu le jetteras dans l'Euphrate,* [64] *et tu diras : Ainsi Babylone sera submergée, elle ne se relèvera pas des malheurs que J'amènerai sur elle ; ils tomberont épuisés.* » de *Jr 51 : 58 - 64.*

Babylone fût prise, en effet, par Cyrus II, roi des Mèdes et des Perses, en - 539. Par un Edit promulgué l'année suivante en - 538, il libéra les Fils d'Israël, leur restitua « *les objets de la Maison de L'ÉTERNEL* » et fit reconstruire les Murailles et le Temple de Jérusalem. (*2 Ch 36 : 22 - 23 ; Esd 1 : 1+*).

> Pour réaliser l'Unité d'Israël, voici ce que L'ÉTERNEL dit à Ézéchiel : «[16] *Et toi, fils de l'homme, prends une pièce de bois, et écris dessus : Pour Juda et pour les enfants d'Israël qui lui sont associés. Prends une autre pièce de bois, et écris dessus : Pour Joseph, bois d'Éphraïm et de toute la maison d'Israël qui lui est associée.* [17] *Rapproche-les l'une de l'autre pour en former une seule pièce, en sorte qu'elles soient unies dans ta main …* », (*Ez 37 : 16 - 17+*).

> On se rappellera la guérison de l'aveugle-né, par JÉSUS : « [6] *Après avoir dit cela, IL (JÉSUS) cracha à terre et fit de la boue avec sa salive. Puis IL appliqua cette boue sur les yeux de l'aveugle,* [7] *et lui dit : Va, et lave-toi au réservoir de Siloé (qui signifie Envoyé). Il alla, se lava, et s'en retourna voyant clair.* », de *Jn 9 : 6 - 7.*

> On trouve d'autres exemples dans LA BIBLE, comme la ruine des royaumes de Syrie et d'Israël (en *Es 8 : 1 - 10*) ou l'annonce de la chute de Rome, appelée Babylone dans l'Apocalypse. « *Alors un Ange puissant prit une pierre semblable à une grande meule, et il la jeta dans la mer, en disant : Ainsi sera précipitée avec violence Babylone, la grande ville, et elle ne sera plus trouvée.* », (*Ap*

18 : 21). Et Rome tomba sous les coups du roi barbare Odoacre en 476.

Mais, il est à rappeler que **tous les travaux spirituels dans L'ECC doivent être révélés** de peur que les protagonistes ne reçoivent **des chocs en retour** et qu'ils ne peuvent pas bénéficier de la protection divine.

Le **couvent (Aboglo)** est une révélation qui consiste à se retirer du monde momentanément ou à ne plus sortir de chez soi après les heures de travail ou de classe, pendant 1, 3, 7 ou 21 jours [33].

Dans LA BIBLE, il y a des cas de couvent. Ce sont des cas de quelques mois voire de quelques années (*Ps 27 : 5 ; Os 11 : 1*) :

> La femme de Zacharie et mère de Jean-Baptiste, Elisabeth, se « *cacha pendant cinq mois* » de *Lc 1 : 24 - 25*.

> LA SAINTE VIERGE MARIE passa aussi quelque temps chez Elisabeth « *39 Dans ce même temps, MARIE se leva, s'en alla vers les montagnes, dans une ville de Juda. 40 Elle entra dans la maison de Zacharie, et salua Elisabeth.* », de *Lc 1 : 39 - 40*.

> « *MARIE demeura avec Elisabeth environ trois mois. Puis elle retourna chez elle.* », (*Ibid. 56*).

> La Sainte Famille était obligée de se retirer en Égypte pour éviter le massacre des Saints Innocents, perpétré par Hérode, (*Mt 2 : 13 - 15*)

L'ECC utilise les rameaux, le dimanche avant la Semaine Sainte (*Es 11 : 1, Jn 12 : 12 - 13*), le dimanche des rameaux, comme dans toute Église chrétienne.

Mais l'utilisation des rameaux dans L'ECC, a donné lieu à des dérapages constatés çà et là dans certaines Paroisses.

Voici la mise au point vigoureuse de SBJ OSCHOFFA en 1974 : « *Pour ce qui concerne l'emploi de rameaux de palmier pour fouetter une personne pour qui on prie, cette pratique est contraire à nos lois,*

---

[33] Cf. « Mise en sécurité des personnes », dans SO&P, Porto-Novo, 2e édition, p. 32-33

je ne l'ai jamais recommandé ni à une église, ni à un devancier. Jetez les rameaux, priez dans vos églises pour la guérison des malades et à mesure que vous priez, L'ESPRIT-SAINT descendra et accomplira son Œuvre. »

Vous pouvez vous servir de votre bande de ceinture (Amourè qui signifie Sangle) ou du linge blanc de l'Autel. ».

« L'emploi de rameaux n'est autorisé que dans les cas suivants :

>   Lorsque nous voulons faire **une prière de combat** nécessitant la présence de **sept devanciers**, **et que nous ne pouvons réunir les sept personnes, on peut, avec des brindilles de rameaux, confectionner autant de croix qu'il manque de devanciers** (trois ou quatre croix en rameaux).

>   De même lorsque nous voulons faire la prière nécessitant sept bougies et que nous n'avons pas les moyens d'acheter sept bougies, on peut fabriquer alors avec les feuilles de rameaux **autant de croix qu'il manque de bougies.** [34]».

Comme dans les autres Églises chrétiennes, il est célébré le mercredi des cendres dans L'ECC : « *car tu es poussière, et tu retourneras dans la poussière.* », de **Gn 3 : 19.**

Dans L'ECC, nous ne consommons pas d'**alcool**, ni de **tabac**, ni de la drogue, ni **toute boisson** et **autres produits enivrants** (*Lc 1 : 15 - 17 ; Nb 6 : 1+ ; Jg 13 :4, 7 ; Pr 31 : 4 - 7 ; Es 28 : 7 - 8 ;* [35]).

Nous ne **consommons pas la viande de porc** sous toutes ses formes (*Lv 11 : 7 ; Mc 5 : 12 ; Lc 8 : 32 - 33*) et on n'utilise pas du **rouge** et du **noir** sauf pour des raisons professionnelles [(*Es 63 : 1 - 6 ; Jn 19 : 2 ; Ap 6 : 5, 12 ; 12 : 3 ; 17 : 3 - 4*) [36]].

---

[34] Lire OSCHOFFA SBJ, 1974, p. 9, § 3
[35] Lire le chapitre 8 de la 2e partie sur La toute-puissance de L'ECC
[36] OSCHOFFA SBJ, 1980, ECC, Constitution, Nigéria, **Art 93**), Cf ci-dessous 4.5., § 3 et 4

« Ce sont des produits qui nous fragilisent. » selon une révélation de **LA TRÈS SAINTE VIERGE-MARIE,** devant DIEU et devant les hommes. En effet, il nous faut toute la puissance d'un **Jean-Baptiste** ou d'un *Élie* pour délivrer quelqu'un de l'emprise du diable, des sorciers et de tous les esprits sataniques. C'est l'**amour du prochain.**

«15 ... Car il (Jean-Baptiste) sera grand devant LE SEIGNEUR. Il ne boira ni vin, ni liqueur enivrante, et il sera rempli de L'ESPRIT-SAINT dès le sein de sa mère ; 16 il ramènera plusieurs des fils d'Israël au SEIGNEUR leur DIEU. 17 Il marchera devant DIEU avec l'esprit et la puissance d'Elie, pour ramener les cœurs des pères vers les enfants, et les rebelles à la sagesse des justes, afin de préparer au SEIGNEUR un peuple bien disposé. », de *Lc 1 : 15 - 17.*

Évitez les prières et les travaux spirituels à la plage pour ne pas « *donner accès au diable* » (***Eph 4 : 27***), ne pas lui donner l'occasion de nous dominer [37] .

En effet, à la fin de son combat qu'il a perdu contre la femme, « *le grand dragon rouge (v.3) ...17 Et le dragon fut irrité contre la femme, et il s'en alla faire la guerre aux restes de sa postérité, et à ceux qui gardent les Commandements de DIEU et qui ont le témoignage de JÉSUS. 18 Et il se tint sur le sable de la mer. »,* (**Ap 12 : 17 - 18**).

On comprend dès lors la vive réaction de SBJ OSCHOFFA en **1974** dans sa brochure de **12 pages,** qu'il a signée avec **A. A. BADA** et **B. D. AGBAOSSI.** :

« **Pour les visites à la plage,** je mets présentement un terme, car cela ne cadre pas avec notre règlement. Il doit y avoir une différence entre les autres « sectes » et nous. Que l'on ajoute ou ne retire rien à ce règlement. Les lois du Christianisme Céleste doivent être appliquées par tous ses fidèles comme nous l'avons reçues de NOTRE SEIGNEUR JÉSUS-CHRIST. ».

« **Pour les sacrifices à faire à la plage, je l'interdis complètement ; qu'aucun esprit ne l'exige et que personne ne**

---

[37] Diable (diabolos en grec) signifie Celui qui disperse.
Satan (mot hébreu) signifie le Calomniateur, le Séducteur dans *VOELTZEL René, 1972, p. 709, § 11.*

l'applique. Chaque paroisse possède son lieu de sacrifice et sa maison de prière à cet effet. Que toutes vos mauvaises actions se fassent au grand jour, devant l'église et qu'on ne surprenne personne qui aille à l'encontre de cette règle, s'il ne veut pas supporter les graves conséquences. **Une telle personne peut être dégradée de son rang dans l'assemblée, ou même suspendue à temps.** Pour cela, que les devanciers prennent garde. Il n'y aura plus de tolérance ou de demi-mesure. Je suis donc décidé à l'appliquer comme j'en ai reçu mission. » [38].

On doit reconnaître que la traduction de la langue locale en Français ne rend pas bien compte de certaines nuances terminologiques indispensables, en utilisant le mot (sectes). En effet, L'ECC n'est pas une secte mais une véritable Église chrétienne, une « **Église primitive, teintée du sang des martyres** » [39], c'est-à-dire qui ressemble à l'Église du temps des Grandes Persécutions.

OSCHOFFA même a écrit dans un acte daté du *19 mai 1976* depuis Lagos, que L'ECC est le « **reflet de l'Église Chrétienne Primitive** [40] ». C'est pourquoi, on y trouve des pratiques de temps anciens, de ces premiers siècles du Christianisme, comme le *second baptême*, celui de la purification [41].

Le Grand Rassemblement annuel des 24 - 25 décembre à Sème - Plage [42], constitue, dès lors, une affirmation de la **domination éternelle** du **FILS DE L'HOMME** (*Dn 7 : 13 - 14*) sur le domaine du grand dragon rouge (*Ap 12 : 3*). Et l'on connaît des cas où des actions de grâces sont révélées pour être faites à la plage, mais sur le site sacré de Sème - Plage situé entre Cotonou et Porto-Novo au Bénin.

OSCHOFFA n'a jamais recommandé non plus les prières sur une montagne. En effet, voici ce qu'il écrit également en 1974 :

---

[38] OSCHOFFA, 1974, op. cit., p. 8 § 3 - 4
[39] ADETONAH A, 1972, p. 19, § 3
[40] DE SURGY Albert, 2001, *L'Église du Christianisme Céleste, Un exemple de l'Église prophétique au Bénin*, Paris, KARTHALA, p. 27, § 3.
[41] Cf. OSCHOFFA, 1980, **Art. 105** ; Lire la Note 9
[42] Lire OSCHOFFA, 1980, **Art. 99** § d

« Pour ceux qui aiment monter en lieu élevé, ou sur la montagne pour prier, **cette pratique n'est pas dans nos lois et je ne l'ai jamais imposée** ; qu'aucun de nos fidèles ne fasse cette pratique-là. » [43] .

En effet, la montagne est considérée comme un lieu sacré, quand on pense au grand rendez-vous à Horeb (Sinaï), entre L'ÉTERNEL et Moïse pour la remise du Décalogue. En relisant (*Ex 19 : 10-25*), on prend conscience de la puissance extraordinaire qui s'est dégagée ce jour-là et qui a nécessité que le peuple soit propre et sanctifié depuis **trois jours** (*comme tout Conducteur, tout Célébrant des cultes dans L'ECC*), qu'il se tînt à une certaine distance de la montagne et ne pût la toucher de peur de mourir.

L'ÉTERNEL y rencontra également le Prophète Élie dans « *un murmure doux et léger* » pour se voir recommander de donner l'onction à Hazaël comme roi de Syrie, à Jéhu comme roi d'Israël et à Élisée pour lui succéder. (*1 R 19 : 7 - 18*). On retrouve ce privilégié d'Élie auprès de JÉSUS lors de la Transfiguration (*Mc 9 : 1 - 13*).

Cette puissance extraordinaire de L'ÉTERNEL s'était manifestée par des tonnerres, des éclairs, une épaisse nuée, la fumée comme celle d'une fournaise parce que L'ÉTERNEL descendit au milieu du feu. Le son de la trompette était très puissant. Toute la montagne tremblait avec violence et le peuple fut saisi d'épouvante (*Ex 19 : 16, 18*). Sur la montagne, il ne put donc y monter que des hommes exceptionnels comme Moïse, Aaron (*Ex 19 : 24*) et Élie (*1 R 18 : 1-18*) [44].

Le peuple, pour ne pas mourir en entendant la VOIX de L'ÉTERNEL et en voyant ce grand feu au moment de la remise du Décalogue, avait sollicité un intermédiaire, un Prophète comme Moïse, entre lui et L'ÉTERNEL. IL accéda à sa demande (*Dt 18 : 15 - 18*). Ce Prophète jouera son rôle d'intercesseur (*Gn*

---

[43] *OSCHOFFA, 1974, p. 9, § 2*
[44] Cf. 2e Partie, chap. 8

20 : 7, 17) mais ne sera pas comme Moïse, Aaron, ou Elie qui fut enlevé au ciel (*2 R 2 : 11*).

Un Prophète intercesseur ne sera lui-même sauvé que s'il fait la volonté de DIEU, a dit JÉSUS, dans *Mt 7 : 21 - 23* et cf. ci-dessus le chapitre 2.5. Et cette volonté n'est autre que l'application de la LOI D'AMOUR (*Mt 22 : 36 - 40*).

*Figure 15 - **Une BIBLE ancienne***

*Figure 16 – **<u>Révérend Pasteur Samuel Biléou Joseph OSCHOFFA</u>***

PREMIÈRE PARTIE
L'Église du Christianisme Céleste :
Sa place dans la Chrétienté

4. L'Église du Christianisme Céleste, Une Église Révélée

Tout est révélé dans L'ECC et la plupart des Révélations dans L'ECC se retrouvent dans LA BIBLE ou dans l'histoire de l'Église Universelle (*Jn 20 : 30 ; 21 : 25*).

4.1. L'ECC EST RÉVÉLÉE

Elle est révélée au charpentier, Samuel Biléou Joseph OSCHOFFA le dimanche 29 septembre 1947, le jour de la SAINT MICHEL à Porto-Novo, capitale du Bénin en Afrique de l'Ouest [45]. Il était trompettiste dans la fanfare municipale et dans l'orchestre de l'Église des Chérubins et Séraphins [46].

« **L'ECC**, dit SBJ OSCHOFFA, **n'a pas eu d'Église-Mère à partir de laquelle elle est née. C'est purement l'Église du CHRIST** [47]. »

OSCHOFFA a reçu la MISSION divine de « fonder une religion dont les membres n'adoreront que DIEU…

Cette Église sera la **dernière barque** pour amener les hommes au salut. Car JE (JÉSUS - CHRIST) reviens bientôt ».

« Heureux celui qui connaîtra cette religion et qui y servira DIEU jusqu'à la mort. Car le Christianisme Céleste est une religion sainte descendue du Ciel de la main du CHRIST. **Elle sera chargée de purifier le monde entier. Elle sera dotée d'une**

---

[45] ECC, Constitution d'OSCHOFFA, SB, 1980, **Art. 1, 2, 3**
[46] Ordre Sacré Éternel des Chérubins et Séraphins, dans DE SURGY, A., 2001, op. cit., p. 5, § 2 ; p. 20, § 3
[47] Lire YANSUNNU, Lévi M., 2013, ECC, Samuel Biléou OSCHOFFA, Fondateur, T3, p. 77, § 1

force au-dessus des forces des ténèbres et opérera toutes sortes de miracles et de prodiges » [48].

« C'est la volonté de DIEU de t'envoyer en mission pour prêcher au monde... » [49].

Quelques mois plus tôt, OSCHOFFA en prière, les yeux fermés, eût une Vision où il avait entendu *Luli, Luli* c'est-à-dire **Grâce** et, en ouvrant les yeux, il vit un **singe blanc ailé, un petit serpent marron et** « **un oiseau très joli qui faisait la roue et ressemblait beaucoup à un paon** » [50].

Des explications ont été proposées pour comprendre cette Vision, comme celles de Simon W. HOUENOU [51].

Lévi M. YANSUNNU, petit-fils du premier éducateur d'OSCHOFFA, et qui a beaucoup écrit sur L'ECC (cf. **Bibliographie Sommaire**), propose, dans un entretien, que le singe, le serpent, le paon, représentent, la bouffonnerie, la perfidie et l'orgueil. Mais, voici ce que SBJ OSCHOFFA même a dit : « **Ce sont des formes d'infiltration sataniques dont J'avais pu M'affranchir** » a-t-IL révélé le mercredi 28 juillet 2021, devant DIEU et devant les hommes.

---

[48] Lire ADETONAH, A., 1972 nouvelle édition, p. 23, 24, 26 ; 1 Co 10 : 14-15, 21-22 et la 2e partie, chap. 8.
[49] Lire OSCHOFFA, SBJ, 1980, **Art. 2.**
[50] Lire ADETONAH, A., op. cit., p. 22, § 1.
[51] HOUENOU W. Simon, 2007, *LA BIBLE et les pratiques dans le Christianisme Céleste*, Porto-Novo, (Bénin), p. 43-45.

*Figure 17 - <u>Révérend Prophète Pasteur Fondateur de l'Église du
Christianisme Céleste Samuel Biléou Joseph OSCHOFFA (1909 - 1985)</u>*

4.2. TOUT EST RÉVÉLÉ DANS L'ÉGLISE DU CHRISTIANISME CÉLESTE

(OSCHOFFA, 1980, Art. 1, 3, 91, 92, 94)

Ainsi le sont : le nom donné en français, la façon d'**Adorer** dans l'Église avec prosternation [52] (*Ex 4 : 31 ; Né 8 : 1 - 6 ; Ap 4 : 9 - 11 ; 7 : 11 - 12*).

Les **sept chants obligatoires au culte** du dimanche matin sont aussi révélés (*Col 3 : 16 ; Ep 5 : 19*). Au sujet de ces sept chants révélés voici ce que dit OSCHOFFA :

« Pour les chants dans les Églises du Christianisme Céleste, **nous ne devons entonner que des chansons données par L'ESPRIT** et éviter des cantiques venus d'autres religions.

Les nombreuses chansons de Moïse (GNANSOUNOU ou YANSUNNU, 1er éducateur d'OSCHOFFA, un Protestant) sont en vigueur et **il nous reste à recevoir en ESPRIT beaucoup de cantiques** ; et à mesure que nous les chanterons, nous verrons la manifestation de la force spirituelle… D'autre part, on tend généralement à diminuer ce nombre de sept chants comme nous l'avons reçu. Que DIEU nous pardonne car sachons bien que **nous n'avons pas le droit de rien diminuer du nombre des sept chansons**. » [53].

---

[52] ABIASSI, G., 1987, 3e fondement de L'ECC, p. 6, les Onze Ordonnances, les Préceptes ou Douze Interdits
Cf ci-dessous les chapitres 4.4 et 3.5 ; Appendice 1 : LA DOCTRINE de L'ECC
[53] Lire OSCHOFFA, SBJ, 1974, p. 7, § 5 ; p. 8, § 1 ; ADETONAH, A., 1972, p. 26, § 2.

*Figure 18 - **Emblème de L'ECC***

Sur l'**emblème**, on observe :

- un **Arc-en-ciel** (*Gn 9 : 11-17 ; Ap 4 : 2-3*)
- un **Œil** symbolisant l'Alliance et L'ÉTERNEL (*Pr 15 : 3 ; Ps 11 : 4 ; Job 34 : 21 ; 2 Ch 16 : 9 ; Ez 7 : 4, 9*)
- une **Couronne**, la couronne de gloire (*1 Pi 5 : 4 ; Ap 2 : 10 ; 2 Tm 4 : 8*),
- une **Croix** portant **CHRIST avec l'inscription INRI** [(*JÉSUS de Nazareth, Rois des Juifs*), *Jn 19 : 19 ; Mt 16 : 24 ; Ep 2 : 16 ; 1 Co 1 : 18*)] [54].

---

[54] Lire la Note 10 dans la 1ère Partie, - Notes Complémentaires.

.

Voici, devant DIEU et devant les hommes, ce que nous avons reçu au sujet de l'emblème.

« Emblème de L'ECC : »

« 1. Le nom **ECC** en demi-cercle rappelle **l'Arc-en-ciel**, signe de la Nouvelle Alliance (*Lc 22 : 20*) »

« 2. **CROIX, COURONNE, ŒIL** signifient « *Si tu veux ME suivre, dit CHRIST, prends ta Croix (Mc 8 : 34) ; et tu auras la Couronne céleste (1 Pi 5 : 4), car LE REGARD (ŒIL) de MON PÈRE sera sur toi. (Pr 15 : 3)* »

4.3. LE CULTE DU DIMANCHE MATIN, JOUR DU SEIGNEUR *(Ex 20 : 8 - 11 ; Dt 5 : 12 - 15)*

Ce culte est fait de **prières**, de **chants**, de **lecture de Psaumes** précédés des Saints Noms de DIEU, de **Prédications** (ou **Homélies**) avec deux textes bibliques à expliquer.

Pour l'essentiel, le déroulement est comme suit :

> L'entrée dans le Temple se fait en procession avec le chant : *YAH RAH SARAH / YAH RAH SAMAH TAH* (*qui signifie Allumez les lampes saintes des Cieux*) ;

> Puis on se met à genoux avec *YAH RAH MAH / HI YAH RAH MAH* (*qui signifie Allons vers LE SEIGNEUR*) ;

> Et le Conducteur (Célébrant) sonne, trois fois, trois coups de clochette. À chaque trois coups, les fidèles

répondent : « **SAINT, SAINT, SAINT EST L'ÉTERNEL DES ARMÉES** » [55];

> Puis il entonne le chant : **Ô CHRIST, Ô MON ROI** repris par les fidèles. Ce chant reçu par OSCHOFFA en 1948, « ne doit être entonné que le premier jeudi du mois avec le chant : **JAHGOL**... (à minuit) ».

Le premier dimanche du mois, les jours de fête, le dimanche des Rameaux, le Jeudi Saint, le Vendredi Saint pendant le Chemin de Croix, le dimanche de bonne heure devant le cimetière (pendant la cérémonie de commémoration de la Résurrection du CHRIST), pendant le culte de dimanche de Pâques, le lundi de Pâques à la cérémonie commémorative de la rencontre avec **LE CHRIST** en Galilée », selon *YANSUNNU, Lévi, p. 18 § 3*.

> Le Conducteur prononce trois fois chaque Saint Nom de DIEU comme *EH YIBAH* (qui signifie *DIEU CLÉMENT* et *MISÉRICORDIEUX*) suivi du *Ps 51* récité ensemble par les fidèles.

> À l'invocation de tous les Saints Noms de DIEU par le Conducteur, tous les fidèles répondent : SAINT.

> Il poursuit par **JÉHOVAH RAMAH** [56](qui signifie *DIEU MISÉRICORDIEUX*) et récite le *Ps 24* suivi du *Gloria*, de la *prière pour la rémission des péchés*, la *sanctification,* la *repentance,* puis du *NOTRE PÈRE* et d'un **chant révélé**. Les fidèles participent à la lecture des Psaumes et aux prières du Conducteur par des **AMEN, SEIGNEUR** ou **SAINT**, la plupart du temps.

Toute prière dans L'ECC :

A) se fait les yeux fermés pour plus de concentration, et commence toujours par le signe de Croix : '*Au Nom du PÈRE et*

---

[55] *Es 6 : 3* ; *OSCHOFFA, SBJ, 1980,* **Art. 83, 85**
[56] JEHOVAH ou YEHOVAH. Ce Saint Nom du DIEU UNIQUE est le résultat d'une combinaison du tétragramme : YHVH (en abrégé YHV, YHH, YH « YAH ») révélé à *Moïse* au Buisson Ardent (*Ex 3 : 13 - 15*) avec les voyelles de ADONAÏ utilisé plus couramment et qui signifie : SEIGNEUR (A = E).
Lire la suite dans la Note 11 dans la 1ère Partie, chap. Notes Complémentaires.

du FILS et du SAINT-ESPRIT Amen' suivi de la triple invocation de **JÉHOVAH, JÉSUS-CHRIST, SAINT MICHEL** [57].

B) Elle se poursuit par la repentance avec ou non le *Ps 51* [58], le remerciement ou actions de grâces [59], puis viennent les demandes **AU NOM DE NOTRE SEIGNEUR JÉSUS - CHRIST** [60].

C) Elle se termine par le **'NOTRE PÈRE'** [61], la **Bénédiction** [62], **AMEN** et **7 fois ALLÉLUIA** [63].

> Durant le culte, les intervenants commencent par la triple invocation et s'arrêtent à la fin de B) et tout le monde répète en chœur : **AMEN, AMEN, AMEN au Nom de NOTRE SEIGNEUR JÉSUS - CHRIST.**

> Le Conducteur continue par **ÉLIE YAH** (*qui signifie DIEU CRÉATEUR*) avec au choix la lecture des *Ps 27, 118, 136*, suivis de *Gloria*, de la **prière d'actions de grâce**, de **demande de la force du SAINT-ESPRIT**, et d'un **chant révélé**.

> **YEHOVAH LASS** (*qui signifie DIEU de SAGESSE et DES INTELLIGENCES*) avec le *Ps 72* de Salomon suivi de prières de **3** personnes :
> o un **homme** demande la force du *SAINT-ESPRIT*, l'avancement de l'Église et du pays ;

---

[57] BIBLE TOB avec Notes Intégrales,1910 pages ; 2026, note 4.1

[58] Références Bibliques : *Ps 32 : 1-2 ; Joë 2 : 12-17 ; Os 14 : 1-9 ; Mt 3 : 2 ; 4 : 17 ; 6 : 14-15 ; Mc 1 : 15 ; 1 Jn 1 : 8 – 10 ;*

[59] Références Bibliques : *Né 11 : 17 ; Ph 4 : 6 ; 1 Co 1 : 4 ; Col 4 : 2 ; 1 Tim 2 : 1 ; 2 Tim 1 : 3 ; Phm 4*

[60] Références Bibliques : *1 Tm 2 : 5 ; Ac 4 : 12*

[61] Références Bibliques : *Mt 6 : 9-13 ; Lc 11 : 1 - 4*

[62] Références Bibliques : *2 Co 13 : 13*

[63] Références Bibliques : *Ps 105 - 107 ; 111 - 114 ; 116 - 118 ; 135 - 136 ; 146 - 150 ; Ap 19 : 1, 3, 4, 6*

o une **femme** fait la prière de combat (*Gn 3 : 15 : Ap 12 : 1 - 18*) pour l'Église, le pays et les familles des membres l'Église ;
o puis un **homme** demande la bénédiction divine

le tout clôturé par un **chant révélé**.

> **ELIE-BAMAH-YABAH** (*qui signifie DIEU-SOUFFLE de VIE-MIKAEL*) avec le *Ps 20* après la prière silencieuse. Une courte prière est faite par le Conducteur qui demande à L'ÉTERNEL d'exaucer les prières des fidèles. Elle est suivie d'un **chant révélé**.

D'autres Saints Noms de DIEU sont invoqués dans des cultes de circonstance [64]. Les **sept chants révélés sont obligatoires** (cf. ci-dessus) pour accompagner le culte, en dehors d'autres chants adoptés, chantés durant les Actions de grâces après les Témoignages de certains fidèles ayant bénéficié de grâces de L'ÉTERNEL.

Le premier chant révélé est « **Oh Bien chers frères croyants, Levez donc haut la tête !** » [65].

L'ECC continue, en effet, de recevoir des cantiques de L'ESPRIT SAINT, dans nos Paroisses, comme ceux reçus par la VSMW Juliette A. AZIALE-AKAKPO et publiés en 1991 dans *'LES PAROLES du SEIGNEUR'* à Lomé [66].

> Puis vient la lecture du **1er Texte Biblique** du jour, tirés des « Textes Bibliques » publiés annuellement dans les Diocèses.
> Il est suivi du **Gloria** et d'un **chant révélé**.
> La lecture du **2e Texte Biblique** du jour est aussi suivie du **Gloria** et d'un **chant révélé**.

---

[64] Ordre des Cultes et Cérémonies, 2004, p.89
[65] Cf. 2e Partie, chap. 1 ; ADETONAH, A., 1972 nouvelle édition, p. 26, § 2 OSCHOFFA, SBJ, 1974, p. 8, 10 ; 1980, **Art. 77, 99 § g, 91** ; YANSUNNU, L.M., Recueil de Chants en Français, T1, 1998 ; N°239 ; Histoire des Chants, Chœur et Chorale, T1, 2009, p. 53 ; ECC, Recueil de Chants en Français, T 2, 2012, N°. 239, p. 152)
[66] Cf. 3e partie, chap. 2

> La lecture des **Textes Bibliques** est suivie des **Annonces** faites par le Secrétaire de la Paroisse.

> La **Prédication** (Homélie) est le moment le plus important du culte et comme tel, elle s'enracine entièrement dans le **CREDO** récité ensemble par les fidèles avant la prière d'introduction du Prédicateur.

La mission de ce dernier est de guider les fidèles dans la compréhension des *Textes Bibliques* du jour, d'en tirer des leçons pour une vie chrétienne agréable à DIEU. « *Comprends-tu ce que tu lis ?* » dit le diacre Philippe à l'Éthiopien, ministre de Candace, reine d'Éthiopie. « Il répondit : *Comment le pourrais-je, si quelqu'un ne me guide ?* », lire (*Ac 8 : 30 - 31 ; 2 Ti 3 : 16 - 17 ; 2 Pi 1 : 19 - 21*).

Pour comprendre les textes, nous devons donc prier comme le fait Daniel pour avoir l'explication des songes (*Dn 2 : 17 - 23*). **LA BIBLE** étant la Parole de DIEU (*2 Ti 3 : 16 - 17*), afin de nous faire aider par L'ESPRIT-SAINT. C'est indispensable avant de commencer la préparation de la Prédication. Nous serons alors inspirés. Puis, pour gagner du temps, nous utiliserons quelques outils comme un *Index biblique*, et, pour éviter certains contresens, nous procurer d'un *Dictionnaire de LA BIBLE*, aller sur Internet ou consulter une récente publication pour mieux apprécier le sens de certaines expressions comme le Nom que JÉSUS se donne *LUI-MÊME, LE FILS de L'HOMME* [67].

> La **Prédication** est suivie d'une **brève méditation**, puis d'une **prière** faite sur la Prédication par le Conducteur ou un Devancier programmé.

> Cette prière est suivie de la *Quête* et des *Actions de grâce* (*Mt 5 : 23 - 24 ; Lv 2 : 14 - 16 ; 1 Co 16 : 1 - 3 ; Ro 12 : 13 ; Ml 3 : 8 - 12 ; Hé 13 : 16*). Durant les Actions de grâces, on peut chanter des chants non révélés à L'ECC.

> Après réception des Actions de grâces, une courte **prière** est faite par le Devancier qui les a reçues. Il *bénit*

---

[67] Cf la Note 12 dans la 1èrePartie, chap. Notes Complémentaires

les fidèles à genoux et tout le monde crie **7 fois Alléluia**. On entonne le 7e et dernier **chant révélé**.

Il est remarquable que dans L'ECC, c'est **une femme qui fait la prière de clôture** du culte et, avant cela, la **prière de combat** dans celles de trois personnes.

Chers Devanciers et Responsables hommes de l'Église, c'est le lieu de rappeler encore que le **Premier Chant Révélé** nous dit ceci/ « **Que LA SAINTE-MARIE,/Vienne nous accompagner. Et, qu'ensemble, tous les Saints/Puissent nous accompagner. AMEN !** ».

Spirituellement, la femme apparaît plus forte que l'homme (cf. 2e Partie, chap. 3).

OSCHOFFA a toujours insisté sur le rôle de la Femme dans L'ECC. Voici ce qu'il a dit, entre autres, à ce sujet *le jour où il a remis pour la première fois le surplus jaune à 7 Devancières de L'ECC.*

« **Dans L'ECC, la femme occupe une place prépondérante, par opposition à ce que les uns et les autres racontent en disant que les femmes n'ont pas un grand rôle dans l'Église.**

Ceci est une erreur grossière, monumentale et, c'est une **affirmation gratuite**. Ce n'est pas à eux que DIEU a confié la fondation de cette Église, pour vous traiter comme ils le pensent. Ce n'est pas aussi parce que **vous n'allez pas dans le** « **Saint des Saints** » pour la conduite de nos différents cultes, parce que **vous ne vous tenez pas debout pour la prédication**, ou que **vous ne baptisez pas les gens**, que vous n'êtes pas connues de DIEU. C'est à cause de votre constitution morphologique interne, savoir les impuretés (*menstrues*) que **LE SEIGNEUR, non pas moi, a décidé souverainement pour son Église**.

Comme dans toutes les sociétés bien organisées, chacun joue un rôle bien défini. **Cela ne doit pas emmener les Devanciers de l'Église à vous minimiser ou à vous reléguer à des rangs** inférieurs, « ceci ne vient pas de moi mais plutôt de leur ignorance » [68].

De même, au **sujet des fonctions administratives** dans les structures du Diocèse, SBJ OSCHOFFA, consulté au sujet d'un malentendu sérieux sur la Paroisse SAINT URIEL de Marcory Anoumabo, à Abidjan en Côte d'Ivoire, affirme ceci : « **Les hommes devaient cesser de confiner les femmes de l'Église à des rôles subalternes** ... Dès lors, les femmes commencèrent par occuper des postes de présidentes paroissiales, de secrétaires générales ou adjointes, de trésorières générales ou adjointes.... Elle (La femme) prépare les annonces en collaboration avec ses adjoint(e)s, puis l'un d'eux fait les annonces pendant les cultes.

Cependant, pendant les **Assemblées Générales,** elle pourrait toutefois, s'asseoir à sa place pour prendre la parole et faire des comptes-rendus ; idem aussi pour les autres femmes occupant des postes administratifs au sein d'un comité paroissial. » [69].

Vous lirez avec beaucoup d'intérêt, ci–dessous, le chapitre consacré à la Femme dans L'ECC [70].

SBJ OSCHOFFA a toujours insisté sur l'importance de **LA SAINTE VIERGE-MARIE** [71]. Ce qui a conduit à l'institution du Culte de **vénération,** *(1 Ti 2 : 5)* et **non d'adoration,** qui lui est consacré le *premier vendredi de juillet de chaque année.* Le premier culte fût célébré le **vendredi 7 juillet 1978.**

> Le culte de dimanche matin se termine donc par un **chant révélé,** et par la prière de clôture faite par *une Devancière, LE NOTRE PÈRE,* le *Gloria* puis la *Bénédiction* donnée par le Chargé spirituel de la Paroisse ou, à défaut, par le Devancier le plus gradé.

---

[68] Lire *YANSUNNU Lévi M., 2013, op. cit., p. 77, § 3.* Lire toutes les pages, de 72 à 84).
ADETONAH, op. cit p .26 § 2.
[69] Lire *Ibid. p. 159-161*
[70] Cf. 2ème Partie, chap. 3
[71] ECC, Constitution, 1980, **Art. 77 ; 99,** § g

Les fidèles crient **7 x Alléluia** aux quatre points cardinaux [72], suivis de prosternation.

> On se relève et on reste debout jusqu'à la sortie du Temple.

> La sortie se fait en procession avec le cantique **JERI-MOYAMAH** (*qui signifie DIEU SOURCE DE FÉCONDITÉ*) suivi d'une courte prière et **bénédiction** dans la cour par le Conducteur, puis **7 x Alléluia** aux 4 points cardinaux. Une **prière** de congrégation achève le culte de dimanche matin. Durant le culte, l'utilisation du récipient de la Quête, Pajaspa [73], ainsi que les 7 Alléluia aux quatre points cardinaux à la fin des cultes sont aussi révélés [74].

Dans la semaine, d'autres cultes ont lieu le **dimanche soir**, le **mercredi matin pour les femmes stériles et autres nécessiteux** (hommes et femmes) et le **soir**, le **jeudi matin pour les femmes enceintes**, le **vendredi** à 13 heures au Jardin de prière, et **le soir** dans le Temple. Ce culte de 13 heures est célébré pour les Visionnaires (cf. 2e partie, chap. 5) mais intéresse aussi toute personne désireuse d'avoir des dons spirituels ou cherchant à consolider les siens.

Les cultes du soir ont exactement la même structure que celui de dimanche matin, mais simplifiés et ne comportent que le **Ps 51**. Le **vendredi** à 13 heures et le(s) soir(s), les fidèles sont assis à même le sol. Au total **7 cultes** ont lieu dans la semaine.

Des **cultes de circonstance**, en dehors de ceux de la semaine, sont nombreux. Nous avons le culte de vénération en l'honneur de **LA TRÈS SAINTE VIERGE-MARIE** à la suite de la

---

[72] OSCHOFFA, 1980, **Art. 86** – Lire la Note 13 dans la 1èrePartie, chap. Notes Complémentaires

[73] **Recommandation sur Pajaspa-Récipient de la Quête.** C'est également Mawunyon qui donna la description de ce que nous devrions utiliser pour la quête pendant les cultes et l'appela PAJASPA- un récipient en cercle, en métal avec un trou pour une bougie qui devrait être allumée pendant la quête. » (OSCHOFFA, SBJ, 1980, **Art. 82**).

[74] OSCHOFFA, SBJ, 1980, **Art. 82, 86**

révélation du **Premier Chant** de L'ECC le 6 octobre 1947 [75], de la double apparition à OSCHOFFA, de JÉSUS et de MARIE en 1954 à Bar Beach de Lagos.), et de la manifestation de MARIE en vision à OSCHOFFA le **15 juillet 1977.**

Il y a aussi les cultes de *Sortie d'enfant,* de *Mariage,* d'*Enterrement...*

Celui du **1er jeudi** du mois à minuit *en souvenir de la terrible nuit à Gethsémané* de JÉSUS et de ses disciples. Voici ce qu'en dit OSCHOFFA.

« **Recommandations au sujet de la veillée mensuelle de prière.** Au cours d'un culte en mémoire de NOTRE SEIGNEUR à *Gethsémané, (Mc 14 : 32 - 42)* peu avant sa mort, le cantique, qui fut révélé par l'intermédiaire de **Mawunyon,** était un cantique que chanta NOTRE SEIGNEUR à genoux le front contre terre à *Gethsémané* lorsqu'IL supplia ses disciples de veiller pendant que LUI priait. Dans le cantique, IL cherchait à les entraîner dans sa prière à *Adorer.* LE SEIGNEUR DIEU, ne sachant pas qu'ils étaient endormis.

« **YAH GOL YAH MARIH YAH N'GAI YE / YAH GOL YAH MARIH YE !** », *qui signifie en Français :* « *Prosternons-nous devant LE SEIGNEUR DIEU / JE ME prosterne MOI-MÊME devant LUI.* ». C'est JÉSUS LUI-MÊME qui parlait.

C'est le seul cantique que JÉSUS chanta dans le Jardin de Gethsémané cette nuit-là. Comme IL chantait et priait intensément, Il transpira tellement que les gouttes de sueur se mirent à lui tomber du corps comme du sang *(Lc 22 : 40 - 45)* et à cette occasion une VOIX répondit à NOTRE SEIGNEUR JÉSUS : « *JE T'ai glorifié sur la terre et dans le Ciel.* ».

---

[75] OSCHOFFA, SBJ, 1980, **Art. 77, 99 § g. Cette importance de la VIERGE MARIE dans L'ECC** est soulignée par le *Premier Chant Révélé* à notre Église **le dimanche 6 octobre 1947** et par une apparition à *Bar Beach* de Lagos (Nigéria) en **1954, Art 70.**
Le Premier Chant Révélé à L'ECC : « *OH BIEN CHERS FRÈRES CROYANTS* », lire Note 14 dans la 1ère Partie, chap. Notes Complémentaires.
Lire la Note 15 sur La Femme dans L'ECC dans la 1èrePartie, Notes Complémentaires.
Lire OSCHOFFA. SBJ, 1980, **Art. 70 - 71, Art. 77, 99, § g**
Lire ADETONAH, op. cit p. 26 § 2

« Nous chantons ce cantique dans l'Église du Christianisme Céleste au cours de la veillée de prière mensuelle (la nuit du premier jeudi au vendredi matin de chaque mois) en mémoire de cet événement, et aussi durant la Semaine Sainte pendant la veillée de prière de la Sainte Communion du Jeudi Saint à vendredi Saint. »

« Un cantique entonné à cette même occasion que nous avons reçu à un autre moment est : *HI RAM JAH MAH / JARI BAM / HI RAM JAH MAH*. Immédiatement traduit en Yoruba pour que nous comprenions le cantique que l'on nous enseignait : *'Emi Mimo / Adaba Orun / E sokale wa'*. Ce qui signifie en Français : « *Ô ! SAINT ESPRIT / Colombe du Ciel / Descends en nous.* » [76].

Dans tout temple de L'ECC, il a **deux Autels** (*Ap 11 : 4*) :

> le **Petit Autel** devant le Chœur ; et à l'intérieur de celui-ci ;

> le **Grand Autel**,

tous **deux orientés vers l'Est** si possible.

A) Sur le **Grand Autel**, se trouve le **Grand Chandelier à 7 branches** révélé [77], en dégradé, de forme triangulaire équilatérale. Il représente la **Trinité** à savoir :

> **LE PÈRE** au sommet ;
> **LE FILS** en bas à droite ;
> et L'**ESPRIT SAINT** en bas à gauche ;
> Sur le côté droit, on trouve les Archanges **Michel** et **Raphaël**, de bas en haut ;
> sur le côté gauche, les Archanges **Gabriel** et **Uriel**, de bas en haut.

---

[76] OSCHOFFA, SBJ, 1980, **Art. 88**
[77] « Recommandation sur le Chandelier. C'est Mawunyon qui donna la recommandation que nous devrions faire le culte avec sept bougies et prit donc un morceau de bois et dessina la forme du chandelier... », lire OSCHOFFA, SBJ, 1980, **Art. 81**.

Sur le **Grand Autel**, les *sept bougies* sont allumées au grand culte de **dimanche matin**, à **ceux des grandes fêtes** ; au culte du **1er jeudi minuit**, mais *on n'y accède pas*. Durant ce culte, tous les fidèles sont en tenues d'apparat. « Les fidèles, en venant à l'église, apportent chacun *3 sortes de fruits, 1 bouteille d'eau, des objets à faire sanctifier pour le mois, 1 bougie* (qui sera ramassée à la fin du culte).

Tous les objets rassemblés à gauche face à l'Autel sont entourés de 7 bougies allumées. Après le culte, chaque fidèle reprend sa bouteille d'eau et les objets sanctifiés. Les fruits sont distribués à la communauté. ».

B) Sur le **Petit Autel**, on trouve le *Petit Chandelier à 3 branches*, destiné avant tout aux cultes du soir. Il est le seul autorisé dans les maisons des fidèles [78].

La **tenue principale est la robe de prière blanche** (*Ex 28 : 2 - 3 ; Ap 7 : 9 ; Mt 28 : 2 - 3*) simple pour le nouveau fidèle, avec *une sangle* à une ou trois *croix*, et une *frange* en couleurs (blanche, bleue, violette) selon le grade et le collège de fidèles (*Ex 29 : 9*). Un **surplis** avec **bandoulière** et une **barrette** complètent la tenue des hommes, lire *SO&P, 2e édition, p. 12-20.*

Les femmes ont une coiffe (*1 Co 11 : 5 - 6*). Les femmes ont aussi un surplis qui est **jaune** [79], ou **bleu** pour les Visionnaires.

Sur **l'importance du port de la sangle dans L'ECC**, voici le rappel qu'en fait SBJ OSCHOFFA en février 1954, en plein culte de la huitaine en mémoire de la VSMW Alice Iyabo BADA :

« **La sangle est un symbole de force spirituelle. Comme souvent le chrétien céleste est en lutte perpétuelle contre les forces du mal, il doit toujours et partout mettre sa sangle ; bien faire le nœud à gauche** » [80].

---

[78] Lire ADETONAH A, 1972, Règlement Intérieur, p. 78, **Art. 43**
[79] Lire YANSUNNU M. Lévi, TIII, 2013, op. cit., p. 73, § 2-3
[80] Lire YANSUNNU M. Lévi, TIII, 2013, op. cit., p. 249, § 1
La lecture des T I et II, est indispensable

4.4. LES ORDONNANCES DE L'ECC

« *Église du Christianisme Céleste, Les 10 Fondements* », *écrit par* ABIASSI *Godwill, 1987*, 11 pages, Cotonou (Bénin) est un texte posthume, à la suite d'une recommandation faite par SBJ OSCHOFFA le vendredi 5 avril 1985 à Makoko (Nigéria).

« *ECC, Les 10 Fondements* » deviennent, avec la « **Communion** », les « **Onze Ordonnances** », issues de Sacrements, *Ordonnances & Prescriptions* », *Porto-Novo (Bénin), 2ᵉ édition, p. 29.*

EXPLICATION ET FONDEMENT BIBLIQUE DES 10 FONDEMENTS ET DE LA COMMUNION :

1. *Le Baptême (1 Co 10 : 1-4 ; Ac 19 : 1-6 ; Mt 3 : 13-17)* ;

2. *L'Onction (Ex 30 : 30 ; Lv 8 : 12 ; Ac 10 : 38)* ;

3. *L'Adoration avec prosternation (Ex 4 : 31 ; Né 8 : 1-6 ; Ap 4 : 9-11 ; 7 : 11-12)* ;

4. *Les 7 prières quotidiennes (Ps 119 : 164 ; Pr 24 : 16)* ;

5. La naissance de *NOTRE SEIGNEUR JÉSUS-CHRIST (Mt 1 : 18-25 ; Lc 2 : 1-20 ; Es 7 : 14 ; 9 : 5 ; Mi 5 : 1-2 ; Ga 4 : 4-5)* ;

6. Le *lavement des pieds des fidèles le Jeudi Saint (Jn 13 : 1-17)* ;

7. La *mort de NOTRE SEIGNEUR JÉSUS-CHRIST (Mt 27 : 32-61 ; Jn 19 : 17-36 ; Mc 15 : 21-41 ; Lc 23 : 44-49)* ;

8. La *Résurrection (Mt 28 : 1-7 ; Mc 16 : 1-18 ; Lc 24 : 1-12 ; Jn 20 : 1-29)* ;

9. L'*Ascension de NOTRE SEIGNEUR JÉSUS-CHRIST (Mc 16 : 19-20 ; Lc 24 : 50-53 ; Ac 1 : 9-12)* ;

10. L'effusion du *SAINT ESPRIT à la Pentecôte (Jl 2 : 28-32 ; Ac 2 : 1-47 ; Jn 14 : 16-17, 26 ; 16 : 13 ; 1 Co 12 ; 13 ; 14)* ;

11. La *Communion (Lc 22 : 19-20 ; 1 Co 11 : 20-29).*

4.5. LES PRÉCEPTES OU LES DOUZE INTERDITS

Ils sont reçus par SBJ OSCHOFFA, et sont entièrement basés sur LA BIBLE. Pour le confirmer, nous les avons affectés de références bibliques.

« Il est recommandé par **LE SAINT-ESPRIT** que :

1. Il est interdit aux fidèles de l'Église du Christianisme Céleste, sous n'importe quelle forme, de participer aux cérémonies ou aux *cultes fétichistes* et d'*idolâtrie*, à la *magie noire* ou au *charme*. (*Ex 20 : 1-6 ; Dt 5 : 6-10 ; 2 R 1 : 1-4 ; 1 Co 10 : 7, 14, 21-22 ; 2 Co 6 : 14-16 ; 1 Jn 5 : 21*).

2. La cigarette, le tabac ou toute herbe à fumer ou à priser sont interdits aux fidèles de l'Église du Christianisme Céleste, (Cf. (3.) ci-dessous).

3. La consommation, sous toutes ses formes, de l'alcool, du vin ou de toute boisson forte qui peut intoxiquer, est interdite aux fidèles de l'Église du Christianisme Céleste car leur odeur (*cigarettes, tabac, alcool, etc.*) n'est pas compatible avec L'Esprit-Saint. (*Lc 1 : 15-17 ; Jg 13 : 3-7, 14 ; Nb 6 : 1-5 ; 1S. 1 : 11, 26-28 ; Dn 1 : 8 ; Pv 31 : 4-7 ; Es 28 : 7-8 ; 7 : 23*).

4. La consommation de la viande de porc ou de toute nourriture offerte en sacrifice aux idoles ou à toute force des ténèbres est interdite aux fidèles de l'Église du Christianisme Céleste. (*Lv 11 : 7 ; Dt 14 : 8 ; Es 65 : 4 ; Mt 7 : 6 ; 2 Pi 2 : 22 ; Mc 5 : 12-13 ; Lc 8 : 32-33 ; 1 Co 8 : 7-12 ; 10 : 19-22 ; Ap 2 : 20*).

5. Il est interdit aux fidèles de porter des habits de couleur noire ou rouge sauf pour des raisons professionnelles. (Références concernant la couleur **noire** (*Ap 6 : 5, 12*) *et la* couleur **rouge** (*Es 1 : 18 ; 63 : 1-6 ; Mt 27-28 ; Jn 19 : 1-5 ; Ap 12 : 3 ; 17 : 3-4*)).

6. Les fidèles ne peuvent pas être en chaussures quand ils sont en soutane (forme de jeûne : *2 Sam 15 : 30 ; OSCHOFFA,*

1974, p. 8 § 2) ou dans l'enceinte de l'Église (*Ex 3 : 5 ; Jos 5 : 15 ; Ac 7 : 35*).

7. Il est interdit aux fidèles hommes et femmes de s'asseoir côte à côte dans l'Église et dans l'enceinte de l'Église. (*Siracide 42 : 12*).

8. Les femmes en période de menstruation ne sont pas autorisées dans l'enceinte de l'église jusqu'à leur sanctification après sept jours ; et quand leur menstruation va au-delà de sept jours, deux jours doivent être ajoutés avant la sanctification. (*Lv 15 : 19, 29 ; 12 : 1+*).

9. Les fidèles femmes ne sont pas autorisées à entrer dans l'aire de l'autel ou à conduire la congrégation au cours d'une réunion. (*Gn 3 : 16 ; 1 Co 14 : 34 ; 1 Ti 2 : 12*).

10. Dans l'Église du Christianisme Céleste, seules les bougies blanches sont utilisées. Les bougies de couleur sont strictement interdites. (Cf. (5) ci-dessus).

11. La fornication et l'adultère sont interdits dans l'Église du Christianisme Céleste. (**6ème et 10ème Commandements de DIEU**, *Ex 20 : 14, 17 ; Dt 5 : 18, 21 ; Mt 5 : 27-28 ; Lc 18 : 20*).

12. Sainte est l'Église du Christianisme Céleste et tous ceux qui y œuvrent doivent s'efforcer d'être propres de corps et d'âme » [81].

L'objectif de ces *Ordonnances* et de ces *Douze Interdits* n'est autre que de nous amener à contribuer efficacement à la Mission de L'ECC qui est *de purifier le monde*, d'où ces forces spirituelles dont JÉSUS-CHRIST a doté cette Église.

Ne pas les respecter nous fragilise, a révélé LA VIERGE MARIE, devant DIEU et devant les hommes, dans l'accomplissement de cette mission d'arracher le prochain à l'emprise du diable.

---

[81] Lire **Mt 16 : 18-19 ; 2 Co 7 : 1** et OSCHOFFA SBJ., 1980, ECC, Constitution, Nigéria, **Art. 93**; SO&P, p. 30

PREMIÈRE PARTIE
L'Église du Christianisme Céleste :
Sa place dans la Chrétienté

5. L'Église du Christianisme Céleste, La Doctrine

Tous les principes et croyances de L'ECC se retrouvent dans LA BIBLE. Celle-ci a inspiré **Quatre Fondamentaux** qui contiennent des **Révélations** spécifiques à L'ECC [82], et qui se retrouvent également dans l'**Histoire de l'Église Universelle**.

5.1. LA BIBLE

L'ECC utilise LA BIBLE, version *Louis SEGOND*. Les fidèles peuvent se procurer néanmoins d'autres versions pour retrouver l'Archange Raphaël dans le livre de Tobit et l'Archange Uriel dans le **Livre d'Esdras, chapitre 4** [83].

C'est une obligation pour le Prédicateur. Ainsi sont confirmées les sources bibliques des quatre Archanges *Michel, Raphaël,*

---

[82] Cf ci-dessous les détails à l'Appendice 1

[83] **L'Archange Uriel.** « *L'ange qui m'avait été envoyé et dont le nom était **Uriel** me répondit et me dit : « Ton cœur est tout à fait égaré à propos de ce monde-ci et tu penses appréhender la voie du TRS-HAUT. ? » (4 Esd 4 : 1-2).*

« *Et moi, je jeûnais sept jours, hurlant et pleurant, comme l'ange **Uriel** me l'avait ordonné. Au bout de sept jours, les pensées de mon cœur m'étaient de nouveau très pénibles. Mon âme recouvra l'esprit d'intelligence et, de nouveau, je commençai à discourir devant LE TRES-HAUT.* » (4 Esd 5 : 20-22).

« *Où est l'ange **Uriel** qui est venu vers moi au commencement ? Car c'est lui qui m'a mis tout à fait hors de moi ; ma fin est devenue vaine, et ma prière un affront.* » (4 Esd 10 : 28).

L'**Archange Uriel** figure également sur deux tableaux de Léonard de VINCI, le peintre de la « Joconde ». Un des tableaux est au Musée du Louvre à Paris (VIERGE à l'Enfant avec Jean Baptiste et un ange, dite « LA VIERGE aux Rochers », vers 1483-1490 ?), et un autre au *National Gallery* à Londres avec quelques variantes [THE VIRGIN of the Rocks (THE VIRGIN with the Infant Saint John adoring THE INFANT CHRIST accompanied by an Angel), about 1491-1508].

L'**Archange Uriel** (qui signifie Feu de DIEU ou Lumière de DIEU) est l'Archange de l'intelligence et de la connaissance. Il est souvent invoqué comme tel dans des prières pour les apprentis, les scolaires et les universitaires, et dans d'autres circonstances.

Gabriel et *Uriel* invoqués dans L'ECC comme dans la Tradition juive [84].

5.2. LES 4 FONDAMENTAUX QUI CONTIENNENT DES RÉVÉLATIONS

5.2.1. Lumière sur le Christianisme Céleste, de ADETONAH Apollinaire, 1972, Porto-Novo (Bénin) avec une **Dédicace** de Samuel Biléou Joseph OSCHOFFA, Prophète Pasteur et Fondateur de L'ECC : « À mes bien-aimés frères et sœurs en CHRIST » ; nouvelle édition en 2010, texte inchangé, 96 pages.

5.2.2. Lumière sur le Christianisme Céleste, provenant du Révérend Pasteur SBJ OSCHOFFA, Fondateur du Christianisme Céleste, Vendredi 25 octobre 1974, Porto-Novo (Bénin). Document signé par le Révérend Pasteur SBJ OSCHOFFA, Fondateur du Christianisme Céleste ; A. A. BADA, Supérieur Senior Évangéliste et B. D. AGBAOSSI, Senior Évangéliste, 12 pages.

5.2.3. ECC, Constitution (en Anglais) par SBJ OSCHOFFA, le 29 mars 1980, au Nigéria, 200 Articles. Traduite en Français. 54 pages.

5.2.4. Église du Christianisme Céleste, Les 10 Fondements, par ABIASSI Godwill, 1987, Cotonou (Bénin). Texte posthume, à la suite d'une recommandation faite par SBJ OSCHOFFA le vendredi 5 avril 1985 à Makoko (Nigéria), 11 pages.

« *ECC, Les 10 Fondements* » deviennent, avec la « *Communion* », les « *Onze Ordonnances* », dans « *Sacrements, Ordonnances & Prescriptions* », Porto-Novo (Bénin), 2e édition, p. 29 [85].

5.3. HISTOIRE DE L'ÉGLISE UNIVERSELLE

Dans l'histoire de l'Église universelle, on retrouve en Afrique Romaine (c'est–à–dire dans l'Afrique du Nord et en Lybie à l'époque romaine), et au Moyen-Orient chrétien, l'obligation

---

[84] BIBLE TOB avec *Notes Intégrales*, 1910, p ; 2026, note 4.1.
[85] Cf. ci-dessus 1ère Partie, 4.4

pour les fidèles qui ont fui pendant les Persécutions [les *lapsi)*, ceux qui ont échoué *(chuté)*] de recevoir un deuxième baptême, celui de la purification avant de réintégrer la communauté chrétienne [86].

Ce deuxième baptême est une **obligation** quand on devient Chrétien Céleste selon une révélation reçue par SBJ OSCHOFFA. En effet, nous avons tous chuté depuis notre premier baptême que certains ont reçu dans leur tendre enfance. Mais pour d'autres qui n'ont jamais été baptisés, ce baptême dans L'ECC correspond à ce que nous affirmons à la fin du *CREDO* intégral : « *Je reconnais un seul baptême pour la rémission des péchés.* » [87].

« Avant d'être accepté comme membre de l'Église, on doit être baptisé ou rebaptisé dans la foi de l'Église du Christianisme Céleste par **immersion** *(Actes 19 : 1 - 6)*.

« **Art. 102. Nul ne peut être considéré comme membre de l'Église tant qu'il n'est pas baptisé dans l'Église du Christianisme Céleste sans tenir compte des baptêmes précédents reçus dans n'importe quelle autre Église Chrétienne.** » [88].

5.4. CONCLUSION

Chers frères et sœurs en CHRIST, et vous, Chers Amis qui cherchez à mieux connaître et à comprendre cette Église, je suis persuadé qu'à la lecture de ces premiers chapitres sur l'Église du Christianisme Céleste, (que vous pouvez compléter vous-mêmes, fidèles de L'ECC), vous avez fait quelques découvertes surprenantes sur le vrai visage de cette Église telle que Samuel Biléou Joseph OSCHOFFA l'a reçue de JÉSUS-CHRIST le

---

[86] Lire AKAKPO Amouzouvi, 1980, *Afrique romaine, (les persécutions contre les chrétiens au IIIème siècle d'après des relations de martyre)*, Dakar, NEA, p. 193-194. [Thèse de doctorat de 3e cycle, Aix-en-Provence, 7 avril 1971 : « *les Persécutions contre les chrétiens en Afrique romaine au IIIème siècle. Étude de relations de martyre* »].

[87] Lire OSCHOFFA SBJ, 1980, ECC, Constitution, Nigéria, **Art. 99 a) Baptême.**

[88] OSCHOFFA SBJ, 1980, *ECC, Constitution* et le chapitre 2 dans la 2e Partie

dimanche 29 septembre 1947 jour de la SAINT MICHEL à Porto-Novo au Bénin en Afrique de l'Ouest.

Il vous appartient, à votre tour, de la faire connaître comme telle, autour de vous pour la Gloire du DIEU, LE PÈRE, du DIEU LE FILS et du DIEU L'ESPRIT-SAINT.

Sachez qu'en le faisant, **vous contribuez à l'œuvre de réhabilitation et de sanctification de L'ECC**, à laquelle s'attèlent certaines Paroisses et Nouvelles Églises comme LA FRATERNITÉ CHRÉTIENNE [89]. La méconnaissance de ce vrai visage de L'ECC de la part de certains fidèles, a conduit à des dérapages, et par là, au manque de sa lisibilité dans le paysage de la Chrétienté pour ceux qui veulent y œuvrer.

Vous qui rejoignez cette l'Église, vous découvrirez une Église chrétienne primitive dans toute son efficacité, telle qu'elle fut vécue dans les premiers siècles [90] et déjà annoncée par le Prophète Esaïe (*qui signifie L'ÉTERNEL a sauvé*) :

« *Les tiens rebâtiront sur d'anciennes ruines, tu relèveras des fondements antiques, on t'appellera réparateur des brèches, Celui qui restaure les chemins, qui rend le pays habitable.* », (*Es 58 : 12*).

En cela, nous pensons que les frères et sœurs du Renouveau Charismatique et d'autres Communautés Nouvelles [91] pourront se sentir très proches des fidèles de la véritable Église du Christianisme Céleste.

QUE LA PAIX DU SEIGNEUR SOIT AVEC NOUS TOUS !

AMEN !

---

[89] Cf. la 3e Partie, chap. 5
[90] Par exemple, en Afrique Romaine. DECRET François, 1996, *Le Christianisme en Afrique du Nord Ancienne*, Paris, SEUIL.
[91] LANDRON Olivier, 2004, *Les Communautés Nouvelles, Nouveaux visages du Catholicisme français*, Paris, CERF Histoire.

PREMIÈRE PARTIE

L'Église du Christianisme Céleste :

Sa place dans la Chrétienté

5.5. NOTES COMPLÉMENTAIRES

Note 1 - Les pages indiquées dans les citations d'ADETONAH Apollinaire, **1972**, *Lumière sur le Christianisme Céleste*, sont celles de la dernière édition de Porto-Novo (Bénin).

Note 2 - On peut retrouver les significations des Noms bibliques dans *Nouvel Index Biblique, 2011, Petite concordance analytique de mots et de sujets bibliques*, Éditions Le Bon Livre, Rue du Moniteur, 7 ; 1000 Bruxelles (Belgique).

Note 3 - Le terme **Église** « désigne désormais la nouvelle communauté de ceux qui croient au CHRIST et se reconnaissent assemblée de DIEU, nouvelle convocation de tous les peuples par DIEU et devant lui. » De Benoît XVI, 2009, Saint Paul, Paris, BAYARD, p. 63, § 1).

Note 4 – *CREDO* (Je crois en Dieu) est récité dans L'ECC dans sa forme liturgique abrégée de l'époque carolingienne. Aujourd'hui, la tendance est de reprendre le texte dans sa forme liturgique originelle, intégrale déjà chantée en latin chez les Catholiques. Dans L'ECC, le *CREDO* est récité juste avant la prière introductive à la Prédication (Homélie) pour montrer que celle-ci ne peut en aucun cas être déviée du contenu doctrinal du *'Je crois en Dieu'*.

Note 5 – *CREDO* - Symbole de Nicée (325) et de Constantinople I (381)

Il est solennellement confirmé en 451 au Concile œcuménique de Chalcédoine qui promulgue aussi que « CHRIST est consubstantiel au PÈRE selon la divinité, et consubstantiel à nous selon l'humanité » (Dict. Encycl. du Christianisme Ancien, Paris, 1990, p. 460, 2e col. §1), c'est-à-dire qu'« en l'unique personne du FILS de DIEU, sont présentes deux natures « sans séparation » et « sans confusion.», de Mémoire du Christianisme, Paris, 1999, p. 71, 3e col. §1).

> Je crois en un seul **DIEU, LE PÈRE TOUT-PUISSANT,**
> Créateur du Ciel et de la Terre, de l'Univers Visible et Invisible,
> Je crois en un seul **SEIGNEUR, JÉSUS-CHRIST,**

> **LE FILS UNIQUE de DIEU**, né du PÈRE avant tous les siècles. **IL est DIEU, né de DIEU,**
> Lumière née de la Lumière,
> Vrai DIEU, né du vrai DIEU
> Engendré, non pas créé,
> De même nature que LE PÈRE,
> Et par LUI tout a été fait.
> Pour nous les hommes, et pour notre salut,
> IL descendit du ciel,
> Par L'ESPRIT-SAINT, IL a pris chair de LA VIERGE-MARIE, et s'est fait homme.
> Crucifié pour nous sous Ponce Pilate,
> IL souffrit sa passion et fut mis au tombeau.
> IL ressuscita le troisième jour,
> Conformément aux Écritures, et IL monta au ciel ;
> IL est assis à la droite du PÈRE.
> IL reviendra dans la gloire, pour juger les vivants et les morts ; et son règne n'aura pas de fin.
> Je crois en **L'ESPRIT-SAINT, qui est SEIGNEUR** et qui donne la vie ;
> IL procède du PÈRE et du FILS (*) ;
> Avec LE PÈRE et LE FILS, IL reçoit même adoration et même gloire ;
> IL a parlé par les prophètes.
> Je crois en **L'ÉGLISE, UNE, SAINTE, UNIVERSELLE ET APOSTOLIQUE.**
> Je reconnais un seul baptême pour la rémission des péchés. J'attends la résurrection des morts, et la vie du monde à venir. **Amen.**

Note 6 - L'ESPRIT SAINT (3ème Personne) de la TRINITÉ, terme qu'un Africain, Tertullien, est le premier à utiliser (De pud. 21, 16). L'ESPRIT-SAINT est apparu au baptême de JÉSUS sous la forme d'une Colombe (*Mt 3 : 16 - 17*). IL inspire les Prophètes (*Joë 3 : 28 - 29 ; Pv 1 : 23 ; 1 Co 12 : 4 - 11 ; 2 Co 12 : 3+*), et les Apôtres à la Pentecôte (*Ac 2 : 1+*). IL poursuit l'œuvre de la Rédemption (*Jn 14 : 18 ; 14 : 26 ; 16 : 13*).

<u>NB :</u> C'est la forme liturgique. La forme originelle commence par : Nous croyons en un seul DIEU.

« Cependant dans ce texte originel, et dans un souci évident de compromis, les évêques réunis en concile affirment que L'ESPRIT procède du PÈRE, omettant de mentionner LE FILS. Le **filioque**, c'est-à-dire la procession du « PÈRE et du FILS », sera introduit dans ce symbole, contre l'avis de l'Orient, par le **troisième concile de Tolède**

réuni en 589, mais il restera longtemps à l'écart des usages liturgiques. On sait par exemple que, vers 810, Charlemagne demanda au pape Léon III d'introduire le filioque dans le Credo, mais ce n'est qu'au début du XIème siècle qu'il entrera effectivement dans l'usage liturgique occidental ; ce sera l'une des principales raisons du schisme avec le monde orthodoxe en 1054. Aujourd'hui, les orthodoxes et même les catholiques orientaux n'ont pas introduit le filioque dans leur credo » [92].

Note 7 - La signification du nom de MARIE en hébreux est *Miryam*, comme la sœur de Moïse ou *Mariam* ou *Maria* en grec. MARIE signifie : la Rebelle, (Obstination), l'Amère, la Forte, Celle qui s'élève, Celle qui est élevée, la Voyante (Prophétesse), la Dame, féminin de SEIGNEUR. Avec la traduction de LA BIBLE en Latin, MARIE devient la Goutte "d'eau" de mer, la "Stella maris" (*L'Étoile de la mer*), d'après GERARD André-Marie [93].

Note 8 – Les Archanges

A/ L'Archange Uriel. « *L'ange qui m'avait été envoyé et dont le nom était Uriel me répondit et me dit : « Ton cœur est tout à fait égaré à propos de ce monde-ci et tu penses appréhender la voie du TRÈS-HAUT. ? »,* de **4 Esd 4 : 1-2.**

« *Et moi, je jeûnais sept jours, hurlant et pleurant, comme l'ange Uriel me l'avait ordonné. Au bout de sept jours, les pensées de mon cœur m'étaient de nouveau très pénibles. Mon âme recouvra l'esprit d'intelligence et, de nouveau, je commençai à discourir devant LE TRÈS-HAUT. »,* de **4 Esd 5 : 20-22.**

« *Où est l'ange Uriel qui est venu vers moi au commencement ? Car c'est lui qui m'a mis tout à fait hors de moi ; ma fin est devenue vaine, et ma prière un affront. »* de **4 Esd 10 : 28.**

L'Archange Uriel figure également sur deux tableaux de Léonard de VINCI, le peintre de la « Joconde ». Un des tableaux est au Musée du Louvre à Paris (VIERGE à l'Enfant avec Jean Baptiste et un ange, appelée « LA VIERGE aux Rochers », peint vers environ 1483-1490), et un autre au National Gallery de Londres avec quelques variantes [THE

---

[92] Lire LENOIR, Frédéric, 2012, Comment Jésus est devenu DIEU, Paris, Fayard, Le Livre de Poche, p. 272, § 2

[93] GERARD André-Marie, 1989, Dictionnaire de LA BIBLE, Paris, Robert LAFFONT, p. 882, 2e colonne, § 2

VIRGIN of the Rocks (THE VIRGIN with the Infant Saint John adoring THE INFANT CHRIST accompagnied by an Angel), about 1491-1508].

L'Archange Uriel (qui signifie *Feu de DIEU* ou *Lumière de DIEU*) est l'Archange de l'intelligence et de la connaissance. Il est souvent invoqué comme tel dans des prières pour les apprentis, les scolaires et les universitaires, et dans d'autres circonstances.

B/ LA BIBLE TOB (Traduction Œcuménique de LA BIBLE) a le mérite, comme son nom l'indique, d'être une œuvre commune de trois grandes Églises : Catholique, Protestante et Orthodoxe. Elle contient, comme LA BIBLE de Jérusalem, les Livres dits Deutérocanoniques dont le Livre de Tobit où est mentionné l'archange Raphaël

L'Archange Raphaël (qui signifie *DIEU a guéri*) qui nous dit qu'ils sont 7 anges. « *Je suis Raphaël, l'un des sept anges qui se tiennent devant la gloire du SEIGNEUR et pénètrent en sa présence.* » de *Tobit 12 : 15*. Autres mentions de Raphaël dans *Tobit : 3 : 17 ; 5 : 4 ; 8 : 3 ; 11 : 1, 4, 7*.

C/ Rappelons les références bibliques dans LA BIBLE version Louis SEGOND, de l'Archange MICHEL (qui signifie Qui est semblable à DIEU), Chef de l'Armée céleste : (*Dn 10 :13, 21 ; 12 : 1 ; Jud. 9 ; Ap. 12 : 7*), et de l'Archange Gabriel (qui signifie *Héros de DIEU*), envoyé à Daniel, Zacharie et MARIE (*Dn 8 : 16 ; 9 : 21 ; Lc 1 : 19, 26*).

Les 3 autres Archanges : Barachiel, Jehudiel, Zeadchiel sont mentionnés dans des récits rabbiniques de moindre importance (GERARD A-M, op. cit., p. 99, 1e col. § 3).

Note 9 – Le sacrement du Baptême

OSCHOFFA SBJ, 1980, ECC, Constitution, Nigéria,

Art. 99 a) BAPTÊME

Art. 103 : « Tout adorateur désirant devenir un membre devra :(1) Renoncer à l'adhésion à tous cultes secrets, à toutes sociétés secrètes, à toutes fraternités secrètes, etc… ; (2) Renoncer à l'œuvre de tous idoles et fétiches ; (3) Renoncer à l'adhésion à Satan et à tous ses œuvres, à suivre tous prêtres fétichistes et à s'engager dans la magie ou dans tous pouvoirs sataniques ; (4) Renoncer à tous titres, positions ou associations qui directement ou indirectement entrent en conflit avec les recommandations ci-dessus mentionnées (c'est-à-dire tout genre de chefferie) ; (5) Déclarer que vivant ou mort, il appartient entièrement à l'Église du Christianisme Céleste et qu'à sa mort, il devrait être enterré selon les préceptes et les rites de l'Église du Christianisme Céleste ;

(6) Signer une déclaration d'adhésion aux engagements ci-dessus. Tous les engagements ci-dessus sont basés sur l'enseignement de la Sainte Bible ».

Exode 20 : 3 :« *Tu n'auras pas d'autres dieux devant ma face.* ».

2 Corinthiens 6 : 14-15 : « *Ne vous mettez pas avec les infidèles sous un joug étranger. Car quel rapport y a-t-il entre la justice et l'iniquité ? Ou qu'y a-t-il de commun entre la lumière et les ténèbres ? Quel accord y a-t-il entre CHRIST et Bélial ? Ou quelle part a le fidèle avec l'infidèle ?*».

Art. 105 : « Les nouveaux membres doivent, avant leur admission comme fidèles, être sanctifiés à l'aide d'un sceau d'eau et une bougie pour éviter la souillure dans l'Église. La prière de sanctification doit être dirigée par Le Représentant du Pasteur en charge de la Paroisse ou celui qu'il a désigné. »

Note 10 – Explication complémentaire sur l'Emblème de L'ECC « **L'Emblème de L'ECC est un drapeau blanc, frappé d'un Arc-en-ciel avec les sept (7) couleurs,** tracé en courbe dont la première bande horizontale occupe la moitié de la largeur.

Dans la première bande de l'arc-en-ciel est inscrit le nom en français : « ÉGLISE DU CHRISTIANISME CÉLESTE », tel qu'il a été révélé. *(OSCHOFFA, 1980,* **Art. 3, 11***)*. Ce nom est également transcrit successivement en anglais : « CELESTIAL CHURCH OF CHRIST » et dans d'autres langues selon le lieu d'implantation de l'Église.

« Sous cet arc-en- ciel, sont frappés successivement du haut vers le bas, **L'ŒIL,** le *Chapeau quadricorne doré,* puis une **CROIX** portant l'image de NOTRE SEIGNEUR JÉSUS-CHRIST et l'inscription « *JÉSUS de Nazareth, Rois des Juifs* » *(Jn 19 : 19)*.

Lire : *La Constitution de L'ECC,* **2008,** Porto-Novo, (Bénin), **Art. 7,** p. 6 - 7 ; *Sacrements Ordonnances & Prescriptions,* 2e édition, p. 40 - 42 ; **1ère Partie, le chapitre. 4.2.**

Sur l'*Arc-en-ciel,* TIELICKE, H. écrit : « **Toute l'histoire est encadrée par l'arc au début et à la fin,** lire *Gn 9 : 13 ; Ap 4 : 3* », dans VOELTZEL René, 1972, *Selon les Écritures, Nouveau Testament, Yaoundé, Éditions CLE, p. 715, § 1.*

Note 11 - Ce Nom **ADONAÏ** permettait au moment de l'Exil à Babylone au 6e siècle av. J.-C., d'éviter de commettre un sacrilège en voulant prononcer **YHVH** réservé dès lors au Grand Prêtre qui le faisait une fois l'an le Jour des Expiations.

En entrant en composition avec d'autres termes, **YHVH** devient **JO, YO** ou **YEHO** au début du mot. Quand c'est en finale, IL devient **YA** ou **YAHOU**. Ainsi, par exemple, on a : **Yohanân** (*qui signifie Grâce de DIEU*), **Yehoyada** (*qui signifie DIEU connaît*), **Zakaryahou** (*qui signifie DIEU s'est souvenu*), **Alléluia, Haleluyah** (qui signifie **Louez YAH [VE]**).

Lire *1 Ch 3 : 15, 24 ; Jr 29 : 26 ; 1 Ch 5 : 7 ; Ps 135 ; 150.*
GÉRARD, André-Marie, 1989, Dictionnaire de LA BIBLE, p. 1380-1381, 1e col +, Paris, BOUQUINS ROBERT LAFFONT.

Note 12 - JÉSUS FILS DE L'HOMME

1. JÉSUS affirme donc sa « domination éternelle ». Ainsi LE FILS de l'homme :

1) pardonne les péchés (*Mc 2 : 10*) ;

2) IL est Maître du Sabbat (*Mc 2 : 28*) ;

3) IL est 'ANTICIPATEUR' du Royaume de DIEU (*Lc 17 : 21*) ;

4) IL a le pouvoir de juger à la fin des temps (*Jn 5 : 22 ; 27*).

« L'expression LE FILS de l'homme est mentionnée 82 fois dans les évangiles canoniques. Elle manifeste l'incroyable puissance de sa PERSONNE et de sa MISSION. » d'après *LENOIR Frédéric, 2012, Comment JÉSUS est devenu DIEU, Paris, Fayard, Le Livre de Poche, p. 67, §2-p.68, §3*)

2. JÉSUS, par ce nom, affirme aussi son pouvoir de Prophète comme Ézéchiel qui a eu le mérite, au 6ème siècle avant J.-C., d'être appelé 83 fois par L'ÉTERNEL, FILS de l'homme dans le Livre d'Ézéchiel. Sur les 48 chapitres du Livre d'Ézéchiel, seuls dix ne portent pas la mention du nom de Fils de l'homme. Il s'agit des chapitres **1/ ; 9/ ; 10/ ; 18/ ; 19/ ; 41/ ; 42/ ; 45/ ; 46/ ; 48/.**

Tous les autres chapitres mentionnent au moins une fois le FILS DE L'HOMME, certains six fois comme les chapitres **8/ ; 21/ ; 33/.**

3. Voici les mentions de FILS DE L'HOMME, chapitre par chapitre : 1 : 0/ ; 2 : 1, 3, 8/ ; 3 : 1, 3, 4, 10, 17/ ; 4 : 1, 16/ ; 5 : 1/; 6 : 2/ ; 7 : 2/ ; 8 : 5, 6, 8, 12, 15, 17/ ; 9 : 0/ ; 10 : 0/ ; 11 : 4, 15/ ; 12 : 3, 9, 18, 22, 27/ ; 13 : 2, 17/ ; 14 : 3, 13/ ; 15 : 2/ ; 16 : 2/ ; 17 : 2/ ; 18 : 0/ ; 19 : 0/ ; 20 : 3, 4, 27/ ; 21 : 2, 11, 14, 17, 15, 33/ ; 22 : 2, 18, 24/ ; 23 : 2/ ; 24 : 2, 25/ ; 25 : 2/ ; 26 : 2/ ; 27 : 2/ ; 28 : 2, 12, 21/ ; 29 : 2, 18/ ; 30 : 2, 21/ ; 31 : 2/ ; 32 : 2, 8/ ; 33 : 2, 7, 10, 12, 24, 30/ ; 34 : 2/ ; 35 : 2/ ; 36 : 1, 17/ ; 37 : 3, 11, 16/ ;

38 : 2, 14/ ; 39 : 1, 17/ ; 40 : 4/ ; 41 : 0/ ; 42 : 0/ ; 43 : 7, 10/ ; 44 : 5/ ;45 : 0/ ; 46 : 0/ ; 47 : 6/ ; 48 : 0.

Note 13 – « Recommandations concernant les louanges en faisant face aux quatre points de la terre

Ceci fut révélé par l'intermédiaire de Joseph Awangonou, Baba Martha. Il dit qu'il a vu une église sans mur ni toit mais apparemment avec quatre entrées donnant sur les quatre points cardinaux, et lorsque la cloche sonna, il vit des gens de toutes races entrer dans l'église en courant venant des quatre points de la terre. Comme ils entraient, il chantait en *Yoruba*, ce qui donne en Français :

**Louons JÉSUS, louons JÉSUS} bis
Pour l'Église venue des cieux.}**

Refrain

**Louons JÉSUS, louons JÉSUS
Pour l'Église venue des cieux.
C'est par le sacrifice de JÉSUS
Que L'ÉTERNEL l'a envoyé**

Refrain

**Que tous les grands chantent de tout cœur
Car la fin du monde est proche**

Refrain

**Que tous les enfants chantent aussi
Car la fin du monde est proche**

Refrain

**Les sorciers sont couverts de honte
Les enchanteurs sont confus
*Refrain***

**Satan a tremblé et a disparu
Devant la puissance de Dieu.**

Refrain ...

AMEN

Plus les multitudes augmentaient, plus il semblait y avoir de la place dans l'église » (OSCHOFFA, 1980, **Art. 86**).

Note 14 – Le Premier Chant Révélé

Le Premier Chant Révélé à L'ECC : « *OH BIEN CHERS FRÈRES CROYANTS* »

« **Oh Bien chers frères croyants,**
Levez donc haut la tête !
Et, prêtez oreilles à ce que dit JEHOVAH :
Savez-vous pourquoi vous êtes / bis
Dans cette Grande Église ? /
Savez-vous pourquoi vous êtes
Dans cette Sainte Assemblée ?
Que LA SAINTE-MARIE,
Vienne nous accompagner.
Et, qu'ensemble, tous les Saints
Puissent nous accompagner. AMEN ! »

(YANSUNNU, L. M., *Recueil de Chants en Français*, T1, 1998, *N° 239* ; **T II**, *2012, N° 239, p. 152*).

Note 15 - La Femme dans L'ECC.

A) DIEU créa la femme Ève comme compagne de l'homme Adam. La femme assuma sa responsabilité dans le péché originel **(Gn 3 : 1-24)**. Bien plus, DIEU en fit la **Mère du SAUVEUR en la personne de LA SAINTE VIERGE MARIE (***Mt 1 : 18-25***)**. C'est à la femme, **la Samaritaine,** que JÉSUS révéla pour la première fois qu'IL était **LE MESSIE attendu** (*Jn 4 : 25-26*). C'est la femme, **Marie de Magdala,** qui apprit, la première, la résurrection de JÉSUS et fut chargée de l'annoncer aux **Apôtres** (*qui signifie* Envoyés) et de leur signifier le rendez-vous en Galilée (*Mc 16 : 9 ; Mt. 28 : 1-10*).

Aussi DIEU racheta-t-IL désormais la femme de l'emprise du **dragon rouge** avec le concours de l'**Archange SAINT MICHEL** (*Ap 12 : 1-18*).

B) Cette miséricorde sans faille de DIEU pour la femme doit nous faire comprendre que JÉSUS ne faisait pas un reproche à sa MÈRE à Cana quand IL lui dit : « *Femme qu'y a-t-il entre moi et toi ?*» avant d'ajouter : « *Mon heure n'est pas encore venue.* » (*Jn 2 : 4*).

En effet, cette formule était très utilisée chez les Hébreux. On la retrouve dans la bouche de la **veuve de Sarepta** quand elle dit à *Élie* : « *Qu'y a-t-il entre moi et toi ? Homme de DIEU ?* (*1 R 17 : 18*) ou chez le **Juge Jephté** qui envoie dire au roi Ammonite : « *Qu'y a-t-il entre moi et toi, que tu viennes contre moi pour faire la guerre à mon pays ?* (*Jg 11 : 12*). Il existe d'autres exemples aussi bien dans l'Ancien Testament qu'au temps de JÉSUS (*2 Ch 35 : 21 ; Mt 8 : 29+ ; Mc 1 : 24 ; 5 : 7 ; Lc 4 : 34 ; 8 : 28*). **De même, il n'y avait rien de péjoratif quand JESUS interpella et dit : Femme ! aussi bien à sa MÈRE à Cana, qu'à la Samaritaine (lire *Jn 4 : 21*) et à la femme adultère (lire *Jn 8 : 10*)**. Avec LUI « *des femmes sont mises sur le même plan que les douze Apôtres* » souligne HOFFNER Anne–Bénédicte (« *Femme, Que me veux-tu ?* » dans La Croix, Hors-Série, 2014, *Ce que JÉSUS a vraiment dit*, p. 81, 2ᵉ col, § 1, p. 83) qui cite Christine PEDOTTI et *Lc 8 : 2-3*. **JÉSUS était toujours bienveillant avec les femmes comme « la pécheresse pardonnée » (*Lc. 7 : 36-50*), la femme guérie le jour de sabbat (*Lc 13 : 10-17*). La femme ne peut plus être répudiée** comme le rappelle le passage dans **Dt 24 : 1**. Tout le monde peut se marier (*Mt 19 : 1-12*), mais le plus important est d'écouter la parole de DIEU et la garder **(Lc 11 : 27 ; 10 : 39, 42).**

C) Cette bienveillance à l'endroit de la femme se retrouve dans les propos de SBJ OSCHOFFA, le jour où il a remis pour la première fois le surplus jaune à 7 Devancières de L'ECC. Lire ci-dessous le chapitre 3 dans la 2ᵉ Partie.

DEUXIÈME PARTIE

Pour réussir le vécu quotidien dans L'ECC

Pour réussir sa vie quotidienne dans L'ECC, le Chrétien Céleste doit, avant tout, être bon chrétien. Mais compte tenu de la mission qui est la sienne dans cette Église révélée, à savoir : « aider le prochain », il doit :

> se soumettre à certaines contraintes comme celles des Nazirs qui ne consommaient pas de produits enivrants (*Nb 6 : 1 - 4*) ;

> se passer aussi de la viande de porc (*Lé 11 : 7 ; Mc 5 : 12 - 13*) considéré comme impur, de peur d'être fragilisé [94] ;

La femme, dans L'ECC, a la puissance de combat (car c'est elle qui fait la prière de combat durant les cultes) comme MARIE qui a combattu, avec le concours de l'Archange SAINT MICHEL, le dragon rouge (*Ap 12 : 1-18 ; Jn 19 : 1-5*). Aussi, nous n'apprécions pas la couleur rouge, ni le noir (*Ap, 6 : 5, 12*) sauf pour des raisons professionnelles (*Ibid., Art. 93 : 5*).

C'est la femme qui a ainsi l'honneur de clôturer le culte par sa prière finale. Elle est donc spirituellement plus puissante que l'homme (*Gn 3 : 15*).

Mais pendant les sept jours correspondant à ses 'périodes de menstruation', elle ne peut s'approcher du temple, tout en gardant toutes les grâces que L'ÉTERNEL lui a accordées [95].

Ainsi le chrétien céleste possède des dons spirituels extraordinaires, des charismes comme chez nos frères et sœurs du Renouveau Charismatique. Ils sont comparables à ceux des Sacrificateurs et des Prophètes bibliques.

---

[94] Lire OSCHOFFA SBJ, 1980, **Art. 93** : 3, 4
[95] Cf. ci-dessous, chap. 3

NB : Certains chapitres de cette partie ont déjà fait l'objet de publications en interne.

SOMMAIRE

1. LE PREMIER CHANT RÉVÉLÉ

2. LE BAPTÊME

3. LA FEMME

4. LES ANGES DE DIEU DANS LA BIBLE

5. LE VISIONNAIRE ET LA VISION

6. LE PSAUME 3

7. LES BÉATITUDES

8. DE LA TOUTE-PUISSANCE DE L'ECC

*Figure 19 - **L'Archange SAINT MICHEL***

Figure 20 – <u>La Très Sainte Vierge Marie</u>

DEUXIÈME PARTIE

Pour réussir le vécu quotidien dans L'ECC

1. Le Premier Chant Révélé à L'ECC

Les cantiques constituent, dans toute religion chrétienne, des louanges à DIEU. L'Église du Christianisme Céleste est à peine révélée que huit jours plus tard, un chant lui est donné.

<u>Titre</u> : Oh bien chers frères croyants [96]

« Oh bien chers frères croyants,
Levez donc haut la tête !
Et, prêtez oreilles à ce que dit JEHOVAH[97]
Savez-vous pourquoi vous êtes
Dans cette Grande Église ?
Savez-vous pourquoi vous êtes
Dans cette Sainte Assemblée ?
Que LA SAINTE-MARIE [98],

---

[96] Cf. l'ouvrage de YANSUNNU M. Lévi, 2012, ECC, Recueil de Chants en Français, Tome II, N° 239, p. 152. En Yoruba, OSCHOFFA SBJ, 1980, ECC, Constitution, NIGÉRIA, **Art. 77, 99 § g**.

[97] **JEHOVAH ou YEHOVAH.** Ce Saint Nom du DIEU UNIQUE est le résultat d'une combinaison du tétragramme : **YHVH** (en abrégé **YHV, YHH, YH « YAH »**) révélé à *Moïse* au **Buisson Ardent (Ex 3 : 13-15)** avec les voyelles de **ADONAÏ** utilisé plus couramment et qui signifie : **SEIGNEUR (A=E)**. Ce Nom **ADONAÏ** permettait au moment de l'Exil à Babylone au 6e siècle av. J.-C., d'éviter de commettre un sacrilège en voulant prononcer YHVH réservé dès lors au Grand Prêtre qui le faisait une fois l'an le Jour des Expiations.
En entrant en composition avec d'autres termes, **YHVH devient JO, YO ou YEHO** au début du mot. Quand c'est en finale, IL devient **YA ou YAHOU**. Ainsi, par exemple, on a : **Yohanân** (qui signifie Grâce de DIEU), **Yehoyada** (qui signifie DIEU connaît), **Zakaryahou** (qui signifie DIEU s'est souvenu), **Alléluia, Haleluyah** (qui signifie **Louez YAH [VE]**) (**1 Ch 3 : 15, 24 ; Jr 29 : 26 ; 1 Ch 5 : 7 ; Ps 135 ; 150**).
Lire GERARD, *André-Marie, 1989, Dictionnaire de LA BIBLE, p. 1380-1381, 1e col +, Paris, BOUQUINS, ROBERT LAFFONT*.

[98] Significations du Nom de LA SAINTE VIERGE-MARIE
Voici la signification du nom de MARIE : *Miryam* en hébreu, comme la sœur de Moïse ou *Mariam* ou *Maria* en grec. MARIE signifie : la Rebelle (Obstination),

---

Vienne nous accompagner.

Et, qu'ensemble, tous les Saints

Puissions-nous accompagner ! AMEN ! » [99].

Le Répertoire des Chants de L'ECC sont les suivants :

1. Le Répertoire des Chants de L'ECC est composé de :

   a. de chants révélés

   b. de chants adoptés comme ceux du catéchiste protestant Moïse GNANSOUNNOU, le premier à éduquer le jeune Samuel OSCHOFFA lorsqu'il avait 7 ans, et ce, jusqu'à l'âge de 13 ans.

   c. sont aussi adoptés des chants protestants (airs) comme *Semons dès l'aurore, autorisés* au 1er Antillais Philibert SYLVANIELO [100] entré dans l'Église en 1953 et autres cantiques qui peuvent être chantés au culte, seulement durant les *Actions de grâces.*

2. Pour les cultes, 7 chants révélés sont obligatoires ;

---

l'Amère, la Forte, Celle qui s'élève, Celle qui est élevée, la Voyante (Prophétesse), la Dame, féminin de SEIGNEUR. Avec la traduction de LA BIBLE en Latin, MARIE devient la Goutte "d'eau" de mer, la "Stella maris », qui signifie L'Étoile de la mer. Lire GERARD André-Marie, 1989, *Dictionnaire de LA BIBLE*, PARIS, Robert LAFFONT, p. 882, 2e colonne, § 2.

[99] *Recueil de Chansons spirituelles et d'action de grâce en usage dans L'ECC*, Porto-Novo, T1, p. 83, **N°230**.

Autre traduction chantée dans LA FRATERNITÉ CHRÉTIENNE et dans certaines Paroisses ECC.

« Que tous les frères croyants, / Lèvent haut leur tête, / Écoutant la voix de JEHOVAH qui nous dit : / *Pourquoi* sommes-nous venus / Dans ce grand monde ? / *Pourquoi* sommes-nous appelés / Dans la Sainte Église ? / *Que LA VIERGE-MARIE / Nous aide à nous y maintenir ! / Que la Sainte Créature / Nous y maintienne tous !* AMEN ! »

Sources : ADETONAH, A., 1972, p. 26, § 2 ; OSCHOFFA, SBJ, 1974, p. 8, 10 ; 1980, **Art. 77, 99 § g, 91** ; YANSUNNU, L.M., *Recueil de Chants en Français*, **T1**, 1998 ; **N°239** ; *Histoire des Chants, Chœur et Chorale*, **T1**, 2009, p. 53 ; **T II**, 2012, 1495 Cantiques + « les huit derniers que le Prophète OSCHOFFA a chantés les ultimes semaines avant de quitter ce monde. », 506 pages, *N°* 239, p. 152.

[100] Lire ADETONAH, A. 1972, *nouvelle édit.*, p. 20 § 11 ; p. 21 et YANSUNNU, Lévi. M., 2013, p. 74, 85 ; 122-124 ; 157-161, 168-169 et autres pages.

3. L'ECC continuera de recevoir des cantiques de L'ESPRIT-SAINT [101].
4. Quant aux traductions en français, elles sont diversement appréciées. Mais L'ESPRIT agit quand on les chante. Cependant, il faudrait qu'elles soient le plus fidèle que possible aux textes originaux.

*Figure 21 - **Saint Anne, Mère de la Très Sainte Vierge Marie***

---

[101] cf. ci-dessus Introduction et ci-dessous 3e Partie, chap. 2.3

SOMMAIRE

INTRODUCTION

Dans l'Église du Christianisme Céleste (ECC), les chants sont révélés. Sept (7) de ces chants sont obligatoires durant le culte de dimanche matin et des grandes fêtes.

1. SOURCES BIBLIQUES ET CONSTITUTIONNELLES

2. PROPHÉTIE DE SBJ OSCHOFFA

3. CONTENU DU PREMIER CHANT RÉVÉLÉ

4. CONCLUSION

Ce cantique rappelle le rôle important que joue MARIE dans L'ECC, et donc celui de la femme qui fait la prière de combat et celle de la clôture, durant le culte.

5. NOTES COMPLÉMENTAIRES

INTRODUCTION

L'ECC fait partie intégrante de l'Église Universelle de JÉSUS-CHRIST [102]. « *ET MOI, JE te dis que tu es Pierre, et que sur cette pierre JE bâtirai mon Église, et que les portes du séjour des morts ne prévaudront point contre elle.* », (*Mt 16 : 18 - 19 ; Mc 16 : 15 - 18 ; Jn 20 : 22 - 23*)[103].

L'ECC est révélée à SBJ OSCHOFFA le dimanche 29 septembre 1947, le jour de la fête de l'Archange Saint Michel, à Porto-Novo, au Bénin (en Afrique de l'Ouest). « **L'ECC, dit OSCHOFFA, n'a pas eu d'Église-Mère à partir de laquelle elle est née. C'est purement l'Église du CHRIST.** » Elle est donc révélée [104].

---

[102] **Le nom JÉSUS** (Josué) signifie : *DIEU SAUVE* ou *PUISSE DIEU SAUVER* (**Mt 1 : 21 ; Lc 1 : 31**) ; c'est l'étymologie populaire. Mais l'étymologie originale ou scientifique donne : *DIEU AIDE* ou *PUISSE DIEU AIDER*. Cf. MEIER P. John, 2004, *Un Certain Juif JESUS. Les données de l'histoire, T1 : Les sources, les origines, les dates*, Paris, CERF, p. 128, § 5.
1. JÉSUS affirme donc sa « domination éternelle ». Ainsi *LE FILS DE L'HOMME* : **a)** pardonne les péchés (**Mc 2 : 10**) ; **b)** IL est MAITRE du Sabbat (**Mc 2 : 28**) ; **c)** IL est 'ANTICIPATEUR' du Royaume de DIEU (**Lc 17 : 21**) ; **d)** IL a le pouvoir de JUGER à la fin des temps (**Jn 5 : 22 et 27**). « L'expression est mentionnée <u>82 fois</u> dans les *Évangiles* canoniques. Elle manifeste l'incroyable puissance de sa PERSONNE et de sa MISSION. »
Lire LENOIR Frédéric, 2012, *Comment JÉSUS est devenu DIEU*, Paris, *Éditions FAYARD, Le Livre de Poche, p. 67, §2-p.68, §3).*
2. JÉSUS, par ce nom, affirme aussi son pouvoir de Prophète comme *Ézéchiel* **qui a eu le mérite, au 6ᵉ siècle avant J.-C., d'être appelé <u>83</u> fois par L'ÉTERNEL, FILS DE L'HOMME dans le** *Livre d'Ézéchiel.* Sur les 48 chapitres du Livre d'Ézéchiel, seuls **dix** ne portent pas la mention du nom de **Fils de l'homme.** Il s'agit des chapitres **1/ ; 9/ ; 10/ ; 18/ ; 19/ ; 41/ ; 42/ ; 45/ ; 46/ ; et 48/.** Tous les autres chapitres mentionnent au moins une fois **le Fils de l'homme,** certains **six fois** comme les chapitres **8/ ; 21/ ; 33/ ;**
3. Voici les mentions de Fils de l'homme, chapitre par chapitre. 1 : 0/ **2 :** 1, 3, 8/ **3 :** 1, 3, 4, 10, 17/ **4 :** 1, 16/ **5 :** 1/ **6 :** 2/ **7 :** 2/ **8 :** 5, 6, 8, 12, 15, 17/ **9 :** 0/ **10 :** 0/ **11 :** 4, 15/ **12 :** 3, 9, 18, 22, 27/ **13 :** 2, 17/ **14 :** 3, 13/ **15 :** 2/ **16 :** 2/ **17 :** 2/ **18 :** 0/ **19 :** 0/ **20 :** 3, 4, 27/ **21 :** 2, 11, 14, 17, 15, 33/ **22 :** 2, 18, 24/ **23 :** 2/ **24 :** 2, 25/ **25 :** 2/ **26 :** 2/ **27 :** 2/ **28 :** 2, 12, 21/ **29 :** 2, 18/ **30 :** 2, 21/ **31 :** 2/ **32 :** 2, 8/ **33 :** 2, 7, 10, 12, 24, 30/ **34 :** 2/ **35 :** 2/ **36 :** 1, 17/ **37 :** 3, 11, 16/ **38 :** 2, 14/ **39 :** 1, 17/ **40 :** 4/ **41 :** 0/ **42 :** 0/ **43 :** 7, 10/ **44 :** 5/ **45 :** 0/ **46 :** 0/ **47 :** 6/ **48 :** 0.
[103] OSCHOFFA SBJ, 1980, ECC, Constitution, Nigéria, **Art. 1**
[104] Cf. YANSUNNU, Lévi M., 2013, ECC, Samuel Biléou OSCHOFFA, Fondateur, T III, p. 77, § 1

L'ECC est charismatique et possède dès lors des dons spirituels extraordinaires, des charismes. Certes, elle n'en a pas l'apanage, l'exclusivité, mais elle les possède en surabondance. Ces charismes sont accordés à des fidèles et à des Visionnaires appelés **Wolis** (mot *Yoruba qui veut dire Voyants*). Ces Visionnaires sont suscités en son sein par DIEU SEUL selon les promesses qu'IL a faites à son Peuple (*Dt 18 : 15 - 16 ; Joë 2 : 28 - 29 ; Pr 1 : 23 ; Am 3 : 7*) et confirmées par Saint Paul.

Les fidèles de L'ECC possèdent, entre autres, « *pour l'utilité commune* », des dons de L'ESPRIT : une parole de sagesse, de connaissance, la foi, des dons de guérison, d'opérer des miracles, de prophétie (Vision), de discernement des esprits, la diversité des langues, leur interprétation (*1 Co 12 : 4 - 11 ; 28 - 31 ; 2 Co 12 : 1 - 10 ; Eph 4 : 11 - 12*). « ⁴ *Car, comme nous avons plusieurs membres dans un seul corps et que tous les membres n'ont pas la même fonction,* ⁵ *ainsi, nous qui sommes plusieurs, nous formons un seul corps en CHRIST, et nous sommes tous membres les uns des autres.* », (*Ro 12 : 4 - 5*).

C'est donc une de ses Visionnaires qui reçut de L'ESPRIT SAINT, le Premier Chant Révélé à L'ECC « *Oh bien chers frères croyants* » le dimanche suivant la révélation de L'ECC, c'est-à-dire le 6 octobre 1947.

« Qui aurait pu donner ce premier chant » si ce n'était LA SAINTE VIERGE-MARIE elle-même, devant DIEU et devant les hommes ? [105]. En effet, dans la *Constitution* d'*OSCHOFFA*, sont indiqués les noms de tous ceux qui ont reçu des révélations fondatrices de L'ECC. Or la Sœur qui a reçu ce Premier chant a disparu et personne n'a su l'identifier jusqu'à présent. Alors, nous avons prié

---

[105] *Le Visionnaire ne peut mentir,* si non, *il perd sa Vision* (*Mi 3 : 6*), remplacée dès lors par *l'esprit de Python* (*Ac 16 : 16-18 ; 1 Jn 4 : 1-6*), ou, *il meurt* (*Dt 18 : 20 ; Jér 28 : 15-17*). C'est pourquoi, avant de donner sa Vision, il fait le serment, une fois, de dire la vérité « *devant DIEU et devant les hommes* », « *la main gauche tenant une Bible et la droite levée devant un crucifix* ». Lire ADETONAH, **1972**, p. 52, § 6 ; OSCHOFFA, **1980, Art. 72** ; *Lc 24 : 19*.

Avec beaucoup d'humilité (*Dn 10 : 12*) pour en savoir un peu plus. Et c'était MARIE qui avait répondu. C'était ELLE-MÊME qui avait donné ce chant. Nous comprenons dès lors que L'ECC ne peut se passer de MARIE.

Et, à partir de ce moment, nous ne devons chanter que des chants révélés durant nos cultes, soit sept, le dimanche matin en dehors de ceux des Actions de grâces. Voici ce qu'en dit SBJ OSCHOFFA :

« ... **On tend généralement à diminuer ce nombre de sept comme nous l'avons reçu. Que DIEU nous pardonne car sachons bien que nous n'avons pas le droit de rien diminuer du nombre des sept chansons.** » [106].

1. SOURCES BIBLIQUES ET INSTITUTIONNELLES

1.1. *Saint Paul* recommandait des cantiques spirituels ou chants révélés, aux premières communautés chrétiennes. « *Entretenez-vous par* **des psaumes, par des hymnes, et par des cantiques spirituels** *(« chants inspirés » (BIBLE TOB), chantant et célébrant de tout votre cœur les louanges du SEIGNEUR »,* (**Ep 5 : 19**).

« *Que la parole du CHRIST habite parmi vous abondamment ; instruisez-vous et exhortez-vous les uns les autres en toute sagesse, par* **des psaumes,** *par* **des hymnes,** *par* **des cantiques spirituels** *(« chants inspirés », chantant à DIEU dans vos cœurs sous l'inspiration de la grâce. »,* (**Col 3 : 16** dans LA BIBLE version TOB).

1.2. Dans l'ouvrage *ECC, Constitution* [107], SBJ. OSCHOFFA précise que c'était « le cinquième jour après que j'ai reçu l'Ordre divin le 29 septembre » (**Art. 77**). Il dit aussi ceci : « La toute

---

[106] Lumière sur le Christianisme Céleste, provenant du Révérend Pasteur SBJ OSCHOFFA, Fondateur du Christianisme Céleste, du Vendredi 25 Octobre 1974, p. 10 § 1, Porto-Novo (Bénin), document signé par OSCHOFFA, BADA et AGBAOSSI. 12 pages.

[107] ECC, Constitution publiée en Anglais au Nigéria, en 1980, avec 200 Articles, 54 pages

première chanson qui nous a été donnée était (en Yoruba) « **Oh bien chers frères croyants** » (**Art. 99 § g**).

ADETONAH A. qui a reçu et publié le premier récit d'OSCHOFFA nous dit : « Le premier dimanche d'octobre 1947… ».

Les souvenirs sont encore plus frais en 1972 qu'en 1980. C'est pourquoi nous optons pour la date du 6 octobre [108].

2. PROPHÉTIE DE SBJ OSCHOFFA

« Pour les chants dans les Églises du Christianisme Céleste, nous ne devons entonner que des chansons données par L'ESPRIT et éviter des cantiques venus d'autres religions.

Les nombreuses chansons de Moïse [109] sont en vigueur et il nous reste à recevoir en ESPRIT beaucoup de cantiques ; et à mesure que nous les chanterons, nous verrons la manifestation de la force spirituelle. [110] ». Et cela se vérifie tous les jours dans notre Église [111].

3. CONTENU DU PREMIER CHANT RÉVÉLÉ

3.1. Deux questions nous interpellent dans ce *Premier Chant Révélé* à L'ECC : « *Oh bien chers frères croyants, Levez donc haut la tête !* »

1/ La première : **Savez-vous pourquoi vous êtes** (bis)
Dans cette Grande Église ? (bis)
Savez-vous pourquoi vous êtes
Dans cette Sainte Assemblée ?

---

[108] Cf. ADETONAH, A, Lumière sur le Christianisme Céleste, Porto-Novo, 1972, avec Dédicace d'OSCHOFFA ; nouvelle édition, 2010, p. 26 § 2, 96 pages.
[109] GNANSOUNOU ou YANSUNNU, son premier éducateur, un protestant.
[110] Cf. OSCHOFFA, SBJ, 1974, p. 7 et 8 ; 12 pages
[111] Cf. Les paroles et musiques de 14 cantiques reçus par la VSMW Juliette AZIALE-AKAKPO, dans *PAROLES DU SEIGNEUR, Lomé, 1991*, ouvrage diffusé après autorisation du Révérend Pasteur Benoît D. AGBAOSSI. Ils sont reproduits ci-dessous dans la 3e Partie au chap. 2.3 : 2. 1978-1991 : la refondation du diocèse du Togo.

2/ La seconde : c'est l'invocation à LA TRÈS SAINTE VIERGE-MARIE :
Que LA SAINTE-MARIE,
Vienne nous accompagner.
Et, qu'ensemble, tous les Saints
Puissent nous accompagner ! AMEN ! ».

3.2. S'agissant de la première interpellation, il appartient à chacun d'effectuer cette recherche, avec le concours de L'ESPRIT-SAINT, soit par vision, soit par songe *(Nb 12 : 6)*, en demandant les réponses par la prière. L'ESPRIT DE VÉRITÉ se manifestera : soit par un rappel *(Jn 14 : 26)* soit par l'annonce de ce que vous allez devenir en entrant dans L'ECC, *(Jn 16 : 13)*.

L'ÉTERNEL a déjà révélé à des frères et sœurs, pourquoi ils sont venus dans L'ECC. Ce que DIEU dit, IL le fait « *DIEU n'est point un homme pour mentir, ni fils d'homme pour se repentir. Ce qu'IL a dit, ne le fera-t-IL pas ? Ce qu'IL a déclaré, ne l'exécutera-t-IL pas ? »*, *(Nb 23 : 19)*.

3.3. Quant à la seconde interpellation : l'invocation à LA TRÈS SAINTE VIERGE-MARIE, il faut rappeler qu'ELLE-MÊME s'est imposée à L'ECC le vendredi 15 juillet 1977 et nous célébrons un **culte de vénération** et **non d'adoration**, en son honneur chaque premier vendredi de juillet, depuis le vendredi 07 juillet 1978 [112]. LA BIBLE dit : « *5 Car il y a un seul DIEU, et aussi un seul médiateur entre DIEU et les hommes, JÉSUS-CHRIST homme, 6 qui s'est donné LUI-MÊME en rançon pour tous…,* *(1 Ti 2 : 5 - 6)*.

3.4. Le Premier Chant Révélé nous dit de demander à LA **TRÈS SAINTE VIERGE-MARIE** de venir nous accompagner dans L'ECC, condition pour que les Saints aussi puissent nous accompagner. C'est pourquoi SBJ OSCHOFFA [113] nous dit ceci : « L'importance de SAINTE–MARIE dans la foi du Christianisme Céleste remonte aux premiers jours de l'Église du Christianisme Céleste, car la toute première chanson donnée

---

[112] Lire Ordre des Cultes et Cérémonies, Porto-Novo, 2004, p. 72
[113] ECC, Constitution, **Art. 99 § g**

à l'Église par l'intermédiaire d'une de nos visionnaires
(*Wolisata*) est le cantique [114] qui dit ceci : « **Bien chers frères
croyants, Levez donc haut la tête...** ».

En effet, **MARIE intercède pour nous auprès du FILS. Elle est
la parfaite médiatrice entre CHRIST et nous** : « *Faites ce qu'IL
(JÉSUS) vous dira* » ; c'était à Cana (*qui signifie l'endroit où il y a
des oiseaux*), dans *Jn 2 : 5*. Elle est notre MÈRE à tous.

Cette mission lui est confiée au pied de la Croix : « *Femme, voilà
ton fils (Jean). Puis Il dit au disciple : Voilà ta mère. Et dès ce moment,
le disciple la prit chez lui* » (*Jn 19 : 26 - 27*).

C'est pourquoi, nous qui sommes disciples du CHRIST comme
Jean, nous devons tous invoquer avec ferveur **LA TRÈS
SAINTE VIERGE-MARIE. ELLE nous exaucera toujours.
MARIE, par ce Premier Chant Révélé, est donc la MÈRE de
l'Église du Christianisme Céleste, étant la MÈRE de l'Église
Universelle.**

4. CONCLUSION

Ce Premier Chant révélé doit nous rappeler **le rôle important
de la femme dans L'ECC** [115]. Nous le répétons encore : c'est elle
qui fait la **prière de combat** au moment des prières de trois
personnes après le **Ps 72** de Salomon (*le Ps 127 est son 2ᵉ Psaume*)
durant le culte de dimanche. La femme fait également la **prière
de clôture** du culte.

**SBJ OSCHOFFA, à Ketu au Nigéria, le jour où il remit pour
la première fois le <u>surplus jaune</u> à sept Devancières de L'ECC,
avait encore insisté sur le rôle de la femme dans L'ECC** [116].

---

[114] Cantique N° 762 du Livre de cantiques de L'ECC
[115] Lire Notes Complémentaires (3)
[116] YANSUNNU M. Lévi, 2013, ECC, Samuel Biléou Joseph OSCHOFFA, Fondateur,
Période de 1976 à 1985, Tome 3, Mérignac (France), p. 73, § 2. 3 ; p. 79, § 1.
Lire toutes les pages de 72 à 84.
cf. ci-dessous 2ᵉ Partie, chap. 3 : La Femme dans L'ECC

QUE LA TRÈS SAINTE VIERGE-MARIE NOUS ACCOMPAGNE TOUS DANS L'ŒUVRE DE RÉHABILITATION DE L'ECC !

AMEN !

Figure 22 - <u>Immaculée Conception</u>

5. NOTES COMPLÉMENTAIRES

Note 1. Les pages indiquées dans les citations *d'ADETONAH Apollinaire, 1972, Lumière sur le Christianisme Céleste*, sont celles de la dernière édition de Porto-Novo (Bénin).

Note 2. On peut retrouver les significations des Noms bibliques dans *NOUVEL INDEX BIBLIQUE, 2011, Petite concordance analytique de mots et de sujets bibliques, Éditions Le Bon Livre, Rue du Moniteur, 7 ; 1000 Bruxelles* (Belgique).

Note 3. La Femme dans L'ECC.

A) **DIEU créa la femme Ève comme compagne de l'homme Adam.** La femme assuma sa responsabilité dans le péché originel (*Gn 3 : 1-24*). Bien plus, DIEU en fit la **Mère du SAUVEUR en la personne de LA SAINTE VIERGE MARIE** (*Mt 1 : 18-25*). C'est à la femme, la **Samaritaine**, que JÉSUS révéla pour la première fois qu'IL était LE MESSIE attendu (*Jn 4 : 25-26*). C'est la femme, Marie de Magdala, qui apprit, la première, la résurrection de JÉSUS et fut chargée de l'annoncer aux **Apôtres** (*qui signifie* Envoyés) et de leur notifier le rendez-vous en Galilée (*Mc 16 : 9 ; Mt. 28 : 1-10*).

Aussi DIEU racheta-t-IL désormais la femme de l'emprise du **dragon rouge** avec le concours de l'**Archange SAINT MICHEL** (*Ap 12 : 1-18*).

B) **Cette miséricorde sans faille de DIEU pour la femme doit nous faire comprendre que JÉSUS ne faisait pas un reproche à sa MÈRE à Cana** quand IL lui dit : « *Femme qu'y a-t-il entre moi et toi ?* » avant d'ajouter : « *Mon heure n'est pas encore venue.* » de *Jn 2 : 4*.

En effet, cette formule était très utilisée chez les Hébreux. On la retrouve dans la bouche de la veuve de **Sarepta** quand elle dit à Elie : « *Qu'y a-t-il entre moi et toi ? Homme de DIEU ?* (*1 R 17 : 18*) ou chez le **Juge Jephté** qui envoie dire au roi Ammonite : « *Qu'y a-t-il entre moi et toi, que tu viennes contre moi pour faire la guerre à mon pays ?* », (*Jg 11 : 12*). Il existe d'autres exemples aussi bien dans l'Ancien Testament, qu'au temps de JÉSUS (*2 Ch 35 : 21 ; Mt 8 : 29+ ; Mc 1 : 24 ; 5 : 7 ; Lc 4 : 34 ; 8 : 28*).

De même, **il n'y avait rien de péjoratif quand JÉSUS interpella et dit : Femme ! aussi bien à sa MÈRE à Cana, qu'à la Samaritaine** (Jn 4 : 21) **et à la femme adultère** (Jn 8 : 10). Avec LUI « des femmes sont mises sur le même plan que les douze Apôtres » souligne HOFFNER Anne–Bénédicte (dans « *Femme, Que me veux-tu ?* », *La Croix, Hors-Série, 2014,*

Ce que JÉSUS a vraiment dit, p. 81, 2ᵉ col, § 1, p. 83) qui cite Christine PEDOTTI et **Lc 8 : 2-3**.

JÉSUS était toujours bienveillant avec les femmes comme « la pécheresse pardonnée » *(Lc 7 : 36-50)*, **la femme guérie le jour de sabbat** *(Lc 13 : 10-17)*. La **femme ne peut plus être répudiée** comme le rappelle *Dt 24 : 1*. Tout le monde peut se marier *(Mt 19 : 1-12)*, mais le plus important est d'écouter la parole de DIEU et la garder *(Lc 11 : 27 ; 10 : 39, 42)*.

C) Cette **bienveillance à l'endroit de la femme se retrouve dans les propos de SBJ OSCHOFFA, le jour où il a remis pour la première fois le surplus jaune à 7 Devancières de L'ECC.** Lire ci-dessous le chapitre 3 dans la 2ᵉ Partie.

DEUXIÈME PARTIE

Pour réussir le vécu quotidien dans L'ECC

2. Le Baptême

SOMMAIRE

INTRODUCTION

1. UN BAPTÊME PAR IMMERSION

2. LES CONDITIONS À REMPLIR POUR ÊTRE BAPTISÉ DANS L'ECC.

3. LE RITUEL AU BORD DE L'EAU

4. NOTES COMPLÉMENTAIRES

CONCLUSION

INTRODUCTION

1. **Quatre Sacrements** sont donnés dans l'Église du Christianisme Céleste : **le Baptême, l'Onction, la Communion et le Mariage.**

2. Après le Baptême, une **Confirmation** s'impose au bout de deux ans, sous forme d'onction, avant de prétendre à tout avancement dans les Grades de l'Église [117].

3. « [14] *Je rends grâces à DIEU de ce que je n'ai baptisé aucun de vous, excepté* **Crispus** *(qui signifie Frisé) et* **Gaïus** *(qui signifie Inconnu)* [15] *afin que personne ne dise que vous avez été baptisés en mon nom.* [16] *J'ai encore baptisé la famille de Stéphanas (qui signifie Couronné) ; du reste, je ne sache pas que j'aie baptisé quelque autre personne.* [17] » (**1 Co 1 : 14 - 17 ; 2 Ti 1 : 11**).

4. Le **Baptême**. Il est fait par immersion. Avant d'être accepté comme membre de l'Église, on doit être baptisé ou rebaptisé [118] selon la foi de l'Église du Christianisme Céleste.

1. UN BAPTÊME PAR IMMERSION

Le baptême par immersion indispensable dans L'ECC, est rappelé dans ses publications fondamentales.

1. *Lumière sur le Christianisme Céleste, par ADETONAH A., 1972, Porto-Novo (Bénin), avec Dédicace :* « *À mes bien-aimés frères et sœurs en CHRIST* » *par Samuel Biléou Joseph OSCHOFFA, Prophète Pasteur et Fondateur du Christianisme Céleste. Nouvelle édition, 2010, texte inchangé, p. 37 - 40. 96 pages ;*

2. *Lumière sur le Christianisme Céleste, provenant du Révérend Pasteur SBJ OSCHOFFA,* **Fondateur du Christianisme Céleste, Vendredi 25 octobre 1974,** *Porto-Novo (Bénin), 12 pages.* Document signé par le Révérend

---

[117] ADETONAH, A. 1972, Lumière sur le CC, Porto-Novo, éd, 2010, p. 37-40, p. 45-46
[118] Renoncer à l'adhésion à tous cultes secrets, à toutes sociétés secrètes, à toutes fraternités secrètes, etc…
Lire Actes 19 :1-16
Lire ECC, Constitution de SBJ OSCHOFFA, 1980, Lagos (Nigéria), Art. 99, § a, et 102.

Pasteur SBJ OSCHOFFA, Fondateur de l'Église du Christianisme Céleste ; par BADA, Supérieur Senior Évangéliste et par AGBAOSSI, Senior Évangéliste ;

3. **ECC, Constitution** par *SBJ OSCHOFFA, le 29 mars 1980, au Nigéria, 200 Articles.* Traduction en Français disponible. **Art. 99, § a)**, *54 pages* ;

4. *Église du Christianisme Céleste, Les 10 Fondements,* par *ABIASSI Godwill, 1987, Cotonou (Bénin).* Texte posthume, à la suite d'un vœu exprimé par SBJ OSCHOFFA le vendredi 5 avril 1985 à Makoko (Nigéria). *1er Fondement - Le Baptême. p. 4-5. 11 pages.*

5. « *Les 10 Fondements* » devenus, avec la « *Communion* », les « *Onze Ordonnances* », dans *Sacrements, Ordonnances & Prescriptions, 2e édition, Porto-Novo, (SO&P) p. 7-8, 1e Ordonnance, p. 29 § 6*, de 43 pages.

2. LES CONDITIONS À REMPLIR POUR ÊTRE BAPTISÉ DANS L'ECC

Elles se trouvent dans ECC, *CONSTITUTION de SBJ OSCHOFFA., du 29 mars 1980, Lagos, (Nigéria) en ses **Articles 101, 102 et 103.***

- **Article 101 Appartenance à l'Église** (Membres)

« Tous ceux qui désirent sérieusement et sincèrement être sauvés, par conséquent, acceptent JÉSUS-CHRIST comme LE FILS UNIQUE de DIEU et SEUL SEIGNEUR et SAUVEUR de l'humanité, et qui veulent L'adorer et LE servir dans l'Église, démontrant leur sens de conversion en acceptant les obligations et les privilèges que comporte la qualité de membres, sont les bienvenus dans l'Église. »

- **Article 102**

« Nul ne peut être considéré comme membre de l'ÉGLISE tant qu'il n'est pas baptisé dans l'ÉGLISE du Christianisme Céleste sans tenir compte des baptêmes précédents reçus dans n'importe quelle autre église chrétienne. ».

- **<u>Article 103</u>**

« Tout adorateur désirant devenir un membre devra :

1. Renoncer à l'adhésion à tous cultes secrets, à toutes sociétés secrètes, à toutes fraternités secrètes, etc…
2. Renoncer à l'œuvre de tous idoles et fétiches.
3. Renoncer à l'adhésion à Satan et à tous ses œuvres, à suivre tous prêtres fétichistes et à s'engager dans la magie ou dans tous pouvoirs sataniques.
4. Renoncer à tous les titres, positions ou associations qui directement ou indirectement entrent en conflit avec les recommandations ci-dessus mentionnées (c'est-à-dire tout genre de chefferie).
5. Déclarer que vivant ou mort, il appartient entièrement à l'Église se du Christianisme Céleste et qu'à sa mort, il devrait être enterré selon les préceptes et les rites de l'Église du Christianisme Céleste.
6. Signer une déclaration d'adhésion aux engagements ci-dessus. »

Tous les engagements ci-dessus sont basés sur l'enseignement de la Sainte Bible à savoir :

- ***Exode 20 : 3*** : « *Tu n'auras pas d'autres dieux devant ma face.* » ;
- ***2 Corinthiens 6 : 14 - 15*** : « *Ne vous mettez pas avec les infidèles sous un joug étranger. Car quel rapport JÉSUS a-t-il entre la justice et l'iniquité ? Ou qu'y a-t-il de commun entre la lumière et les ténèbres ? Quel accord JÉSUS a-t-il entre CHRIST et Bélial ? Ou quelle part a le fidèle avec l'infidèle ?* » ;

3. LE RITUEL AU BORD DE L'EAU

Ce Rituel est décrit dans les documents suivants :

1. *ECC, Constitution de SBJ OSCHOFFA op. cit. **Art. 101, 102, 103** :* [Appartenance à l'Église (Membres), (Conditions à remplir pour être baptisé dans L'ECC)] ;
2. *Christianisme Céleste, Notes de Travail, L'Église, La vie spirituelle, par Michel GUERY S. J. Notes recueillies au Dahomey (actuel Bénin) entre juillet 1972 et septembre 1973, p. 45 - 46 ;*
3. *Église du Christianisme Céleste, Un exemple d'Église Prophétique au Bénin, par Albert DE SURGY, 2001, Paris, éditions KARTHALA, p. 75-78 ;*
4. *Ordre de Cultes, Imèko (Nigéria), Baptême, les procédés du baptême (au bord du fleuve), p. 59-60. (Cf. **Appendice 2**).*

Après les préalables ci-dessus indispensables au futur baptisé, celui-ci devra aussi connaître :

- le **NOTRE PÈRE** récité au début et à la fin des cultes ;
- le **CREDO** récité par les fidèles avant la Prédication dont il est le fondement ;
- le **Psaume 51**, Psaume de repentance par excellence ;

Le jour du baptême, au bord de l'eau, la personne à baptiser a une bougie à la main. Le Chargé de Paroisse à qui revient la prérogative du baptême ou un autre Devancier délégué par lui, plante une Croix à l'Est et commence la cérémonie avec des prières et cantiques de circonstance. Il obtient du sujet le **OUI** du rejet total de Satan et de ses œuvres. Puis, il fait *trois signes de Croix* à la surface de l'eau.

La personne, légèrement vêtue, donne son nouveau prénom repris par le Chargé de Paroisse qui, dès lors, l'immerge *trois fois* dans l'eau avec la formule : **Je te** « **baptise au nom du PÈRE, du FILS et du SAINT-ESPRIT** », (Mt 28 : 19).

Le nouveau baptisé sort de l'eau ; le Devancier fait encore **trois signes de Croix** à la surface de l'eau et sort à son tour.

La **fin de la cérémonie** est marquée encore par des prières de circonstance, de force du SAINT-ESPRIT, de persévérance dans l'ŒUVRE, d'actions de grâces. On récite le NOTRE PÈRE, et le Chargé de Paroisse donne la Bénédiction suivie de **7x Alléluia** aux quatre points cardinaux [119].

Le nouveau baptisé va à la Paroisse pour quelques prières au temple, puis rentre chez lui s'exposer avec la bougie. Il est maintenant fidèle de L'ECC avec tout ce que cela suppose dans le respect de sa DOCTRINE [120].

*Figure 23 - **Le baptême du Christ, d'eau et d'Esprit***

---

[119] OSCHOFFA, 1980, **Art. 86**
[120] Cf Appendice 1

4. NOTES COMPLÉMENTAIRES

On comprend dès lors pourquoi :

1. OSCHOFFA définit L'ECC comme étant « *Un reflet de l'Église chrétienne primitive.* » dans un Acte signé à Lagos le 19 mai 1976 comme écrit dans *DE SURGY Albert, 2001, op. cit., p. 27 § 3 ;*
2. ADETONAH A. la qualifiait comme « *Une Église primitive teintée du sang des martyrs* », c'est-à-dire Une Église primitive comme celle du Temps des Grandes Persécutions [121];

Le « rebaptême » est connu en Afrique Romaine et au Moyen-Orient dans *l'église primitive du Temps des Grandes Persécutions* (entre 1er et 4e siècle).

« *L'Afrique selon une vieille coutume, rebaptisait tout hérétique ou schismatique qui voulait réintégrer la communauté chrétienne orthodoxe. La pratique était utilisée aussi au Moyen-Orient* » [122] ;

---

[121] Lire *ADETONAH A., 1972, op. cit., p. 19 § 3*

[122] p. 193 § 4. Cf TERTULIEN, De PATIS, 15

SAINT CYPRIEN, épîtres 52, 2

AKAKPO Amouzouvi., 1980, Afrique Romaine : Les persécutions contre les chrétiens au IIIe siècle d'après des relations de martyre, Dakar, NEA., p. 192-193 – Édition d'une thèse de Doctorat de 3ème cycle soutenu le 07 avril 1971 à Aix-en-Provence devant un jury composé de M. Jean-Rémy Palanque, Membre de l'Institut, Doyen honoraire, Président ; M. Paul-Albert Février, Professeur à L'université de Provence, Rapporteur ; M. Henri-Irénée Marrou, Membre de l'Institut, Professeur à l'Université de Paris IV.

DEUXIÈME PARTIE

Pour réussir le vécu quotidien dans L'ECC

3. La Femme dans L'ECC

SOMMAIRE

INTRODUCTION : LE RÔLE DE LA FEMME DANS L'ECC

LA PURIFICATION DE LA FEMME

   1. APRÈS LE FLUX MENSUEL

   2. LA FEMME NOUVELLEMENT CONVERTIE

   3. LA FEMME ENCEINTE

CONCLUSION : RESPECTONS LA FEMME DANS L'ECC

INTRODUCTION

A. **DIEU créa la femme Ève** (qui signifie Vie) **comme compagne de l'homme Adam** (qui signifie Être humain), lire *Gn 2 : 18-24.*

La femme assuma sa responsabilité dans le péché originel (*Gn 3 : 1-24*). Bien plus, DIEU en fit **La Mère du SAUVEUR**, en la personne de **LA TRÈS SAINTE VIERGE MARIE (Mt 1 : 18-25)**.

C'est à la femme, la Samaritaine, que JÉSUS révéla pour la première fois qu'IL était LE MESSIE attendu (*Jn 4 : 25-26*).

C'est la femme, Marie de Magdala, qui apprit, la première, la Résurrection de JÉSUS et fut chargée de l'annoncer aux Apôtres (qui signifie *Envoyés au loin*) et de leur signifier le rendez-vous en Galilée (*Mc 16 : 9 ; Mt 28 : 1-10*).

Aussi DIEU racheta-t-IL désormais la femme de l'emprise du dragon rouge avec le concours de l'Archange SAINT MICHEL (*Ap 12 : 1-18*).

B. **Cette miséricorde sans faille de DIEU à l'endroit de la femme doit nous faire comprendre que JÉSUS ne fait pas un reproche à sa MÈRE à Cana** quand IL lui dit : « *Femme, qu'y a-t-il entre moi et toi ?*» avant d'ajouter : « *Mon heure n'est pas encore venue.* », lire **Jn 2 : 4**.

En effet, cette formule était très utilisée dans la culture juive de LA BIBLE. On la retrouve dans la bouche de la veuve de Sarepta quand elle dit à Élie : « *Qu'y a-t-il entre moi et toi ? Homme de DIEU ?* » (*1 R 17 : 18*) ou chez le Juge Jephté qui envoie dire au roi Ammonite : « *Qu'y a-t-il entre moi et toi, que tu viennes contre moi pour faire la guerre à mon pays ?* », lire *Jg. 11 : 12*.

D'autres exemples peuvent être rappelés aussi bien dans l'Ancien Testament qu'au temps de JÉSUS (*2 Ch 35 : 21 ; Mt 8 : 29+ ; Mc 1 : 24 ; 5 : 7 ; Lc 4 : 34 ; 8 : 28*).

Il n'y a donc rien de péjoratif quand JÉSUS interpelle et dit : « *Femme* », aussi bien à sa MÈRE à Cana, qu'à la Samaritaine (*Jn 4 : 21*) et à la femme adultère (*Jn 8 : 10*).

Avec LUI « des femmes sont mises sur le même pied d'égalité que les Douze Apôtres », souligne HOFFNER Anne–Bénédicte [123] qui cite Christine PEDOTTI (*Lc 8 : 2-3*).

JÉSUS a toujours été bienveillant avec les femmes comme « la pécheresse pardonnée » (*Lc 7 : 36 - 50*), la femme guérie le jour de sabbat (*Lc 13 : 10-17*).

La femme ne peut plus être répudiée facilement (*Dt 24 : 1*).

Tout le monde peut se marier (*Mt 19 : 1 - 12*), mais le plus important est d'écouter la parole de DIEU et la garder (*Lc 11 : 27-28 ; 10 : 39 - 42*).

C. C'est pourquoi dans l'Église du Christianisme Céleste :

1. La Femme bénéficie des 4 Sacrements de L'ECC : le Baptême, l'Onction, la Communion, le Mariage.
2. C'est elle qui fait la **prière de combat** durant les cultes (*Gn 3 : 15 ; Ap 12 : 1-18*).
3. C'est elle qui fait la **prière de clôture** des cultes. MARIE est célébrée le 1er vendredi de juillet [124].
4. Cette importance de la Femme dans L'ECC apparaît aussi dans le fait que c'est une Femme qui a reçu ce Premier Chant Révélé à L'ECC.

Pour rappel le Premier Chant Révélé : « *Que LA SAINTE MARIE nous accompagne. Et qu'ensemble tous les Saints puissent nous accompagner ! Amen !*».

5. La femme peut lire les extraits bibliques demandés par le Prédicateur.
6. Elle participe à la Quête avec le « Pajaspa » [125] durant les cultes. Mais, compte tenu de ses menstrues, certaines contraintes s'imposent à elle dans L'ECC.

Dans ces moments, elle ne conserve pas moins toutes ses potentialités spirituelles.

---

[123] « Femme, Que me veux-tu ? », dans La Croix, Hors-Série, 2014, Ce que JÉSUS a vraiment dit, p. 81, 2e col, § 1, p. 83
[124] OSCHOFFA SBJ, 1980, **Art. 77, 99 § g**
[125] OSCHOFFA SBJ, 1980, **Art. 8.**, Rôle des Fidèles Femmes, (**Ibid, Art. 189-194**)

LA PURIFICATION DE LA FEMME

1. Après le flux menstruel

1.1. « La femme, pendant sa période menstruelle, doit s'abstenir de fréquenter le temple et les lieux de réunion de l'Assemblée chrétienne. Elle restera sept jours dans son impureté. Puis elle lavera ses vêtements et son corps avec de l'*eau sanctifiée* et elle sera pure [126] ».

1.2. « La femme qui aura un flux de sang pendant plusieurs jours hors de ses époques régulières, ou dont le flux durera plus qu'à l'ordinaire, sera impure tout le temps de son flux, comme au temps de son indisposition menstruelle.

Lorsqu'elle sera purifiée de son flux, elle comptera encore deux jours avant de reprendre les activités spirituelles (communautaires) [127]. ».

1.3. « *L'homme qui a la gonorrhée ou qui couche avec une femme pendant sa période menstruelle* devient lui aussi impur et doit respecter les règles de la pureté et s'éloigner de l'Assemblée chrétienne pendant toute la période de son impureté, (lire *Lé 15 : 19-33*) [128]».

1.4. « La femme du Christianisme Céleste en période de flux menstruels *doit se purifier après le septième jour*. Il faut donc que *cette femme se présente devant la maison de prières pour sa purification*. La raison est que les *femmes qui sont stériles* comme Anne (*qui signifie Grâce, Faveur*), puissent faire le vœu devant L'ÉTERNEL et dire :

« *Mon DIEU, TOI qui sais que je finis cette période, daigne que ce flux ne parte pas en vain après cette purification. ÉCOUTE ma prière comme TU as écouté celle de Anne !* ».

---

[126] ADETONAH, A., 1972, nouvelle édition, p. 73, **Art. 5**
[127] Ibid., **Art. 6**
[128] Ibid., **Art. 7**

« C'est pour cette raison qu'elle doit se présenter devant la maison de L'ÉTERNEL [129] ».

1.5. « Dans leurs vœux, les femmes qui ne manquent pas d'enfants diront : « *Que l'enfant qui me viendrait au monde soit sanctifié de LÀ-HAUT.* O TOUT-PUISSANT !».

Le Devancier de l'Église seul suffit alors pour faire la prière de purification [130] ».

2. La femme nouvellement convertie

2.1. « Pour les femmes nouvellement converties au Christianisme Céleste, la purification se fera devant la maison de prières de l'Église et on entonnera la chanson suivante :

> « *JÉSUS t'appelle, viens à LUI /*
> *Pécheur(e) viens /*
> *JÉSUS priera pour toi /*
> *Pécheur viens /*
> *IL ne t'abandonnera pas /*
> *Pécheur (e) viens /*
> *IL ne t'abandonnera pas /*
> *Pécheur(e) viens.* » [131]. » »

2.2. « Après cette chanson, le Devancier lèvera la voix pour une prière fervente. Cette femme aura soin d'apporter *une bougie* et de *l'eau* dans un récipient. Elle peut avoir aussi, si elle le veut, de l'éponge et un savon parfumé pour se laver après la prière de purification. *En aucun cas, ce bain ne remplace le baptême.* [132] ».

3. La femme enceinte

3.1. « Lorsqu'une femme deviendra enceinte et qu'elle enfantera, elle sera impure pendant quarante jours. Mais le 8ème jour, le nouveau–né, *sans la mère*, est emmené à l'église,

---

[129] OSCHOFFA SBJ, 1974, p. 6, § 2

[130] Ibid, p. 6, § 3 ;
ECC, Règlement Intérieur., p. 51, **Art., 21-26**, OSCHOFFA SBJ, 1980, ;
ECC, Constitution, Nigéria, **Art. 93, § 8** (8ème Interdit)

[131] OSCHOFFA SBJ, 1974, p. 7 § 2-3

[132] Ibid. p. 7, § 4

accompagné de parents pour les « cérémonies de *Sortie d'Enfant* », aux cours desquelles ce dernier reçoit un prénom. ».

3.2. « Pendant ce temps d'impureté, la mère ne touchera aucune chose sainte et elle n'ira pas au Temple et n'assistera même pas aux réunions de l'Assemblée. ».

3.3. Lorsque les jours de sa purification seront accomplis, elle se présentera avec son enfant au temple et remerciera L'ÉTERNEL DIEU de ses bienfaits. (*Lé 12 : 1+*). [133].

NB : Malgré leur état, elle et lui continueront, bien entendu, de bénéficier de toutes les grâces du SEIGNEUR.

CONCLUSION : RESPECTONS LA FEMME DANS L'ECC

Nous avons cru devoir rappeler encore ici, ce que nous avons déjà dit plus haut pour un changement définitif de mentalité parmi les hommes de L'ECC.

Cette bienveillance à l'endroit de la femme se retrouve dans les propos de SBJ OSCHOFFA, le jour où il a remis, pour la première fois, le surplus jaune à 7 Devancières de L'ECC.

Puis il ajouta entre autres :

« Dans L'ECC, la femme occupe une place prépondérante, par opposition à ce que les uns et les autres racontent en disant que les femmes n'ont pas un grand rôle dans l'Église. **Ceci est une erreur grossière, monumentale et, c'est une affirmation gratuite**. Ce n'est pas à eux que DIEU a confié la fondation de cette Église pour vous traiter comme ils le pensent. Ce n'est pas aussi parce que vous n'allez pas dans le « **Saint des Saints** » pour la conduite de nos différents cultes, parce que vous ne vous tenez pas debout pour la *prédication*, ou que vous ne *baptisez* pas les gens que vous *n'êtes pas connues* de DIEU. C'est à cause de votre **constitution morphologique interne**, à savoir les impuretés (*menstrues*) que LE SEIGNEUR, non pas moi, a

---

[133] ADETONAH, A., p. 73, **Art. 8-10** ; Constitution de L'ECC, 15 décembre 2009, Porto-Novo, op cit. p. 51, **Art. 21-26** ; OSCHOFFA SBJ, 1980, **Art. 93**, § 8, 8ème Interdit)

décidé souverainement pour son Église. Comme dans toutes sociétés bien organisées, chacun joue un rôle bien défini. **Cela ne doit pas emmener les Devanciers de l'Église à vous minimiser ou à vous reléguer à des rangs inférieurs** (ceci ne vient pas de moi mais plutôt de leur ignorance) [134] ».

De même, au sujet des *fonctions administratives* dans les structures du Diocèse, OSCHOFFA, consulté au sujet d'un malentendu sérieux sur la Paroisse SAINT URIEL de Marcory Anoumabo à Abidjan en Côte d'Ivoire, affirme ceci : « **Les hommes devaient cesser de confiner les femmes de l'Église à des rôles subalternes.** »

Dès lors, les femmes commencèrent par occuper des postes de présidentes paroissiales, de secrétaires générales ou adjointes, de trésorières générales ou adjointes…

La femme prépare les annonces en collaboration avec ses adjoint(e)s, puis l'un d'eux fait les annonces pendant les cultes. Cependant, pendant les **Assemblées Générales**, elle pourrait toutefois s'asseoir à sa place pour prendre la parole et faire des comptes-rendus. Idem aussi pour les autres femmes occupant des postes administratifs au sein d'un comité paroissial. [135] ».

En le dimanche 11 juin 2017, nous devions faire la Prédication sur les textes (*Gn 3 : 15 ; Mc 3 : 31-35*). Après la prière préparatoire, voici ce que nous avons reçu, devant DIEU et devant les hommes [136], et nous nous devons de le reproduire ici :

« La Femme est l'être humain le plus fort spirituellement. »

« 1. C'est la grande découverte de L'ECC, mais les fidèles ne l'ont pas compris par orgueil des hommes célestes. »

---

[134] YANSUNNU M. Lévi, 2013, op. cit., p. 77, § 3. Lire les pages de 72 à 84

[135] Ibid. p. 159-161

[136] ADETONAH A., 1972, nouvelle édition, p. 52 § 6; p.78, **Art. 38**
OSCHOFFA SBJ, 1980, **Art. 72**

« 2. Dans l'Église du Christianisme Céleste, vous faites des choses sans vouloir chercher à les comprendre : prière de combat, prière de clôture du culte. »

« 3. Vous de LA FRATERNITÉ CHRÉTIENNE, vous devez respecter les femmes parmi vous. »

« 4. C'est pourquoi vous devez ASSEOIR L'AUTORITÉ DE MA MÈRE [137]. »

« 5. Où est le tableau de Mon PÈRE adoptif ?

« 6. Ceux qui disent que JE ne suis pas FILS UNIQUE de MA MÈRE se trompent *(Jn 3 : 16)*.

« 7. Vous autres de LA FRATERNITÉ CHRÉTIENNE, vous devez comprendre ce que vous lisez. Pas d'intellectualisme. Où sont les sages de ce monde ? *(1 Co 1 : 20)* ».

En le dimanche 03 septembre 2017, les 2 textes bibliques à étudier étaient tirés d'*Es 49 : 8 -15* et *2 Co 6 : 1-10*.

Devant Dieu et devant les hommes :

« L'Amour maternel est plus fort que tout amour manifesté dans l'humanité *(Es 49 : 15 ; 1 S 1 : 28)*. »

« 1. DIEU a sauvé Israël avec un amour maternel. Dispersés, IL a ramené les Fils d'Israël au bercail. Parole du SEIGNEUR issue de *Es 49 : 5-7*. »

« 2. PAUL est heureux d'un amour puissant comme celui d'une femme parce que son message a été bien perçu par les Corinthiens avec sa Première Lettre. »

---

[137] OSCHOFFA, SBJ, ECC, Constitution, 1980, **Art. 77; 99 § g**
LA FRATERNITE CHRETIENNE, cf 3ᵉ Partie, chap. 5

« 3. Vous aussi de la FRATERNITÉ CHRÉTIENNE, comme PAUL, portez Mon Message aux autres. Vous en éprouverez une joie immense qu'on ne trouve que dans l'amour maternel parce que vous aurez engendré des enfants pour CHRIST, lire *2 Co 6 : 11-13* ».

*Figure 24 - <u>**Les 4 Archanges**</u>*

DEUXIÈME PARTIE

Pour réussir le vécu quotidien dans L'ECC

4. Les Anges de Dieu dans LA BIBLE

SOMMAIRE

INTRODUCTION : DÉFINITIONS

1. CARACTÉRISTIQUES DES ANGES DE LA BIBLE

2. LES MISSIONS DES ANGES

3. « LES ANGES DE LA FACE »

CONCLUSION : IL Y A ENCORE BEAUCOUP À DIRE SUR LES ANGES DE DIEU.

*Figure 25 - **Les Trois Archanges avec Tobie***

INTRODUCTION : DÉFINITIONS

1. Manifestation d'un Ange

Le Devancier Woli, Simon de Lomé (Togo), se devait de « faire une action de grâces dans une Paroisse située au-delà d'un cours d'eau ». Le plus évident pour lui, était d'aller à Tsévié, à une trentaine de kilomètres au nord de la capitale. Il passa forcément sur le pont du cours d'eau Sio à une dizaine de kilomètres de Lomé [138].

Arrivé à Tsévié, notre frère rencontra un homme qui lui dit : « *Toi, tu n'es pas d'ici ; mais ce qui t'amène ici va réussir. Moi, je ne suis qu'un Envoyé pour te le dire* ».

Puis, l'homme continua son chemin et tourna à droite. Notre frère suivit le même trajet et s'aperçut, à son grand étonnement, qu'il n'y avait pas de rue, ni un portail de maison à l'endroit où son interlocuteur avait tourné. C'était donc un Esprit qui avait pris la forme humaine. Il était un *Envoyé*, c'était un *Ange*.

Étymologiquement, un Ange est *un envoyé*, un *messager de DIEU*. Mais certains anges ont désobéi en suivant **Satan** chassé du Paradis après avoir trompé Ève (*qui signifie Vie*) ; ce sont donc les anges déchus (*Gn 3 : 14-15 ; 2 Pi 2 : 4 ; Jude 6. Ap ; 20 : 3*).

2. Questions de vocabulaire

Dans LA BIBLE, l'expression Ange de DIEU semble vouloir signifier quelquefois, *ESPRIT de DIEU* ou tout simplement **DIEU LUI-MÊME**.

En effet, dans les chapitres *Genèse 16* et 22, l'ANGE de L'ÉTERNEL s'entretient avec *Agar* (qui signifie Fuite), la servante d'Abraham (qui signifie Père élevé), et mère d'**Ismaël** (qui signifie DIEU entend), le **Patriarche des Musulmans**.

Quand «[10] *L'ANGE de L'ÉTERNEL lui dit (à Agar) : JE multiplierai ta postérité, et elle sera si nombreuse qu'on ne pourra la compter.* [11]

---

[138] Lomé, capitale du Togo, située au bord de mer dans le Golfe de Guinée en Afrique de L'Ouest.

L'ANGE de L'ÉTERNEL lui dit : Voici, tu es enceinte, et tu enfanteras un fils, à qui tu donneras le nom d'Ismaël ; car L'ÉTERNEL t'a entendue dans ton affliction. », de **Gn 16 : 10-11**. Un tel pouvoir, une telle affirmation ne peut venir que de DIEU LUI-MÊME. Il en est de même dans cet autre passage :

«[12] *L'ANGE dit* [(à **Abraham au sujet d'Isaac** *(qui signifie Rire)*] : *N'avance pas ta main sur l'enfant, et ne lui fait rien ; car JE sais maintenant que tu crains DIEU, et que tu ne M'as pas refusé ton fils, ton unique…*[17] *JE te bénirai et JE multiplierai ta postérité, comme les étoiles du ciel et comme le sable qui est sur le bord de la mer ; et ta postérité possédera la porte de ses ennemis.* », (**Gn 22 : 12 ; Gn 22 : 17**).

Pour la signification des noms bibliques, on pourrait consulter tout dictionnaire biblique, tout index biblique [139] et la petite brochure bien faite 'Les Grands Personnages de LA BIBLE', 2006, du grand théologien Éric DENIMAL, l'auteur du livre à succès de LA BIBLE pour les nuls, 2006, paru aux mêmes éditons FIRST.

1. CARACTÉRISTIQUES DES ANGES DE LA BIBLE

Créatures spirituelles de DIEU, les Anges peuvent prendre diverses apparences.

1.1. Une forme humaine.

C'est le cas de « l'Homme de Tsévié » (cf. ci-dessus), ou celui des deux Anges qui arrivèrent un soir à Sodome alors que *Lot* était assis à la porte de la ville dans le passage de *Gn 19 : 1*. « *Ils* (les gens de la ville) *appelèrent Lot, et lui dirent : Où sont les hommes qui sont entrés chez toi cette nuit ?* » (*Gn 19 : 5*). Ils cernèrent la maison de Lot. Ils poussèrent Lot avec violence et s'approchèrent pour enfoncer la porte. « [10] *Les (deux) hommes étendirent la main, firent rentrer Lot vers eux dans la maison, et fermèrent la porte.* [11] *Et ils frappèrent d'aveuglement les gens qui*

---

[139] Nouvel Index Biblique, 2011, Petite concordance analytique de mots et de sujets bibliques, Éditions Le Bon Livre, Rue du Moniteur, 7 ; 1000 Bruxelles (Belgique).
'Les Grands Personnages de LA BIBLE, Éric Dénimal, 2006, Édition First

étaient à l'entrée de la maison, depuis le plus petit jusqu'au plus grand de sorte qu'ils se donnèrent une peine inutile pour trouver la porte. », (**Gn 19 : 10 -11**).

Ainsi Lot et sa famille furent protégés par les deux hommes, en fait, par deux Anges qui les firent sortir de la ville.

C'est sous une forme humaine qu'un Ange apparut à **Manoach** (qui signifie Repos) et à sa femme, pour annoncer la naissance de **Samson** (qui signifie Petit soleil). «[6] *La femme alla dire à son mari : un homme de DIEU est venu vers moi, et il avait l'aspect d'un ange de DIEU, un aspect redoutable. Je ne lui ai pas demandé d'où il était, et il ne m'a pas fait connaître son nom* » ; «[20] *Comme la flamme montait, de dessus l'autel vers le ciel, l'ange de L'ÉTERNEL monta dans la flamme de l'autel. À cette vue Manoach et sa femme tombèrent la face contre terre.* [21] *L'ange de L'ÉTERNEL n'apparut plus à Manoach* [22] *et à sa femme. Alors Manoach comprit que c'était l'ange de L'ÉTERNEL, et il dit à sa femme : Nous allons mourir, car nous avons vu DIEU.* », (**Jg 13 : 6** et **Jg 13 :20-22**).

L'Archange Raphaël se présenta à Tobias sous la forme d'un être humain : « *Tobias sortit à la recherche de quelqu'un qui pourrait l'accompagner en Médie et qui connaîtrait bien le chemin. Dehors, il trouva l'Ange Raphaël debout devant lui, mais il ne se douta pas que c'était un Ange de DIEU.* », (**Tb 5 : 4** dans LA BIBLE TOB).

1.2. Des êtres humains avec deux ou six ailes.

Outre la forme d'un être humain ordinaire, un Ange apparaît le plus souvent comme un être humain avec deux ou six ailes, du moins tel qu'on peut le voir dans les livres de **Genèse**, **Exode** et **Ésaïe** par exemple.

«[23] *Et L'ÉTERNEL DIEU le chassa (Adam qui signifie être humain) du jardin d'Eden, pour qu'il cultivât la terre, d'où il avait été pris.* [24] *C'est ainsi qu'IL chassa Adam ; et il mit à l'orient du jardin d'Eden les chérubins qui agitent une épée flamboyante, pour garder le chemin de l'arbre de vie* », (**Gn 3 : 23-24**).

« *Les chérubins étendront les ailes par–dessus couvrant de leurs ailes le propitiatoire et se faisant face l'un à l'autre ; les chérubins auront la face tournée vers le propitiatoire* », (**Ex 25 : 20**).

Ce passage ne mentionne pas explicitement deux ailes à chaque chérubin, une catégorie d'Anges, sur laquelle nous reviendrons. Mais la tradition les a toujours représentés comme tels ; et tout être volant possède au moins deux ailes.

Quant aux séraphins, il est bien précisé qu'ils ont six ailes : « *Des séraphins se tenaient au-dessus de lui ; ils avaient chacun six ailes : deux dont ils se couvriraient la face, deux dont ils se couvraient les pieds, et deux dont ils se servaient pour voler* », (**És 6 : 2**).

1.3. Les Anges n'ont pas de sexe

Sont-ils des hommes ou des femmes ? La question avait fait l'objet d'une abondante littérature et de polémique en son temps sur le sexe des Anges. LA BIBLE donne la réponse. Les Anges n'ont pas de sexe. Au Ciel, la question ne se pose pas : « *Car à la résurrection, les hommes ne prendront pas de femmes, ni les femmes de maris, mais ils seront comme les Anges de DIEU dans le Ciel* » de ***Mt 22 : 30***.

1.4 Les Anges sont immortels

Luc nous dit que les Anges sont immortels c'est-à-dire qu'ils ont un commencement mais pas de fin : «[35] *Mais ceux qui seront jugés dignes d'avoir part au siècle à venir et à la résurrection des morts ne prendront ni femmes ni maris.* [36] *Car ils ne pourront plus mourir, parce qu'ils seront semblables aux Anges, et qu'ils seront fils de DIEU, étant fils de la résurrection* », (***Lc 20 : 35 - 36***).

2. LES MISSIONS DES ANGES DE DIEU

Les Anges de DIEU étant des envoyés et des messagers de DIEU, ils ont, par essence, des missions à accomplir pour DIEU. On ne peut donc pas connaître toutes leurs missions. Mais certaines apparaissent dans LA BIBLE.

2.1. Transmettre les volontés de DIEU

Quand Joseph nourrit le projet d'abandonner MARIE devenue enceinte alors qu'il ne l'a pas « connue », c'est un Ange, en l'occurrence, l'*Archange Gabriel*, qui est chargé de lui dire : «[20] *Joseph, fils de David, ne crains pas de prendre avec toi MARIE, ta femme, car l'enfant qu'elle a conçu vient du SAINT–ESPRIT ;* [21] *elle enfantera un fils, et tu lui donneras le nom de JÉSUS* (qui signifie Josué ou DIEU sauve, DIEU aide*) ; c'est lui qui sauvera son peuple de ses péchés.* », (*Mt 1 : 20 - 21*).

Il avait également annoncé à Zacharie (*qui signifie L'ÉTERNEL s'est souvenu*) la naissance de Jean-Baptiste (*Lc 1 : 11 - 25*).

C'est aussi un Ange de L'ÉTERNEL qui annonça celle de Samson (*qui signifie Petit soleil*), lire *Jg 13 : 1 – 24*.

2.2. Exécuter les ordres de DIEU

Les deux Anges envoyés à Lot ont pour mission de détruire Sodome. « *Car nous allons détruire ce lieu, parce que le cri contre ses habitants est grand devant L'ÉTERNEL. L'ÉTERNEL nous a envoyés pour le détruire.* », (*Gn 19 : 13*).

Un Ange est chargé de conduire le peuple de DIEU dans le désert jusqu'à la Terre promise (*Ex 23 : 20 ; Ex 33 : 2*).

Certains Anges de l'*Apocalypse* avaient une mission redoutable, celle de faire du mal à la terre, à la mer et aux arbres mais pas aux serviteurs de DIEU, (*Ap 7 : 1 - 3*).

L'*Archange MICHEL* (qui signifie Qui est semblable à DIEU) devait combattre aux côtés de MARIE un grand dragon rouge et ses anges déchus (*Ap 12 : 3, 7*). MICHEL avait vaincu et précipité le dragon sur la terre. «[17] *Et le dragon fut irrité contre la femme, et il s'en alla faire la guerre aux restes de sa postérité, à ceux qui gardent les commandements de DIEU et qui ont le témoignage de JÉSUS.* [18] *Et il (le dragon) se tint sur le sable de la mer.* », (*Ap 17 - 18*).

C'est pourquoi OSCHOFFA a interdit **les travaux spirituels à la plage** où le Grand rassemblement annuel de Sème est **une affirmation, dans le domaine du dragon, de la domination** éternelle du **FILS DE L'HOMME**, rappelée par Daniel, (*Dn 7 : 13 - 14*).

« **Pour les visites à la plage, je mets présentement un terme, car cela ne cadre pas avec notre règlement …Pour les sacrifices à faire à la plage, je l'interdis complètement ; qu'aucun esprit ne l'exige et que personne ne l'applique. Chaque paroisse possède son lieu de sacrifice et sa maison de prière à cet effet…** [140] ».

2.3. Les Anges de DIEU constituent l'Armée Céleste

« *Et Michée (qui signifie Qui est comme L'ÉTERNEL) dit : Écoute donc la parole de L'ÉTERNEL ! J'ai vu L'ÉTERNEL assis sur son trône, et toute l'Armée des cieux se tenant auprès de LUI, à sa droite et à sa gauche.* », (*1 R 22 : 19*).

« *Tous les habitants de la terre ne sont à ses yeux que néant : IL agit comme il LUI plaît avec l'Armée des cieux et avec les habitants de la terre, et il n'y a personne qui résiste à sa main et qui LUI dise : Que fais-tu ?* », (*Dn 4 : 35*). Et c'est MICHEL qui est le Chef de cette Armée céleste, lire *Jos 5 : 14 - 15 et Dn 10 : 21*.

Le dimanche 06 août 2017, pour la Prédication des textes de *Daniel 12 : 1 - 4* et *Jude 9 - 11*, nous avons reçu de l'Archange **Saint MICHEL**, le Message suivant, devant DIEU et les hommes, et nous nous devons de le reproduire ici [141] :

- « Lorsque L'ÉTERNEL ME désigna pour conduire l'Armée céleste, je savais que je devais combattre la dureté du cœur de l'homme (*Gn 3 : 14 - 15*).
- DIEU a fait l'homme de peu inférieur à LUI (*Ps 8 : 5-10*). Dès lors, l'homme s'estime n'être redevable qu'à DIEU.
- L'homme a eu donc beaucoup de difficultés à M'accepter et se laisse vite séduire par Satan.

---

[140] OSCHOFFA SBJ, 1974, p. 8 § 3 - 4

[141] ADETONAH A., 1972, nouvelle édition, p. 52 § 6 ; p.78, **Art. 38**
OSCHOFFA SBJ, 1980, **Art. 72**

- Par sa miséricorde, DIEU continue tous les jours d'amener l'homme à la raison. Devant la résistance de l'homme, JE ME dois d'intervenir régulièrement.
- Vous qui êtes de LA FRATERNITÉ CHRÉTIENNE (cf. 3e Partie, chap. 5), vous avez cette chance extraordinaire que les choses se passent pour le mieux pour vous.
- JE vous demande donc de persévérer dans L'ŒUVRE (*1 Co 15 : 58*). C'est votre arme principale.
- Que la Paix du SEIGNEUR soit avec vous ! AMEN ! ».

2.4. Les Anges nous gardent et nous assistent.

Nous avons tous des Anges gardiens si nous acceptons DIEU. C'est le cas de l'Ange qui a gardé, dans la fournaise, *Schadrac, Méschac* et *Abed-Nego* (*Dn 3 : 28*).

Les Anges gardent les plus faibles, les enfants. « *Gardez-vous de mépriser, (dit JÉSUS,) un seul de ces petits ; car JE vous dis que leurs Anges dans les cieux voient continuellement la face de mon PÈRE qui est dans les Cieux* », (*Mt 18 : 10*).

Il est bon que chaque chrétien céleste connaisse en plus de son *Ange gardien*, le *personnage dont il fait partie, en termes de lignée* et qui peut être un *Ange,* et enfin son accompagnateur qui peut aussi être un *Ange*, dans ses œuvres de tous les jours. C'est **l'identité spirituelle de tout chrétien céleste**. En dehors de l'Ange gardien, les deux autres personnages peuvent être ceux de LA BIBLE. Le Chrétien Céleste possède quelques traits de caractère du deuxième personnage dont il fait partie de la lignée. Il doit les invoquer tous, selon les moments de la journée. Ceci est une révélation, devant DIEU et devant les hommes.

Au moment où s'achevait la révélation, j'entendis, à la radio, la présentation de l'identité *Vodou* par une universitaire spécialiste des sciences religieuses. C'est le lieu d'inviter nos frères et sœurs à des recherches profondes sur L'ECC avec le concours de L'ESPRIT-SAINT.

3. « LES ANGES DE LA FACE »

La tradition judéo-chrétienne appelle ainsi les *Anges* qui sont au plus près du Trône de DIEU, comme : les *Chérubins*, les *Séraphins* et les *Archanges*.

3.1. Les Chérubins

Ils sont cités dans plusieurs **Livres** de LA BIBLE. Les Chérubins gardaient le chemin de l'Arbre de vie dans le jardin d'Eden : « *C'est ainsi qu'IL (DIEU) chassa Adam (qui signifie Être humain) ; et IL mit à l'orient du jardin d'Eden les chérubins qui agitent une épée flamboyante, pour garder le chemin de l'arbre de vie.* », (**Gn 3 : 24**) [142].

Deux Chérubins sont aux deux extrémités du propitiatoire qui est le couvercle de l'Arche d'Alliance. « [18] *Tu feras deux chérubins d'or, tu les feras d'or battu, aux deux extrémités du propitiatoire ;* [19] *fais un chérubin à l'une des extrémités et un chérubin à l'autre extrémité ; vous ferez les chérubins sortant du propitiatoire à ses deux extrémités.* [20] *Les chérubins étendront les ailes par-dessus, couvrant de leurs ailes le propitiatoire, et se faisant face l'un à l'autre ; les chérubins auront la face tournée vers le propitiatoire.* [21]*Tu mettras le propitiatoire sur l'arche, et tu mettras dans l'arche le témoignage, que JE te donnerai.* [22] *C'est là que JE ME rencontrerai (dit DIEU à Moïse) avec toi ; du haut du propitiatoire, entre les deux chérubins placés sur l'arche du témoignage, JE te donnerai tous mes ordres pour les enfants d'Israël.* », (**Ex 25 : 18-22**).

Le Trône de DIEU siège entre des Chérubins :« *Le peuple envoya à Silo, d'où l'on apporta l'arche de l'alliance de L'ÉTERNEL des armées qui siège entre les chérubins. Les deux fils d'Éli (qui signifie Élevé), Hophni et Phinées, étaient là, avec l'arche de l'alliance de DIEU.* », (**1 S 4 : 4**). Lire également (**Ps 80 : 2 ; Ps 99 : 1**).

« *Il (Salomon) fit dans le sanctuaire deux chérubins de bois d'olivier sauvage, ayant dix coudées de hauteur (c'est-à-dire 5 m de haut) … Salomon (qui signifie Pacifique) couvrit d'or les chérubins* », (**1 R 6 : 23 - 35**).

---

[142] Cf. ci-dessus **1.2**

« *Le temple intérieur ... tout était d'après la mesure, et orné de chérubins et de palmes. Il avait une palme entre deux chérubins. Chaque chérubin avait deux visages, une face d'homme tournée d'un côté vers la palme, et une face de lion tournée de l'autre côté vers l'autre palme ; il en était ainsi tout autour de la maison.* », **(Ez 41 : 16-19 ; Ez 10 : 1-22).**

« *Il (Salomon) fit dans la maison du lieu très saint deux chérubins sculptés, et on les couvrit d'or... et il fit le voile bleu, pourpre et cramoisi, et de byssus, et il représenta des chérubins* », **(2 Ch 3 : 10 - 14)**.

«*IL (L'ÉTERNEL) était monté sur un chérubin, et IL volait, Il planait sur les ailes du vent* », **(Ps 18 : 11)**.

3.2. Les Séraphins

Si les Chérubins sont souvent mentionnés dans LA BIBLE, ce n'est pas le cas pour les Séraphins, Anges à six ailes, rapportés dans LA BIBLE, seulement par **Ésaïe** (qui signifie *L'ÉTERNEL a sauvé*).

Jean, dans le livre d'Apocalypse, mentionne toutefois quatre êtres vivants qui ont chacun six ailes, **(Ap 4 : 8)**.

« *Des séraphins se tenaient au-dessus de LUI. Ils avaient chacun six ailes : deux dont ils se couvraient la face, deux dont ils se couvraient les pieds, et deux dont ils se servaient pour voler.* », **(Es 6 : 2)**.

« *Mais l'un des séraphins vola vers moi, tenant à la main une pierre ardente, qu'il avait prise sur l'autel avec des pincettes* », **(Es 6 : 6 -7)**.

3.3. Les Archanges

Quant à la troisième catégorie des « Anges de la Face », on les appelle Archanges, c'est-à-dire « les Chefs parmi les Anges ».

Dans LA BIBLE, version Louis Segond, le nom est utilisé seulement deux fois. On le trouve dans **1 Thessaloniciens** et dans l'**Épître de Jude**. Paul, écrit : « *Car LE SEIGNEUR lui-même, à un signal donné, à la voix d'un Archange, et au son de la trompette de DIEU, descendra du ciel, et les morts en CHRIST ressusciteront premièrement.* », **(1 Th 4 : 16)**.

Jude écrit : « *Or l'Archange* **Michaël**, *lorsqu'il contestait avec le diable et lui disputait le corps de Moïse, n'osa pas porter contre lui un jugement injurieux, mais il dit : « Que LE SEIGNEUR te réprime !* », (***Jude 9***).

Les Archanges sont au nombre de **sept**. Mais ils sont désignés indifféremment Anges. « *Je suis* **Raphaël**, lit-on dans le Livre de Tobit, *l'un des* **sept Anges** *qui se tiennent devant la gloire du SEIGNEUR et pénètrent en sa présence.* », (***Tb 12 :15*** - BIBLE TOB).

Autres mentions de **Raphaël** dans les passages : ***Tb 3 : 17 ; 5 : 4 ; 8 : 3 ; 11 : 1, 4, 7***. C'est confirmé dans l'Apocalypse où Jean écrit : « *Et je vis les sept Anges qui se tiennent devant DIEU, et sept trompettes leur furent données.* », (***Ap 8 : 2***).

Dans LA BIBLE, version Louis Segond, seulement deux Archanges sont mentionnés : *SAINT MICHEL* (qui signifie **Qui est semblable à L'ÉTERNEL**), et *SAINT GABRIEL* (qui signifie **Héros de DIEU ; DIEU s'est montré fort ; Homme de DIEU**).

«*7 Et il eut guerre dans le ciel. MICHEL et ses anges combattirent contre le dragon. Et le dragon et ses anges combattirent, 8 mais ils ne furent pas les plus forts, et leur place ne fut plus trouvée dans le ciel. 9 Et il fut précipité, le grand dragon, le serpent ancien, appelé le diable* (qui signifie **celui qui divise**) *et Satan* (qui signifie **adversaire, ennemi**), *celui qui séduit toute la terre, et ses anges furent précipités avec lui.* », (***Ap 12 : 7-9***). Lire aussi les passages ***Dn 10 : 13, 21 ; 12 : 1*** et ***Jud 9***.

« *L'Ange lui* (à Zacharie) *répondit : Je suis Gabriel, je me tiens devant DIEU ; j'ai été envoyé pour te parler, et pour t'annoncer cette bonne nouvelle.* », (***Lc 1 : 19***).

Ce fut l'Archange *Gabriel* qui fut également envoyé à **MARIE**. « *20 Comme il* (Joseph) *y pensait* (rompre secrètement avec MARIE devenue enceinte par la vertu du SAINT–ESPRIT), *un ange du SEIGNEUR lui apparut en songe et dit : Joseph, fils de David, ne crains pas de prendre avec toi MARIE, ta femme, car l'enfant qu'elle a conçu vient du SAINT-ESPRIT ; 21 elle enfantera un fils, et* *tu lui donneras le nom de* JÉSUS [143]: *c'est LUI qui sauvera son peuple de ses péchés »*, (*Mt 1 : 20-21*). Lire également (*Lc 1 : 26-38 ; Dn 8 : 16* et Dn 9 : 21).

Dans LA BIBLE **TOB** ou LA BIBLE **de Jérusalem**, on trouve l'Archange Saint *Raphaël* (qui signifie **DIEU a guéri**) dans le **Livre de Tobit** (*Tb 12 : 15*) [144].

Les quatre autres se retrouvent dans des Textes apocryphes. C'est le cas de « l'Archange *URIEL* » présent dans le **quatrième livre d'Esdras** (1er siècle après J.-C.) et dans le livre d'**Hénoc** [145]. La même source donne les trois autres que l'on trouve dans des récits rabbiniques de moindre autorité qui citent les « Archanges **Barachiel, Jéhudiel** et **Zeadkiel.** »

Chez les Coptes d'Égypte, les sept Archanges sont énumérés comme suit : *Michaël, Gabriel, Raphaël, Suriel (ou Uriel), Sakakiël, Sarataël, Ananaël* [146].

3.3.1. SAINT URIEL. L'*Archange URIEL* est révélé à L'ECC. IL est l'un des *quatre Anges* qui tiennent l'un des quatre points cardinaux. Pendant « La Fuite en Égypte et le Retour » de Joseph et Marie avec L'Enfant JÉSUS, rapportés par *Matthieu* seul (*Mt 2 : 13 - 21*), il y a un épisode qu'on ne trouve que dans les Apocryphes.

« La scène de la Vierge aux Rochers peut-on lire dans le *Code Da Vinci, l'Enquête* [147] ne figure nullement dans les Évangiles canoniques, mais dans les Apocryphes (Protévangile de **Jacques, 17 - 22**) : il s'agit de la rencontre de MARIE et de L'Enfant JÉSUS avec le jeune JEAN-BAPTISTE, accompagné par son ange protecteur Uriel. ».

---

[143] JÉSUS qui signifie DIEU sauve ; DIEU aide (lire John P MEIER, Un certain Juif JÉSUS, 2005, p. 128, § 5, Éditions SEUIL)
[144] Cf. ci-dessus
[145] Cf. Dictionnaire de LA BIBLE, de André-Marie Gérard, Éditions Robert Lafont, Paris, 1989, p. 99, 1e col § 3
[146] Les Coptes d'Égypte, Ces chrétiens aux anges, par Djénane Kareh Tager, dans Le Monde des Religions, N° 22 de Mars-Avril 2007, p. 53, 2e col. § 1
[147] Code Da Vinci de Marie -France Etchegoin & Frédéric Lenoir, 2005, Éditions Robert Laffont, Paris, p.98, §1

Concernant le tableau *La Vierge aux Rochers*, le grand peintre italien Léonard de VINCI (15-16e siècle après J-C), auteur de la célèbre *Joconde*, en a fait 2 versions (donc deux tableaux) à vingt ans d'intervalles.

Sur le premier tableau (1483 - 1486), qui est exposé au Louvre à Paris, l'archange **URIEL** montre MARIE, ce qui n'est pas le cas sur le deuxième tableau (1503 - 1506), exposé au National Gallery de Londres. En revanche ici, L'Enfant JÉSUS bénit sa MÈRE, et il y a une auréole sur la tête de JÉSUS, de MARIE, et de Jean Baptiste [148].

Il y a un malentendu entre les auteurs du *Code Da Vinci : L'enquête* et Dan BROWN (l'auteur du *DA VINCI CODE*) sur l'identification précise des deux enfants.

Rappelons qu'on peut se procurer à Paris et à Londres des reproductions en cartes postales de ces deux tableaux.

Toujours est-il que depuis 2010, la nouvelle édition de LA BIBLE TOB avec Notes Intégrales, CERF, PARIS, reproduit un *Quatrième Livre d'Esdras* qui mentionne l'Archange **URIEL** (qui signifie **Lumière de DIEU**).

« [1] *L'ange qui m'avait été envoyé et dont le nom était Uriel me répondit et* [2] *me dit : « Ton cœur est tout à fait égaré à propos de ce monde-ci et tu penses appréhender la voie du TRÈS-HAUT ? »,* (*4 Esd 4 : 1 - 2*).

« [20] *Et moi, je jeûnais sept jours, hurlant et pleurant, comme l'ange Uriel me l'avait ordonné.* [21] *Au bout de sept jours, les pensées de mon cœur m'étaient de nouveau très pénibles.* [22] *Mon âme recouvra l'esprit d'intelligence et, de nouveau, je commençai à discourir devant LE TRÈS-HAUT. »,* (*4 Esd 5 : 20 - 22*).

« *Où est l'ange Uriel qui est venu vers moi au commencement ? Car c'est lui qui m'a mis tout à fait hors de moi ; ma fin est devenue vaine, et ma prière un affront. »,* (*4 Esd 10 : 28*).

---

[148] Cf. le Chapitre 2 Le Baptême, p.115

3.3.2. SAINT MICHEL. Saint MICHEL est « *le Grand Chef, le défenseur des enfants de ton Peuple* », **(*Dn 12 : 1*)**. IL est le Chef des Anges, « *le Chef de l'Armée de L'ÉTERNEL* » **(*Jos 5 : 13, 14, 15*)**, puisque tous les Anges constituent l'Armée des cieux, **(*1 R 22 : 19*)**.

3.3.3. SAINT RAPHAËL. Dans LA BIBLE, *Saint RAPHAËL* est nommé seulement dans le *Livre de Tobit* comme nous l'avons dit. Il n'est donc pas dans LA BIBLE, version Louis SEGOND, mais dans LA BIBLE *de Jérusalem*, dans *LA BIBLE, Nouvelle Traduction...* et dans *LA BIBLE TOB* que nous allons utiliser à cet effet.

C'est Saint Raphaël qui se manifeste au jeune Tobias et qui lui dit qu'ils sont sept Anges (ou Archanges) « *Je suis Raphaël, l'un des sept anges qui se tiennent devant la gloire du SEIGNEUR et pénètrent en sa présence* » **(*Tb 12 : 15*)**. Mais dire qu'il est Archange, relève de la tradition judéo-chrétienne, de la Révélation à L'ECC et de sa mention comme tel dans l'Apocryphe, le *Livre d'Hénoc*. On remarquera la similitude entre la façon dont Saint Raphaël se présente, et celle de l'Archange Gabriel, « *L'ange lui* (à Zacharie) *répondit : je suis Gabriel, je me tiens devant DIEU ; j'ai été envoyé pour te parler, et pour t'annoncer cette bonne nouvelle.* », **(*Lc 1 : 19*)**.

Gabriel et Raphaël sont donc tous les deux des « Anges de la Face », des Archanges.

Dans le Livre de Tobit, l'Archange Raphaël a pour missions de :

1. de guérir le vieux Tobit,
2. de marier le jeune Tobias et sa cousine Sara,
3. de chasser de Sara, le démon Asmodée pour que l'union puisse être consommée **(*Tb 3 :16-17*)**
4. d'aider Tobias à récupérer l'argent que son père a déposé chez son oncle Gabaël, à Raguès de Médie,

Aussi, Raphaël se présente -t-il à Tobias sous le nom d'*Azarias, fils d'Ananias le Grand*, l'un des frères du vieux Tobit (*Tb 5 : 13*).

De Ninive, Raphaël accompagne le jeune Tobias et l'invite à s'arrêter à Ecbatane chez *Ragouël* qui a une très belle fille, Sara que personne n'arrive à épouser et à consommer le mariage avec, parce que le démon Asmodée, le pire des démons, tue les prétendants, la nuit des noces. Il y a eu au total sept prétendants tués de *Tb 3 : 8, 17.*

Raphaël demande à Tobias de pêcher un poisson. Le soir, avant de consommer le mariage avec Sara, Tobias devra brûler le foie et le cœur du poisson sur la braise du brûle-parfums. Leurs odeurs chasseront le démon Asmodée. Tobias et Sara devront, avant de s'unir, prier et demander grâce et protection de L'ÉTERNEL (*Tb 6 : 17-18*). Tout s'est donc bien passé à Ecbatane chez Ragouël.

Raphaël part seul à Raguès chez Gabaël prendre l'argent que le vieux Tobit lui a confié. Raphaël revient à Ecbatane récupérer Tobias et Sara et s'en retournent tous les trois à Ninive. *(Tb 10 : 8+).*

Sur recommandation de Raphaël, Tobias souffle la poudre du fiel du poisson dans les yeux de son père Tobit qui recouvre la vue. Tobit et sa femme Anna louent L'ÉTERNEL, (*Tb 11 : 8-14*).

3.3.4. SAINT GABRIEL. Il est cité plusieurs fois dans LA BIBLE aussi bien dans l'Ancien Testament que dans le Nouveau Testament.

Dans l'Ancien Testament, on le trouve dans le Livre de Daniel : « *Et j'entendis la voix d'un homme au milieu de l'Ulaï ; il cria et dit : Gabriel, explique-lui la vision.* », (*Dn 8 : 16*). Plus loin, on peut lire : « *Je parlais encore dans ma prière, quand l'homme, Gabriel, que j'avais vu précédemment dans une vision, s'approcha de moi d'un vol rapide, au moment de l'offrande du soir.* », (*Dn 9 : 21*).

Dans le Nouveau Testament, rappelons qu'il a été envoyé à Zacharie, à MARIE et à JOSEPH (*qui signifie Qu'IL (L'ÉTERNEL) ajoute*), (*Mt 1 : 20-25 ; Lc 1 : 11-20, 26-38*).

3.3.5. LA HIÉRARCHIE PARMI LES ARCHANGES. D'emblée, il faut le rappeler que, *Saint Michel est le Grand Chef.* (*Dn 12 : 1*). Il est donc le Chef de tous les Anges, le *Chef de l'Armée de*

L'ÉTERNEL [149]. On comprend ainsi les réactions de Saint Gabriel dans le Livre de Daniel : « *Le Chef du Royaume de Perse m'a résisté pendant vingt et un jours ; mais voici que Micaël, l'un des principaux chefs, est venu à mon secours, et je suis demeuré là auprès des rois de Perse.* », (*Dn 10 : 13*).

Mais ces deux textes ne nous donnent pas la position exacte de Gabriel par rapport à Michel. C'est la Tradition judéo-chrétienne qui classe les Archanges dans l'ordre suivant : **1. MICHEL ; 2. GABRIEL ; 3. RAPHAËL ; 4. URIEL.**

Toutefois, on peut observer, sur un tableau du peintre italien Francesco BOTTICINI du 15e siècle, *MICHEL* [150] en tête avec son épée, et en tenue de soldat, suivi de Raphaël tenant la main droite de Tobias. Le jeune homme a son poisson enfilé dans la main gauche. Enfin *Gabriel* tient dans sa main droite « le lys de l'Annonciation, symbole de pureté ».

Plus tard, en 2004, le classement des trois derniers Archanges est donné, devant DIEU et devant les hommes, dans l'ordre suivant : **5. ZEADKIEL ; 6. JEHUDIEL ; 7. BARACHIEL.**

3.4. Les Archanges et le Chandelier à sept branches dans L'ECC.

Le Chandelier à sept branches (en dégradé), trône sur le Grand Autel de tous les temples de L'ECC. Il fait penser au fameux Chandelier d'or pour le Tabernacle, dont les 7 lampes devaient brûler continuellement « *Tu (Moïse) feras ses sept lampes qui seront placées dessus, de manière à éclairer en face* » (*Ex 25 : 37 ; 27 : 20*) et aux dix chandeliers d'or fabriqués par Salomon pour le Temple de Jérusalem (*1 R 7 : 49 ; Jr. 52 : 19*) mais qui furent emportés à Babylone pendant le sac de la Ville sainte, au 6e siècle avant J.-C par Nebucadnetsar, roi de Babylone (*2 R 24 : 10 - 17*). Ce genre de chandelier d'or est encore vu en vision par Zacharie et Jean (*Za 4 : 2 ; Ap 1 : 12-20 ; 2 : 1, 5*).

---

[149] Cf. **ci-dessus 3.3.2.**

[150] Voir *Le Rosaire Angélique de l'Archange Saint Michel* HACHETTE, Paris, 2009, p. 12-13.

Que représentent dans L'ECC, les 7 branches avec ses 7 lampes ? Selon le Révérend Prophète Pasteur Fondateur SBJ OSCHOFFA, les 7 lampes représentent la TRINITÉ et les 4 Archanges : MICHEL, GABRIEL, RAPHAËL et URIEL. La lampe centrale représente *DIEU,* la dernière en bas à droite, représente *JÉSUS-CHRIST* et la dernière en bas à gauche représente *L'ESPRIT-SAINT,* puis viennent, de droite à gauche, de bas en haut *MICHEL, GABRIEL, RAPHAËL* et URIEL.

CONCLUSION

1. Il y a encore beaucoup de choses à dire sur les Anges de DIEU.

En effet, dans L'ECC, des Anges se manifestent, donnent leurs noms et précisent leurs missions. Celles-ci peuvent être spécifiques ou de circonstance pour un individu, une Paroisse, pour toute l'Église ou pour le monde entier.

S'agissant de ceux que nous sommes censés connaître, nous savons que *SAINT MICHEL* intervient dans les prières de combat. Mais il lui arrive de révéler des biens matériels aux fidèles en dehors de la force de combat. *SAINT RAPHAËL* est le médecin et un de ses collaborateurs est *El Perico* chargé des fractures. *SAINT GABRIEL* est le messager par excellence, le hérault de DIEU, qui a annoncé les naissances de Jean-Baptiste et de JÉSUS-CHRIST. *SAINT URIEL* intervient souvent dans les prières de demande d'intelligence et de connaissance.

Mais tous les Anges peuvent tout faire par la seule volonté de DIEU.

2. Un travail important reste à faire

Il s'agit de recenser à travers toute L'ECC, tous les Anges de DIEU qui se sont manifestés en de diverses circonstances ; d'enregistrer les noms, les attributs, de préciser les occasions où ils se sont manifestés … etc.

IL existe une abondante littérature d'angéologie. Le chrétien céleste peut la consulter. Mais il doit toujours faire la part des choses, bien distinguer les Anges de DIEU et les anges déchus.

Il doit se fier uniquement aux Révélations qui sont faites par L'ESPRIT-SAINT (*Jn 14 : 26 ; Jn 16 : 13*).

Enfin, des Groupes de travail pourront se constituer au sein des Paroisses pour ce recensement. Ils travailleront dans une atmosphère d'intenses prières et de recueillement. Les résultats devront être communiqués aux Chefs de Diocèses par les Chefs de régions. Les Diocèses rendront compte fidèlement aux Pasteurs de Fonctions qui se chargeront de les transmettre au Révérend Pasteur Bennett B. ADEOGUN à Porto-Novo le Siège Suprême de L'ECC [151].

QUE LA PUISSANCE DE L'ESPRIT-SAINT CONTINUE D'ŒUVRER DANS SA SAINTE ÉGLISE, VENUE DES CIEUX !

AMEN !

---

[151] ECC, Constitution d'OSCHOFFA, 1980, **Art. 1.**

NOTES COMPLÉMENTAIRES

L'ECC invoque 4 Archanges : **MICHEL, GABRIEL, RAPHAËL, URIEL** comme dans la Tradition juive [152], figurent sur notre **Grand Chandelier** à sept (07) branches en dégradé de forme triangulaire équilatérale visible sur le **Grand Autel** (*Za 1 : 1+ ; Ap 1 : 12, 13, 20*).

Ce Grand Chandelier représente **LA TRINITÉ** aux trois extrémités : **LE PÈRE** au sommet ; **LE FILS** en bas à droite et **L'ESPRIT SAINT** en bas à gauche.

Sur le côté droit, les Archanges **MICHEL** et **RAPHAËL**, de bas en haut. Sur le côté gauche, les Archanges **GABRIEL** et **URIEL**, de bas en haut, *OSCHOFFA dixit.*

Ses **sept (07) bougies** sont allumées au grand culte de dimanche matin et à ceux des grandes fêtes ainsi qu'à celui du 1er jeudi minuit, mais sans accès au Grand Autel.

Il y a aussi un **Petit Autel** placé devant le Chœur, pour les cultes du soir, ceux de *mercredi matin* pour les femmes stériles et autres nécessiteux (hommes et femmes), et celui de *jeudi* pour les femmes enceintes. Il porte le petit chandelier à **trois (03) branches**, lequel est autorisé sur l'autel particulier des fidèles dans leur domicile [153].

---

[152] BIBLE TOB avec Notes Intégrales, 2010, p. 2026, note 4.1
[153] ADETONAH, Apollinaire, op. cit. **Art. 43**

DEUXIÈME PARTIE

Pour réussir le vécu quotidien dans L'ECC

5. Le Visionnaire et la Vision

« *Et IL (L'ÉTERNEL) dit : Écoutez bien mes Paroles ! Lorsqu'il y aura parmi vous un prophète, c'est dans une vision que MOI, L'ÉTERNEL, JE Me révélerai à lui, c'est dans un songe que JE lui parlerai.* », (**Nb 12 : 6**).

« *Après cela, JE répandrai Mon ESPRIT sur toute chair ; vos fils et vos filles prophétiseront, vos vieillards auront des songes, et vos jeunes gens des visions. Même sur les serviteurs et sur les servantes, dans ces jours-là, JE répandrai mon ESPRIT.* », (*Joël 2 : 28 - 29*).

« Étymologiquement, « *le prophète* », mot formé de « **pros** » (*qui signifie de la part de, d'avance, avec*), et de « **phémi** » (*qui signifier parler*), désigne celui qui parle de la part de DIEU ; il a reçu de LUI, le pouvoir de parler à Sa place, et de Sa part, et aussi d'avance, pour annoncer un projet de DIEU dans le futur, proche ou lointain. [154]»

---

[154] AKPAGAN K. M. Cyrille, Le respect du sacré dans la vie chrétienne, Paris, Édisercom, 2005, p. 144, § 2.

SOMMAIRE

INTRODUCTION

Voici quatre exposés sur le thème du Visionnaire et de la Vision dans L'Église du Christianisme Céleste (ECC). Ils sont écrits à des moments différents de notre parcours d'écriture sur ce thème depuis le début des années 1990.

Nous avons cru devoir les présenter avec de nouvelles réflexions inspirées, devant DIEU et les hommes, par L'ESPRIT-SAINT.

On appréciera tous ces exposés et nous pouvons en débattre avec le lecteur lors de nos rencontres ou par mail contact@fraternitechretienne.org.

*Figure 26 - **Notre Seigneur JÉSUS CHRIST***

1. LE VISIONNAIRE (2019)

SOMMAIRE

AVANT-PROPOS

En écrivant cet exposé, notre objectif est d'approfondir notre réflexion pour une meilleure connaissance du « **Visionnaire : cet inconnu** [155] ». Il ne se connaît pas lui-même, (*2 Co 12 : 2 - 4*).

Se faisant, nous aurons réconcilié, un peu plus, le Visionnaire avec sa Paroisse. Il ne lui sera plus demandé une intervention auprès de L'ESPRIT-SAINT au-delà de ses compétences donc aux risques et périls de tout le monde.

Mais il devra plutôt faire l'objet de beaucoup d'attention, de compréhension, d'assistance et d'amour pour l'avancement de la Paroisse et de l'Église.

1.1. INTRODUCTION, LES DÉFINITIONS

1.1.1. Un porte-parole

Le Visionnaire [156], également appelé le **Woli** (qui signifie le Voyant en langue Yoruba), est **celui ou celle qui, en esprit, voit, entend et perçoit ce qui s'est passé, ce qui se passe et ce qui va se passer**. Il le fait par l'inspiration de L'ESPRIT-SAINT, par la seule VOLONTÉ de DIEU, (*Jn 14 : 26 ; 16 : 13*).

On ne devient donc Visionnaire que par la seule VOLONTÉ de DIEU qui dit : «[15] *L'ÉTERNEL, ton DIEU, te suscitera du milieu de toi, d'entre tes frères un prophète comme moi : vous l'écouterez !...* [18] *JE leur susciterai du milieu de leurs frères un prophète comme toi, JE mettrai mes paroles dans sa bouche, et il leur dira tout ce que JE lui commanderai.* », (*Dt 18 : 15 ; Dt 18 : 18*).

Et voici comment *Ézéchiel* devint Prophète : «[16] *Au bout de sept jours, la parole de L'ÉTERNEL me fut adressée en ces mots,* [17] *« Fils de l'homme, JE t'établis comme sentinelle sur la maison d'Israël. Tu*

---

[155] ADETONAH, A. Lumière sur le Christianisme Céleste, Porto-Novo, 1972, nouvelle édition, p. 38 § 4

[156] Références bibliques : le Visionnaire est suscité par DIEU SEUL (*Nb 12 : 6 ; Dt 18 : 15-18*) ; repris par Pierre dans (*Ac 3 : 22*) ; (*Éz 3 : 17 ; 33 : 1-19 ; 1 S 3 : 20 ; És 49 : 1 et 5 ; Jl 2 : 28-29 ; Ac 2 : 17-21 ; Am. 7 : 14-15*).

écouteras la parole qui sortira de ma bouche, et tu les avertiras de ma part. », *(Éz 3 : 16 - 17)*.

Aucun Devancier, aucun Responsable de l'Église ne peut prétendre faire de vous un Visionnaire. Sa prière peut seulement faire éclore la Vision potentielle que DIEU a donnée à un frère ou à une sœur. Il peut, bien entendu, demander cette force spirituelle pour quelqu'un *(Mt 7 : 7)*. Mais en aucun cas, il ne peut la donner. **DIEU SEUL donne cette force à qui Il veut et quand Il veut.**

Mon frère, ma sœur, si tu veux devenir Visionnaire, demande le dans tes prières. Quoi qu'il en soit, tu l'obtiendras ou non selon le seul bon vouloir de DIEU.

Voici comment *Balaam* décrit le Visionnaire dans le Livre des Nombres : « ² *Balaam levant les yeux, et vit Israël campé selon ses tribus. Alors L'ESPRIT de DIEU fut sur lui.* ³ *Balaam prononça son oracle, et dit : Parole de Balaam, fils de Beor, Parole de l'homme qui a l'œil ouvert,* ⁴ *Parole de celui qui entend les paroles de DIEU, De celui qui voit la vision du TOUT- PUISSANT, De celui qui se prosterne et dont les yeux s'ouvrent :* », passage de *Nb 24 : 2 - 4*.

Le Visionnaire est donc celui qui transmet aux hommes ce qu'il a vu et entendu de L'ESPRIT-DE-VÉRITÉ. En effet, LE CHRIST n'a pas tout dit avant de quitter ce monde, lire le passage de *Jn 16 : 12*.

Le Visionnaire est le porte-parole, le messager de DIEU auprès de l'humanité *(Os 12 : 14)*, la lumière des nations *(Es 49 : 6)*, une sentinelle, un intercesseur [157] auprès de DIEU. Cette fonction est instituée par DIEU LUI-MÊME *(Gn 20 : 7 ; Jé 14 : 11)*. Le Visionnaire joue son rôle d'intercesseur avec un Ange, *(Job 33 : 23)*.

---

[157] DIEU dit en songe à *Abimélec* : « *Maintenant rends la femme de cet homme ; car il est un* **prophète***, il priera pour toi, et tu vivras. Mais si tu ne la rends pas, sache que tu mourras, toi et tout ce qui t'appartient.* » **(Gn 20 : 7)**.
« *Il dit : C'est peu que tu sois mon serviteur pour relever les tribus de Jacob, et pour ramener les restes d'Israël ; Je t'établis pour être* **la lumière des nations***, pour porter mon salut jusqu'aux l'extrémités de la terre.* » **(És 49 : 6)**, une sentinelle **(Hab 2 : 1 ; És 21 : 11-12)**.

Le message à transmettre peut-être gestuel, visuel, parlé comme chez *Ézéchiel* qui annonce la destruction de Jérusalem de 587 av. J.-C. (*Ez 4 : 1-17*) et chez le Prophète de Judée, *Agabus* (*Ac 21 : 10-12*).

L'ESPRIT de L'ÉTERNEL peut agiter le *Woli* comme Samson (*Jg 13 : 25*), JÉSUS LUI-MÊME (*Lc 10 : 21*) ou le faire chanter comme c'est le cas de la VSMW Juliette AZIALE-AKAKPO de la Paroisse Jérusalem, qui a reçu plus de quarante cantiques à Lomé au Togo [158].

1.1.2. Question de vocabulaire

Le Visionnaire n'est autre qu'un Prophète mais on ne l'appelle pas ainsi dans L'ECC par respect et par modestie à l'endroit des Prophètes de LA BIBLE et du Prophète-Pasteur Fondateur de l'Église du Christianisme Céleste (ECC), Samuel Biléou Joseph OSCHOFFA (1909 - 1985). Et le Visionnaire est appelé *Woli*, d'un mot de la langue Yoruba, et qui signifie « Voyant » comme dans l'Ancien Testament (*2 S 24 : 11*).

Dans LA BIBLE, ceux qui avaient les dons de Vision étaient donc appelés, d'abord *Voyants* puis *Prophètes*. « *Autrefois, en Israël, quand on allait consulter DIEU, on disait : venez, allons au voyant ! Car celui qu'on appelle aujourd'hui le Prophète s'appelait autrefois le voyant* », lire les textes suivants (*1 S 9 : 9, 11, 18-19 ; 2 R 17 : 13*).

Aujourd'hui, certains chrétiens croient qu'il n'y a plus de Prophètes comme aux Temps bibliques. Aussi, dès qu'ils ont des problèmes, s'adressent-ils à des devins, à des charlatans qui ne travaillent pas avec L'ESPRIT-SAINT [159].

Et pourtant, dans L'ECC, comme d'autres Églises prophétiques, ou dans les Groupes charismatiques, on peut consulter L'ESPRIT-SAINT, donc DIEU. Cf. les passages suivants *Jn 14 : 26 ; 16 : 13-15*.

---

[158] Douze sur quatorze sont annotés et transcrits dans la 3e Partie au chapitre 3. 2.
[159] ADETONAH, A, 1974, op. cit., p. 23, § 5

Le Prophète *Joël* n'a-t-il pas écrit que « *les jeunes gens auront des visions* » et ceci sans distinction de classe sociale, et que « *les vieillards auront des songes* » avec L'ESPRIT de DIEU ! de **Joël 3 : 1 - 5**, cité par Pierre (*Ac 2 : 17 - 21*).

Le jeune *Élihou*, un des amis de *Job* n'a-t-il pas confirmé que DIEU nous parle de différentes manières comme durant la nuit dans « les songes, les visions nocturnes [160] ».

Á propos de *songe*, il faut s'assurer qu'il est inspiré par L'ESPRIT-SAINT et non par le diable : *Vanité des songes* dans LA BIBLE TOB (*Siracide 34 :1-8*). Pour ce faire, il conviendrait de consulter un Visionnaire ou de prier L'ÉTERNEL afin que cela soit confirmé d'une manière ou d'une autre. Quoi qu'il en soit, au réveil, il faudra prier pour que DIEU écarte de soi l'aspect négatif du songe et qu'il n'en conserve que le bon côté.

Mais comment reconnaît-on le Visionnaire parmi les fidèles de L'ECC ? Quelle est sa tenue ?

1.1.3. La tenue du Visionnaire

Outre l'extase comme le dit Balaam (*Nb 24 :4*), le Prophète, le Visionnaire se reconnaît aussi par les transes (*1 S 10 : 5, 10, 13*). « *JÉSUS frémit en son esprit* » (*Jn 11 : 33*). Voyant les 70 manifester leur joie parce que les démons leur sont soumis, en son NOM, « *En ce moment même, JÉSUS tressaillit de joie par LE SAINT ESPRIT…* », (*Lc 10 : 21*).

Mais c'est par la tenue que la plupart des Visionnaires sont reconnaissables dans L'ECC. La grande particularité de leur tenue est que leur soutane blanche a un *col carré ; la sangle est bleue avec croix et franges blanches et le surplus bleu*. Cette tenue est révélée. Aujourd'hui, la tenue a beaucoup évolué et on retrouve chez eux d'autres couleurs comme celles des Supérieurs Senior Évangélistes, des Suprêmes Senior ou

---

[160] **Songe, vision de nuit** : (*Gn 20 :3+* (Abimélec) ; **28 : 12** (Jacob) ; *31 : 24* (Laban) ; *1 Rois 3 : 5* (Salomon à Gabaon) ; *Job 33 : 14-18* ; *Dn 2 : 19+* ; [*Mt 1 : 20* ; *2 : 13 et 19* (**Joseph**) ; **27 : 19** (femme de Pilate)].

Suprêmes Vénérables Évangélistes, mais où la couleur bleue symbole de force spirituelle, domine toujours.

Dans les Temps bibliques, c'était un manteau de poils (lire *Za 13 : 4*) ; celui d'*Élie*, le Tischbite, était un peu particulier : « *C'était un homme vêtu de poil et ayant une ceinture de cuir autour des reins…* » (*2 R 1 : 8*). Quant à Jean-Baptiste, « *il avait un vêtement de poils de chameau, et une ceinture de cuir autour des reins…* », (*Mt 3 : 4*).

Ainsi dans toute assemblée de L'ECC, le Visionnaire se remarque par sa tenue blanc-bleu et son col carré. C'est le lieu de rappeler la lourde responsabilité de certains Chargés de Paroisse, voire de Chefs de Diocèse qui laissent certains frères et sœurs porter cette tenue alors qu'ils ne sont pas des Visionnaires confirmés.

Cependant, notre Église recèle de Visionnaires qui ont commencé l'ŒUVRE et y évoluent avec des grades et des tenues autres que ceux des Visionnaires avant d'avoir le don de Vision. Ils sont de la lignée d'*Ézéchiel*, Sacrificateur devenu Prophète en 593 av J.-C., à 39 ans durant l'Exil à Babylone. (*Ez 1 : 3+*).

1.2. LES OBLIGATIONS DU VISIONNAIRE

On peut distinguer un certain nombre d'obligations du Visionnaire :

1. transmettre fidèlement le message,
2. l'expliquer si nécessaire,
3. le dire gratuitement,
4. et sans mentir.

1.2.1. Transmettre fidèlement le message

La première obligation du Visionnaire envers son prochain est de *rapporter fidèlement la parole ou la* vision reçue. En effet, il doit dire exactement la phrase entendue, ce que DIEU a dit (lire les passages de *Jr 23 : 28 et Ez 3 : 16-21*).

« *Quand Balak me donnerait sa maison pleine d'argent et d'or, je ne pourrais faire de moi-même, ni bien ni mal contre l'ordre de L'ÉTERNEL ; je répéterai ce que dira L'ÉTERNEL ? »*, lire le passage de *Nb 24 : 13.*

Le Visionnaire décrira aussi fidèlement que possible la scène qui se déroule devant lui, ce qu'il a vu. Il doit se dispenser de toutes fioritures qui masqueraient le message, lors de sa transmission.

Pour dire le message ou décrire la scène, le Visionnaire lève *la main droite devant un Crucifix* tandis que *la main gauche tient LA BIBLE* et il dit **une fois** : « *devant DIEU et devant les hommes* » puis il transmet la vision [161] qu'elle soit bonne ou mauvaise.

Le Visionnaire ne craindra pas les représailles comme celles subies par les Prophètes *Jérémie, Amos, Michée* fils de Jimla ; *Zacharie,* fils du sacrificateur Jehoyada.

Lire les passages : *Jr 20 : 1-2 ; Am 7 ; 12-13 ; 1 R 22 : 24-28 ; Za : 2 Ch 24 : 20-21 ; Mt 23 : 29-36 ; Lc 11 : 47-51 ; 13 : 34.*

Il ne craindra pas non plus de rapporter les représailles comme celles mentionnées par Osée (*Os 9 : 8-9*). Sera sévèrement châtié quiconque, comme le prêtre de Béthel, *Amatsia,* empêchera le Visionnaire d'effectuer son travail (*Am 7: 10-17*) ou le maltraitera comme *Sédécias* qui gifle *Michée*, fils de *Jimla*, ou le roi *Achab* d'Israël qui le fera emprisonner (*1 R 22 : 24 - 27*), ou *Paschhur* qui a frappé et mis en prison Jérémie une nuit (*Jr 20 : 1-6*).

«[28] *Et Michée, fils de Jimla,* (à ne pas confondre avec Michée de Moréscheth dont nous avons le Livre parmi les Douze Petits Prophètes) *dit : Si tu reviens en paix, L'ETERNEL n'a point parlé par moi. Il dit encore : Vous tous, peuple, entendez !* ...[34] *Alors un homme tira de son arc au hasard, et frappa le roi d'Israël au défaut de la cuirasse. Le roi dit à celui qui dirigeait son char : tourne, et fais-moi sortir du champ de bataille, car je suis blessé. Le combat devint acharné*

---

[161] ADETONAH A., **1972**, nouvelle édition, p. 52 § 6 ; p. 78, **Art.38**
OSCHOFFA SBJ., **1980, Art. 72.**

ce jour-là. [35] *Le roi fut retenu dans son char en face des Syriens, et il mourut le soir. Le sang de la blessure coula à l'intérieur du char.* », de **1 R 22 : 28, 34-35.** Lire également le passage **Os 9 : 7, 9.**

«[4] *Car ainsi parle L'ÉTERNEL : Voici, JE te livrerai à la terreur, toi et tous tes amis ; ils tomberont par l'épée de leurs ennemis, et tes yeux le verront. JE livrerai aussi tout Juda entre les mains du roi de Babylone, qui les mènera captifs à Babylone et les frappera d'épée...[6] Et toi Paschhur, et tous ceux qui demeurent dans ta maison, vous irez en captivité ; tu iras à Babylone, et là tu mourras et là tu seras enterré, toi et tous tes amis auxquels tu as prophétisé le mensonge* » (**Jr 20 : 4, 6**).

C'est pourquoi le Psalmiste rappelle ceci : « *Ne touchez pas à mes oints, et ne faites pas de mal à mes Prophètes* ». Lire les passages de **Ps 105 : 15 ; 20 : 7 et 1 Ch 16 : 22.**

On remarquera que ce sont de grands Devanciers ou Responsables qui créent des problèmes aux Visionnaires. Ils leurs demandent **d'effectuer des travaux spirituels sans que L'ESPRIT-SAINT ait donné son accord.** Le Visionnaire est prévenu.

S'il arrive aussi que quelqu'un réfute sa Vision, qu'il s'en remette à DIEU, (**Dt 18 : 19 ; Éz 3 : 19 ; 33 : 9**). Mais qu'il dise aux frères et sœurs ceci : «[19] *N'éteignez pas L'ESPRIT.* [20] *Ne méprisez pas les prophéties.* [21] *Mais examinez toutes choses ; retenez ce qui est bon ;* », (**1 Th 5 : 19 - 21**).

C'est l'occasion de rappeler la nécessité de remettre toutes les révélations au Chargé de Paroisse ou à son Représentant après vérification par le Responsable des Visionnaires, car ils ont, plus que tout autre, les forces spirituelles de l'entendement et de discernement (**1 Co 12 : 8, 10**) et dans la hiérarchie, ils sont nommés avant le Visionnaire (**Ibid. v 28**).

1.2.2. Expliquer le message

Le Visionnaire n'a de mérite que s'il transmet un message compris par le destinataire. Le message peut être donné par DIEU sous forme de parabole (**Os 12 : 11**).

Saint Gabriel est invité par DIEU à expliquer une vision à Daniel (*Dn 8 : 15 - 16*).

Amos, dans sa quatrième vision, a vu une corbeille de fruits mûrs, des fruits de fin de l'été ; c'est le commencement de la fin (*Am 8 : 1-3*). Ce n'est pas, parce qu'on a vu des fruits mûrs, que c'est forcément un bon présage.

Pour avoir la meilleure explication d'une Vision, le Visionnaire doit s'en remettre à DIEU, demander sa grâce comme l'on fait Daniel et ses compagnons *Schadrac, Méschac, Abed-Nego* (*Dn 1 : 7 ; 2 : 17-18*). Il soit également se dispenser de ses propres commentaires. « **Il n'y a qu'une explication pour une Vision** », (*2 Pi 1 : 19-21*).

Il arrive que le Visionnaire ne reçoive pas l'explication, ou qu'il la reçoive encore sous forme de paraboles. Il s'adressera en toute humilité à un autre Visionnaire ou, à défaut, à un Devancier qui précède le Visionnaire dans la hiérarchie de l'Église. Ceci est rappelé sur le « *Certificat d'Onction* » de L'ECC.

En effet, affirme Saint Paul : « *Et DIEU a établi dans l'Église premièrement des apôtres, secondement des prophètes, troisièmement des docteurs, ensuite ceux qui ont le don des miracles, ceux qui ont les dons de guérir, de secourir, de gouverner, de parles diverses langues.* », (*1 Co. 12 : 28*).

C'est pourquoi, il est bon d'avoir une séance de vision collective et que celle-ci soit supervisée par un Devancier d'au moins de la branche des *Leaders*, ou de celle des Évangélistes, entouré des *Wolidjahs* et des *Wolileaders* [162] ce qui la rend plus efficace. La séance de vision collective empêche bien de lacunes et de dérapages. (*2 R 4 : 24 - 37*).

---

[162] « *Le Wolileader* a le don des songes qu'il peut parfaitement expliquer » ADETONAH A, 1972, p. 55, § 1.

1.2.3. La gratuité des séances de vision

Il faut rappeler que la séance de vision est gratuite. Il en est de même des travaux spirituels. *Élisée* n'a-t-il pas refusé le présent de Naaman ? (*2 R 5 : 15 - 19*).

Il est même souhaitable que la bougie de la séance de vision et celles des premières prières de combat et de rehaussement soient fournies par la Paroisse. La personne qui nous sollicite pour la première fois, n'est pas censée savoir ce qui va sortir de sa première séance de vision, et qui nécessiterait des bougies ou autres.

« *Vous avez reçu gratuitement, donnez gratuitement* », (*Mt 10 : 8 ; 1 Ti 6 : 5 - 6 ; Nb 24 : 13*). Et à la fin du verset *Mt 10 : 10*, on lit : « *l'ouvrier mérite sa nourriture* ». Lire pour compléter les passages (*Jr 5 : 31 ; Mi 2 : 11 et 1 S 9 : 6 - 9*).

Certains frères et sœurs mal intentionnés se justifient avec ce passage pour se faire payer les prestations spirituelles. Sachons que L'ÉTERNEL saura nous récompenser. «*9 Ne prenez ni or, ni argent, ni monnaie dans vos ceintures, 10 ni sac pour le voyage, ni deux tuniques, ni souliers, ni bâton* », (*Mt 10 : 9 - 10*). « *IL leur dit encore : quand JE vous ai envoyés sans bourse, sans sac, et sans souliers, avez-vous manqué de quelque chose ? Ils répondirent : De rien.* », (*Lc 22 : 35*).

«*7 Ne vous y tromper pas ; on ne se moque pas de DIEU. Ce qu'un l'homme aura semé, il le moissonnera aussi. 8 Celui qui sème pour sa chair moissonnera de la chair la corruption ; mais celui qui sème pour L'ESPRIT moissonnera de L'ESPRIT la vie éternelle.* », (*Ga 6 : 7 - 8*).

Quand les séances de vision et les travaux spirituels sont effectués gratuitement, il va sans dire que DIEU paie en retour leurs auteurs. Les exemples sont nombreux dans l'Église.

Un samedi matin où il y a souvent affluence dans les Paroisses à cause de la présence des sœurs et frères salariés, week-end oblige, une dame de la haute société, sympathisante de l'Église vient solliciter une prière. À l'issue de celle-ci, DIEU, par l'intermédiaire d'une sœur Visionnaire, lui fait le point de son long séjour à l'étranger et les perspectives prometteuses d'avenir pour elle.

Dans sa joie immense, la dame revient à la Paroisse offrir à la Visionnaire deux grandes cuvettes avec couvercles, le tout en aluminium massif. La sœur Visionnaire les présenta au Chargé spirituel de la Paroisse, en l'occurrence, le Chef du Diocèse qui les lui retourne. La sœur a ainsi gagné deux grandes cuvettes ; elle aura été payée en retour par DIEU. Elle s'en sert toujours pour les offrandes à la Paroisse : bouillie, beignets, sauces… etc. Et c'est donc toute la Communauté qui en bénéficie.

C'est le lieu de rappeler aux Chargés de Paroisse de bien s'occuper de leurs Visionnaires et de ceux qui entretiennent la Paroisse. Néhémie n'a-t-il pas dit : «[10] *J'appris aussi que les portions des Lévites n'avaient point été livrées, et que les Lévites et les chantres chargés du service s'étaient enfuis chacun dans son territoire.* [11] *Je fis des réprimandes aux magistrats, et je dis : Pourquoi la Maison de DIEU a-t-elle été abandonnée ? Et je rassemblai les Lévites et les chantres, et je les remis à leur poste.* [12] *Alors tout Juda apporta dans les magasins la dîme du blé, du moût et de l'huile.* », (*Né 13 : 10 - 12*).

En revanche, le Visionnaire qui se fait payer, finit souvent par perdre sa Vision, devient clochard ou meurt subitement.

Dans un message, DIEU a prévenu : « Je recevrai, de toutes les façons, tout ce qu'on aura pris à quelqu'un venu ME consulter ; et J'en prendrai plus », ce risque d'être puni guette aussi le Visionnaire menteur. Devant Dieu et devant les hommes.

1.2.4. Le Visionnaire ne peut mentir

Qu'il se rappelle le 8ème Commandement de DIEU : « *Tu ne porteras point de faux témoignage contre ton prochain* », dans (*Ex 20 : 16 ; Dt. 5 : 20*) ; En dépositaire de la PAROLE de DIEU, le Visionnaire court un grand risque en mentant au nom de DIEU, (*Jr 23 : 25-28 ; 32*).

Lorsque le Visionnaire ment, il doit être sanctionné. Il conviendrait de s'en remettre à L'ESPRIT-SAINT pour connaître la forme que prendrait cette sanction.

Dans LA BIBLE, voici qu'elles étaient les sanctions.

a. AU MIEUX, le Visionnaire « menteur » perd sa vision et sa tenue de Prophète comme le recommande DIEU dans le Livre de *Zacharie* (qui signifie L'ÉTERNEL s'est souvenu) « *En ce jour-là, les prophètes rougiront de leurs visions quand ils prophétiseront, et ils ne revêtiront plus un manteau de poil pour mentir.* », (*Za 13 : 4*).

Il sera expulsé de la Paroisse voire de l'Église « *J'ôterai aussi du pays, dit DIEU, les prophètes et l'esprit d'impureté* », *Za 13 : 2*.

DIEU enlève la Vision au Prophète menteur : « 5 *Ainsi parle L'ÉTERNEL sur les prophètes qui égarent mon peuple, qui annoncent la paix si leurs dents ont quelque chose à mordre, Et qui publient la guerre si on ne leur met rien dans la bouche :* 6 *À cause de cela vous aurez la nuit ..., et plus de visions ! Vous aurez les ténèbres ..., et plus d'oracles ! Le soleil se couchera sur ces prophètes, le jour s'obscurcira sur eux.* 7 *Les voyants seront confus, les devins rougiront ! Tous se couvriront la barbe, car DIEU ne répondra pas.* », (*Mi 3 : 5 - 7*).

Alors se substitue à L'ESPRIT-SAINT, l'*esprit de python* (*Ac 16 : 16-18+*), et le Visionnaire devient un danger pour la Paroisse et pour l'Église toute entière.

b. AU PIRE, le Visionnaire menteur meurt. Dans le Livre du *Deutéronome*, DIEU dit : « *... Mais le prophète qui aura l'audace de dire en mon nom une parole que je ne lui aurai pas commandé de dire, ou qui parlera au nom d'autres dieux, ce prophète-là sera puni de mort.* », (*Dt 18 : 20*).

Plus loin, dans *Zacharie*, on peut lire ceci : « *Si quelqu'un prophétise encore, son père et sa mère, qui l'ont engendré lui diront : Tu ne vivras pas, car tu dis des mensonges au nom de L'ÉTERNEL ! Et son père et sa mère, qui l'ont engendré, le transperceront quand il prophétisera.* », (*Za 13 : 3*).

Plusieurs passages de *Jérémie* confirment la mort des Prophètes menteurs. «14 *Et L'ÉTERNEL me dit : C'est le mensonge que prophétisent en mon NOM les prophètes ; JE ne les ai point envoyés, JE ne leur ai point donné d'ordre, JE ne leur ai point parlé ; ce sont des visions mensongères, de vaines prédications, des tromperies de leur cœur, qu'ils vous prophétisent.* [15] *C'est pourquoi, ainsi parle L'ÉTERNEL sur les Prophètes qui prophétisent en mon NOM, sans que JE les aie envoyés, et qui disent : il n'y aura dans ce pays ni épée ni famine : ces prophètes périront par l'épée et la famine.* », (*Jé 14 : 14 - 15*).

Le scandale est encore très grand quand il s'agit des Visionnaires des Paroisses des Chefs de Diocèse ou des Paroisses des Devanciers internationaux de l'Église.
«[11] *Prophètes et sacrificateurs sont corrompus ; Même dans ma maison J'ai trouvé leur méchanceté, dit L'ÉTERNEL.* [12] *C'est pourquoi leur chemin sera glissant et ténébreux, ils seront poussés et ils tomberont ; Car JE ferai venir sur eux le malheur, l'année où JE les châtierai, dit L'ÉTERNEL.* », (*Jé 23 : 11-12*).

«[15] *C'est pourquoi ainsi parle L'ÉTERNEL DES ARMÉES, sur les prophètes : Voici, JE vais les nourrir d'absinthe, et JE leur ferai boire des eaux empoisonnées ; car c'est par les Prophètes de Jérusalem que l'impiété s'est répandue dans tout le pays.* », (*Jé 23 : 15*).

«[15] *Et Jérémie, le prophète, dit à Hanania, le prophète : « Écoute, Hanania ! L'ÉTERNEL ne t'a point envoyé, et tu inspires à ce peuple une fausse confiance.* [16] *C'est pourquoi ainsi parle L'ÉTERNEL : Voici JE te chasse de la terre ; tu mourras cette année ; car tes paroles sont une révolte contre L'ÉTERNEL.* [17] *Et Hanania, le prophète, mourut cette année-là, dans le septième mois* », (*Jé 28 : 15 - 17*).

On lira également les attaques d'*Ézéchiel* (qui signifie DIEU fortifiera) contre les faux prophètes et les devoirs auxquels ils doivent se soumettre, (*Ez 13 : 1+ ; 33 : 1+*).

1.3. DES CLÉS DE RÉUSSITE DE SA MISSION

Pour atteindre ces objectifs, à savoir : transmettre fidèlement le message, l'expliquer clairement, le faire gratuitement, et sans mentir, le Visionnaire doit beaucoup prier, mener une vie exemplaire, faire preuve d'une grande discrétion et d'une grande modestie.

1.3.1. Beaucoup prier

En effet, « *la prière sera l'ultime salut pour l'humanité* » a dit CHRIST venu en aveugle chez SBJ OSCHOFFA en 1954 à Makoko au Nigéria [163]. Elle est la meilleure arme dont dispose tout chrétien pour mener une vie agréable à DIEU. La prière est ce **dialogue franc et sincère** avec son DIEU CRÉATEUR. Elle doit se faire pour soi-même et pour les autres, même pour les ennemis (*Mt 5 : 44 ; Ro 12 : 14, 20*). Sa foi doit être solide ; plus il croit, plus il voit (*Ro 12 : 6*).

Dans L'ECC, toute prière doit commencer par la reconnaissance de ses fautes et la demande de pardon, la repentance (*Mt 3 : 2 ; 4 : 17; Ps. 51*), puis vient les remerciements et enfin les demandes à formuler, sans oublier qu'elle doit toujours se terminer, par le *NOTRE PÈRE, le Gloria, la Bénédiction* (*2 Co 13 : 13*) par « *Au nom de NOTRE SEIGNEUR JÉSUS-CHRIST* » (*1 Ti 2 : 5*) et 7 x Alléluia. Ce schéma se retrouve durant le culte.

Le Visionnaire a le privilège de demander le genre de prière à faire et comment le faire pour la circonstance. Plus que toute autre personne, il a pour mission de prier pour les autres, en *intercesseur,* car sa prière est agréable à DIEU.

Ainsi DIEU dit en songe au Roi *Abimélec* (*qui signifie Père du roi*) qui a pris *Sarah* (*qui signifie Princesse*), la femme d'Abraham (*qui signifie Père élevé*) : « *Maintenant, rends la femme de cet homme ; car il est prophète, il priera pour toi et tu vivras. Mais, si tu ne la rends pas, sache que tu mourras, toi et tout ce qui t'appartient* » (*Gn 20 : 7*).

La prière doit être constante et persévérante **7 fois par jour** (*Ps 119 : 164 ; Jc 5 : 13-16*) mais pas forcément longue « *car votre PÈRE sait de quoi vous avez besoin, avant que vous le lui demandiez* », (*Mt 6 : 7-8*).

---

[163] ECC, Constitution de SBJ OSCHOFFA, Lagos (Nigéria), 1980, **Art. 65**; *Lc 21: 36; Mt 26: 41 ; 1 Th 5 : 17*

1.3.2. Une vie de sainteté extraordinaire

La force de la prière est de nous aider à bénéficier de *la GRÂCE* (*Ep 2 : 8-9*), de *la MISÉRICORDE* (*Ps 145 : 8 ; Jon 4 : 2*), du don gratuit et du pardon de DIEU.

La prière nous fait mener une vie agréable à DIEU, une vie exemplaire, à être un exemple vivant pour les autres, à commencer par sa *famille* dont le Visionnaire est responsable. *Éli*, prêtre du Sanctuaire de Silo où se trouvait l'Arche d'Alliance, au temps des Juges, a été puni par DIEU « *à cause du crime dont il a connaissance, et par lequel ses fils se sont rendus méprisables (envers DIEU), sans qu'il les ait réprimés.* », (*1 S3 : 13*). Le Visionnaire doit donc éviter toute vie dépravée et faire preuve d'une vie de sainteté à toute épreuve. « *Ne savez-vous pas que vous êtes le temple de DIEU et que L'ESPRIT de DIEU habite en vous* », (*1 Co 3 : 16*).

1.3.3. La discrétion du Visionnaire

Enfin, beaucoup de choses restent encore à dire. Toutefois, il y a lieu de rappeler au Visionnaire, une qualité fondamentale, celle de faire preuve d'une très *grande discrétion*. Les messages divins doivent rester entre lui, le destinataire, le Responsable des Visionnaires et le Chargé de Paroisse, voire entre lui et DIEU SEUL. « *Toi, Daniel, tiens secrètes ces paroles, et scelle le livre jusqu'au temps de la fin.* ».

Lire les passages suivants (*Dn 12 : 4, 9 ; 8 : 26 ; Ap 10 : 4)* et les comparer avec celui de *Ap 22 : 10.*

CHRIST-MÊME a dit à ses Apôtres de ne pas parler de la *Transfiguration* dont ils ont été témoins et ce « *jusqu'à ce que LE FILS DE L'HOMME fût ressuscité des morts.* », (*Mc 9 : 9*).

Après avoir institué l'Église (*Mt 16 : 18 - 19*), CHRIST « *recommanda aux disciples de ne rien dire à personne qu'IL était LE CHRIST.* » (*Mt 16 : 20*).

« *Les esprits impurs, quand ils LE (JÉSUS) voyaient, se prosternaient devant LUI, et s'écriaient : TU es LE FILS de DIEU. Mais IL (JÉSUS) leur recommandait très sévèrement de ne pas LE faire connaître.* »

(*Mc 3 : 11-12*). La guérison de la fille de *Jaïrus* devait restée aussi secrète (*Mc 5 : 43*) également.

C'est le lieu de rappeler aux Devanciers et à tous les autres frères et sœurs qu'ils ne doivent, en aucun cas, forcer un Visionnaire à livrer un message tant que le Visionnaire n'en reçoive pas l'autorisation de L'ESPRIT-SAINT soit directement soit par l'intermédiaire des messagers que sont les Anges de DIEU. Il doit garder le secret des séances de Vision. La séance de Vision ne peut aussi être faite *ensemble* à un couple. Elle se fera séparément même pour les conjoints afin d'éviter toute indiscrétion.

On peut, dès lors, distinguer trois catégories de messages reçus :

1. ceux que le Visionnaire doit livrer immédiatement ;
2. ceux qu'il doit garder pour un temps ;
3. enfin ceux qu'il ne peut jamais livrer à qui que ce soit de peur de créer un scandale.

Il s'agit souvent de ceux concernant l'environnement social où évolue le Visionnaire.

1.3.4. Le Visionnaire doit faire preuve d'une très grande modestie

En effet, c'est un don de DIEU d'être Visionnaire. « *Car qui est-ce qui te distingue ? Qu'as-tu que tu n'aies reçu ? Et si tu l'as reçu, pourquoi te glorifies-tu, comme si tu ne l'avais pas reçu ?* », (*1 Co 4 : 7*).

1.4. COMMENT TRAVAILLE LE VISIONNAIRE ?

De manière *involontaire, il est sollicité* et il veille à *l'exécution du message.*

1.4.1. Involontairement

Le Visionnaire est choisi par DIEU (cf. 1.1.1., ci-dessus). Il peut donc être sollicité à tout moment par L'ÉTERNEL quel que soit l'endroit, ou le moment. Le Visionnaire ne peut donc pas refuser une mission de L'ÉTERNEL de peur de s'attirer la colère de DIEU. *Jonas (qui signifie Colombe)* n'a pas pu échapper à DIEU.

Sachez que nous sommes de l'argile entre ses mains **(Ro 9 : 21)**

1.4.1.1. *Amos* (qui signifie Fardeau) était derrière un troupeau de ruminants quand DIEU l'appela à son service et lui demanda de prophétiser contre Israël. Pour avoir empêché Amos de faire son travail, voici ce que DIEU dit contre *Amatsia*, prêtre de Béthel : « *À cause de cela, voici ce que dit L'ÉTERNEL : ta femme se prostituera dans la ville ; tes fils et tes filles, tomberont par l'épée ; ton champ sera partagé au cordeau ; et toi, tu mourras sur une terre impure, et Israël sera emmené captif loin de son pays.* » **(Am 7 : 17)**.

1.4.1.2. Le Visionnaire est obligé de prendre des risques. Tant que les messages reçus sont bons, il a les faveurs de son entourage, mais dès qu'ils sont mauvais voire inquiétants, il est critiqué et ses Visions remises en cause. On connaît le cas du roi *Achab* et de *Michée*, fils de Jimla, évoqué ci-dessus (cf. **1.2.1.**).

On a aussi un exemple dans le Livre d'Osée où le Prophète, pour avoir fait des révélations inquiétantes, est considéré comme un « *7...fou, l'homme inspiré a le délire, à cause de la grandeur de tes iniquités et de tes rébellions. 8 Éphraïm est une sentinelle contre mon DIEU ; le prophète...un filet de l'oiseleur est sur toutes ses voies, un ennemi dans la maison de son DIEU.* », **(Os 9 : 7-8)**.

On rend la vie difficile au Visionnaire dans son milieu et particulièrement dans sa Paroisse lorsque les messages dénoncent les égarements des fidèles, voire des Devanciers, des Responsables.

1.4.2. La sollicitation du Visionnaire

Il faut se rappeler que « *La Vision est une lumière provenant du SAINT-ESPRIT qui permet à l'Église du Christianisme Céleste ainsi qu'à tous les fidèles, d'avancer avec assurance dans la foi.* » [164], et que

---

[164] Constitution de L'ECC, Porto-Novo, du 15 décembre 2009, Règlement Intérieur, **Art. 75**, p. 64 ; ADETONAH A., 1972, nouvelle édition, **Art. 37**, p 78

son interprétation est unique (*2 Pi 1 : 19-21*). Le Visionnaire ne doit donc pas se transformer en charlatan.

1.4.2.1. La première précaution à prendre est d'inviter la personne à la Paroisse sauf cas de force majeure ; vérifier l'état de pureté de la personne ; lui faire la prière d'introduction au temple ; lui faire une brève instruction religieuse sur L'ECC.

Si c'est un homme, il doit être **pur de toute relation sexuelle 24 heures plus tôt tout comme la femme**, avant leur entrée dans le Temple.

Si c'est une femme, elle doit, en plus, être au 8ème jour du début de ses règles à son arrivée à la Paroisse [165], lire le passage de *Lé 15 : 18-19*.

La prière d'introduction est précédée d'une aspersion d'eau bénite sur le nouveau venu. Et lorsqu'il s'agit d'une femme, elle doit se couvrir la tête. (*1 Co 11, 5*). Tout le monde doit être, bien sûr, pieds nus, (*Ex 3 : 5 ; Jos 5 : 15 ; Ac 7 : 33*).

Pour rappel, ces références bibliques n'expliquent pas pourquoi le chrétien céleste a les pieds nus quand il est en soutane et quel que soit l'endroit. C'est le Révérend Prophète Pasteur Fondateur SBJ OSCHOFFA qui en donne l'explication : « *Notre jeûne est de marcher pieds nus quand nous endossons notre robe de prière* » [166].

« *David monta la colline des oliviers. Il montait en pleurant et la tête couverte, et il marchait nu-pieds ; et tous ceux qui était avec lui se couvrirent aussi la tête, et ils montèrent en pleurant.* », (*2 S 15 : 30*).

De nos jours, cette prière d'introduction semble occulter une disposition fondamentale de sanctification recommandée par OSCHOFFA et ce n'est pas bon : « Les nouveaux membres,

---

[165] ADETONAH, A., op. cit. **Art. 5, 6, 7**, p. 73.
Lire les Préceptes ou Douze Interdits, le 8e (cf Annexe 1 : La Doctrine de L'ECC, au moins « Lumière sur le Christianisme Céleste provenant du Révérend Pasteur SBJ OSCHOFFA Fondateur du Christianisme Céleste. Vendredi 25 octobre 1974 », Porto-Novo, 1974, p. 6, 7
[166] OSCHOFFA, SBJ, 1974, op. cit., p. 8, § 2

doivent avant leur admission comme fidèles, subir la sanctification à l'aide d'un sceau d'eau et une bougie pour éviter la souillure dans l'Église. La prière de sanctification doit être dirigée par le Chargé de Paroisse ou celui qu'il a désigné.

La chanson dont le titre est *REGARDE VERS LUI* [167] illustre bien cela.

Regarde vers lui, JÉSUS t'appelle / Oh pécheur viens ! / JÉSUS priera pour toi pécheur / Oh pécheur viens ! /
(JÉSUS saura guider tes pas / Oh pécheur viens !) (bis).

Le joug pesant qui t'accable / Oh pécheur viens ! /
JÉSUS saura t'en décharger / Oh pécheur viens ! /
(Il faudrait que tu l'acceptes tout de suite / Oh pécheur viens !) (bis).

AMEN

1.4.2.2. Pour commencer *la séance de Vision proprement dite, une bougie est allumée* ; tout le monde doit être bien installé.

Le Chargé de Paroisse ou tout autre Devancier présent, prie pour le Visionnaire, pour celui qui vient consulter DIEU ainsi que pour le **Rapporteur** qui enregistre les messages, en demandant pour eux la sanctification, la repentance et la force de L'ESPRIT-SAINT.

La prière du Devancier est indispensable et d'un grand secours pour le Visionnaire. Celui-ci doit se rappeler le passage de la *Première Lettre de Paul aux Corinthiens* (*1 Co 12 : 28*) qui place le Visionnaire en seconde position après le Devancier même non Visionnaire, le « *Leader* » ou l'*Évangéliste*, dans la hiérarchie de l'Église. Il est toujours recommandé que d'autres Visionnaires présents dans la Paroisse puissent se joindre à la prière pour mieux cerner les problèmes de celui qui vient consulter DIEU.

Aucun Visionnaire n'est semblable à l'autre. Les charismes ou dons spirituels extraordinaires diffèrent selon les individus, (*1 Co 12 : 4 - 11 ; 7 : 7 ; Ro 12 : 4 - 8*). Tout le monde ne reçoit pas

---

[167] ECC, Constitution de SBJ OSCHOFFA, Lagos (Nigéria), 1980, **Art. 105**.
Autre traduction dans YANSUNNU Lévi M., Tome II, 2012, N° 26, p. 60.

forcément le même message. Un évènement peut être caché à un Visionnaire (*2 R 4 : 27*) mais révélé à un autre.

La *séance de Vision collective si possible,* rappelons-le, permet de mieux traduire les VOLONTÉS de L'ÉTERNEL et d'éviter toute déformation de ce que l'on a vu ou entendu. La *séance de Vision* collective fait éviter aussi des dérapages.

Les messages sont donnés selon **la hiérarchie des Visionnaires, du moins gradé au plus gradé en commençant par les personnes en tenue civile et les femmes.**

Avant de dire le message, le Visionnaire se rappellera toujours ceci : la main gauche tient LA BIBLE tandis que la main droite est levée devant la Croix pour prêter serment « **devant Dieu et devant les hommes** » [168].

Une fois la séance terminée, et après une bonne compréhension des messages toujours avec le concours de L'ESPRIT-SAINT, les Visionnaires vérifient si les messages sont bien transcrits par le Rapporteur. Avant leur exécution, ils doivent être visés par le Chargé de Paroisse ou son Représentant après visa du Responsable des Visionnaires.

Le Rapporteur est un personnage important dans la Paroisse ; il en est la mémoire ; c'est un don spirituel extraordinaire, un charisme ; l'une de ses qualités premières est la discrétion doublée d'un esprit de synthèse remarquable pour bien prendre les messages.

Une certaine discrétion doit toujours entourée la séance de Vision. *Ne jamais prendre un couple en même temps* ou deux amis qui se présentent. La Vision doit être individuelle.

En cas d'émission instantanée, conduire le Visionnaire dans le Jardin de prières (Zougbomè).

Pour rappel : le Visionnaire doit savoir garder le secret des révélations reçues (*Pr 25 : 9-10 ; Mc 9 :9*), celles qui concernent la vie privée ou relevant de la politique doivent être

---

[168] ADETONAH A., 1972, nouvelle édition, p. 52 § 6 ; p. 78, **Art. 38**
OSCHOFFA SBJ., 1980, **Art. 72**

communiquées soit aux intéressés seuls en présence du Responsable des Visionnaires, soit au Chargé de Paroisse qui en rendra compte au Chef de Diocèse par l'intermédiaire du Chef de région.

1.4.3. Le Visionnaire veille à l'exécution du message

Le travail du Visionnaire ne s'arrête pas à la séance de Vision. Celui-ci doit veiller à la bonne exécution du message quand il est visé par le Chargé de Paroisse.

L'ÉTERNEL tient beaucoup à l'exécution des messages, (*1 Th 5 : 19 - 21 ; 1 Jn 4 : 1 - 3*). La lacune vient souvent des Visionnaires eux-mêmes et des Devanciers.

À ce stade de notre travail, devant DIEU et devant les hommes, nous avons reçu particulièrement les messages que voici des *4 Premiers Archanges*. Et pour rappel, ils sont au nombre de 7 [169].

De *SAINT MICHEL* (qui signifie Qui est semblable à DIEU) : « Devant L'ÉTERNEL, nul n'est supérieur à l'autre. C'est par MA GRÂCE, dit L'ÉTERNEL, qu'on est Visionnaire ou Devancier. La sanction est plus sévère pour eux, les Visionnaires, que pour les autres », (*Dt 18 : 20*).

De *SAINT RAPHAËL* (qui signifie DIEU a guéri) : « Il est à rappeler, dans l'exécution des messages relatifs à la guérison, que tout mal a deux origines : la spirituelle et la physiologique. Nos Paroisses ne doivent s'occuper que de l'origine spirituelle du mal et confier la physiologique aux "services appropriés", aux médecins [170]. L'ÉTERNEL dans son infinie bonté peut accorder la guérison totale à qui Il veut, à la suite d'une prière. », (*Jc 5 : 14 - 15*).

De *SAINT GABRIEL* (qui signifie Héros de DIEU) : « Les messages doivent être exécutés fidèlement. Nul ne peut les changer sans Mon autorisation, dit L'ÉTERNEL ».

---

[169] **Tobit 12: 15**, BIBLE TOB ; **Ap. 8 : 2**
Lire ci-dessus : Les Anges de DIEU dans LA BIBLE cf 2e Partie chap. 4
[170] **Siracide 38 : 1-15**, BIBLE TOB

De *SAINT URIEL* (qui signifie Feu de DIEU ou Lumière de DIEU) : « Le Visionnaire est un véritable temple de L'ESPRIT-SAINT (*1 Co 6 : 19*), un entonnoir pour laisser passer les messages. Sa vie doit être différente de celle des autres, étant lui-même un homme à part. Ses tentations sont l'argent qu'il peut soutirer à quelqu'un venu consulter DIEU dans l'Église ; l'œuvre de chair, la colère, le mensonge. " Il doit faire des efforts et le reste lui sera donné par GRÂCE", c'est-à-dire, la force de dominer l'argent, l'œuvre de chair, la colère et le mensonge [171]. La prière est la clé de la réussite de sa mission ; le Visionnaire a la possibilité de demander la prière qu'il faut faire et l'heure à laquelle il faut la faire. Quoi qu'il en soit la prière ne saurait être longue mais répétitive [172]; elle peut s'effectuer dans l'isolement ! Le Visionnaire doit avoir son Carnet de notes pour recueillir les recommandations de L'ÉTERNEL. » [173].

1.4.4. Le Visionnaire et les recherches

Nous entendons souvent parler de recherches dans L'ECC ; mais malheureusement, celles-ci concernent la plupart du temps, la lecture de « livres ésotériques » dont les révélations de L'ESPRIT-SAINT n'ont, bien entendu, rien à envier.

Voici comment nous concevons les recherches pour le chrétien céleste en général et les Visionnaires en particulier.

1.4.4.1. D'abord une bonne connaissance de LA BIBLE s'impose (*Jos 1 : 8 ; 2 Ti 3 : 16-17*) au travers de cours bibliques, de conférences, de travaux de bibliothèque, de presse, d'émissions de radio, Internet etc. Mais il faut être vigilant dans l'interprétation de certains passages de LA BIBLE : « *ne pas aller au-delà de ce qui est écrit* », (*1 Co 4 : 6*).

Dans le doute, le Visionnaire s'adressera à L'ESPRIT-SAINT. Cas d'usage : « *Puisque nous avons des dons différents, selon la*

---

[171] Cf. ci-dessus 1.2.4. (**Ep 4 : 27 : Jc. 4 : 7**)

[172] Cf. ci-dessus 1.3.1.

[173] On peut retrouver les significations des Noms Bibliques dans NOUVEL INDEX BIBLIQUE, 2011, Petite concordance analytique de mots et de sujets bibliques, éditions Le Bon Livre, Rue du Moniteur, 7 ; 1000 Bruxelles (Belgique).

grâce qui nous a été accordée, que celui qui a le don de prophétie l'exerce selon l'analogie de la foi ; » et L'ESPRIT explique : « *Plus tu crois, plus tu vois ;*», *(Ro 12 : 6).*

1.4.4.2. Bien connaître l'Histoire de l'Église, c'est-à-dire, du Christianisme en général par les mêmes moyens cités ci-dessus [174].

1.4.4.3. Ensuite, le Visionnaire doit avoir bien lu ou se faire lire :

- Les deux « Lumières sur le Christianisme Céleste » d'ADETONAH A, 1972 et de SBJ OSCHOFFA, 1974 ;
- ECC, La Constitution de 1980 de SBJ OSCHOFFA ;
- ECC, Les Dix Fondements, 1987, de Godwill ABIASSI [175] ;
- Toutes les publications sur L'ECC notamment celles de notre frère Lévi M. YANSUNNU.
- « L'Église du Christianisme Céleste, Un exemple d'Église prophétique au Bénin » de DE SURGY, A, chez Karthala, Paris, 2001, réimprimé en 2005 ; et sa bibliographie ;
- Le Christianisme Céleste en FRANCE et en Belgique de HENRY Christine, NORET Joël, juillet -septembre 2008), Archives de sciences sociales des religions, 143 : Christianismes du Sud à l'épreuve de l'Europe, p. 90-109 ; et sa bibliographie.
- LA BIBLE et les pratiques dans le Christianisme Céleste de Simon HOUENOU, Porto-Novo, édition 2007.

1.4.4.4. Le Visionnaire a la possibilité de dialoguer avec les Anges de DIEU, avec L'ESPRIT-SAINT, LE FILS DE L'HOMME [176] et son PÈRE qui peuvent se manifester sur les questions

---

[174] Cf. la Bibliographie Sommaire

[175] Cf. Appendice 1

[176] Le nom JÉSUS (ou Josué) signifie : DIEU SAUVE ou PUISSE DIEU SAUVER (**Mt 1 : 21 ; Lc 1 : 31**) ; c'est l'étymologie populaire. Mais l'étymologie originale ou scientifique donne : DIEU AIDE ou PUISSE DIEU AIDER de MEIER P. John, 2004, Un Certain Juif JÉSUS. Les données de l'histoire, T1 : Les sources, les origines, les dates, Paris, CERF, p. 128, § 5.

délicates de théologie : Révélation de L'ÉTERNEL. Le Visionnaire est un interlocuteur privilégié.

1.4.4.5 Dans ses recherches, le Visionnaire doit toujours penser à la Mission d'OSCHOFFA [177] et à ses fondements bibliques.

« JE TE CHARGE, TOI SAMUEL OSCHOFFA DE FONDER UNE RELIGION DONT LES MEMBRES N'ADORERONT QUE DIEU » [178].

C'est l'affirmation claire et nette du *Premier des Dix Commandements de DIEU* qu'on doit relire régulièrement. (*Ex 20 : 1 - 7 ; Dt 5 : 6 - 10*). Le chrétien doit donc éviter l'idolâtrie sous toutes ses formes comme la désobéissance (*1 S. 15 : 23*), car « l'idolâtrie, a révélé L'ESPRIT, devant DIEU et devant les hommes, est la pire des injures que l'homme peut faire à DIEU », reçu, le dimanche 28 mai 2017 comme titre de Prédication avec les textes de *Jr 16 : 19 - 21* et *Ro 1 : 18 : 32*.

« De tout temps, les hommes m'adoraient, mais tous n'entraient pas dans mon Royaume car, dans les épreuves … ils recouraient aux œuvres sataniques … et quand ils mouraient, JE ne les recevais plus car ils avaient bu dans la coupe de DIEU TOUT-PUISSANT que dans celle de Satan. » de ADETONAH, A.

Ces messages de l'Ange du SEIGNEUR et tous les rites, pratiques, préceptes et chants révélés à L'ECC trouvent leurs fondements dans LA BIBLE, comme dans ces passages de Paul qui résonnent de ces premières révélations reçues par OSCHOFFA.

«[14] *C'est pourquoi, mes bien-aimés, fuyez l'idolâtrie.* [15] *Je parle comme à des hommes intelligents ; jugez vous-mêmes de ce que je dis…* [21] *Vous ne pouvez boire la coupe du SEIGNEUR, et la coupe des démons ; vous ne pouvez participer à la table du SEIGNEUR, et à la table des démons.* [22] *Voulons-nous provoquer la jalousie du SEIGNEUR ? Sommes-nous plus forts que LUI ?* », (*1 Co 10 : 14 - 15 ; 21-22*).

---

[177] OSCHOFFA, SBJ, 1980, **Art. 2**
[178] ADETONAH, A. op. cit., p. 23., § 6

1.5. CONCLUSION : Il faut rester bon Visionnaire

1.5.1. Pour rester bon Visionnaire, il faut assister régulièrement, dans le jardin de prière (*Zougbomé*), au culte de vendredi 13 heures « traditionnellement célébré pour les Visionnaires et qui en fait est destiné à tous les membres de l'Église qui sollicitent une force spirituelle ou qui cherchent à la consolider » [179].

1.5.2. Il faut pratiquer Les Dix Commandements de DIEU.

(Ex 20 : 1-7 ; Dt 5 : 6 - 10).

1.5.3. Il faut appliquer *Les Préceptes* ou *Douze Interdits de L'ECC*, ses *Onze Ordonnances* [180].

Le fidèle ne doit pas consommer la viande de porc (*Lé 11 : 7 ; Mc. 5 : 12 - 13*) et tout produit enivrant (*Lc 1 : 15 - 17*) qui nous fragilisent comme l'a dit LA VIERGE MARIE, devant DIEU et devant les hommes [181].

1.5.4. Tenir compte des révélations reçues personnellement et celles que d'autres frères et sœurs reçoivent pour lui, *(1 Th 5 : 19-21 ; 1 Jn 4 : 1-3)*.

1.5.5. Avant de solliciter une révélation de L'ÉTERNEL, commencez en premier lieu par demander si vous pouvez le faire, avant de poser la question. C'est seulement dans l'affirmative que le Visionnaire peut poser sa question, sinon, l'esprit malin s'interfère et la révélation est fausse et non de source divine.

1.5.6. Le Visionnaire doit toujours se rappeler que les bougies noires et rouges, les bougies de couleurs sont interdites dans l'Église, ainsi que les soi-disant couteaux de Saint-Michel. Seule la bougie blanche est autorisée [182].

1.5.7. La discrétion demeure la règle d'or à laquelle est tenu tout Visionnaire dans la mesure où il détient beaucoup de secrets, *(1*

---

[179] OC&C, Porto-Novo, p. 43 § 1.
[180] Cf. Appendice 1
[181] Lire La toute-puissance de L'ECC, (cf. 2e Partie, chapitre 8).
[182] 10e Précepte ou Interdit ; cf OSCHOFFA, SBJ, 1980, **Art. 93** ; Cf. Appendice 1

*S 10 : 16 ; Dn 8 ; 26 ; 12 : 4, 9 ; Mt 16 : 20 ; Mc 3 : 11-12 ; 5 : 43 ; 9 :
9 ; Ap 10 : 4)* sauf si DIEU l'autorise à en parler. *(Ap 22 : 10)*.

1.5.8. Les séances de Visions et de travaux spirituels à la maison,
sont interdits sauf les travaux recommandés par L'ESPRIT-
SAINT pour la maison, comme les invocations, les
purifications, l'aménagement d'un espace consacré [183]. Sur son
autel à la maison, le Visionnaire n'aura que le chandelier à trois
branches [184].

1.5.9. Encore une fois, notez ce rappel : *vous avez reçu
gratuitement, donner gratuitement (Mt 10 : 8)*. **L'ÉTERNEL
vous enlèvera plus que ce que vous aurez soutiré au prochain.**
« *Il (JÉSUS) leur (Apôtres) dit encore : Quand JE vous ai envoyés
sans bourse, sans sac, et sans souliers, avez-vous manqué de quelque
chose ? Ils répondirent : De rien* », *(Lc 22 : 35)*.

1.5.10. Et enfin, il faut être toujours en prière « **qui sera l'ultime
salut pour l'humanité** » a dit **JÉSUS** venu, en aveugle, rendre
visite à OSCHOFFA en 1954, à Makoko au Nigéria [185]. Le
Visionnaire priera partout, à tout moment.

Lorsqu'il doit faire un cycle de prières révélé, il lui est souvent
indiqué soit le *rythme de Daniel, 3 fois par jour (Dn 6 : 10)*, soit le
rythme de David 7 fois par jour (Ps 119 : 164), *toutes les trois heures*
à partir de 06 heures, qui est le 4ème Fondement ou Ordonnance
de L'ECC.

On retrouve ces 7 prières quotidiennes dans les Monastères
Catholiques. Rappelons que toute prière doit pouvoir
comporter trois parties (comme, durant le culte) quelle qu'en
soit sa durée.

En effet :

1. Commencer par demander la rémission de ses péchés,
    la sanctification, reconnaître ses fautes, c'est la
    repentance avec le *Ps 51* si possible

---

[183] ADETONAH, A., nouvelle édition, p. 78-79, **Art. 44** et **47**
[184] Ibid. **Art. 43**
[185] OSCHOFFA, SBJ, 1980, op., cit., **Art. 65**

2. *Remercier* LE SEIGNEUR pour tout ce qu'il nous fait. Nous sommes en vie et c'est déjà beaucoup.
3. *Formuler la demande.*

Mais, ne pas oublier d'ajouter : « *Que votre volonté soit faite, ÉTERNEL et non la mienne. Au nom de NOTRE SEIGNEUR JÉSUS-CHRIST* » parce que très souvent, la liste est inutilement longue (*Mt 6 : 7-8*) ; on demande des choses qui n'en valent pas la peine. La prière se termine par *LE NOTRE PÈRE*, la *Bénédiction* (*2 Co 13 : 13*) et 7 x *Alléluia.*

Nous, Visionnaires, plus que tout autre chrétien, demandons d'abord les choses de l'esprit et le reste nous sera donné par surcroît, (*Mt 6 : 33 - 34*).

QUE LA PAIX DU SEIGNEUR NOUS ACCOMPAGNE DANS NOS ŒUVRES, CAR NOUS SOMMES DES VISIONNAIRES, DES ÉLUS ! (*Ps 20 : 7 ; 105 : 15 ; 20 : 7 ; 1 Ch 16 : 22*).

AMEN !

1.6. NOTES COMPLÉMENTAIRES

JÉSUS s'appelait LUI-MÊME, LE FILS DE L'HOMME :

1. pour affirmer sa « domination éternelle » annoncée par le Prophète Daniel (*Dn 7 :13-14*).

Ainsi, **LE FILS DE L'HOMME**

1) *PARDONNE les péchés* (*Mc 2 : 10*) ;

2) IL est *MAÎTRE* du Sabbat (*Mc 2 : 28*) ;

3) IL est *'ANTICIPATEUR'* du Royaume de DIEU (*Lc 17 : 21*) ;

4) IL a le pouvoir de *JUGER* à la fin des temps (*Jn 5 : 22, 27, 30*) ;

« L'expression est mentionnée **82 fois** dans les Évangiles canoniques. Elle manifeste l'incroyable puissance de sa PERSONNE et de sa MISSION. » [186].

2. *JÉSUS*, par ce nom, affirme aussi *son pouvoir de Prophète* (*Mt 21 : 11 ; Mc 6 : 4 ; Lc 7 : 16 ; 24 : 19 ; Jn 4 : 19*) comme *Ézéchiel* qui a eu le mérite, au 6e siècle av J.-C., d'être appelé **83 fois**, **FILS DE L'HOMME par L'ÉTERNEL** dans Le Livre d'Ézéchiel.

Sur les 48 chapitres du Livre d'Ézéchiel, seuls dix ne portent pas la mention du nom de Fils de l'homme. Il s'agit des chapitres *1/ ; 9/ ; 10/ ; 18/ ; 19/ ; 41/ ; 42/ ; 45/ ; 46/ ; /48*.

Tous les autres chapitres mentionnent au moins une fois le Fils de l'homme, certains **six fois** comme les chapitres *8/ ; 21/ et /33*.

3. Voici les mentions de Fils de l'homme, chapitre par chapitre *1 : 0/; 2 : 1, 3, 8/; 3 : 1, 3, 4, 10, 17/; 4 : 1, 16/; 5 : 1/; 6 : 2/; 7 : 2/; 8 : 5, 6, 8, 12, 15, 17/; 9 : 0/ 10 : 0/; 11 : 4, 15/; 12 : 3, 9, 18, 22, 27/; 13 : 2, 17/; 14 : 3, 13/; 15 : 2/; 16 : 2/; 17 : 2/; 18 : 0/; 19 : 0/; 20 : 3, 4, 27/; 21 : 2, 11, 14, 17, 15, 33/; 22 : 2, 18, 24/; 23 : 2/; 24 : 2, 25/; 25 : 2/; 26 : 2/; 27 : 2/; 28 : 2, 12, 21/; 29 : 2, 18/; 30 : 2, 21/; 31 : 2/; 32 : 2, 8/; 33 : 2, 7, 10, 12, 24, 30/; 34 : 2/; 35 : 2/; 36 : 1, 17/; 37 : 3, 11, 16/; 38 : 2, 14/; 39 : 1, 17/; 40 : 4/; 41 : 0/; 42 : 0/; 43 : 7, 10/; 44 : 5/; 45 : 0/; 46 : 0/; 47 : 6/; 48 : 0.*

[186] LENOIR Frédéric, 2012, Comment JÉSUS est devenu DIEU, Paris, FAYARD, Le Livre de Poche, p. 67, §2-p.68, §3

2. LA VISION

« *Et nous tenons d'autant plus certaine la* **parole prophétique**, *à laquelle vous faites bien de prêter attention, comme à une* **lampe** *qui brille dans un lieu obscur, jusqu'à ce que le jour vienne à paraître et que l'étoile du matin se lève dans vos cœurs ;* » (**2 Pi. 1 : 19**).

SOMMAIRE

INTRODUCTION

2.1. QU'EST-CE QU'UNE VISION ?

2.2. QUELLES EN SONT LES DIVERSES FORMES ?

2.3. ORGANISATION D'UNE SÉANCE DE VISION

CONCLUSION

INTRODUCTION

Toute personne venant pour la première fois dans une Paroisse de l'Église du Christianisme Céleste, effectue cette démarche ; la plupart du temps, pour consulter L'ESPRIT-SAINT qui continue la Rédemption (*Jn 14 : 26 ; 16 : 13*), afin de voir clair dans ses préoccupations. Elle a appris qu'elle peut y trouver des solutions à ses problèmes de santé, de cœur, de foi, de situation professionnelle ; bref, elle vient pour qu'on lui fasse une Vision.

2.1. QU'EST-CE QU'UNE VISION ?

Une Vision est une révélation faite par L'ESPRIT-SAINT à une personne, en l'occurrence le/la Visionnaire, « *Woli* », [*Woly*, mot « *Yorouba* » signifiant *Voyant* [187]] pour la transmettre ou non à une autre personne ou à un groupe de personnes.

---

[187] ADETONAH A., 1972, op., cit. p. 52 § 7

« La Vision est une lumière provenant du SAINT-ESPRIT qui permet à l'Église du Christianisme Céleste ainsi qu'à tous les fidèles, d'avancer avec assurance dans la foi [188]. »

La Vision s'accompagne ou non de transes ou d'extases par l'effusion de L'ESPRIT-SAINT. (*Nb 24 :4 ; 1 S. 10 : 5, 10, 13 ;* Bible TOB). « JÉSUS frémit en esprit » (*Jn 11 : 33*). « En ce moment même, JÉSUS tressaillit de joie par LE SAINT – ESPRIT… ; », (*Lc 10 : 21*).

On devient Visionnaire par la seule volonté de L'ÉTERNEL. Une aide par la prière peut rendre opérationnel un Visionnaire potentiel. Mais ne jamais forcer la nature. Si tu veux être Visionnaire, demande-le à L'ÉTERNEL. IL te répondra soit directement soit par l'intermédiaire d'un Visionnaire s'IL t'en juge digne et IL te donnera la force de Vision. Quoi qu'il en soit, aucun Devancier ou Responsable de l'Église ne peut te donner la force de Vision [189].

Plusieurs passages de LA BIBLE attestent chez les Prophètes, de la Vision ainsi comprise : *Joël 2 : 28 -29 ;* les Visions d'*Ézéchiel* dans *Ez 3 : 17 - 21 ; 33 : 1 - 9 ; Ac 2 : 1-18 ; 10 : Ac 1 - 33 ;* les Visions d'*Amos,* les Visions de *Zacharie* pour ne citer que ceux-là.

Ces révélations ne semblent pas se manifester toujours de la même manière : audition d'une voix, apparition, chant, sensations, perception… etc.

2.2. LES DIVERSES FORMES DE VISION POSSIBLE

Il est difficile d'inventorier toutes les formes de révélation, de Vision, du fait de son essence divine.

On peut toutefois, identifier chez les Visionnaires quelques formes qui reviennent souvent, du moins apparemment :

1. L'émission instantanée d'un message

---

[188] Constitution de L'ECC, Porto-Novo, 15/12/2009, Règlement Intérieur, **Art. 75**, p. 64 ; ADETONAH A., op. cit., p 78, **Art. 37.**
[189] Cf ci-dessus Le Visionnaire 1.1. Développements 1 et 2

2. La révélation reçue, les yeux fermés

3. La révélation reçue, les yeux ouverts

4. Le message est entendu

5. La révélation reçue par une certaine perception forte

6. Le message est perçu par tout l'être du Visionnaire ;

7. La révélation reçue en songe (*Nb 12 : 6*)

8. La révélation indirecte par l'intermédiaire d'un tiers…etc.

2.2.1. L'émission instantanée du message

Le message est émis à haute voix et de façon plus ou moins saccadée. Cette forme de révélation commence et se termine souvent par *trois Alléluia* ou par *Amen*. Elle n'est pas forcément la caractéristique d'un Visionnaire qui serait meilleur que les autres. Elle est dite *prophétiser* dans certaines Paroisses, ce qui est incorrecte.

2.2.2. La révélation reçue, les yeux fermés

Tout se passe comme si le Visionnaire se trouvait devant un écran de télévision. Cette forme de Vision, peut intervenir à tout moment, quand on ferme les yeux pour se recueillir ; les chrétiens célestes prient toujours les yeux fermés pour plus de concentration. Une des raisons à cela vient du fait qu'OSCHOFFA ait été éduqué chez les Protestants.

2.2.3. La révélation reçue, les yeux ouverts

Elle se présente comme celle qui précède mais il s'agit d'une superposition ou non de scènes du monde invisible sur des réalités visibles.

2.2.4. Le message est entendu

On entend une voix qui fait des recommandations, avec toutes les nuances possibles : fermeté, douceur, etc. Il appartient au Visionnaire d'identifier l'origine de la voix ; chaque Visionnaire a ses recettes qui lui sont données par L'ESPRIT-SAINT.

2.2.5. La révélation par une certaine perception forte

C'est celle du Devancier ou d'un Chargé de Paroisse à qui on présente un malade. Outre son expérience, il lui vient à l'esprit ce qu'il faut faire pour le patient : types de prières, types de travaux spirituels. La justesse d'une telle perception se vérifie par la Vision simultanée du Visionnaire et des actes que pose le Devancier.

2.2.6. Le message perçu par tout l'être du Visionnaire

Encore une fois, il n'est pas facile d'expliquer la perception des révélations, tout comme il est difficile de cerner la transe, cette secousse que ressent parfois le Visionnaire à la suite de l'effusion de L'ESPRIT-SAINT, (*1 S 10 : 5-13*, cf. ci-dessus 1.1 § 2) et ce malgré les recherches de ces dernières années. La Vision est divine.

Cependant, il arrive qu'un Visionnaire entende clairement et distinctement une voix intérieure, et perçoive, avec autant de qualité, une révélation avec tout son être sans pouvoir les localiser. C'est la Vision de Paul. (*2 Co 12 : 1+*) que possèdent certains de nos frères et sœurs dans L'ECC.

Et lorsqu'on lit à la **page 48** de la nouvelle édition d'ADETONAH : *Le Visionnaire cet inconnu*, nous pouvons ajouter : *qui ne se connaît pas*, car c'est L'ESPRIT de DIEU qui l'anime.

« Je ne comprends plus rien » s'est écrié en toute humilité OSCHOFFA à Makoko le 11 juillet 1977, lorsqu'il guérit sous nos yeux un possédé d'esprit malin, en lui demandant de tenir sa soutane (et de regarder dans ses yeux) comme cette femme dans LA BIBLE qui toucha le vêtement de JÉSUS et fut guérie à l'instant même de ses douze ans de perte de sang (*Mc 5 : 25-34*).

Cette forme de vision n'a rien à voir avec l'audition d'une voix comme au téléphone ou avec la Vision, du genre télévision, comme les formes 2, 3 et 4 évoquées ci-dessus. Les messages de cette forme de Vision, perçus par tout l'être du Visionnaire, sont bien vérifiés par ceux reçus dans les autres formes de Vision.

2.2.7. Les révélations en songe

« *Et IL (L'ÉTERNEL) dit : Écoutez bien mes paroles ! Lorsqu'il y aura parmi vous un prophète, c'est dans une vision que MOI, L'ÉTERNEL, JE me révélerai à lui, c'est dans un songe que JE lui parlerai* », (*Nb 12 : 6*).

Les révélations en songe sont les propres de certains Devanciers parce qu'à première vue, le corps n'intervient pas comme au cours d'une séance de Vision où un bruit ou quelqu'un, peuvent perturber le Visionnaire.

En fait, l'esprit malin peut justement jouer sur cette inaction du dormeur pour montrer et donner n'importe quel message en songe (*Ec 5 : 6 ; Siracide 34, 1-7 BIBLE TOB*), c'est pourquoi il est prudent de vérifier d'abord l'origine divine du songe avant de l'expliquer. (*Jé 23 : 25-28*). Le songe est la forme de Vision performante de certains frères et sœurs. C'est la vision de nuit ou la vision nocturne [190].

2.2.8. La révélation indirecte par l'intermédiaire d'un tiers

Il arrive souvent à un chrétien céleste de se poser des questions sur un sujet donné. Et c'est dans des discussions ou des causeries avec des personnes qui ne sont pas forcément de l'Église ou qui ne sont même pas chrétiennes, que jaillit la ou les réponses aux préoccupations du chrétien par le double effet de L'ESPRIT-SAINT qui inspire le profane et qui éveille simultanément l'attention du chrétien.

Remarques :

1) Tout ceci montre bien que la Vision n'est pas facile à expliquer, et il se pose encore ici l'éternelle question de savoir comment reconnaître qu'une révélation vient ou non de DIEU.

«[21] *Peut-être diras-tu dans ton cœur : Comment connaîtrons-nous la parole que L'ÉTERNEL n'aura point dite ?* [22] *Quand ce que dira le prophète n'aura pas lieu et n'aura et n'arrivera pas, ce sera une parole*

---

[190] **Songe, vision de nuit : Job 33 : 14-18 ; Gn 20 : 3+** (Abimélec) ; **28 : 12** (Jacob) ; **31 : 24** (Laban) ; **1 R 3 : 5** (Salomon à Gabaon) ; **Dn 2 : 19+ ; Mt 1 : 20 ; 2 : 13 et 19** (Joseph) ; **27 : 19** (femme de Pilate).

que L'ÉTERNEL n'aura point dite. C'est par audace que le prophète l'aura dite : n'aie pas peur de lui », (**Dt 18 : 21 - 22**).

Si le message vient de L'ÉTERNEL, il faut attendre sa réalisation ; celle-ci se fera, (**Ha 2 : 2 – 3**).

Une autre vérification de l'origine divine d'une révélation est la perception de celle-ci par plusieurs Visionnaires à la fois. Mais attention au cas où Satan aura investi une Paroisse ! Quoi qu'il en soit, il est conseillé de ne pas commencer à exécuter les travaux spirituels révélés sans le visa d'un Devancier qui, lui, a le charisme de vérification des visions, *le discernement* (**1 Co 12 : 9, 28**). Il faut toutefois rester vigilant à cause de *l'esprit de Python* qui peut animer un Visionnaire.

Paul et ses compagnons, Silas et Luc sont bien « *les serviteurs du DIEU-TRÈS HAUT, qui annoncent le salut* » (**Ac 16 : 16, 17, 18**). On connaît la suite avec les problèmes. Mais, comme Satan n'est jamais vainqueur, comme le dit un de nos cantiques, les disciples ont fait des conversions et ont été relâchés, (**Ibid. 19 – 40**).

2) Les huit formes de Vision précitées ne sont qu'indicatives. Il y en a beaucoup d'autres. Peut-on connaître DIEU ?

3) Un Visionnaire peut posséder ces huit formes et d'autres selon le bon vouloir de L'ÉTERNEL.

4) Certaines révélations sont faites en paraboles, d'autres sont analytiques et vont dans le détail, tandis que d'autres sont de véritables synthèses de ce que les autres Visionnaires auront reçu au cours d'une séance de Vision collective. Cette Vision synthèse est souvent le propre des Devanciers.

2.3. ORGANISATION D'UNE SÉANCE DE VISION

Prenons le cas d'une personne qui vient pour la première fois dans une Paroisse de L'ECC. Avant la séance de Vision, il y a des **préalables**.

2.3.1. Les préalables

1. Le nouveau venu doit quitter ses chaussures en entrant dans l'aire de la Paroisse (**Ex 3 : 5 ; Jos 5 : 13-15 ; Ac 7 : 33**) ;

2. S'il s'agit d'une femme, elle doit, en plus, se couvrir la tête. (*1 Co. 11 : 13*). En période de menstruation, la femme ne peut venir à la Paroisse qu'après sept jours d'« impureté ». On compte le premier jour de la menstruation. Si celle-ci dépasse sept jours, la femme n'est pure que deux jours après la fin de l'écoulement. Dans ce cas, un bain sacré s'impose [191].

On ne peut fréquenter la Paroisse après une relation sexuelle au petit matin ou dans la journée. Il faut attendre le lendemain (*Lé 15 : 16 - 18*).

Aussi, les frères et sœurs qui assurent la permanence à la Paroisse doivent-ils avoir toujours la présence d'esprit de poser des questions au nouveau venu pour que les prescriptions soient respectées ? D'ailleurs, le bon Visionnaire s'en aperçoit en cas de défaillance.

3. Une prière d'introduction au Temple est faite au nouveau venu.

4. On lui fait une brève présentation de l'Église du Christianisme Céleste. Certains Chargés de Paroisse attachent de plus en plus d'importance à cette présentation avant toute séance de Vision et ils ont raison d'être exigeants. En effet, certaines personnes prennent l'Église comme une simple religion de Vision où on vient consulter des « devins » que sont les Visionnaires.

Le lieu de la séance de Vision doit être propre et sanctifié ; être à l'écart des bruits. C'est quelquefois dans le Temple même.

2.3.2. La séance de Vision proprement dite

Elle peut être organisée par un Visionnaire seul s'il n'y en a pas d'autres. Mais *le mieux est qu'ils soient plusieurs autour du nouveau venu* compte tenu de la diversité des charismes des fidèles de la Paroisse. (*1 Co 12 : 4+ ; 2 Co.12 : 1+ ; Ro 12 : 1-8*).

Certes, L'ÉTERNEL pourrait révéler à l'unique Visionnaire présent, les messages qu'IL veut faire transmettre au nouveau venu.

---

[191] ADETONAH A. op. cit., p. 73, **Art. 5, 6, 7**

« *Car mes pensées ne sont pas vos pensées, et nos voies ne sont pas mes voies* », (*És 55, 8*).

1. Tout Visionnaire, avant de démarrer sa première séance de Vision du jour, doit se recueillir, *prier* et demander à L'ÉTERNEL de l'assister dans son travail.

2. Une *bougie* est allumée devant le nouveau venu ou ce dernier la tient à la main.

3. Un *cantique d'invocation* de L'ESPRIT-SAINT est chanté, suivi d'une *courte prière de circonstance* sous la direction d'un Devancier qui introduit la séance proprement dite (*1 Co 12 : 28*).

4. Suit un moment de recueillement où les révélations sont faites aux Visionnaires. Elles le sont parfois même plus tôt. Puis commencent les *exposés* des révélations par les Visionnaires. Les révélations sont exposées d'abord par les Visionnaires femmes puis vient le tour des hommes ; c'est toujours *du moins gradé au plus gradé* ; du Visionnaire en tenue civile au Visionnaire en robe de prière ou soutane.

5. Il faut recevoir séparément ceux qui viennent en couple, ou en amis dits « inséparables », à cause de certaines révélations qui pourraient être embarrassantes.

Il arrive quelque fois que L'ESPRIT-SAINT annonce d'avance l'arrivée d'une personne et indique les dispositions à prendre à cet effet. Des messages peuvent commencer à fuser dès l'entrée du nouveau venu dans l'aire de la Paroisse, ou même avant, ou pendant la prière d'introduction.

6. Un fidèle est chargé de noter les révélations ; c'est le *Reportage*. L'idéal est de le faire *illico*, en ayant soin de préciser les *travaux spirituels* à effectuer, sans oublier les *recommandations* et les *conseils* donnés par L'ESPRIT-SAINT. Le *Rapporteur* doit tout mettre au propre à partir d'un brouillon. Il doit faire viser son reportage par le Responsable des Visionnaires avant de le remettre au Chargé de Paroisse.

2.3.3. Les explications

1. Beaucoup de révélations sont faites en paraboles (**Os 12 : 11**) et en symboles. Elles nécessitent qu'on les interprète. C'est le

rôle du Devancier qui dirige la séance de Vision et celui du Visionnaire. Celui-ci aura les meilleures explications en s'adressant à L'ESPRIT-SAINT ou à un autre Visionnaire qui fera la même démarche. **Il n'y a qu'une compréhension pour un message, et pas deux** (*2 Pi 1 : 19-21*).

2. Il importe que chaque Visionnaire puisse savoir s'il peut poser des questions à L'ESPRIT-SAINT pour obtenir directement les explications. Il vaut mieux avoir des explications immédiates.

3. La *discrétion* étant de mise dans une bonne séance de Vision où apparaissent des éléments de la vie privée, le Devancier se doit de savoir recueillir les révélations et de savoir les présenter au nouveau venu.

4. Il est recommandé de laisser la personne à qui la Vision est faite, *poser autant de questions qu'elle le souhaite* afin qu'elle puisse quitter la Paroisse, satisfaite de la séance de Vision.

Le Reportage visé et remis au nouveau venu engage la responsabilité de tous ceux qui ont participé à la séance. Ce document doit être présenté au Chargé de la Paroisse avant tout travail spirituel.

Conclusion

La Vision *fortifie la foi*. Elle doit être bien faite et très soignée. Elle est l'un des charismes qui nécessitent beaucoup d'*abnégatio*ns. Le Visionnaire se doit de mener *une vie exemplaire* pour lui-même et pour le bien de toute la communauté chrétienne.

3. LE VISIONNAIRE (*WOLI*)

SOMMAIRE

3.1. QU'EST-CE QU'UN VISIONNAIRE ?

3.2. COMMENT DEVIENT-ON VISIONNAIRE ?

3.3. DES RECOMMANDATIONS POUR RESTER BON VISIONNAIRE.

3.4. LA HIÉRARCHIE DES VISIONNAIRES.

3.1. QU'EST-CE QU'UN VISIONNAIRE ?

L'Église du Christianisme Céleste est remarquable par la surabondance de ses charismes, ces dons spirituels extraordinaires, qu'on y trouve. Parmi ceux-ci, il y a le don de Vision, (*1 Co 12 : 4 - 11, 28 - 29 ; 2 Co 12 : 1+ ; Ép. 4 : 11 - 12 ; Ro 12 : 1 - 8*).

Est Visionnaire celui qui a le don de la Vision. « *La Vision est une lumière provenant du SAINT-ESPRIT qui permet à l'Église du Christianisme Céleste ainsi qu'à tous les fidèles, d'avancer avec assurance dans la foi* [192]. »

La Vision s'accompagne ou non de *transes* ou d'*extases* par l'effusion de L'ESPRIT-SAINT, lire (*Nb 24 :4 ; 1 S 10 : 5, 10, 13 ; Bible TOB*). « *JÉSUS frémit en esprit* » (*Jn 11 : 33*). « *JÉSUS tressaillit de joie par LE SAINT ESPRIT…* » (*Lc 10 : 21*).

Le Visionnaire est le/la fidèle de l'Église qui reçoit les messages de L'ESPRIT-SAINT et les transmet à la communauté humaine. Il les entend, les voit, les chante ou les émet instantanément sous l'influence de L'ESPRIT-SAINT.

---

[192] Constitution de L'ECC, (CECC), Porto-Novo, 15 décembre 2009, Règlement Intérieur, (CECC, RI), **Art. 27-30** ; 75, p. 52, 64 ; ADETONAH, A., 1972, op., cit., **Art. 37**, p 78

Dans l'Église, le Visionnaire est appelé « Woli » [193]. Il est à rappeler, à cet effet, que c'est à Porto-Novo au Bénin, en Afrique de l'Ouest, qu'a été révélée l'Église du Christianisme Céleste le **29 septembre 1947**, le jour de la **SAINT-MICHEL** à un charpentier-menuisier, le Révérend Prophète-Pasteur Fondateur, Samuel Biléou Joseph OSCHOFFA.

3.2. COMMENT DEVIENT-ON VISIONNAIRE ?

Le seul *Bon Vouloir de L'ÉTERNEL* fait Visionnaire, un ou une fidèle. On peut même le devenir avant d'entrer à L'ECC (*És 55 : 8-9*). Un Devancier peut aider un Visionnaire potentiel à devenir opérationnel par des prières constantes ; mais jamais un Devancier, un Responsable ne peut prétendre donner la force de Vision. C'est L'ÉTERNEL seul qui décide si la personne en est digne [194].

Momentanément, le Visionnaire est agité par L'ESPRIT de L'ÉTERNEL, ce sont les *transes* ; il peut tomber en *extase* (cf. ci-dessus). Mais la réception des messages n'est pas toujours liée à ces manifestations extérieures.

À travers du Visionnaire, se perpétue la tradition du Peuple de DIEU qui, terrifié par la puissance de L'ÉTERNEL, qu'il avait tant voulu voir (*Ex 20, 18-19 ; Dt 5, 25*), a préféré communiquer indirectement avec LUI (*Dt 18, 15, 18*) par l'intermédiaire d'un Prophète, d'un Visionnaire. À la *Pentecôte*, l'effusion de L'ESPRIT-SAINT a été totale. Des Africains étaient aussi de la partie (*Ac 2 : 1+, 10*).

Mais se pose le problème de pouvoir reconnaître que tel message vient ou non de L'ÉTERNEL. LUI-MÊME nous répond : « [21] *Peut-être diras-tu dans ton cœur : Comment connaîtrons-nous la parole que L'ÉTERNEL n'aura point dite ?* [22] *Quand ce que dira le prophète n'aura pas lieu et n'arrivera pas, ce sera une parole que L'ÉTERNEL n'aura point dite. C'est par audace que le Prophète l'aura dite : n'aie pas peur de lui.* », (*Dt 18 : 21-22*).

---

[193] *Woly*, mot Yoruba signifiant Voyant, de ADETONAH A., op. cit. p. 52 § 7)
[194] Cf ci-dessus : [Le Visionnaire (2019), 1.1. et les développements 1 et 2]

Quoi qu'il en soit, tout reportage de Vision doit être visé par un Responsable de la Paroisse qui, du fait de son expérience et surtout par ses charismes de discernement et d'entendement (*1 Co 12 : 10 ; Job 32 : 6-12*), saura faire la part des choses. (*1 Th 5 : 21 ; 1 Jn 4 ; 1-3*). Mais il faut savoir attendre la réalisation de la prophétie, (*Ha 2 : 2-3*).

De toutes les façons, les pensées de DIEU ne sont pas nos pensées et nos voies ne sont pas les voies de DIEU (*És 55, 8-9*) ; aussi L'ÉTERNEL rachètera-t-il le fidèle qui irait en perdition avec un message qui n'en était pas un. Mais c'est le Visionnaire qui en subira les conséquences. Au mieux, il perd la Vision, au pire, il meurt (*Mi 3 : 5-7 ; Dt 18 : 20 ; Za 13 : 2-6*)[195].

3.3. DES RECOMMANDATIONS POUR RESTER BON VISIONNAIRE

(Cf. ci-dessus : Le Visionnaire (2019), 5. Conclusion, Il faut rester bon Visionnaire.)

1. Assister régulièrement au culte de vendredi 13 heures ;
2. Tout Visionnaire, comme tout chrétien céleste, ne peut perdre de vue *Les Dix Commandements de DIEU*, ni *Les Douze Interdits*, *Les Onze Ordonnances* présents dans la brochure : « Sacrements, Ordonnances et Prescriptions », Porto-Novo, 2ᵉ édition, LA DOCTRINE ECC, publié par l'Église de la FRATERNITÉ CHRÉTIENNE, ainsi que les recommandations particulières qu'il recevra par Vision. **Il ne perdra pas de vue la Loi d'AMOUR** (*Mt 22 : 36-40 ; Ro 13 : 9-10 ; Ga 5 :14*)

Le Visionnaire doit constamment se rappeler que son charisme est un don gratuit et il doit donc en user gratuitement (*Mt 10, 7-8 ; 2 R 5, 15-19 ; Lc 22 : 35*). Ses qualités premières sont la *discrétion*, la *modestie* et le *respect de la hiérarchie*. Il ne peut transmettre son message qu'après avoir prêté serment, « la main gauche tenant une BIBLE et la droite levée devant un

---

[195] Cf ci-dessus 1.2.4.1/1.2.4.2

Crucifix ». Puis il dit : « **Devant DIEU et devant les hommes.** [196] ».

3. La règle de vie du Visionnaire l'oblige à être toujours en bonne santé, équilibré, pour permettre à L'ESPRIT-SAINT d'être pleinement opérationnel en lui. Qu'il n'oublie pas qu'il est, plus que tout autre fidèle, le temple du SAINT-ESPRIT. (*1 Co 3 : 16 ; 6 : 19 ; 1 Pi 2 : 5*) ;

4. Aussi le Visionnaire a-t-il la lourde responsabilité de transmettre le message reçu et de ne pas le garder de peur de perdre une âme (*Éz 3 : 17-18 ; 33, 1-9*). Il le fera fidèlement (*Jr 23 : 28*) ;

Mais, il lui arrivera de recevoir des messages pour sa propre gouverne, qu'il ne peut donc pas transmettre. L'ÉTERNEL l'en avertira de toutes les façons (*Dn 8 : 26*).

5. La présence du Visionnaire à la Paroisse est indispensable. Il n'y a pas une bonne équipe de permanence dans une Paroisse sans Visionnaire. Il laissera, si possible, tous les travaux spirituels aux « *Leaders* » et aux Évangélistes. Ces travaux sont faits dans la Paroisse sauf ceux révélés pour l'extérieur (sanctification d'une maison … etc.). Il faut l'autorisation du Chargé de la Paroisse pour cela [197] ;

6. Le Visionnaire évitera d'effectuer des travaux spirituels à la maison, en dehors de ceux indiqués comme tels, sous peine d'avoir des conséquences spirituelles fâcheuses ou de tomber sous le coup du Règlement Intérieur de l'Église du Christianisme Céleste [198] ;

7. Le Visionnaire, comme tout autre fidèle, n'aura à la maison, sur son autel, qu'un chandelier à trois bougies [199] ;

3.4. LA HIÉRARCHIE DES VISIONNAIRES

3.4.1. Certains Visionnaires possèdent, en plus, d'autres charismes comme ceux rappelés dans les passages (*1 Co 12 ; 13 ; 14 : 1+ ; 2 Co 12 : 1+*), à savoir : sagesse, connaissance, foi,

---

[196] ADETONAH, A., op. cit., p. 52 § 6; OSCHOFFA, SBJ, Nigéria, 1980, **Art. 72**
[197] ADETONAH A., op. cit., p. 79, **Art. 47**. CE-CC, op. cit., Règlt. Int., **Art. 83**
[198] ADETONAH, A., op., cit., p. 78-79, Art. 44 et 47; CECC, op. cit., Règlt. Int., **Art. 83**
[199] ADETONAH, A., op. cit., p. 67, **Art. 43**

discernement des esprits, guérison, thaumaturgie (force de miracles), diversité des langues et l'interprétation des visions.

3.4.2. Ainsi, dans la hiérarchie des Visionnaires, on distingue des *Wolidjahs* et des *Wolileaders*. Les *Wolidjahs* ont le don de contrôler l'esprit qui anime un Visionnaire ; ils peuvent dès lors, en cas de besoin, mettre fin à la vision de ce dernier [200].

Quant aux *Wolileaders*, ils ont les mêmes attributions et jouent le même rôle, que ceux des *Wolidjhas*. Ils ont en plus, « le don des songes qu'ils peuvent parfaitement interpréter. [201] ».

Leur évolution en grades n'allait pas au-delà de celui de *Vénérable Senior Wolidjah* ou *Wolileader* car, estimait-on, être Visionnaire était déjà en soi un grade spirituel inestimable au point que l'Église du Christianisme Céleste semblait dépendre des Visionnaires. Mais, depuis quelques décennies, il leur est possible d'accéder à tous les grades des Évangélistes.

À partir du grade d'*Évangéliste-Woli*, sa soutane blanche a son col carré, un grand surplis bleu, avec des variantes suivant le grade.

3.4.3. Tableau des grades des Visionnaires [202]

ONCTIONS	GRADES	TENUES SACERDOTALES
3	ASSISTANT WOLIDJAH	- Une robe de prière à col carré avec petite pèlerine blanche. - Une sangle bleue marquée d'une croix blanche.
4	WOLIDJAH	- Une robe de prière à col carré avec pèlerine blanche. - Un surplis blanc et un chapeau tricorne de couleur blanche. - Une sangle bleue frangée de blanc avec une croix blanche.
5	SENIOR WOLIDJA	- Une robe de prière à col carré avec pèlerine blanche bordée de dentelle blanche. - Un surplis blanc bordé de dentelle blanche.

---

[200] ADETONAH, A; op. cit., p. 53 § 1
[201] Ibid., p. 55 § 1
[202] Source : Sacrements, Ordonnances et Prescriptions, 2ᵉ édition, Porto-Novo, p. 15

		- Une sangle bleue marquée de trois croix blanches et frangée de blanc. - Un chapeau tricorne blanc.
5	SENIOR WOLIDER	- Une robe de prière à col carré avec pèlerine ample et blanche bordée de dentelle blanche. - Une sangle bleue frangée de blanc et marquée de trois croix blanches. - Un surplis modèle Senior-Wolidjah - Un chapeau tricorne blanc
6	VÉNÉRABLE SENIOR WOLIDJAH	- Une robe de prière à col carré avec pèlerine ample et blanche bordée de dentelle blanche. - Une sangle bleue à trois croix et frangée de blanc. - Un petit surplis bleu bordé de dentelle blanche - Un chapeau tricorne bleu.
6	VÉNÉRABLE SENIOR WOLIDER	- Une robe de prière à col carré avec pèlerine ample et blanche bordée de dentelle blanche. - Une sangle bleue à trois croix frangées de blanc. - Un surplis bleu bordé de dentelle blanche. - Un chapeau tricorne bleu.

<u>N.B.</u> Les Mamans sont dispensées du chapeau tricorne bleu. Elles ont déjà leur coiffe blanche.

À l'intérieur de chaque Ordre (Alagba, Leader, Évangéliste), on distingue toujours, par exemple, l'Assistant-Leader, le Leader, le Senior-Leader, le Vénérable Senior-Leader.

3.4.4. « Tous les trois (03) ans, le mérite peut permettre au fidèle d'évoluer jusqu'au grade de Senior Évangéliste. Pour passer de ce grade à celui de Vénérable Senior Évangéliste, il lui faut au moins quatre (04) ans. Il ne pourra devenir Supérieur Senior Évangéliste qu'après sept (07) ans dans le grade de *Vénérable Senior Évangéliste*.

Le Chef mondial choisit quelques dignitaires pour devenir *Suprêmes Évangélistes ou Pasteurs de fonction* [203] ». Depuis, d'autres grades sont créés çà et là.

---

[203] CECC, op. cit., Règlt. Int., **Art. 33**

4. COMMENT EXPLIQUER UNE VISION ?

«[20] ... *sachant tout d'abord vous-mêmes qu'aucune prophétie de l'Écriture ne peut être un objet d'interprétation particulière,* [21] *car ce n'est pas par une volonté d'homme qu'une prophétie à jamais été apportée, mais c'est poussés par LE SAINT-ESPRIT que des hommes ont parlé de la part de DIEU.* », (**2 Pi 1 : 20-21**).

SOMMAIRE

INTRODUCTION

4.1. D'ABORD, TRANSMETTRE FIDÈLEMENT LA VISION

4.2. ENSUITE, EXPLIQUER LA VISION

4.3. « TIENS SECRÈTE CETTE VISION » (*Dn 8 : 26*)

CONCLUSION

INTRODUCTION

Un matin, peu avant le lever du jour, avant que je ne commence ma prière matinale, devant DIEU et devant les hommes, L'ESPRIT-SAINT me recommanda d'ouvrir LA BIBLE. Ce que je fis.

À la fin de ma prière, IL me dit de lire le premier verset de la page de gauche. Il s'agissant du livre de **Daniel 8**, **verset 16** dans la version TOB (nouvelle édition revue, 1996). « *Et j'entendis la voix d'un homme au milieu de l'Oulai* [204] *qui criait et disait : « Gabriel, fait comprendre la Vision à celui-ci » ».*

Et il me fut recommandé de faire un exposé sur « *Comment expliquer une Vision ?* ».

---

[204] La rivière qui traverse Suse en Mésopotamie.

Pour expliquer une *Vision*, il convient tout d'abord de transmettre *fidèlement* ce que l'on a vu ou entendu, (*Jé 23 : 28*).

Au cas où celui qui est venu consulter CHRIST n'a pas compris le message, il faut donc tout faire pour le lui expliquer.

Quoi qu'il en soit, cette explication ne peut se faire qu'avec le concours de L'ESPRIT-SAINT. Mais tout n'est pas à expliquer dans une Vision, (*Dn 8 : 26 - 27*).

La mission d'expliquer la Vision est tellement importante que le Visionnaire doit prendre toutes les précautions que nous avons évoquées durant ce parcours sur le *Visionnaire et la Vision*, à savoir, s'en remettre toujours à L'ESPRIT-SAINT par la prière ou à un Devancier qui a le don de discernement (*1 Co 12 : 10*) ou encore à un autre Visionnaire, en toute humilité.

4.1. D'ABORD, TRANSMETTRE FIDÈLEMENT LA VISION

« Que le Prophète qui a eu un songe raconte ce songe, Et que celui qui a entendu MA PAROLE rapporte fidèlement MA PAROLE. Pourquoi mêler la paille au froment », (*Jé 23 : 28*).

4.1.1. En effet, lorsque le Visionnaire reçoit un message, il faut qu'il parvienne à en identifier la source c'est-à-dire qu'il doit savoir si le message vient de L'ESPRIT-SAINT ou de l'esprit malin, (esprit de Python) qui confond plusieurs Visionnaires. L'esprit de Python peut vous donner ***des messages vrais*** qui pourtant entraîneraient des ***catastrophes incalculables***, (*Ac 16 : 16-18+*). À ce sujet, il est à rappeler au Visionnaire que sa vie doit donc être exemplaire pour que tout son être soit véritablement le temple de L'ESPRIT-SAINT (*1 Co 3 : 16 ; 6 : 19 ; 1 Pi 2 : 5*), pureté et sainteté indispensables avec :

> Les *Dix Commandements* de Dieu ;

> Les *Préceptes ou Douze Interdits* qui sont dans ECC, Constitution de SBJ OSCHOFFA, 1980, Nigéria, **Art. 93** (cf. Appendice 1 : La Doctrine) ;

> Les *messages personnels* que L'ESPRIT-SAINT veut bien lui transmettre directement ou par l'intermédiaire d'un

autre Visionnaire, pour que sa vie soit toujours agréable à DIEU.

Une *vie de prières constantes* permet d'atteindre cet état de béatitude car, tout compte fait, c'est par la GRÂCE (*Éph 2 : 8-9*) et la MISÉRICORDE (*Ps 145 : 8 ; Jon 4 : 2 ; Ro 9 : 14-16*) de DIEU que le Visionnaire arrive à identifier le message divin. Qui peut prétendre être sans péché ?

Si, pour que le Visionnaire reconnaisse le message de DIEU, il lui faut l'assistance de L'ESPRIT-SAINT, c'est aussi par la GRÂCE, le don gratuit, et la MISÉRICORDE, le pardon que celui qui vient consulter DIEU, arrive à ne pas se laisser tromper par un Visionnaire indélicat.

4.1.2. Après avoir reconnu que le message vient de L'ESPRIT-SAINT, le *Visionnaire doit le transmettre fidèlement, (Jé 23 : 28)*. Le Visionnaire ne doit pas noyer le message dans ce que j'appellerai des fioritures c'est-à-dire toute cette ribambelle d'expressions plus ou moins rassurantes, plus ou moins adroites qui font que la personne ne reconnaît plus où est le vrai message.

Encore une fois, il faut dire exactement ce que l'on a vu ou entendu. Il va de soi que la transmission doit être précédée, une fois, du serment : « **devant DIEU et devant les hommes.** », *LA BIBLE dans la main gauche et la main droite levée devant un Crucifix* [205].

Mais lorsque le message est émis instantanément, le problème des fioritures ne se pose plus et la responsabilité du Visionnaire est encore plus grande. S'il n'est pas en état de pureté, de sainteté, il émet un message diabolique en général.

Or, étant donné que « *mes pensées ne sont pas vos pensées et vos voies ne sont pas mes voies, dit L'ÉTERNEL (És 55 : 8)* », un message divin peut arriver quel que soit l'état du Visionnaire. Mais la règle est que le message divin n'arrive que dans un

---

[205] ADETONAH A., op. cit., p. 52 § 6;
OSCHOFFA, SBJ, Nigéria, 1980, op. cit., **Art. 72**

corps en état de pureté et de sainteté parfaites. C'est ici qu'intervient la responsabilité des Devanciers Visionnaires qui doivent dès lors identifier l'esprit qui anime le Visionnaire qui émet instantanément.

4.2. ENSUITE, EXPLIQUER LA VISION

Quand celui qui vient consulter DIEU ou le fidèle, ne comprend pas le message que lui transmet le Visionnaire, que doit faire ce dernier ?

4.2.1. Le Visionnaire doit s'en remettre à L'ESPRIT-SAINT

« *Et j'entendis la voix d'un homme au milieu de l'Ulaï ; il cria et dit ; Gabriel, explique-lui la vision* », (***Dn 8 : 16***). Le Visionnaire doit avoir l'humilité de ne pas se lancer dans des explications qui risquent de fausser la compréhension du message. Il doit se rappeler constamment que ce n'est pas parce qu'il a vu un *rameau* qu'on doit faire une action de grâce avec un *rameau*. Il se pourrait tout simplement que le rameau symbolise la victoire ou une punition pour le consultant. Rappelons-nous la vision de la corbeille de fruits, la 4e vision d'Amos. Ce n'est pas parce qu'on a vu une corbeille de fruits que c'est bon signe. « *IL (LE SEIGNEUR, L'ÉTERNEL) dit : Que vois-tu Amos ? Je réponds : Une corbeille de fruits. Et L'ÉTERNEL me dit : La fin est venue pour mon peuple d'Israël ; JE ne lui pardonnerai plus.* », (***Am 8 : 2***).

4.2.2. Explication

Dans son explication de la Vision, le Visionnaire doit prendre son temps ; rien ne doit être fait dans la précipitation. La séance de Vision suppose que le Visionnaire et celui qui vient consulter DIEU, ne sont pas pressés et qu'ils ont tout leur temps, car dans la précipitation l'esprit malin peut facilement infiltrer la séance de Vision.

Il ne faut pas perdre de vue que la Vision concerne les trois temps : le passé, le présent et l'avenir. C'est au Visionnaire d'avoir ces données en tête pour que ses explications soient comprises par le consultant.

Dans sa supplication à L'ESPRIT-SAINT de comprendre une Vision, le Visionnaire peut recevoir une autre Vision qui expliquerait la première. Et si cette dernière n'est pas comprise, le Visionnaire priera et suppliera L'ESPRIT-SAINT d'avoir une explication plus claire. Ceci se poursuivra jusqu'à ce que tout devienne clair. Si tel n'est pas le cas, le Visionnaire s'en remettra à un autre Visionnaire quel que soit le grade de ce dernier, ou à un Devancier.

Et c'est ici le lieu de rappeler que *la séance de Vision doit se faire à plusieurs, si possible, et avec un Leader ou un Évangéliste pour la diriger.* Ces derniers précèdent le Visionnaire, le Prophète, dans la hiérarchie de l'Église (*1 Co 12 : 28*).

En effet, si ces derniers ne sont pas Visionnaires au sens strict du terme, L'ÉTERNEL leur a donné, toutefois, les dons de l'entendement ou de discernement (*1 Co 12 : 10*) qui leur permettent de vite comprendre les choses et d'être d'un secours appréciable au Visionnaire.

La *sangle* [symbole de force, qui doit toujours être portée comme l'exige SBJ OSCHOFFA (YANSUNNU L. 2013, p. 248)] du « Leader » ou de l'Évangéliste est la sangle maîtresse avec les trois couleurs : blanche, bleue et jaune. Celle du Visionnaire n'a que le bleu et le blanc.

4.2.3. La séance de *Vision, seul à seul, Woli-Consultant n'est pas souhaitable.* Elle peut être souvent source, d'une part, d'insuffisance ou d'incompréhension du message, et d'autre part, de dérapages.

Il est important de rappeler que le Visionnaire doit avoir quelquefois recours à une série de questions posées au consultant pour aider ce dernier à comprendre le message que L'ÉTERNEL lui donne.

4.2.4. Lorsque le message est donné par émission instantanée, il y a deux cas de figures possibles. Le Visionnaire ne se rappelle plus rien en revenant à lui. Quand on lui dit qu'on n'a pas compris le message qu'il a émis, il est capable de l'expliquer car l'émission verbale peut s'accompagner d'images de la Vision ;

il ne pouvait pas tout simplement se retenir ; il décrit ce qu'il voit et redit ce qu'il entend.

Mais, quand le Visionnaire émet instantanément sans rien voir, ni entendre, il est obligé de prier pour avoir l'explication ou tout simplement une nouvelle émission instantanée. Et si ce scénario est sans résultat, il doit donc s'en remettre à un autre Visionnaire ou à un Devancier.

DIEU parle souvent en paraboles au Visionnaire : « *J'ai parlé aux prophètes, J'ai multiplié les visions, et par les prophètes, J'ai proposé des paraboles.* », (*Os 12 : 11*).

C'est dans ce cas d'émission instantanée de messages que la présence du *Rapporteur* est indispensable ; personnage important pour prendre rapidement les notes et garder le secret des révélations. Il a le devoir de faire viser ses reportages par le Visionnaire et son Chef avant qu'ils ne parviennent au Chargé de Paroisse.

4.3. « *TIENS SECRÈTE CETTE VISION* » (*Dn 8 : 26*)

4.3.1. Mais il est une autre qualité fondamentale que recommande L'ÉTERNEL au Visionnaire : *la discrétion*. Lorsque j'ai reçu le message de commenter le passage de **Daniel 8 verset 16**, je me devais de lire tout le **chapitre 8** sur la Vision de Daniel : le bélier et le bouc, qu'a reçue Daniel sur la situation géopolitique du moment au Moyen-Orient.

Au **verset 26**, Gabriel dit à Daniel : « *Et la vision des soirs et des matins, dont il s'agit, est véritable. Pour toi, tiens secrète cette vision, car elle se rapporte à des temps éloignés.* ». Le secret peut être gardé quelquefois seulement pour un temps comme à la Transfiguration (*Mc 9 : 9*).

Rappelons ici que Daniel était au service d'un roi parce qu'il avait su expliquer un rêve ; la discrétion était donc de mise. Mais ce qu'il faut comprendre par : « *Tiens secrète cette vision* », c'est que tout n'est pas bon à dire et donc à expliquer au consultant.

4.3.2. Même si L'ESPRIT-SAINT ne le recommande pas explicitement, le Visionnaire se doit de ne pas tout dire au consultant du moins immédiatement. Certaines choses qui sont montrées ou dites au Visionnaire lui permettent de mieux expliquer la Vision fondamentale. Il faut aussi se rappeler que certaines personnes sont fragiles et qu'il n'est pas nécessaire de leur parler de mort subite dans la mesure où L'ÉTERNEL indique des travaux spirituels pour l'écarter.

4.3.3. La discrétion est aussi de règle quand il est montré au Visionnaire la vie privée de celui qui vient consulter DIEU ; le lui dire serait une honte qui l'empêcherait peut-être de revenir (sauf si L'ESPRIT-SAINT le recommande, car le Visionnaire n'est pas là uniquement pour les messages qu'on veut entendre (*1 R 22 : 1+*). Ce faisant, le Visionnaire aura perdu une brebis. L'ÉTERNEL pourrait la lui réclamer.

Pour éviter, l'indiscrétion du Visionnaire, L'ESPRIT-SAINT donne quelquefois le message, de façon telle que, seul le consultant est en mesure de le comprendre. Dès lors, il serait maladroit de la part du Visionnaire de vouloir à tout prix se faire expliquer le message par le consultant.

CONCLUSION

Le Visionnaire, plus que tout autre chrétien, doit rester constamment en prière pour que la GRÂCE et la MISÉRICORDE de DIEU l'assistent afin qu'il puisse accomplir sa mission.

Ce faisant, il doit pouvoir expliquer aisément la Vision qu'il reçoit, lorsque L'ESPRIT-SAINT le lui demande.

Figure 27 - __Notre Seigneur Jésus-Christ ressuscité__

DEUXIÈME PARTIE

Pour réussir le vécu quotidien dans L'ECC

6. Le Psaume 3

« Le plus puissant contre les ennemis »

SOMMAIRE

INTRODUCTION

1. QU'EST-CE QU'UN PSAUME ?

2. POURQUOI COMMENTER LE PSAUME 3 ?

3.« PLUS DE SALUT POUR LUI AUPRÈS DE DIEU !», (**v. 3**)

4. « MAIS TOI, Ô ÉTERNEL ! TU ES MON BOUCLIER … », (**v. 4**)

5. « CAR TU FRAPPES À LA JOUE TOUS MES ENNEMIS … », (**v. 8**)

CONCLUSION « Le salut est auprès de L'ÉTERNEL … », (**v. 9**)

INTRODUCTION

Nul ne saurait commenter un Psaume et ignorer le Commentaire qu'en a fait le Grand Saint Augustin, (354-430) d'Afrique, Père latin de l'Église, évêque d'Hippone près d'Annaba dans l'actuelle Algérie.

Ce Commentaire est réédité en 2003 sous le titre : *Saint Augustin prie les Psaumes*. Les textes sont choisis et présentés par A.-G. Hamman dans la Collection : *Les Pères dans la foi*.

Certes, avant Saint Augustin, un autre Grand Africain, *Origène d'Alexandrie*, Père grec de l'Église, Ambroise de Milan et Hilaire de Poitiers, ont commenté, eux aussi, les Psaumes.

Pour nous, la démarche est plus simple dans la mesure où nous avons reçu avec beaucoup d'humilité, la Révélation de faire uniquement le commentaire du Psaume 3, devant DIEU et devant les hommes [206].

Mais tout d'abord, qu'est-ce qu'un Psaume ?

1. QU'EST-CE QU'UN PSAUME ?

L'Église du Christianisme Céleste (ECC) utilise cinq Psaumes durant les Cultes de dimanche matin et de certaines grandes fêtes (**Ps 51**, **Ps 24**, **Ps 27** ou **Ps 118** ou **Ps 136**, le **Ps 72** et le **Ps 20**), et lorsqu'un Psaume est révélé à quelqu'un de façon ponctuelle [207].

1. Le *Livre des Psaumes* fait partie des Livres poétiques dans **LA BIBLE**, version Louis Segond, utilisée dans L'ECC, ou des *Autres Écrits* après la Loi et les Prophètes dans LA BIBLE TOB (Traduction Œcuménique de LA BIBLE).

Le Psaume est un cantique joué sur le psaltérion, une sorte de harpe. Le *Livre des Psaumes* est un recueil de 150 Psaumes dont la plupart sont composés par le roi *David* (*qui signifie Bien-Aimé*),

---

[206] Le Visionnaire, avant « d'annoncer son oracle, doit avoir la main gauche tenant une BIBLE et la main droite levée devant un Crucifix et prêter serment *devant DIEU et devant les hommes*. » (ADETONAH A., 1972, nouvelle édition, p. 52 § 6).

[207] cf ci-dessus : Première Partie:/ 4. ECC, Une Église Révélée / 4.3. Le Culte

11ᵉ siècle av. J.-C., considéré comme l'organisateur de la liturgie en Israël (*qui signifie Lutteur avec DIEU*) ; (***Esd 3 : 10 ; Né 12 : 24***).

JÉSUS même (*JÉSUS ou Josué qui signifie DIEU sauve, Puisse DIEU sauver ; DIEU aide, Puisse DIEU aider*) [208] lui reconnaît la paternité du *Psaume 110* (***Mt 22 : 42-46***). Il existe un **151ᵉ Psaume** spécialement écrit pour David, « dont certaines parties (en hébreu) ont été découvertes à *Qumrân* [209] ».

2. Mais il existe également, dans le *Livre des Psaumes*, d'autres auteurs comme Asaph (***Ps 50, 73, 83***), les fils de *Koré* (*qui signifie Chauve*) (***Ps 42, 44 - 49, 84, 85, 87, 88 ; Nb 16 : 1+***).

Salomon (qui signifie Pacifique) a écrit les **Ps 72** et **127.** Le **Ps 72** est lu au Culte du dimanche matin et de certaines grandes fêtes. Il est précédé du Saint Nom : **JEHOVAH-LASS** (*qui signifie Dieu De Sagesse Et Des Intelligences*)

Moïse (*qui signifie Tiré de, Fils*) a écrit le **Ps 90** lu au Culte d'enterrement.

En dehors du Livre des Psaumes, il existe d'autres Psaumes dans LA BIBLE comme le Cantique d'*Anne* (*qui signifie Grâce, Faveur, 1 S 2 : 1-10*), le Cantique de *Daniel* (*qui signifie DIEU est mon juge, **Dn 2 : 20-23***), la Prière d'action de grâces de *Jonas* (qui

---

[208] **Le Nom de JÉSUS** (*Mt 1 : 21 ; Lc. 1 : 31*). MEYER P. John, 2004, *Un Certain Juif, JESUS, Les données de l'histoire,* T1, Les sources, les origines, les dates, Paris, CERF, pp. 128 §5, 129 §1.

[209] «**1.** Voici le Psaume autographe à David et hors numérotation lorsqu'il lutte en combat singulier avec Goliath.
J'étais le petit parmi mes frères et le plus jeune dans la maison de mon père. Je faisais paître les moutons de mon père.
2. *Mes mains ont fabriqué un instrument, mes doigts ont ajusté une harpe.*
3. *Et qui fera l'annonce à mon SEIGNEUR ? LUI, LE SEIGNEUR, LUI, IL écoute.*
4. *LUI, IL a envoyé son messager et IL m'a enlevé aux moutons de mon père et IL m'a oint de l'huile de son onction.*
5. *Mes frères étaient beaux et grands mais LE SEIGNEUR ne s'est pas complu en eux.*
6. *Je suis sorti à la rencontre vers l'Étranger et contre moi il lance des malédictions par ses idoles.*
7. *Mais moi, j'ai tiré l'épée à son côté, je l'ai décapité et j'ai enlevé l'opprobre loin des Fils d'Israël.* ». (*BIBLE TOB*, 2010, avec *Notes Intégrales*).

signifie Colombe) (*Jon 2 : 3 - 10*), le *Magnificat de MARIE* [210] (*Lc 1 : 46 - 56*) et le Cantique de *Zacharie* (qui signifie L'ÉTERNEL s'est souvenu ; *Lc 1 : 67 - 79*).

On peut aussi citer :

1. Le cantique d'*Ézéchias* (*qui signifie L'ÉTERNEL est ma force* ; *Es 38 : 10 - 20*) ;
2. L'oracle sur Ninive de *Nahum* (*qui signifie Qui a compassion* ; *Na 1 : 2-11*) ;
3. La prière d'Habacuc (*Ha 3 : 1 - 19*) ;
4. Le cantique de Tobit (*Tb 13*) ;
5. La prière du peuple opprimé (*La 5*) ;

3. Au début d'un Psaume, il est mentionné l'auteur : « Psaume de David » puis, comme au **Psaume 3**, il est parfois précisé les circonstances de sa composition : « quand il fuyait devant son fils Absalom (*qui signifie Père de la paix*) [211] .

En plus de la division, en *Cinq Livres du Livre des Psaumes*, on peut y distinguer d'autres catégories comme les Psaumes utilisant le Nom ÉTERNEL (*YHWH*) (*Ps 3 à 41, 90 à 150*) ; ceux comportant le Nom DIEU (*ELOHIM*) (*Ps 42 à 83*) et ceux avec l'acclamation : « *Louez L'ÉTERNEL !* » (*Alléluia*) (*Ps 150 ;* **le *Ps 117*** (le plus court du Livre), **Ps 118** ou **136** lus au Culte du dimanche matin et de certaines grandes fêtes, précédés du Saint Nom : **ÉLIE YAH** (qui signifie DIEU CRÉATEUR).

---

[210] Nom de MARIE (Miryam en hébreu comme la sœur de Moïse ou Mariam ou Maria en grec) signifie : la Rebelle, l'Amère, la Forte, Celle qui s'élève, Celle qui est élevée, la Voyante (Prophétesse), LA DAME, féminin de SEIGNEUR.
Avec la traduction de LA BIBLE en Latin, MARIE devient la Goutte "d'eau" de mer, la Stella maris (« l'Étoile » de la mer), dans GÉRARD André-Marie, 1989, Dictionnaire de LA BIBLE, ROBERT LAFFONT, Paris, Bouquins, p. 882, 2e colonne, § 2.
Obstination dans DENIMAL Éric, 2006, FIRST, Paris, p. 116 § 3.
[211] Il est à rappeler qu'Absalom, le 3ème fils de David, était en conflit avec son père non seulement pour avoir tué son frère aîné Amnon qui a abusé de Tamar, sœur d'Absalom, mais encore pour avoir organisé un coup d'État contre David. Le roi abandonne Jérusalem, attire les troupes d'Absalom dans une forêt où le prince et ses troupes furent massacrés.
Textes bibliques de référence (*2 S 3 : 2-3 ; 1 Ch 3 : 1-2, 9 ; 2 S 13 : 1-39 ; 2 S 15, 16, 17 ; 18 : 1-18 ; 19 : 1-4*).

Les *Ps 1* et *2* constituent la préface, et le *Ps 150* clôture le Livre des Psaumes.

4. Les Psaumes développent des **thèmes** :

    a. de louanges comme les *Ps 100, 117, 150* ;

    b. de prières de repentance : le *Ps 51* récité au début des cultes et précédé du Saint Nom : EH YIBAH (*qui signifie DIEU CLÉMENT ET MISÉRICORDIEUX*), ou au début de toute autre prière de circonstance ; d'appel au secours : le *Ps 3* ; de reconnaissance : le *Ps 118* ;

    c. d'instruction comme le *Ps 24* du Culte de dimanche matin et de certaines grandes fêtes, précédé du Saint Nom : JEHOVAH RAHMAH (*qui signifie DIEU DE MISÉRICORDE*), et les *Ps 37* ou *119*.

Le décalage dans la *numérotation*, entre LA BIBLE *hébraïque* et *LA VULGATE*, s'explique par la contraction ou la division de certains Psaumes. Les *Ps 9* et *10* de LA BIBLE hébraïque deviennent le *Ps 9* de la *Vulgate*... Mais la numérotation redevient identique à partir du *Ps 148*. Aujourd'hui, la numérotation dans LA BIBLE TOB et dans LA BIBLE, version Louis Segond, est la plus répandue. Des doublets se retrouvent dans le Livre des Psaumes comme les *Ps 14* et *53*, les *Ps 40 : 14 - 18* et *70*.

Ces doublets s'expliquent par l'élaboration progressive du *Livre des Psaumes* jusqu'au 6e siècle av. J.-C.

2. POURQUOI COMMENTER LE PSAUME 3 ?

Durant les dernières semaines de l'année 1994 marquée en avril par une importante visite pastorale au Togo du Régent Benoît D. AGBAOSSI, devant DIEU et devant les hommes [212], il m'a été révélé plus d'une fois de prendre le *Psaume 3* pour l'*Exhortation* au Culte de vendredi 13 heures « traditionnellement célébré pour les Visionnaires », les « *Wolis* » (qui signifie Voyants en

---

[212] Cf. ci-dessus la note **(121)**. ADETONAH A., 1972, *Lumière sur le CC*, Porto-Novo, nouvelle édition présentée par le Révérend Pasteur B.A. ADEOGUN, p. 52, § 6. Edition du *Cinquantenaire de L'ECC*, p. 42, § 2 ; OSCHOFFA SBJ, 1980, *ECC, Constitution*, Nigéria, **Art. 72**.

Yoruba), mais destiné à tous les membres de l'Église qui sollicitent une force spirituelle ou qui cherchent à la consolider. Il s'agissait de commenter les versets **2** et **3**, ou tout le *Psaume 3*.

C'est ainsi qu'il m'a été révélé en 1995, que « **le *Psaume 3* est le plus puissant des Psaumes contre les ennemis. Je dois en faire le commentaire comme pour les Huit Béatitudes** [213], et ceci au plus vite (ce texte de 2019 est une réécriture). Ce *Psaume 3* ne sera utilisé que sur Révélation ». Depuis 1994, je n'ai personnellement reçu que trois fois sa Révélation pour un tiers, C'est une *complainte à DIEU, du roi David contre son propre fils Absalom*. En ce début d'année 2020, je le reçois pour moi-même.

3. « PLUS DE SALUT POUR LUI AUPRÈS DE DIEU ! » (v. 3)

Cette fin du verset 3 conforte la Révélation, tellement « *nos ennemis sont nombreux* » (**v. 2**). En effet, il n'y a pas plus terrible ennemi que celui qui dira à son prochain : « *Plus de salut pour lui auprès de DIEU* » (**v. 3**) ou qui fera tout pour qu'il en soit ainsi. L'ÉTERNEL, par amour, nous a tous faits « *à son image* » (***Gn 1 : 26-27 ; 1 Co 11 : 7 ; Col 3 : 10***) et « *de peu inférieurs à LUI* » (***Ps 8 : 5-9***). Chacun a une mission bien précise qui, une fois accomplie, lui permettra de gagner la vie éternelle ou d'être enlevé au Ciel (***1 Th 4 : 16 - 17***) comme Hénoc (qui signifie Initié, Consacré ; ***Gn 5 : 22 - 24 ; Jud 14***), Élie (qui signifie *Mon DIEU est L'ÉTERNEL ; **2 R 2 : 11***) et les « *deux témoins* » (***Ap 11 : 3, 12***).

Aussi, DIEU nous a-t-IL, par amour, « *donné son FILS UNIQUE, afin que quiconque croit en LUI ne périsse point, mais qu'il ait la vie éternelle.* », (***Jn 3 : 16***). Les chrétiens l'ont compris et accepté. Ils se réunissent en Assemblées, en Églises. L'ECC a le mérite de renouer avec *l'Église chrétienne primitive et ses exigences*, et avec certaines traditions juives [214].

---

[213] Les Béatitudes, ci-dessous, à Lomé (Togo), 1994. Une réécriture en 2018 à Pantin (France).

[214] **a) ECC signifie « Église primitive, teintée du sang des martyrs »** (2e-4e siècles), ADETONAH A., 1972, op. cit., p. 19, § 3.

Elle dispose ainsi en surabondance de la grâce (*Ep 2 : 8-9*), de la miséricorde de DIEU (*Ex 33 : 19 ; Rm 9 : 15-16 ; Jon. 4 : 2*) et de nombreux charismes, ces dons spirituels extraordinaires de L'ESPRIT-SAINT (*1 Co 12 : 4-11 ; 14 : 1+ ; 2 Co 12 : 1+ ; Ep 4 : 11-12*), comme la foi, la Vision [215], la guérison, la prière, le discernement des esprits, la diversité des langues, la prédication ... qui raffermissent la foi du chrétien quand il chancelle, quand il doute.

Est donc un ennemi redoutable, toute personne qui voudrait empêcher son prochain d'accéder à tous ces dons pour être sauvé. *Satan (qui signifie Adversaire, Ennemi)* cherche toujours à nous déstabiliser, à nous mettre en difficulté, à nous empêcher d'accomplir notre mission afin de ne pas trouver grâce aux yeux de L'ÉTERNEL. Il fait tout pour nous perdre. Nous devons donc être vigilants, particulièrement les Visionnaires et les Responsables de L'ECC. C'est pourquoi ce **verset 3** paraît fondamental et fait du Psaume 3, le Psaume de lutte contre tous les pervers de ce monde, « *le plus puissant des Psaumes contre les ennemis* ».

Le Psaume *71 : 11*, par exemple, n'atteint pas cette perversité, cette méchanceté du **verset 3** du *Ps 3*.

---

b) ECC signifie « reflet de l'Église chrétienne primitive », DE SURGY Albert, 2001, *L'Église du Christianisme Céleste, Un exemple d'Église prophétique au BENIN*, PARIS, KARTHALA, p. 27, § 3.

c) « Nul ne peut être considéré comme membre de l'Église jusqu'à ce qu'il soit baptisé dans l'Église du Christianisme Céleste, sans tenir compte de(s) baptêmes(s) précédent(s) dans n'importe quelle Église chrétienne », OSCHOFFA SBJ, 1980, op. cit., **Art. 102.**

d) *Le Naziréat et ses exigences :* (*Lv 10, 8-11 ; 17 : Nb 6 : 1-3*). Des Naziréens : *Samson*, Juge : (*Jg 13, 3-7, 13-14*) ; *Samuel, un consacré :* (*1 S 1 : 11*) ; *Jean-Baptiste :* (*Lc 1, 15-17*).

e) Dans L'ECC, on invoque les **Archanges Michel, Gabriel, Raphaël et Uriel comme dans la pure Tradition juive** (*BIBLE TOB* avec Notes Intégrales, 2010, op. cit., p. 2026, note, 4.1.). On n'y mange pas non plus la viande de **porc** (*Lv 11 : 7*) ; OSCOFFA, 1980, **Art. 93 § 4.**

[215] Cf. 2e Partie, chap. 5

4. « MAIS TOI, Ô ÉTERNEL ! TU ES MON BOUCLIER... » (v. 4)

Devant les assauts incessants de Satan, il faut **crier à L'ÉTERNEL.** IL répondra de Sa Montagne Sainte (**v. 5**). « *Approchez-vous de DIEU, et IL s'approchera de vous...* » de Jc 4 : 8. Mais comment prier efficacement pour être exaucé, en d'autres termes, qu'elle est la meilleure manière de prier ? Une bonne prière doit être faite avec *humilité* (*Jc 4 : 6 - 10*), *foi* (*Mt 6 : 5 - 8 ; 21 : 21 - 22*), et *persévérance* (*Ps 119 : 164 ; Mt 26 : 41 ; Lc 21 : 36 ; 1 Th. 5 : 17 ; Jc 5 : 13 - 17*). Qu'elle que soit la durée, elle comporte généralement trois parties qui se retrouvent dans le Culte de L'ECC :

- La **repentance** (*Mt 3 : 2 ; 4 : 17 ; 1 Jn 1 : 8-10*) : reconnaître ses péchés, et demander pardon à L'ÉTERNEL. On peut réciter le *Ps 51* quand c'est possible. Toutefois, une prière de contrition spontanée est souhaitée car la longueur du Psaume 51 ne favorise pas toujours la concentration.

- L'**action de grâces** à L'ÉTERNEL (*Ps 150 ; Col 4 : 2*) pour tous ses bienfaits dont celui de nous avoir gardé en vie à l'instant précis où nous L'invoquons, ou de nous avoir fait une *Révélation*. D'ailleurs, toutes nos prières devraient être des prières d'action de grâces à L'ÉTERNEL.

- Les **supplications** que nous adressons à L'ÉTERNEL sont souvent trop nombreuses. IL sait d'avance de quoi nous avons besoin (*Mt 6 : 7-8*). Inutile donc d'en allonger la liste. Moins nombreuses seront nos demandes, plus vite elles seront exaucées si nous en sommes dignes.

La demande la plus importante est de *pouvoir faire la volonté de DIEU* (*Mt 7 : 21 - 23*) : AIMER DIEU, AIMER LE PROCHAIN (*Mt 22 : 36 - 40 ; Ro 13 : 8-10 ; Ga 5 : 14 - lire ci-dessous à la fin du chapitre une importante Révélation sur L'AMOUR*) ; demander « le royaume, et la justice de DIEU » ; le reste sera donné par surcroît (*Mt 6 : 31-33*).

« *La prière sera l'ultime salut de l'humanité* » a dit JÉSUS venu visiter, en aveugle, SBJ OSCHOFFA en 1954 à Makoko au Nigéria [216].

Dans le cas présent du **Ps 3**, nous sollicitons la protection de L'ÉTERNEL, le bouclier contre nos ennemis, contre les embûches du diable auquel nous ne devons pas donner accès pour qu'il nous domine (*Ep 4 : 27*), pour nous empêcher d'avoir le salut. L'ÉTERNEL nous protège jour et nuit.

5. ÉTERNEL ! FRAPPE TOUS MES ENNEMIS (v. 8)

Interpelé par *David* en détresse, poursuivi par l'armée de son propre fils *Absalom*, L'ÉTERNEL intervient et « *frappe à la joue tous ses ennemis et brise les dents des méchants* » (**v. 8**).

« *Absalom conspire contre son père qui doit s'enfuir de Jérusalem. Sa chevelure se prend dans les branches d'un arbre où il reste suspendu. Joab son cousin, général de David, le tue, malgré les ordres de David* », de *2 S 13 à 18*.

Chrétien céleste ! Comme *David*, tu as le soutien de DIEU (**v. 6**) et, par sa grâce, « *ne* **crains** *pas les myriades de peuples qui (t)'assiègent de toutes parts* » (**v. 7**). « *Ne touchez pas à mes oints, et ne faites pas de mal à mes prophètes !* », (**Ps 105 : 15 : 20 : 7 ; 1 Ch 16 : 22**).

Comme tout chrétien, **n'abuse pas de la grâce** *(Jud 4)*. Tu as les *Dix Commandements de DIEU (Ex 20 : 1-17 ; Dt 5 : 2 - 22)*. Mais étant un *naziréen*, un *oint*, un *consacré*, tu ne dois pas prendre de l'alcool, ni prendre du tabac sous toutes ses formes, ni drogue, ni tout autre produit enivrant, ni manger de la viande de porc [217]. Car tous ces produits te *fragilisent* comme nous l'a révélé LA TRÈS SAINTE VIERGE MARIE. Tes prières ne porteront

---

[216] OSCHOFFA, S.BJ, 1980, Nigéria, **Art. 65**
On lira l'excellent ouvrage du jeune Togolais AKPAGAN K. M. Cyrille, « Les dimensions de la prière et de la vie de prière, Edisercom, Paris, 2012.

[217] *Naziréen*, **Oint, Consacré** Cf Note 9 d) ci-dessus. **Pas d'alcool, de tabac,** (*Es 28 : 7-8 ; Jr 25 : 15-27 ; Am 2 : 11-12 ; Lc.1 : 15-17*). **Pas de viande de porc** (*Lv 11 : 7 ; Mc 5 : 12-13*) ; OSCHOFFA SBJ, 1980, op. cit. *LES PRÉCEPTES, 12 INTERDITS* : **Art. 93, 2, 3, 4.**

plus et il t'arrivera les pires mésaventures que tu mettras sur le dos des ennemis.

« *Car il (Jean-Baptiste) sera grand devant LE SEIGNEUR. Il ne boira ni vin, ni liqueur enivrante, et il sera rempli de L'ESPRIT-SAINT dès le sein de sa mère ; il ramènera plusieurs des fils d'Israël au SEIGNEUR, leur DIEU ; il marchera devant DIEU avec l'esprit et la puissance d'Elie, pour ramener les cœurs des pères vers les enfants, et les rebelles à la sagesse des justes, afin de préparer au SEIGNEUR un peuple bien disposé.* », de *Lc 1 : 15-17* [218].

Tu dois avoir un grand respect des lieux saints (*Ex 3, 5 ; Jos 5, 13-15 ; Ac 7, 32-33*) comme les aires des Paroisses, que tu fouleras pieds nus. En « robe de prière », tu marcheras aussi pieds nus. C'est une forme de *jeûne* qu'a reçu SBJ OSCHOFFA [219]. Une prière constante (cf. 4 ci-dessus) et le respect de la Loi, te permettent de résister aux assauts de tes ennemis.

JÉSUS t'invite à aimer tes ennemis, à prier pour eux, à ne pas les maudire afin que tu sois « *fils de ton PÈRE qui est dans les cieux, car IL fait lever son soleil sur les méchants et sur les bons, et IL fait pleuvoir sur les justes et les injustes.* » (*Mt 5, 43-45 ; Ro 12 : 14*), « *car en agissant ainsi, ce sont des charbons ardents que tu amasseras sur (leur) tête* », (*Ro 12 : 20*).

Si toutefois, par jalousie, ambition ou orgueil, tu t'élèves contre un autre chrétien céleste « soutane blanche contre soutane blanche », tu commets l'idolâtrie, tu rejettes l'enseignement de JÉSUS (*Jn 13 : 34-35*) qui est DIEU « *Celui qui M'a vu a vu LE PÈRE* » (*Jn 14 : 9 ; 1 : 1 ; 10 : 30 ; 14 : 9 ; Col 2 : 9*), tu te condamnes car « *tu changes la grâce de notre DIEU en dissolution* », (*Jude 4*).

L'ESPRIT-SAINT a révélé, devant DIEU et les hommes, que « **les conséquences d'une telle attitude seront très dures** » pour toi le jaloux, l'ambitieux, l'orgueilleux.

---

[218] Lire : 2e Partie, chap. 8 : De la toute-puissance de L'ECC.
[219] SBJ OSCHOFFA, 1974, op. cit., p.8 (cf Appendice 1)

C'est le lieu de rappeler que l'idolâtrie est le rejet de DIEU (**Ex 20 : 3-6 ; Dt 5 : 7-10**), et « *la pire des injures que l'homme peut LUI faire* ». Elle peut prendre la forme d'une désobéissance. Elle est sévèrement punie dans LA BIBLE en commençant par Adam (*qui signifie Être humain*) et Ève (*qui signifie Vie*) (**Gn 3**) et donc toute l'humanité entière, ce qui a nécessité la venue du MESSIE. Les rois *Saül* (*qui signifie Demandé à DIEU*) et *Salomon* en ont fait les frais (*1 S 15 : 23 ; 1 R 11 : 1-3+*). C'est pourquoi dans L'ECC, **il n'est autorisé que les travaux spirituels révélés.** Pour prier, tu n'es pas obligé *d'avoir à tout prix une bougie à la main.* Et s'il n'y a pas de bougie, tu ne peux pas prier ? Pour tes prières, mon frère, ma sœur, tu peux allumer une bougie sur ton autel qui ne peut avoir qu'un *chandelier à trois branches* [220].

Quand tu as une bougie à la main, rappelle-toi qu'elle représente à la fois *un taureau, un bélier* et *une colombe* sur lesquels tu pries. Imagine les réactions de ces trois animaux selon le genre de prière que tu fais sur la bougie ? Pourrais-tu les maîtriser ? N'utilise pas *des bougies de couleurs* sur ton autel, ou pour les travaux spirituels révélés [221].

Rappelle-toi que le diable est toujours à l'affût, prêt à te faire chuter. C'est pourquoi, il est très important que le **Chargé de ta Paroisse contrôle la vision et le reportage** qui en est fait, avant toute exécution de ces travaux spirituels révélés (*1 Co 12 : 28*).

Chrétiens célestes ! La méconnaissance de ces principes élémentaires de la ***Doctrine de L'ECC*** fondée sur LA BIBLE et *4 Fondamentaux* qui eux aussi trouvent leur fondement dans LA BIBLE (cf. **Appendice 1),** fait qu'il y a tant de dérapages constatés çà et là, qui n'honorent pas cette **belle Église** qui renoue avec la Chrétienté des premiers siècles, une véritable renaissance de l'Église de CHRIST.

Disons avec Moïse : « *Que tu es heureux, Israël ! Qui est comme toi, un peuple sauvé par L'ÉTERNEL, le bouclier de ton secours et l'épée*

---

[220] ADETONAH A., op. cit, p. 78, **Art. 43**

[221] OSCHOFFA SBJ, 1980, op. cit. **Art. 93, § 10**

de ta gloire ? Tes ennemis feront défaut devant toi, et tu fouleras leurs lieux élevés », **(Dt 33 : 29)**.

CONCLUSION

Mes frères et sœurs en CHRIST ! Nous serons sauvés par l'observation scrupuleuse des *Dix Commandements* de DIEU que JÉSUS a résumé en la loi d'Amour de DIEU et du prochain (*Mt 22 : 36 - 40 ; Ro 13 : 8 - 10 ; Mc : 12 : 28-34 ; Lv. 19 : 18*) *y compris donc des ennemis* [222] *et des étrangers* (**Dt 10 : 19**).

« [17] *Ne croyez pas que JE sois venu pour abolir la loi ou les prophètes ; JE suis venu non pour abolir, mais pour accomplir.* [18] *Car, JE vous le dis en vérité, tant que le ciel et la terre ne passeront point, il ne disparaîtra pas de la loi un seul iota ou un seul trait de lettre, jusqu'à ce que tout soit arrivé.* [19] *Celui donc qui supprimera l'un de ces plus petits commandements, et qui enseignera aux hommes à faire de même, sera appelé le plus petit dans le royaume des cieux ; mais celui qui les observera, et qui enseignera à les observer sera appelé grand dans le royaume des cieux. »*, (**Mt 5 : 17 - 19**).

Comme vous êtes des chrétiens célestes, des consacrés bénéficiant de charismes en surabondance, observez aussi les *Préceptes (Ps 119 : 1 - 3)* ou *Douze Interdits et les Ordonnances de L'ECC*, qui sont entièrement basés sur LA BIBLE [223] , soutenus en cela par L'ESPRIT-SAINT, par une foi inébranlable et vous serez justifiés devant DIEU (**Ro 3 : 28**) car : « *Le salut est auprès de L'ÉTERNEL : que Ta bénédiction soit sur Ton peuple ! »* de **Ps 3 : 9**.

Prions ! SEIGNEUR ! « TU as prescrit tes Ordonnances pour qu'on les observe avec soin. Puissent mes actions être bien réglées, afin que je garde Tes statuts ! Alors je ne rougirai point, à la vue de tous Tes Commandements », **(Ps 119 : 4 - 6)**.

QUE LA PAIX DU SEIGNEUR SOIT AVEC NOUS TOUS ! AMEN !

---

[222] Cf. 5 ci-dessus
[223] Cf. Appendice 1

NOTES COMPLÉMENTAIRES

Lire également en complément :

- le livre « Commentaire sur les Psaumes par St Augustin, Dr de l'Église d'Occident », traduits par M. l'abbé MORI-SOT, 1875 ;
- Ps 17 (18) Chant de délivrance.

NOTES SUR L'UTILISATION DES PSAUMES

« L'Église du Christianisme Céleste dont LA Fraternité Chrétienne a conservé le rituel, n'utilise pas les Psaumes [224] en dehors de ceux des cultes et cérémonies, et bien entendu, en dehors de ceux révélés par un bon Visionnaire ; nous dit SAINTE ANNE », au moment où nous nous apprêtions à transcrire une Révélation faite par MARIE à ce sujet.

MARIE dit :

« Si OSCHOFFA a reçu le message de ne pas utiliser les Psaumes en dehors de ceux des cultes, c'est parce qu'<u>ils correspondent à des circonstances précises de la vie des Auteurs ;</u> »

« Seul L'ÉTERNEL est habilité à déterminer ces circonstances ; »

« Elles sont rares pour les fidèles de L'ECC et de LA FC, que vous êtes ; »

« Alors, respectez les consignes d'OSCHOFFA ! »

« Il NOUS arrive de révéler des Psaumes à certains bons Visionnaires ; »

« Ils ne sont pas nombreux ; »

« Si vous aimez vous-mêmes réciter certains Psaumes, sachez que c'est une grâce, un don spécifique à l'auteur ; »

« NOUS avons fait révéler à Maurice en 1977 le **Ps 23** à réciter sur un verre d'eau pour calmer des douleurs inconnues dans le ventre ; »

« Vous pouvez l'utiliser ; »

---

[224] Lumière sur le Christianisme Céleste, provenant du Révérend Pasteur SBJ OSCHOFFA, Fondateur du Christianisme Céleste, Vendredi 25 octobre 1974, Porto-Novo (Bénin). Document signé par le Révérend Pasteur SBJ OSCHOFFA, Fondateur de l'Église du Christianisme Céleste ; BADA, Supérieur Senior Évangéliste et AGBAOSSI, Senior Évangéliste
« Le Christianisme Céleste n'emploie pas de Psaumes » p. 8 § 2. 12 pages.

« À lui-même, NOUS avons révélé « **le Ps 3 comme le Psaume le plus puissant contre les ennemis** » ; »

« Et cela a fait l'objet d'un commentaire que vous pouvez lire dans son ouvrage, *Connaissez-vous l'Église du Christianisme Céleste de SBJ OSHOFFA ?* »

« Encore faudrait-il savoir si la personne est vraiment votre ennemi, et si ce n'est pas le contraire. »

« Quoiqu'il en soit, il ne peut être utilisé que sur révélation. »

« Alors, méfiez-vous de l'utilisation des Psaumes s'ils ne sont pas reçus par un bon Visionnaire. »

« Vous ME demandez quel est le bon Visionnaire. »

« Le bon Visionnaire est celui dont la Vision vient de DIEU et non d'un esprit python qui peut dire des choses justes (*v. 17*) pour créer la zizanie comme dans *Ac 16 : 16-39.* »

« Et, MON FILS termine. »

« <u>Insistez sur cela pendant vos déplacements.</u> »

« Que la Paix du SEIGNEUR soit avec vous ! AMEN ! ».

Message de CHRIST et de LA VIERGE MARIE - *L'AMOUR N'EST PAS FACILE À RÉALISER (de MARIE)*

Textes Bibliques : ***Matthieu 22 : 36-40*** et ***Galates 5 :14***.

« L'Amour est le fondement de mon Enseignement, dit CHRIST. »

« Pour y parvenir, voici ce que JE vous propose. »

« Vous commencerez par pardonner. »

« Puis vous respecterez autrui dans sa chair et dans sa pensée. »

« Ensuite vous prierez constamment pour lui. »

« Dans ces 3 démarches, la seconde ME paraît très importante. »

« Pourquoi ? ME diriez-vous. »

« Si vous respectez l'être humain, vous ne pouvez pas lui faire du mal et c'est très important. »

« MOI, MARIE, JE continue la réflexion de MON FILS. »

« Si vous vous respectez dans LA FC, personne ne pourra s'infiltrer parmi vous. »

« Celui qui écrit, n'a pas l'air de comprendre. »

« JE m'en vais le convaincre. »

« Le respect de la personne humaine suppose qu'on la prend comme telle, telle qu'elle a été créée par L'ÉTERNEL comme toi aussi. »

« Si donc, tu la respectes, tu respectes DIEU. »

« MOI, MICHEL, JE contribue à la réalisation de cela auprès des vrais chrétiens. »

« Vous de la FC, dans la mesure où, tout vous est donné, vous n'avez plus droit à l'erreur, i.e. que vous devez d'abord vous respectez les uns les autres en vous disant la vérité entre vous. »

« Celui que NOUS avons mis de côté, ne vous disait pas la vérité. »

« Toi qui écris, dit ANNE, tu as une très lourde responsabilité. »

« Continue toujours à dire la vérité même si elle fait mal. »

« Tu préviendras la Grande Dame à cet effet ainsi que le Jeune homme qui est parmi vous. »

« Que la Paix du SEIGNEUR soit avec vous ! AMEN ! ».

Message reçu le *Jeudi 04 février 2021 à 10 heures 45*, le Jour du 20ème Anniversaire de LA FRATERNITÉ CHRÉTIENNE.

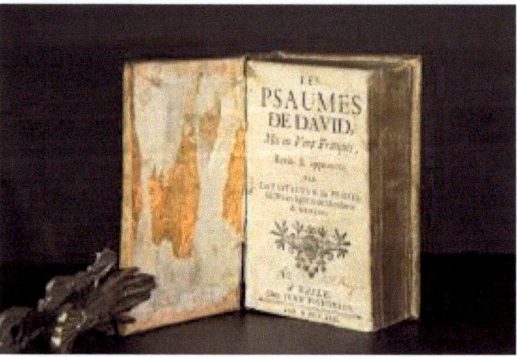

Figure 28 - *Livre des psaumes*

DEUXIÈME PARTIE

Pour réussir le vécu quotidien dans L'ECC

7. Les Béatitudes

Extrait du Sermon sur la Montagne, le premier des cinq discours de JÉSUS dans l'Évangile selon Saint Matthieu.

(*Mt 5 :1-12*)

SOMMAIRE

INTRODUCTION

JÉSUS sur la montagne avec ses disciples et une grande foule venue de « *la Galilée, de la Décapole, de Jérusalem, de Judée, et d'au-delà du Jourdain.* » (*Mt 4 : 25*).

1. L'ÉVANGILE SELON SAINT MATTHIEU

2. LES BÉATITUDES

2.1. Définitions.

2.2. Les Enseignements.

CONCLUSION

NOTES COMPLÉMENTAIRES

Dans nos prières, demandons la miséricorde (*Mt 6 : 12 - 13 ; Ro 9 : 15 - 16*) et la grâce (*Ro 3 : 24 ; 1 Co 4 : 7 ; Ep 2 : 8 - 9*) afin de bénéficier des *Béatitudes*.

INTRODUCTION

Au moment où je réécrivais mon texte de 1994, il est publié dans le magazine *Le Point* Hors-Série *(Références N° 79, de décembre-janvier-février 2020)*, **L'Histoire des TEXTES SACRÉS** où les *Béatitudes* ont fait l'objet d'un commentaire soutenu [225]. Le lecteur prêtera également une attention toute particulière aux brillantes traductions et commentaires des *Béatitudes*, faits par André CHOURAQUI et Daniel BOURGUET aux inspirations et aux spiritualités profondes.

Il faut aussi rappeler les Pères de l'Église qui, en leur temps, avaient contribué à une meilleure compréhension de ce texte célèbre du *Sermon sur la Montagne*, dans la chrétienté primitive au 4ème siècle. Il s'agit de :

- Grégoire DE NYSSE avec ses « *huit homélies sur les Béatitudes* », ;
- le Grand Saint Augustin sans doute vers 394 alors qu'il venait d'être ordonné prêtre en 391 à Hippone (Annaba, dans l'actuel Algérie). Il devint Évêque d'Hippone en 396 [226].

---

[225] Cf. Première Partie, chap. 4.3

[226] CHOURAQUI André, célèbre pour l'originalité de ses traductions de LA BIBLE : « *En marche, les humiliés du souffle ! Oui, le royaume des ciels est à eux !...* (**Mt 5 : 3**). LA BIBLE, Traduction d'André CHOURA-QUI, 1989, Paris DESCLEE de BROUWER. BOURGUET Daniel, 2012, *Les Béatitudes*, Lyon, Éditions OLIVETAN. *Les Pères de l'Église* : Grégoire DE NYSSE, *Les Béatitudes*, 1997, Paris, MIGNE et SAINT AUGUSTIN, *Explication du Sermon sur la Montagne*, 1978, Paris, DESCLEE de BROUWER. ; Léon LE GRAND, Pape, *Sermons*, Sources chrétiennes, 200, 1973, Paris, le CERF.

« En accord avec le sens biblique de la paternité, l'Église antique nomme « **Pères de l'Église** » ceux qui « **engendrent dans la foi** », et dont la vie et l'œuvre témoignent de l'unité entre dogme et spiritualité. Valeur doctrinale qu'accentuent les conciles, *le terme s'appliquant dès lors aux auteurs de langue grecque, latine, syriaque, arménienne qui ont notoirement participé au corpus chrétien* » (COLOSIMO Jean-François dans *20 Clés pour comprendre le Christianisme*, 2013, Paris, ALBIN MICHEL, LE MONDE DES RELIGIONS.

Dans l'*Évangile de Matthieu* [227] (qui signifie Don de L'ÉTERNEL), au chapitre 5, JÉSUS (ou Josué qui signifie DIEU sauve, Puisse DIEU sauver ; DIEU aide, Puisse DIEU aider) [228] s'adresse à ses disciples et à une grande *foule*, dans un enseignement que la tradition judéo-chrétienne a qualifié de *Sermon sur la Montagne*, le premier des cinq Discours dans l'*Évangile de Matthieu* [229]. En effet, JÉSUS y invite ceux qui sont allés l'écouter, à mener une vie meilleure, agréable à DIEU pour être sauvés.

La foule est si grande que JÉSUS a dû s'asseoir sur une hauteur, sur une montagne, afin de pouvoir mieux se faire entendre. Les gens sont venus de la *Galilée* (*qui signifie Région, District*), de la *Décapole* [230], de *Jérusalem* (*qui signifie Fondement de la paix*), de la *Judée* (*qui signifie Pays de Juda*) et d'au-delà du Jourdain (*qui signifie Celui qui descend*), source (*Mt 4 : 25*).

Il ne s'agit pas ici, d'étudier les trois chapitres **5, 6** et **7** du *Sermon sur la Montagne*, mais de nous limiter au début du chapitre 5, aux *Béatitudes* (*Mt 5 : 1-12*) qui constituent tout un programme pour devenir meilleur durant sa vie.

1. L'ÉVANGILE SELON SAINT MATTHIEU

Parmi les quatre Évangélistes (*Matthieu, Marc, Luc* et *Jean*), *Matthieu* se distingue par sa profession, la destination de son

---

[227] *Matthieu* (qui signifie Don de L'ÉTERNEL). Les significations des noms sont prises dans le *Nouvel Index Biblique*, 2011, Paris, Éditions LE BON LIVRE et dans PICARD A-M, *Dictionnaire de Bible*, 1989, Paris, ROBERT-LAFFONT, Bouquins.

[228] **Le Nom de JESUS (Mt 1 : 21 ; Lc. 1 : 31)** ; MEYER P. John, 2004, *Un Certain Juif, JÉSUS, Les données de l'histoire,* T1, Les sources, les origines, les dates, Paris, CERF, p. 128 §5, 129 §1.

[229] **Les autres discours :** 2/. La formation des messagers de l'Évangile (*Mt 10 : 5-42*) ; 3/. Les sept paraboles du Royaume (*Ibid. 13 : 1-52*). 4/. Les règles du « savoir-vivre » fraternel dans la communauté chrétienne (Ibid. 18). 5/. La fin des temps et les fins dernières (*Ibid. v. 24 et v. 25*) dans PICARD A-M, op. cit. p. 698, 1e col. § 2.

[230] **Décapole** (Confédération de dix villes hellénistiques à fortes minorités Juives. En dehors de **Sythopolis** (ancienne Bet-Cheân), les *neuf autres* sont situées, d'après Pline l'Ancien (1er siècle ap. J.-C.), à l'Est du Jourdain. Ce sont : **Damas, Philadelphie** (*anc. Rabba des Ammonites*), **Raphana, Gadara, Hippos** (*dite par les Juifs Susita*), **Dion, Pella, Guérasa et Kanatha** (*ancienne Qenat*). PICARD A-M, op. cit. p. 756, 1e col. § 3.

Évangile et les récits de la Bonne Nouvelle, qui lui sont propres. Il a le plus cité l'Ancien Testament.

1.1. Matthieu est un publicain

Il est un collecteur d'impôts, de taxes, une catégorie de fonctionnaires que les populations ne portent pas dans leur cœur même de nos jours. Il est aussi appelé *Lévi* (*qui signifie Attachement*, (*Lc 5 : 27, 29*).

Malgré sa profession, JÉSUS fait de Matthieu un de ses *Douze Apôtres* (*qui signifie Envoyés au loin*) et déjeune avec lui en compagnie d'autres collecteurs d'impôts, et de personnes peu recommandables (*Mt 9 : 9 - 11 ; Lc 6 : 12 - 16*) au grand scandale des pharisiens (*qui veut dire séparés*). C'est l'occasion pour JÉSUS de rappeler sa mission de salut dans le monde : « [12]...*Ce ne sont pas ceux qui se portent bien qui ont besoin de médecin, mais les malades.* [13] *Allez, et apprenez ce que signifie : JE prends plaisir à la miséricorde et non aux sacrifices. Car JE ne suis pas venu appeler des justes, mais des pécheurs* ", (*Mt 9 : 12 - 13*).

1.2. Matthieu écrit pour les juifs et les judéo-chrétiens.

Un Juif qui écrit, entre les années 50 et 80, pour les siens et leur démontre que JÉSUS est bien LE CHRIST, LE MESSIE attendu et annoncé par les *Écritures.*

Pour mieux se faire comprendre, il utilise leur langage, les mêmes tournures de phrases et de pensées. Ainsi Matthieu écrit : "*le royaume des cieux*" (*Mt 3 : 2 ; 4 : 17*) pour désigner le Royaume de DIEU. Il utilise aussi l'expression rabbinique "*la chair et le sang*" pour rappeler l'humble condition humaine, (*Mt 16 : 17*).

Dans son Évangile, on trouve souvent le *chiffre 7* qui exprime la plénitude, la perfection et qui nous rappelle le chandelier à sept (7) branches, la *Menora* (*Ex 25 : 31-40*), déposé dans le « *Saint* » du Temple de Jérusalem, et sur le Grand Autel de tout Temple de l'Église du Christianisme Céleste (ECC), et en dégradé, représentant LA TRINITÉ et les Archanges *Michel, Raphaël, Gabriel* et *Uriel.*

Le « *Notre PÈRE* » comporte *sept (7) demandes* (*Mt 6 : 9-13*). Matthieu compte *sept (7) paraboles* dans l'enseignement de JÉSUS au bord du lac de Tibériade (*Mt 13, 1-52*). Le pardon doit être accordé *soixante-dix (70) fois sept (7) fois* (*Mt 18 : 22*) pour dire toujours.

Matthieu affectionne aussi le *chiffre 3*. Dans son Évangile, on trouve *trois (3) prières* de JÉSUS au jardin de Gethsémané (*Mt 26 : 44*), ce qui n'est pas le cas dans les récits parallèles de Marc et de Luc (*Mc 14 : 32-42 ; Lc 22 : 40 - 46*) [231].

Enfin, *l'Évangile de Matthieu* commence le Nouveau Testament parce qu'il est le plus complet. Il est utilisé très tôt pour la formation des catéchumènes et il établit la continuité entre l'Ancien Testament et le Nouveau Testament.

Pourtant, il est postérieur à *l'Évangile de Marc* (63-68) dont il exploite beaucoup de passages. Toutefois, certains récits sont propres à Matthieu.

1.3. Des récits propres à Matthieu

Cela concerne par exemple l'enfance de JÉSUS : *la visite des Mages* (*Mt 2 : 1 - 12*) ; *la fuite en Égypte* (*Ibid. v. 13 - 15*) ; le *massacre des Innocents* (*Ibid. v. 16 - 18*).

Sur la fuite en Égypte et le retour, Léonard de Vinci, le peintre de la Joconde, a fait deux tableaux dont l'un se trouve au Louvre à Paris et le second au National Gallery à Londres. Sur ces deux tableaux, La VIERGE aux Rochers, on peut observer l'Archange Uriel révélé à L'ECC (*Jn 14 : 26*) [232].

D'autres passages de Matthieu ne doivent rien aux sources communes. Dans son témoignage, **JÉSUS n'est pas venu abolir la loi mais l'accomplir** (*Mt. 5 : 17-20*). IL parle en *paraboles* sur le trésor caché, *la perle* et le filet (*Mt 13 : 44 - 52*) et indique ce que doit être la correction fraternelle (*Mt 18 : 15 - 18*).

---

[231] Voir la note 1 des Notes Complémentaires ci-dessous.
[232] Voir la note 2 des Notes Complémentaires ci-dessous.

Revenons à la première partie du *Sermon sur la Montagne* (*Mt 5, 6, 7*), soit au *chapitre 5* de l'Évangile de Matthieu.

2. LES BÉATITUDES

Dès le début du chapitre 5 de l'Évangile de Matthieu, on peut distinguer plusieurs thèmes dans les *Béatitudes* (**Mt. 5 : 2 - 12**).

Mais tout d'abord, que signifie Béatitude ?

2.1. Définitions

Les béatitudes sont **les promesses solennelles de bonheur parfait**, de **vrai bonheur, faites par JÉSUS aux hommes pour gagner le Royaume de Dieu si l'on mène une vie conforme à ses enseignements**. Ce sont *des forces*, *des vertus* qui permettent d'accéder au bonheur véritable et éternel. La béatitude peut aussi se définir comme un « **état d'un bonheur suprême** » [233].

Si le lieu précis où JESUS a prononcé ces paroles est encore discuté, il n'en demeure pas moins que la colline proche de Capernaüm (*qui signifie Village de Nahum*) à laquelle on a donné le nom de "*Mont des Béatitudes*", que nous avons visitée le 17 mars 1994, puis en 1998, en Galilée, est très respectée et recèle une force spirituelle extraordinaire que perçoit vite un Visionnaire.

2.1.1. Sur le nombre des béatitudes, quelques remarques s'imposent. Il s'agit de **9 béatitudes** avec le **verset 11**, ou on les ramène à **7**, le chiffre de la *perfection*, de la *plénitude* [234].

Quant à Saint Augustin, Père latin de l'Église, il les ramène aussi toutes à 7 car il estime que la 1ère et la 8ème **béatitude** facilitent toutes les deux, l'accès au Royaume de DIEU.

Il a aussi écrit « que ce sermon contient tous les préceptes propres à guider la vie chrétienne » [235]. Pour d'autres, les *trois premières* n'en font que deux à cause des "débonnaires, doux" et des "pauvres", ou des " débonnaires, doux" et des "affligés".

---

[233] Lire 50 Notions Clés sur LA BIBLE, 2016, p. 51 - 55.
[234] Voir la note **1** des Notes Complémentaires ci-dessous.
[235] Desclée de Brouwer, op cit.,1978, p. 23

Au moment de réécrire une première fois ce chapitre, je reçois, devant DIEU et les hommes, pour la Prédication du dimanche 11 juin 2017 à la **FRATERNITÉ CHRÉTIENNE** [236], une mise au point sur l'utilisation du **chiffre 7**.

Je venais de recevoir du CHRIST six messages de démonstration que : « *La femme est l'être humain le plus fort spirituellement* » (*Gn 3 : 15 ; Ap. 12 : 1 - 18* : la femme, l'enfant SAINT MICHEL et le dragon).

En effet, cela se confirme dans L'ECC où, durant le culte, c'est la femme qui fait la *prière de combat* contre les ennemis physiques et spirituels.

Et, c'est encore la femme qui fait la prière de clôture du culte. [237].

En bon chrétien convaincu par le *chiffre 7*, je demandai humblement (*Dn 10 : 12*) s'il n'y avait pas un 7ème message sur ce thème de la femme. Voici ce que CHRIST m'a répondu devant DIEU et devant les hommes :

« Pourquoi cherchez-vous partout le *chiffre 7* ? Pouvez-vous supporter la PERFECTION ?

- « sur la Montagne, en Galilée, J'ai donné **9 Béatitudes** et non 7 (**Mt 5 : 1 - 12**)

- à Paul, J'ai inspiré **9 Forces** du Saint-Esprit et non 7.

D'ailleurs, vous ne pouvez pas connaître toutes les Forces de DIEU comme LE SAINT-ESPRIT. », (**1 Co 12 : 4 - 11**).

Les **NEUF (9) BÉATITUDES**

«

1. *Heureux les pauvres…*

2. *Heureux les affligés…*

3. *Heureux les débonnaires…*

4. *Heureux ceux qui ont faim et soif de la justice…*

---

[236] Cf. 3ème partie, chapitre 5
[237] Cf. 1ère Partie, chap. 4.3 : le culte ; 2ème Partie, chap. 3 : la femme

5. *Heureux les miséricordieux…*

6. *Heureux ceux qui ont le cœur pur…*

7. *Heureux ceux qui procurent la paix…*

8. *Heureux ceux qui sont persécutés…*

9. *Heureux serez-vous, lorsqu'on vous outragera, qu'on vous persécutera et qu'on dira faussement de vous toute sorte de mal, à cause de MOI.* » de **Mt 5 : 1 - 12.**

LES **NEUF** (9) **FORCES du SAINT-ESPRIT**

«

1. *Une parole de sagesse*

2. *Une parole de connaissance*

3. *La foi*

4. *Le don des guérisons*

5. *Le don d'opérer des miracles*

6. *La prophétie*

7. *Le discernement des esprits*

8. *La diversité des langues*

9. *L'interprétation des langues* », de *1 Co 12 : 4 - 11.*

2.1.2. Luc aussi a rapporté les *Béatitudes*, mais il n'en énumère que **quatre** (**4**) auxquelles il fait correspondre **quatre** (4) *malédictions,* (*Lc 6 : 20 - 26*). Pour lui, le Sermon est prononcé à partir d'« un plateau » où JÉSUS « *s'arrêta* » (*Lc 6 : 17*).

2.1.3. Enfin, selon les traductions de LA BIBLE, on trouve les versets **4** et **5** inversés. Ainsi dans LA BIBLE, version Louis Segond, utilisée dans L'ECC, au verset **4**, il est écrit : "*Heureux les affligés, …*", et, au verset **5** : "*Heureux les débonnaires, …*". Mais c'est l'inverse que donne LA BIBLE TOB (Traduction Œcuménique de LA BIBLE).

2.2. Les Enseignements

JÉSUS expose ici ce qui, dans chaque homme, permettrait d'atteindre le *bonheur parfait*, le *vrai bonheur*, la *béatitude*. L'homme doit pouvoir s'élever au-dessus des contingences, des handicaps de ce monde pour atteindre la vie éternelle. Aussi les *Béatitudes* correspondent-elles aux *Dix Commandements de DIEU (Ex 20 : 1-17 ; Dt 5 : 2 - 22)*, fondement même d'une vraie vie chrétienne, et qui sont résumés *(Ro 13 : 8 - 10)* en la *Loi d'Amour de DIEU* et du *prochain (Mt 22 : 36 - 40 ; Ga 5 : 14) y compris les ennemis* «[45] *afin que vous soyez fils de votre PÈRE qui est dans les cieux ; car IL fait lever son soleil sur les méchants et sur les bons, et IL fait pleuvoir sur les justes et les injustes (Mt 5 : 43-45 ; Lc 6 : 27-30 ; Rm 12 : 14, 20)*.

2.2.1. Le chrétien qui est *pauvre en esprit* se contente de ce que DIEU lui donne et évite ainsi la cupidité *(Ep 5 : 5)* voire le désir de la femme d'autrui *(Ex 20 : 17)*. Il respectera l'interdit *(Dt 13 : 17)* pour qu'il ne lui arrive une désagréable surprise comme à *Saül*, le premier roi d'Israël qui a perdu son trône en faveur de David, à cause de la désobéissance *(1 S 15 : 22 - 23)*.

C'est l'esprit de pauvreté qui n'a rien à voir avec le dénuement, le manque de biens matériels. Comme l'écrit Nicolas SENEZE : « *L'esprit de pauvreté indique donc l'attitude de ceux qui se* « *courbent intérieurement* » *c'est-à-dire aussi les doux, les humbles.* » [238].

Quant aux riches, voici ce que dit le moine bénédictin Jacques DUPONT, spécialiste des Béatitudes : « *Le malheur des riches est de se trouver emmurés dans l'égoïsme ; ils se sentent incapables de penser autres* » [239].

On lira aussi avec beaucoup d'intérêt d'autres commentaires sur les *Béatitudes* écrits par d'autres auteurs [240].

2.2.2. Dans la **tristesse**, l'adoration d'un DIEU unique est le meilleur gage de consolation. On ne devient donc pas le lieu géométrique, le point de convergence des tiraillements et des

---

[238] Lacroix, 2014, Ce que JÉSUS a vraiment dit, p. 23, 1e col. § 2

[239] Ibid., p. 23, 2e col., cité dans Le message des Béatitudes, Coll. « Cahiers Évangile » n° 24, 62 pages

[240] *Chemins d'humanité – les Béatitudes*, Cerf, Frère Enzo BIANCHI, 160 pages.

Bénédictin Léon ROY, « *Pauvres* », dans Vocabulaire de théologie biblique, 1414 pages.

Pasteur Daniel BOURGET, *Les Béatitudes*, collection : *Veillez et priez*, éditions Olivétan, Lyon, 2012, 96 pages.

sollicitations des dieux jaloux. Elle favorise la repentance (*2 Co 7 : 9 - 11 ; 1 Jn 1 : 8 - 10*).

2.2.3. La **douceur** d'un tempérament prévient la violence qui pousse l'homme à porter atteinte à la vie de son prochain. Elle permet d'obtenir ce que l'on veut (*Ps 45 : 5*). « *Lequel d'entre vous est sage et intelligent ? Qu'il montre ses œuvres par une bonne conduite avec la douceur de la sagesse.* », (*Jc 3 : 13*).

La douceur, disent nos Anciens, permet de tout obtenir du roi.

2.2.4. L'idéal d'une vie chrétienne est que celle-ci soit en conformité avec ce que DIEU veut ; qu'elle soit **juste**. Ceci suppose la pratique, par le chrétien, des *Dix Commandements de DIEU*. Le chrétien, par une *prière constante*, (*Ps 119 : 164 ; Dn 6 : 10 ; Lc 21 : 36 ; Mt 26 : 41 ; 1 Th 5 : 17*) est sûr d'obtenir la *miséricorde* (**Mt 6 : 12 - 13** ; **Ro 9 : 15 - 16**) et la *grâce* (**Ro 3 : 24 ; 1 Co 4 : 7 ; Ep 2 : 8-9**) de DIEU, de pratiquer ses Commandements. « *La prière sera l'ultime salut de l'humanité* » a dit JÉSUS venu en aveugle visiter SBJ OSCHOFFA, en 1954 à Makoko au Nigéria [241].

2.2.5. Avoir pitié du prochain, être **miséricordieux**, c'est se garantir le pardon de L'ÉTERNEL (*Mt 12 : 7*) parce qu'IL est *Clément* et *Miséricordieux*. IL est **EH YIBAH**. Nous sommes tous faits à son image (*Gn 1 : 26 - 27 ; Ps 8 : 4 - 7*). Pardonnez et vous serez pardonnés (*Mt 6 : 12, 14*).

Nous devons donc nous aimer, les uns les autres, aimer notre prochain (cf. ci-dessus, début de 2.2.) *comme nous-mêmes mais pas plus que nous-mêmes.* Autrement il devient une idole pour nous, ce qui est contraire au Premier Commandement de DIEU (*Ex 20 : 3-6 ; Dt 5 : 7-10*). C'est *l'idolâtrie, la désobéissance* qui sont sévèrement punies dans LA BIBLE depuis *Adam* et *Ève* jusqu'à nous en passant par les 40 ans de la traversée du désert avec *Moïse*, les rois *Saül* et *Salomon*, les 70 ans d'Exil à Babylone et les deux destructions de Jérusalem en -587 et 70 [242].

---

[241] OSCHOFFA, 1980, op. cit., **Art. 65**
[242] Voir la note **3** des Notes Complémentaires ci-dessous.

2.2.6. DIEU est **pureté**. IL est *sainteté (1 Pi 1 : 15-16)*. Nous ne devons donc pas prononcer son *NOM* en faux, Deuxième Commandement de DIEU *(Ex 20 : 7 ; Dt. 5 : 11)* [243]. C'est donc d'un cœur dégagé de toute emprise du mal que nous devons l'invoquer. C'est pourquoi, au début de toute prière, nous demandons le pardon de nos péchés en récitant le *Ps 51* pour la repentance *(1 Jn 1 : 8 - 10)*.

2.2.7. Les artisans de la **paix** sont fils de DIEU car c'est dans la paix que se réalisent toutes les œuvres que DIEU attend de nous. IL nous recommande de LUI consacrer le 7ème jour de la semaine, le dimanche, pour son adoration, Troisième Commandement de DIEU *(Ex 20 : 8-11 ; Dt 5 : 12-15)* pour avoir la paix du cœur et de l'esprit.

2.2.8. Ceux qui suivent CHRIST et qui, donc, font la volonté du PÈRE *(Mt 7 : 21 - 23)* ne seront pas toujours les bien-aimés de la terre. Ils seront **persécutés** *(1 Pi 4 : 14-19)* mais ils sont sûrs de gagner le Ciel. Quand bien même ils sont persécutés, ils ont à prier pour leurs ennemis car JÉSUS nous le recommande, (cf. ci-dessus, début de 2.2).

2.2.9. Tous ceux qui **souffrent à cause de leur volonté quotidienne de plaire à DIEU** peuvent être sûrs d'atteindre le bonheur éternel, la *béatitude*.

CONCLUSION

Chers frères et sœurs en CHRIST ! Sachons que nous ne pouvons atteindre cette plénitude de bonheur parfait auquel nous convient les *Béatitudes* sans la *miséricorde (Mt 6 : 12 - 13 ; Ro 9 : 15 - 16)* et la *grâce (Ro 3 : 24 ; 1 Co 4 : 7 ; Ep 2 : 8 - 9)* de DIEU, ce pardon et ce don de DIEU, cette bienveillante

---

[243] Il n'était prononcé qu'une seule fois l'an le Nom de L'ÉTERNEL et ce, par le Grand Prêtre, le jour du Grand Pardon, célébré vers le 21 septembre et dont le rite est bien décrit dans **Lv 16**.

attention que L'ÉTERNEL nous porte jour et nuit malgré nos égarements.

C'est pourquoi, dans nos prières, nous ne devons cesser de demander que DIEU veuille bien jeter un regard bienveillant sur notre humble personne, et de nous rappeler ce Cantique : "*Amenuveve wo tso demi tso xose me* » (en Éwé, langue du Togo et du Ghana)

Lisons ce passage pour conclure : « ⁸ *Car c'est par la grâce que vous êtes sauvés, par le moyen de la foi. Et cela ne vient pas de vous, c'est le don de DIEU.* ⁹ *Ce n'est point par les œuvres, afin que personne ne se glorifie.* », (***Ep. 2 : 8 - 9***).

QUE LA PAIX DE DIEU SOIT AVEC NOUS TOUS !

AMEN !

NOTES COMPLÉMENTAIRES

1. Sur le *symbolisme des chiffres 7, 3, 5, 12,* lire FEUILLET Michel, 2011, Lexique des Symboles chrétiens, Paris, PUF, Que sais-je, N° 3697, 3e édition, 4e tirage, pp 106, 119, 30-31, 44-45.

Sur le chiffre 7, remarquer dans le *Livre d'Apocalypse* :

    a.   la Dédicace et les Lettres aux 7 Églises d'Asie (*Ap 1 :11+*) ;

    b.   Ouverture de *7 sceaux* ouverts par L'AGNEAU qui reçoit un rouleau des mains de DIEU (*Ibid. 5 : 1-10*) ;

    c.   Il y a 7 anges qui soufflent consécutivement dans leur trompette (*Ibid. 8 : 1 - 2+*) ;

    d.   De même, les 7 anges déversent des coupes remplies de fléaux symbolisant la colère de DIEU sur le monde et sur la Bête (*Ibid. 15 : 1 - 8*) ;

Le **Grand Chandelier à 7 branches**, en dégradé, de forme triangulaire équilatérale est visible sur le Grand Autel. Il représente la **Trinité** aux trois extrémités : *LE PÈRE* au sommet, *LE FILS* en bas à droite et *L'ESPRIT SAINT* en bas à gauche. Sur le côté droit, les **Archanges** *MICHEL* et *RAPHAËL*, de bas en haut. Sur le côté gauche, les **Archanges** *GABRIEL* et *URIEL* de bas en haut (*Za 4 : 1+ ; Ap 1 : 12, 13, 20*).

Ses sept bougies sont allumées au grand culte de dimanche matin et aux grandes fêtes ainsi que le 1er jeudi minuit, mais sans accès au Grand Autel.

S'agissant des prières de JÉSUS au jardin de Gethsémané (qui signifie Pressoir à huile) et donc du culte de minuit du Premier jeudi du mois, voici ce qu'en dit SBJ OSCHOFFA, 1980, ECC, Constitution, Nigéria, dans l'article **88** :

« **Recommandations au sujet de la veillée mensuelle de prière.** Au cours d'un culte en mémoire de la prière de NOTRE SEIGNEUR à Gethsémané, peu avant sa mort, on nous dit que **le cantique suivant,** *(qui fût encore révélé par l'intermédiaire de Mawunyon),* était **le cantique que chanta NOTRE SEIGNEUR, à genoux, le front contre terre à Gethsémané,** lorsqu'IL supplia ses disciples de veiller pendant que LUI priait. Dans le cantique, IL cherchait à les entraîner dans sa prière à adorer LE SEIGNEUR DIEU, ne sachant pas qu'ils étaient endormis.

    "YAH GOL LAH MARI YAH NGA RIH YEH.

    YA GOL LAH MARI YEH.".

traduit immédiatement en Yoruba, et signifiant en Français :

« PROSTERNEZ-VOUS DEVANT LE SEIGNEUR DIEU.

JE ME PROSTERNE MOI-MÊME DEVANT LUI. » ;

« C'était JÉSUS qui parlait. C'était le *seul cantique que JÉSUS chanta dans le jardin de Gethsémané cette nuit-là*. Comme IL chantait et priait intensément, IL transpira tellement que les gouttes de sueur se mirent à lui tomber du corps comme du sang (*Lc 22 : 40-45*) et à cette occasion une voix répondit ainsi à NOTRE SEIGNEUR : « *JE t'ai glorifié sur la terre et dans les cieux* ».

Nous chantons ce cantique dans l'Église du Christianisme Céleste au cours de la veillée de prière mensuelle (*la nuit du premier jeudi au vendredi matin de chaque mois*) en mémoire de cette occasion, également durant la Semaine Sainte pendant la veillée de prière de la Sainte Communion du Jeudi Saint à Vendredi Saint et le culte de minuit du 24 décembre.

2. L'**Archange URIEL** (*qui signifie Feu de DIEU ou Lumière de DIEU*) révélé à L'ECC (*Jn 14 : 26*), se retrouve :

> **1/** Sur les deux tableaux de Léonard de Vinci (15e - 16e siècle) : « La VIERGE aux Rochers » ;
>
> **2/** Dans LA BIBLE TOB, avec Notes Intégrales, 2010, Paris, CERF :

« *L'ange qui m'avait été envoyé et dont le nom était Uriel me répondit et me dit : « Ton cœur est tout à fait égaré à propos de ce monde-ci et tu penses appréhender la voie du TRÈS-HAUT. ? »*, de **4 Esd 4 : 1 - 2** ;

« *Et moi, je jeûnais sept jours, hurlant et pleurant, comme l'ange Uriel me l'avait ordonné. Au bout de sept jours, les pensées de mon cœur m'étaient de nouveau très pénibles. Mon âme recouvra l'esprit d'intelligence et, de nouveau, je commençai à discourir devant LE TRÈS-HAUT.* », de **4 Esd 5 : 20 - 22** ;

« *Où est l'ange Uriel qui est venu vers moi au commencement ? Car c'est lui qui m'a mis tout à fait hors de moi ; ma fin est devenue vaine, et ma prière un affront.* », de **4 Esd 10 : 28**.

Dans le *Livre de Tobit*, est mentionné l'**Archange RAPHAËL** (*qui signifie DIEU a guéri*) qui nous dit qu'ils sont « *7 anges* ». « *Je suis Raphaël, l'un des sept anges qui se tiennent devant la gloire du SEIGNEUR et pénètrent en sa présence.* », de **Tb 12 : 15**.

Autres mentions de RAPHAËL dans le livre de Tobit : **Tb : 3 : 17 ; 5 : 4 ; 8 : 3 ; 11 : 1, 4, 7.**

Rappelons les références bibliques (BIBLE version Louis Segond) de l'**Archange MICHEL** (qui signifie Qui est semblable à DIEU), Chef de l'Armée céleste, (*Dn 10 :13, 21 ; 12 : 1 ; Jude 9 ; Ap. 12 : 7*) et celles de l'**Archange GABRIEL** (qui signifie Héros de DIEU), envoyé à Daniel, Zacharie et MARIE (*Dn 8 : 16 ; 9 : 21 ; Lc 1 : 19, 26*).

Des récits rabbiniques citent les 3 « **Archanges BARACHIEL, JEHUDIEL, ZEADCHIEL** » dans Dictionnaire de LA BIBLE, de André-Marie,1989, op. cit. p. 99, 1e col. § 3).

3. La **miséricorde** est le *pardon par pure bonté divine* (*Ro 9 : 15 - 16*). À ne pas confondre avec **la grâce** qui est un don gratuit (*Ep 2 : 8 - 9*). Le *miséricordieux* domine ses ennemis et s'en remet toujours à L'ÉTERNEL dont il a la crainte (*Ps 112 : 5 - 10 ; Ro 15 : 25 : 32*).

L'**idolâtrie** et la **désobéissance** : Adam (*qui signifie Être humain*) et Ève (*qui signifie Vie*) ont désobéi et cela a été sévèrement puni (*Gn 3*). L'humanité tout entière en souffre encore.

Les rois *Saül* (*qui signifie Demandé à DIEU*) et Salomon (*qui signifie Pacifique*) en ont fait l'amère expérience (*1 S 15 : 13 - 23 ; 1 R 11 : 1 - 3+*).

On se souviendra des tribulations du Peuple élu pour avoir désobéi :

- en Égypte (*Dt 7 : 6 - 8 ; Ex 12 : 40 - 41*) ;
- 40 ans dans le désert à sa sortie (*Ex 16 : 35*) ;
- le châtiment de Moïse (*qui signifie Tiré de, Fils*) et des Enfants d'Israël (*qui signifie Lutteur avec DIEU*) pour avoir désobéi aux eaux de Meriba (*Nb 20 : 11 - 13 ; Dt 32 : 48 - 52*) au point que seuls Josué et Caleb de la 1ère génération de plus de 20 ans, ont pu fouler la Terre promise (*Nb 14 : 29 - 30*) ;

On se souviendra aussi du Schisme qui dura deux siècles du 10e au 8e siècle av J.-C. et qui avait divisé le pays en royaume du Nord (cap. Samarie) et en royaume du Sud (cap. Jérusalem) (*1 R 12 : 1+*).

Notez également, qu'au 6e siècle av J.-C., l'Exil à Babylone, qui dura 70 ans (*Jr 25 : 11-12 ; 2 Ch 36 : 21*).

Et enfin, il y a les *effroyables destructions de Jérusalem* (*qui signifie Fondement de la paix*) en 587 av J.-C. par Nébucadnetsar (*1 R 25 : 1-21*) et en l'an 70, par Titus, annoncée par JÉSUS (*Lc 19 : 41 - 44 ; 21 : 5-6*).

DEUXIÈME PARTIE

Pour réussir le vécu quotidien dans L'ECC

8. De la TOUTE PUISSANCE de L'ÉGLISE DU CHRISTIANISME CÉLESTE

« La Toute Puissance de L'ECC lui vient de
Jean-Baptiste et du Prophète Élie ».

[Révélation du 09 Novembre 2015, devant DIEU et devant
les hommes. (ADETONAH A., 1972, nouvelle édition, p. 52
§ 6 ; p.78, **Art. 38** / OSCHOFFA SBJ, 1980, **Art. 72**)]

SOMMAIRE

1. DEUX GRANDES COMPOSANTES DE CETTE TOUTE PUISSANCE

2. JEAN-BAPTISTE (*qui signifie* L'ÉTERNEL a fait grâce)

3. LE PROPHÈTE ÉLIE (*qui signifie* Mon DIEU est L'ÉTERNEL)

4. DE LA TOUTE-PUISSANCE DE L'ÉGLISE DU CHRISTIANISME CÉLESTE

4.1. Avant-propos

4.2. Introduction

4.3. La toute-puissance de L'ECC

4.4. Jean- Baptiste

4.5. Le Prophète Élie

4.6. Conclusion

NOTES COMPLÉMENTAIRES

1. DEUX GRANDES COMPOSANTES DE CETTE TOUTE PUISSANCE

1.1. « Elle (ECC) sera dotée d'une force au-dessus des forces des ténèbres et opérera toutes sortes de miracles et de prodiges. » [244], *(Mt 16 : 18-19)*.

1.2. « Cette Église sera la dernière barque pour amener les hommes au salut. JE (JÉSUS) reviens bientôt », a rapporté l'Ange du SEIGNEUR [245], *(Jn 5 : 22-25)*.

2. JEAN-BAPTISTE (qui signifie L'ÉTERNEL a fait grâce)

2.1. *Jean-Baptiste* était annoncé et devait préparer le chemin du MESSIE *(Es 40 : 1-5 ; Ml 3 : 1-4 ; Mt 11 : 13-14)*.

2.2. JÉSUS et *Jean-Baptiste* avaient commencé leur mission avec l'invitation à la repentance *(Mt 3 : 1-2 ; 4 : 17)*.

2.3. *Jean-Baptiste* était exceptionnel au même titre qu'Élie *(Lc 1 : 15-17)*. JÉSUS même le lui reconnaît *(Mt 11 : 9-11 ; Lc 7 : 24-35)*.

2.4. Il prêcha la Bonne Nouvelle *(Lc 3 : 1-18 ; Mt 3 : 1-12)* dont le *baptême de repentance (Lc 3 : 3, 16)*. Parmi ses disciples, se trouvait André, le futur Apôtre de JÉSUS *(Jn 1 : 35-40)*.

2.5. Il baptisa JÉSUS dans le Jourdain *(Mt 3 : 13-17 ; Mc 1 : 9-13)*.

2.6. JÉSUS ne commença sa propre mission qu'après ce Baptême et après que Jean-Baptiste eut été livré *(Mc 1 : 14-15 ; Mt 4 : 12-16)*.

3. LE PROPHÈTE ÉLIE (qui signifie Mon DIEU est L'Éternel)

3.1. Jean était *Élie* qui devait revenir *(Ml 4 : 5 - 6 ; Mt 11 : 14 ; 17 : 10 – 13 ; Mc 9 :11 - 13)*.

---

[244] *Lumière sur le Christianisme Céleste* par ADETONAH Apollinaire, **1972**, 96 pages, Porto-Novo (Bénin) avec une *Dédicace* de Samuel Biléou Joseph OSCHOFFA, Prophète-Pasteur et Fondateur du C.C : « *À mes bien-aimés frères et sœurs en CHRIST* ». Nouvelle édition en 2010. Le texte n'a pas changé, *(96 pages)*, p. 26 § 5.

[245] Ibid. p. 24 § 1.

3.2. *Élie* avait la puissance de la prière : une sécheresse lui est annoncée ; il déclenche une pluie torrentielle *(Jc 5 : 17 - 18 ; 1 R. 17 : 1 - 7 ; 18 : 41 - 46)* ; il a fait descendre le feu du ciel *(2 R 1 : 7 - 17)* ; il a fait confondre les prêtres de Baal au mont Carmel *(1 R 18 : 19-39)*.

3.3. *Élie* avait la puissance de faire des miracles, chez la veuve de Sarepta dont la farine et l'huile devenaient intarissables *(1 R 17 : 13-16)* et dont il ressuscita le fils *(1 R 17 : 17 - 24)*. De son manteau, il coupa en deux les eaux du Jourdain *(2 R 2 : 8)* comme Moïse le fit à la Mer Rouge au sortir de l'Égypte *(Ex 14 : 21-22 ; Ps 78 : 13 ; 136 : 13)*.

3.4. *Élie* rencontra L'ÉTERNEL à Horeb dans « *un murmure doux et léger* » *(1 R 19 : 7-18)*. « *ÉLIE monta au Ciel dans un tourbillon avec un char de feu et des chevaux de feu.* », *(2 R 2 : 11)*.

3.5. *Élie* apparut sur une haute montagne à la Transfiguration aux côtés de Moïse et de JÉSUS *(Mt 17 : 1-3 ; Mc 9 : 4)*.

4. DE LA TOUTE-PUISSANCE DE L'ÉGLISE DU CHRISTIANISME CÉLESTE

4.1. Avant-propos

L'Église du Christianisme Céleste fait partie intégrante de la Sainte Église Universelle de JÉSUS [246] : « *18 Et MOI, JE te dis que tu es Pierre, et que sur cette pierre, JE bâtirai mon Église, et que les portes du séjour des morts ne prévaudront pont contre elle. 19 JE te donnerai les clés du royaume des cieux : ce que lieras sur la terre sera lié dans les cieux, et ce que tu déliras sur la terre sera délié dans les cieux* », *(Mt 16 : 18-19 ; Mt 18 : 18 ; Jn 20 : 22-23)*.

Mais aujourd'hui, tous les chrétiens convaincus du monde entier, sont de plus en plus confrontés à des difficultés quotidiennes dont ils n'arrivent plus à se sortir ; et JÉSUS l'avait prédit *(Lc 21 : 12)*. Aussi certains se tournent-ils vers des divinités ou des forces occultes dont ils ne peuvent pas non plus

---

[246] ECC, Constitution (en Anglais) par OSCHOFFA Samuel Biléou Joseph, 29 mars 1980, au Nigéria, 200 Articles. Traduite en Français. (54 pages.) **Art. 1.**

s'affranchir. « [21] *Vous ne pouvez boire la coupe du SEIGNEUR, et la coupe des démons ; vous ne pouvez participer à la table du SEIGNEUR, et à la table des démons. [22] Voulons-nous provoquer la jalousie du SEIGNEUR ? Sommes-nous plus forts que LUI ?* », (*1 Co 10 : 21 - 22*).

Alors, pour tous ces chrétiens et même pour toute personne empêtrée dans des problèmes, L'ECC apparaît comme une solution à leurs difficultés lorsque *cette Église est vécue avec foi et en toute transparence comme l'a reçue Samuel Biléou Joseph OSCHOFFA* le jour de la **SAINT MICHEL**, le dimanche **29 septembre 1947** à Porto-Novo (Bénin) [247].

En effet, L'ECC est « *le reflet de l'Église Chrétienne Primitive* », a écrit SBJ OSCHOFFA [248]. Elle est le reflet de cette Église des premiers siècles comme aux temps de Tertullien, de Saint Cyprien et du Grand Saint Augustin en Afrique Romaine. On y trouvait en ces temps-là (3e siècle), on comptait **87 évêques**, alors qu'en Gaule il y en avait **4** (à Lyon, Arles, Vienne, Toulouse) ; **3** en Angleterre et **37** en Espagne [249].

Dans L'ECC, on prie avec beaucoup d'efficacité et l'on reçoit des *Visions* [250] comme chez les Prophètes de LA BIBLE [251]. Des malades guérissent, des morts ressuscitent [252]. On y fait des prodiges qui pourraient aujourd'hui défrayer les chroniques des actualités.

Et pourtant, cette Église semble peu connue. Certes, des maîtrises et des thèses de Doctorat lui sont consacrées ainsi que des études de Laboratoires et d'Instituts spécialisés de sciences sociales et religieuses [253]. Mais elle ne reste pas moins peu lisible

---

[247] Ibid. **Art. 24** et suivants ; ADETONAH, A., op. cit. p. 23, § 4.
[248] De Surgy A. 2001, Église du Christianisme Céleste, Karthala, Paris, p. 27 § 3
[249] LENOIR Frédéric., Comment JESUS est devenu DIEU, 2010, Fayard, Paris, p. 102-103 ;
AKAKPO Amouzouvi., 1980, *Afrique Romaine*, NEA, Dakar, avec la carte des évêchés
[250] Cf. 2e Partie, chapitre 5
[251] Voir la note **1** des Notes Complémentaires ci-dessous.
[252] Voir la note **2** des Notes Complémentaires ci-dessous.
[253] Voir les Bibliographies de :

dans le paysage de la Chrétienté faute de publications suffisantes par ses propres fidèles. C'est à cette tâche que se consacrent **Lévi M. YANSUNNU** [254] et **LA FRATERNITÉ CHRÉTIENNE** [255] avec cet ouvrage et ceux qui vont suivre, en souhaitant que d'autres leur emboîtent le pas.

L'objectif de ce chapitre est donc de nous interroger, avant tout, sur le fondement de cette puissance de L'ECC. Dans cette préoccupation quasi quotidienne, la réponse a été reçu par une Révélation reçue le 09 novembre 2015, devant DIEU et devant les hommes [256], l'Église du Christianisme Céleste étant une *Église charismatique* : « *La puissance de l'Église du Christianisme Céleste lui vient de* **Jean-Baptiste** *et du* **Prophète Élie** ».

Dès lors, la tâche devient plus aisée et il s'agit maintenant de montrer cette toute puissance à travers la vie de chacun de ces deux grands personnages bibliques.

« *Car qui est-ce qui te distingue ? Qu'as-tu que tu n'aies reçu ? Et si tu l'as reçu, pourquoi te glorifies-tu, comme si tu ne l'avais pas reçu ?* », **(1 Co 4 : 7)**.

Mais tout d'abord, quelles sont les composantes fondamentales de cette toute puissance de L'ECC ?

DE SURGY Albert, 2001, *Église du Christianisme Céleste, Un exemple d'Église prophétique au Bénin,* KARTHALA, Paris, réédité en 2005. Le rite du *Baptême* est décrit aux pp. 75-78.
HENRY Christine, NORET Joël, (juillet -septembre 2008), « Le Christianisme Céleste en France et en Belgique », *Archives de sciences sociales des religions,* 143 « Christianismes du Sud à l'épreuve de l'Europe », pp. 90-109.
[254] YANSUNNU M. Lévi
a) 2009, *ECC, Histoire des Chants, Chœur et Chorale,* Tome 1, Mérignac.
b) 1998, *ECC, Recueil de Chants en Français,* Tome 1, Cotonou. (Bénin); TII, 2012, Mérignac (France), 1495 Cantiques.
c) 4 Tomes de biographie consacrée à « *SBJ OSCHOFFA, Prophète-Pasteur, Fondateur de L'Église du Christianisme Céleste* ». Le tome 3 est de 2013, Mérignac (France).
[255] Cf. 3e Partie, chapitre 5
[256] ADETONAH A., 1972, nouvelle édition, p. 52 § 6 / OSCHOFFA SBJ, 1980, **Art. 72.**

4.2. Introduction

Parfois, notre ignorance de la *Doctrine de L'ECC*, en l'occurrence ses *Textes fondamentaux* [257] et la non maîtrise de *LA BIBLE* dont la lecture se limite pour certains, à celle des *Textes programmés* pour les cultes, ne nous permettent pas toutefois d'appréhender valablement les sources de la puissance de notre Église.

Mais, en quoi consiste cette toute puissance ? Et comment se manifeste-t-elle dans la vie de *Jean-Baptiste* et dans celle du *Prophète Élie* ?

4.3. La toute-puissance de L'ECC

Dès la fondation de L'ECC, le **dimanche 29 septembre 1947,** *Samuel Biléou Joseph OSGHOFFA* reçut de l'Ange du SEIGNEUR :

1. « *Elle (ECC) sera dotée d'une force, au-dessus des forces des ténèbres et opérera toutes sortes de miracles et de prodiges.* ». C'est là presque le rappel, de la Parole de CHRIST : « *Et MOI, JE te dis que tu es Pierre, et que sur cette pierre, JE bâtirai mon Église, et que les portes du séjour des morts ne prévaudront pont contre elle.* », (**Mt 16 : 18**).

2. « *Cette Église sera la dernière barque pour amener les hommes au salut. JE (JÉSUS) reviens bientôt* », a rapporté l'Ange du SEIGNEUR [258]. Elle dispose en effet, de toutes les potentialités pour une vie spirituelle et matérielle agréables à DIEU sur cette terre en vue de gagner le Ciel.

4.4. Jean-Baptiste

À la lecture de *l'Évangile de Luc*, compagnon et « *le médecin bien-aimé* » (**2 Ti 4 : 11 ; Co 4 : 14**) de *Saint Paul*, l'Apôtre des Gentils (**Ro 11 : 13**), il est écrit ce qui suit sur Jean-Baptiste, dès le premier chapitre :

«15 ...*Car il sera grand devant LE SEIGNEUR. Il ne boira ni vin, ni liqueur enivrante, et il sera rempli de L'ESPRIT-SAINT dès le sein de sa mère ;* 16 *il ramènera plusieurs des fils d'Israël au SEIGNEUR leur*

---

[257] Cf. Appendice 1
[258] *Lumière sur le Christianisme Céleste* par ADETONAH Apollinaire, **1972**, Porto-Novo (Bénin). Nouvelle édition en **2010**.

DIEU. *17 Il marchera devant DIEU avec l'esprit et la puissance d'Elie, pour ramener les cœurs des pères vers les enfants, et les rebelles à la sagesse des justes, afin de préparer au SEIGNEUR un peuple bien disposé.* », (**Lc 1 : 15 - 17**).

Il y a donc une **grande incompatibilité** entre l'alcool, tout produit enivrant, et L'ESPRIT-SAINT. On peut se demander ce qui fait **la grandeur** de *Jean-Baptiste* devant LE SEIGNEUR. Laissons CHRIST nous répondre à la fois dans *Matthieu* et dans *Luc* :

« *...9 Qu'êtes-vous donc aller voir ? **Un prophète ? Oui vous dis-JE, et plus qu'un prophète.** 10 Car c'est lui dont il est écrit : Voici, J'envoie mon messager devant ta face **pour préparer ton chemin devant TOI.** 11 JE vous le dis en vérité, parmi ceux qui sont nés de femmes, il n'en a point paru de plus grand que Jean-Baptiste. Cependant, le plus petit dans le royaume des cieux est plus grand que lui.* », (**Mt 11 : 9 - 11 - Lc 7 : 24 - 35**).

En préparateur de chemin devant JÉSUS, *Jean-Baptiste* a commencé sa Mission en prêchant la Bonne Nouvelle, en baptisant ses disciples d'eau, pour la repentance, en les invitant au partage avec le prochain, élément essentiel de l'*Amour* (**Mt 22 : 36 - 40 ; Ga 5 : 14**), fondement de l'enseignement de JÉSUS. Il les invitait enfin à se contenter de ce qu'ils recevaient (**Lc 3 : 1 - 17**). Il « *adressait au peuple encore beaucoup d'autres exhortations* » (**Lc 3 : 18**). Et surtout, il apprenait à ses disciples à prier (**Lc 11 : 1**), cette **force de prière** qu'on trouvait chez *Élie* et dont les chrétiens célestes ont hérité. Et cela a été rappelée par CHRIST venu visiter OSCHOFFA, en aveugle à Makoko (Nigéria) en 1954 : « **la prière sera l'ultime salut de l'humanité** [259] ».

Parmi ses disciples, se trouvait déjà *André*, frère de *Simon Pierre*. « *41 Ce fut lui qui rencontra le premier son frère et lui dit : Nous avons rencontré LE MESSIE* (ce qui signifie CHRIST). *42 Et il le conduisit vers JÉSUS...* ». André aussi devint Apôtre de JÉSUS, (**Jn 1 : 40 - 42**).

---

[259] OSCHOFFA, 1980, **Art. 65** ; Mc 9 : 29 ; Jc 5 : 14-16

Jean-Baptiste eut le mérite de baptiser JÉSUS : « [10]...*il vit les cieux s'ouvrir, et L'ESPRIT descendre sur LUI comme une colombe et venir sur LUI.* [11] *Et une voix fit entendre des cieux ces paroles : CELUI-CI est Mon FILS BIEN-AIMÉ, en TOI J'ai mis toute mon affection.* », (*Mc 1 : 10 - 11*).

Modestement, Jean-Baptiste s'estimait n'être que « *la voix de CELUI qui crie dans le désert* » (*Jn 1 : 23*). Il avait rendu témoignage à *L'AGNEAU, LE FILS DE DIEU* (*Ibid. v. 19 - 34*).

Au temps indiqué par LE PÈRE, Jean-Baptiste céda la place à L'AGNEAU pour qu'IL puisse commencer sa Mission (*Mt 4 : 12 - 16*). « [14] *Après que Jean eut été livré, JÉSUS alla dans la Galilée, prêchant l'Évangile de DIEU.* [15] *Le temps est accompli et le royaume de DIEU est proche. Repentez-vous et croyez à la Bonne Nouvelle.* », (*Mc 1 : 14 - 15*).

4.5. Le Prophète Élie

« *Il (Jean-Baptiste) marchera devant DIEU avec l'esprit et la puissance d'Élie* », (*Lc 1 : 17*), *Élie* vécut au 9e siècle av. J.-C.

En effet, Jean-Baptiste se considérait lui-même sans prétention, comme « *la voix qui crie dans le désert* » (*Jn 1 : 23*). Il ignorait la force et la puissance dont L'ÉTERNEL l'avait doté. Il était *Élie* dont le retour fut annoncé par *Malachie* (470 - 430 av. J.-C.), (**Ml 4 : 5**) et confirmé par CHRIST :

« [10] *Les disciples LUI (CHRIST) firent cette question : Pourquoi donc les scribes dirent-ils qu'Elie doit venir premièrement ?* [11] *IL répondit : Il est vrai qu'Elie doit venir, et rétablir toutes choses.* [12] *Mais JE vous dis qu'Elie est déjà venu, qu'ils ne l'ont pas reconnu et qu'ils l'ont traité comme ils ont voulu. De même LE FILS DE L'HOMME* [260] *souffrira de leur part.* [13] *Les disciples comprirent alors qu'IL leur parlait de Jean-Baptiste.* », (*Mt 17 : 10 - 13 ; Mc 9 : 13*).

Jean-Baptiste était donc doté des forces spirituelles d'*Élie* : force de *prières*, de *faire des miracles*. Rappelons qu'*Élie* bénéficia de cette grâce exceptionnelle de monter au ciel (*2 R 2 : 11*) [261].

---

[260] Voir la note **3** des Notes Complémentaires ci-dessous.
[261] Cf. ci-dessus le Sommaire

Dans sa rencontre à Horeb avec L'ÉTERNEL, *Élie* reçut la mission d'oindre *Hazaël, Jéhu* et *Élisée* : « ¹⁵ *L'ÉTERNEL lui dit : Va, reprends ton chemin par le désert jusqu'à Damas ; et quand tu seras arrivé, tu oindras Hazaël pour roi de Syrie. ¹⁶ Tu oindras aussi Jéhu, fils de Nimschi, pour roi d'Israël ; et tu oindras Elisée, fils de Schaphath, d'Abel-Mehola, pour prophète à ta place.* », **(1 R 19 : 15 - 16)**.

On comprend donc que L'ECC ne peut jamais être dominée par les forces des ténèbres et qu'elle constitue la dernière barque pour monter au ciel.

CONCLUSION

Aujourd'hui « *L'ECC patine et n'évolue pas* » selon une Révélation de LA TRÈS SAINTE VIERGE MARIE dont on ne peut pas se passer en voulant rester dans cette Église [262]. Lire ci-dessous Le Rôle de MARIE dans la Chrétienté.

En effet, certains fidèles en prenant de l'alcool, du tabac ou tout autre produit enivrant, consommant de la viande de porc *se fragilisent* pour affronter efficacement l'esprit malin. Ils ont donc recours à des travaux spirituels non révélés qui ne confessent pas LE SAINT NOM de DIEU et deviennent donc des idolâtres.

Conséquence, on note çà et là chez certains fidèles, des interférences spirituelles non chrétiennes comme *l'esprit de python* (**Ac 16 : 16-18**) qui pourrissent leur vie quotidienne et celle de certaines Paroisses.

Ressaisissons-nous ! L'alcool qui est incompatible avec L'ESPRIT-SAINT (*Lc 1 : 15-17*), et d'autres Interdits reçus par OSCHOFFA[263], ne permettent pas d'atteindre les performances spirituelles de *Jean-Baptiste* et du *Prophète Élie* et donc de l'Église du Christianisme Céleste telle qu'elle est révélée à SBJ OSCHOFFA.

---

[262] Cf. Premier Chant Révélé à L'ECC, 2ᵉ Partie, chap. 1
[263] OSCHOFFA, SBJ, 1980, **Art. 93**

Rôle de Marie dans la Chrétienté - JE SUIS LA FIN

Textes Bibliques du Jour :

Ésaïe 50 : 4-11
Apocalypse 21 : 1-8.

« JE suis LA FIN, dit MARIE, en cette fin d'année. Pendant 12 mois, vous avez fait l'Adoration. Mais le compte n'est pas bon. Les uns et les autres se sont préoccupés d'eux-mêmes plus que de MON ŒUVRE.

« Le serviteur fidèle a fait son œuvre et il a été récompensé. Il bénéficiera sûrement de la Jérusalem Céleste. Et vous, qu'avez-vous fait durant toute l'année ? Ne mettez pas cela sur le dos de quelque virus. LE PÈRE vous a protégés. Et vous, avez-vous protégé MON ŒUVRE ?

« Toi qui écris, tu jouis d'une protection particulière. Ton déplacement à SAINTE ANNE d'Auray s'inscrit dans Ma Mission. Tu parleras beaucoup à ceux qui t'accompagneront. MA MÈRE vous attend tous les trois. N'aies pas peur !

« Là-bas, pas de précipitation. Tous, vous aurez d'importantes Révélations pour faire avancer LA FC, dit SAINTE ANNE. Ceux qui veulent rester à la traîne ne peuvent pas vous paralyser.

« Toi, chargé de la logistique, ton prochain voyage au pays sera déterminant pour LA FC. Penses-y !

« Si MA MÈRE dit qu'ELLE est la Fin, c'est que son intermédiaire est indispensable pour parvenir au PÈRE, parce que JE ne peux rien LUI refuser puisque toute personne sur la terre doit passer par MOI pour accéder au PÈRE. (*1 Ti 2 : 5*).

« Que la nouvelle année soit bonne pour vous tous ! dit MARIE. Et nous répondons AMEN ! ».

NOTES COMPLÉMENTAIRES

Note 1

1.1. L'ECC possède des dons spirituels extraordinaires, des charismes. Certes, elle n'en a pas l'apanage, l'exclusivité. Mais elle les possède en **surabondance**. Ces charismes sont accordés à des fidèles et à des Visionnaires appelés **Wolis** (*mot Yoruba qui veut dire Voyants*). Ceux–ci sont suscités en son sein, par DIEU SEUL selon les promesses qu'IL a faites à son peuple.

« *15 L'ÉTERNEL, ton DIEU, te suscitera du milieu de toi, d'entre tes frères, un prophète comme moi : vous l'écouterez !* *16 Il répondra ainsi à la demande que tu fis à L'ÉTERNEL, ton DIEU, à Horeb, le jour de l'assemblée, quand tu disais : que je n'entende plus la Voix de L'ÉTERNEL, mon DIEU, et que je ne voie plus ce grand feu, afin de ne pas mourir.* » de *Dt 18 : 15-16.*

Au *Prophète Joël*, L'ÉTERNEL a révélé ceci : «*28 Après cela, JE répandrai Mon ESPRIT sur toute chair ; vos fils et vos filles prophétiseront, vos vieillards auront des songes, et vos jeunes gens des visions.* *29 Même sur les serviteurs et les servantes, dans ces jours-là, JE répandrai mon ESPRIT.* », de *Joël 2 : 28-29* et *Pv 1 : 23.*

Au *Prophète Ézéchiel*, L'ÉTERNEL dit : « *Fils de l'homme, JE t'établis comme sentinelle sur la maison d'Israël. Tu écouteras la parole qui sortira de ma bouche, et tu les avertiras de ma part.* », de *Ez 3 : 17.*

Aussi, L'ÉTERNEL prévient-IL le Prophète avant d'agir : « *Car LE SEIGNEUR, L'ÉTERNEL, ne fait rien sans avoir révélé son secret à ses serviteurs les prophètes.* » de *Am. 3 : 7.* Lire également *2 R 4 : 27.*

Les **devoirs et les responsabilités du Prophète** et donc du Visionnaire sont consignés, avant tout, dans les **Livres du Deutéronome** (*Dt 18 : 15-22*) et d'**Ézéchiel** (*Ez 3 : 17-27 ; 33 : 1-20*).

Lire 2e Partie, chap. 5 : Le Visionnaire et la Vision.

1.2. Ces dons de L'ESPRIT sont rappelés par Paul dans ses Épîtres « *pour l'utilité commune* » : une parole de sagesse, de connaissance, la foi, des dons de guérison, d'opérer des miracles, de prophétie (Vision), de discernement des esprits, la diversité des langues, leur interprétation (*1 Co 12 : 4-11 ; 28-31 ; 2 Co 12 : 1-10 ; Eph 4 : 11-12*).

Lire ci-dessus dans la 2e Partie, chap. 7 : Les Béatitudes, le 2.1.1/ Les 9 Forces du SAINT-ESPRIT.

1.3. Dans L'ECC, on retrouve, entre autres, **deux grandes missions de L'ESPRIT-SAINT** :

a/ le rappel de tout ce qui avait été dit (*Jn 14 : 26*) ; c'est le cas du rappel de l'existence de **l'Archange URIEL** révélé à L'ECC. Dans LA BIBLE TOB, 2010, avec Notes Intégrales, on trouve maintenant le Livre de **4 Esdras** qui mentionne **URIEL** ;

b/ l'annonce des choses à venir (*Jn 16 : 13*). Dès lors, écoutons les Prophètes (*Dt 5 : 27*). « *20 Ne méprisez pas les prophéties. 21 Mais examinez toutes choses ; retenez ce qui est bon.* » de *1 Th 5 : 20 -21*.

C'est pourquoi, il est indispensable que le Chargé de la Paroisse donne son accord avant la réalisation de tous les travaux spirituels révélés. En effet, dans la hiérarchie de l'Église, établie par DIEU, le Visionnaire, le Prophète, vient seulement après *l'Apôtre*, le *Devancier*, le *Sacrificateur* (*1 Co 12 : 28*).

1.4. La **Vision est un moyen par lequel DIEU se révèle aux hommes**. IL le fait aussi par le **Songe** (*Nb 12 : 6*). « *La Vision est une lumière du SAINT-ESPRIT qui permet à L'ECC, ainsi qu'à tous les fidèles d'avancer avec assurance dans la foi* » [264]. Toute séance de Vision doit être dirigée par un Devancier sacrificateur (*1 Co 12 : 28*), et les résultats consignés sur une feuille de reportage.

1.5. Le **Visionnaire est un élu de DIEU** (*Dt 18,18 ; Ps 105 : 15*), une **sentinelle** (*Es 21 : 11-12 ; Ez 3 : 17 ; 33 : 7*), un **intercesseur** (*Gn 20 : 7, 17*), un **temple du SAINT-ESPRIT** (*1 Co 6 : 19*) qui continue l'œuvre de la Rédemption. Il permet aux fidèles de *craindre la Parole de DIEU* (*Es 66 : 2*) qu'il reçoit car tout n'est pas écrit dans LA BIBLE (*Jn 20 : 30 ; 21 : 24-25*). Il peut être agité (*Jg 13 : 25*).

Il est obligé de *dire la Vision* (*Dt 18 : 17-19 ; Ez 3 : 16-21 ; 33 : 1+*), et de *la dire fidèlement* (*Jé 23 : 28*). Il **peut la garder secrète peut-être pour un temps si tel est l'ordre divin** (*Dn 8 : 26 ; 12 : 4, 9*). En effet, voici ce que JÉSUS-MÊME a dit à l'issue de la *Transfiguration* : « *Comme ils descendaient de la montagne, JÉSUS leur (aux disciples) recommanda de ne dire à personne ce qu'ils avaient vu, jusqu'à ce que LE FILS DE L'HOMME fût ressuscité des morts.* », (*Mc 9 : 9 ; Mt 17 : 9*).

Il doit être un **vrai disciple** de JÉSUS (qui signifie DIEU sauve, DIEU aide) « *qui fait la volonté du PÈRE qui est dans les cieux* », de *Mt 7 : 21-23*.

---

[264] ADETONAH, 1972, nouvelle édition, p. 78, **Art. 37** ; La Constitution de L'ECC, Porto-Novo, du 15 décembre 2009, **Art. 75** du Règlement Intérieur

Il ne peut recevoir que ce que L'ÉTERNEL veut bien lui faire connaître.

Élisée, l'homme de DIEU, dit à son serviteur *Guéhazi* qui allait repousser la *Sunamite* venue embrasser les pieds de son maître car elle venait de perdre son fils unique : « *Laisse-la car son âme est dans l'amertume, et L'ÉTERNEL me l'a caché et ne me l'a pas fais connaître.* » de *2 R 4 : 27.*

1.6. Le Visionnaire ne doit pas mentir et doit confesser JÉSUS-CHRIST sinon, il perd sa Vision (*Mi 3 : 6*), remplacée dès lors par l'esprit de Python (*Ac 16 : 16 - 18 ; 1 Jn 4 : 1-6*). Il faut donc se méfier parce qu'il peut inspirer une vérité. *Paul* et *Silas* ne sont-ils pas les serviteurs du DIEU TRÈS-HAUT ; qui annoncent le salut ? Mais la suite du récit de *Luc* rapporte des catastrophes dont les disciples sortent vainqueurs (*Ac 16 : 19-40*). Et comme le dit un de nos cantiques inspirés « Satan n'a jamais été vainqueur ».

Si le Visionnaire menteur ne perd pas sa Vision, il peut mourir de son mensonge (*Dt 18 : 20 ; Jr 28 : 15-17*). Si la Vision vient de DIEU, elle doit se réaliser (*Dt 18 : 21-22*). Il faut savoir attendre. La réalisation peut ne pas être immédiate. DIEU est SEUL MAITRE du temps (*Ac 1 : 7 ; Mt 24 : 36*).

C'est pourquoi, avant de donner sa Vision, le Visionnaire doit faire le serment, une fois, de dire la vérité : « *Devant DIEU et devant les hommes* », « *la main gauche tenant une BIBLE et la droite levée devant un crucifix* » [265] (*Lc 24 : 19*).

Ne méprisons donc pas les prophéties qui nous sont données. « *Mais examinez toutes choses ; retenez ce qui est bon* » (*1 Th 5 : 20-21*). « *Celui qui méprise la parole se perd, mais celui qui craint le précepte est récompensé.* » (*Pv 13 : 13*).

1.7. Le Visionnaire et tout fidèle de L'ECC ne peuvent se faire payer pour des séances de vision, de prières, de travaux spirituels de peur d'avoir de désagréables surprises comme Guéhazi, le serviteur du Prophète Élisée.

Alors que le Prophète n'accepta pas ce qu'avait apporté Naaman, le chef de l'armée du roi de Syrie, après sa guérison de la lèpre, Guéhazi obtint frauduleusement de Naaman de l'argent et des habits. « *La lèpre*

---

[265] ADETONAH, 1972, p. 52, § 6; OSCHOFFA, 1980, **Art. 72**

de Naaman s'attachera à toi et à ta postérité pour toujours. Et Guéhazi sortit de la présence d'Élisée avec une lèpre comme la neige. » (**2 R 5 : 27**).

« *Vous avez reçu gratuitement, donnez gratuitement* (**Mt 10 : 8**). LE SEIGNEUR même saura vous récompenser. Vous, persévérez dans l'œuvre (**1 Co 15 : 58**). Toutefois, il importe que les Chargés de Paroisse s'occupent bien de leurs Visionnaires et de leurs Lévites. « *Pourquoi la maison de DIEU a-t-elle été abandonnée ?* » *Néhémie stupéfait apprit que* « *les portions des Lévites n'avaient point été livrées* » et il remet les choses à leurs places (**Né 13 : 10-11**).

Note 2

Liste de personnes ressuscitées par CHRIST, par l'intermédiaire du Rév. SBJ OSCHOFFA, *1980, p. 54*

En **République du Bénin** :

1. KUDIHO à Agange via Porto-Novo ;
2. Awuyon GUTON à Porto-Novo ;
3. Abraham ZANUTE à Agange ;
4. TINAVIE, belle-fille de Huasu KUWAKAMU ;
5. La fille de Joseph ZEVUNNU à Ganvié ;
6. Moses AFOYAN ;
7. La fille d'André YE à Shamwe, Toffin ;
8. Joseph AWHANGBE, fils du Senior Leader Matte GUGBE ;

Au **Nigéria**

1. HUNSU (un garçon de 7 ans) à Makoko, Lagos ;
2. THERESA à Mkoko, Lagos ;
3. OLUSOLA à Makoko, Lagos ;
4. Le fils de OYEDEJI à Abeokuta ;
5. Leader (maintenant Évangéliste) R. A. COLE à Abeokuta ;
6. Alagba (plus tard Senior Leader) LAPIDO à Yemetu, Ibadan ;

La liste ci-dessus n'est en aucune façon exhaustive. Beaucoup de personnes ont été encore et continuent d'être ressuscitées des morts par CHRIST par l'intermédiaire du Rév. SBJ OSCHOFFA depuis la résurrection du dernier de la liste ci-dessus.

Gloire soit rendue à DIEU au plus haut des Cieux. ALLELUIA !

Note 3

JÉSUS s'appelait LUI-MÊME, LE FILS DE L'HOMME :

1. pour affirmer sa « *domination éternelle* » annoncée par le Prophète (*Daniel 7 :13-14*).

LE FILS DE L'HOMME :

    a. PARDONNE les péchés (*Mc 2 : 10*) ;
    b. IL est MAÎTRE du Sabbat (*Mc 2 : 28*) ;
    c. IL est 'ANTICIPATEUR' du Royaume de DIEU (*Lc 17 : 21*) ;
    d. IL a le pouvoir de JUGER à la fin des temps (*Jn 5 : 22 et 27*).

« L'expression est mentionnée *82 fois* dans les Évangiles canoniques. Elle manifeste l'incroyable puissance de sa PERSONNE et de sa MISSION. » - Source LENOIR Frédéric, 2012, Comment JÉSUS est devenu DIEU, Paris, FAYARD, Le Livre de Poche, p. 67, §2-p.68, §3.

2. JÉSUS, par ce nom, affirme aussi son pouvoir de Prophète (*Mt 21 : 11 ; Mc 6 : 4 ; Lc 7 : 16 ; 24 : 19 ; Jn 4 : 19*) comme Ézéchiel qui a eu le mérite, au 6e siècle avant J.-C., d'être appelé 83 fois, FILS DE L'HOMME par L'ÉTERNEL dans Le Livre d'Ézéchiel.

Sur les **48 chapitres** du *Livre d'Ézéchiel*, seuls **dix (10)** ne portent pas la mention du nom de FILS DE L'HOMME. Il s'agit des chapitres : **1/ ; 9/ ; 10/ ; 18/ ; 19/ ; 41/ ; 42/ ; 45/ ; 46/ ; /48**. Tous les autres chapitres mentionnent au moins une fois le **Fils de l'homme**, certains **six (6) fois** comme les chapitres 8/ ; 21/ ; 33.

3. Voici les mentions de **FILS DE L'HOMME**, chapitre par chapitre dans le *Livre d'Ézéchiel* :

1 : 0/ ; **2** : 1, 3, 8/ ; **3** : 1, 3, 4, 10, 17/ ; **4** : 1, 16/ ; **5** : 1/ ; **6** : 2/ ; **7** : 2/ ; **8** : 5, 6, 8, 12, 15, 17/ ; **9** : 0/ ; **10** : 0/ ; **11** : 4, 15/ ; **12** : 3, 9, 18, 22, 27/; **13** : 2, 17/ ; **14** : 3, 13/ ; **15** : 2/ ; **16** : 2/ ; **17** : 2/ ; **18** : 0/ ; **19** : 0/ ; **20** : 3, 4, 27/ ; **21** : 2, 11, 14, 17, 15, 33/ ; **22** : 2, 18, 24/ ; **23** : 2/ ; **24** : 2, 25/ ; **25** : 2/ ; **26** : 2/ ; **27** : 2/ ; **28** : 2, 12, 21/ ; **29** : 2, 18/ ; **30** : 2, 21/ ; **31** : 2/ ; **32** : 2, 8/ ; **33** : 2, 7, 10, 12, 24, 30/ ; **34** : 2/ ; **35** : 2/ ; **36** : 1, 17/ ; **37** : 3, 11, 16/ ; **38** : 2, 14/ ; **39** : 1, 17/ ; **40** : 4/ ; **41** : 0/ ; **42** : 0/ ; **43** : 7, 10/ ; **44** : 5/ ; **45** : 0/ ; **46** : 0/ ; **47** : 6/ ; **48** : 0.

TROISIÈME PARTIE
Quelques étapes de L'ECC dans le Diocèse du
Togo

Chers frères et sœurs en CHRIST ! Ne soyez pas offusqués si votre nom, votre photo ou ceux de votre Paroisse n'apparaissent pas dans cette étude que nous voulons, la moins polémique que possible.

Sachez qu'ensemble, en esprit, nous continuons L'ŒUVRE et soyez persuadés que nos efforts ne seront pas vains dans LE SEIGNEUR. « *Ainsi, mes frères bien-aimés, soyez fermes, inébranlables, travaillant de mieux en mieux à l'œuvre du SEIGNEUR, sachant que votre travail ne sera pas vain dans LE SEIGNEUR* », (**1 Co. 15 : 58**).

Pour cette Troisième Partie, j'utiliserai de larges extraits des documents que Papa BOUKPESSI avait bien voulus me faire parvenir peu de temps avant sa mort, et ceux reçus par d'autres Devanciers et Devancières, et ceux que le Chef Diocèse avait rédigés pour la première à la Fête des Moissons de la Paroisse JÉRUSALEM de Lomé en 2000.

*Figure 29- **Notre Dame Immaculée Conception***

Sommaire

1. **1962**, ALAGBA, Jean Kpakpavi, fondateur du Diocèse du Togo

   1972, Fondation de la paroisse de JÉRUSALEM de Lomé

2. **1985**, Martin N. BARARMNA-BOUKPESSI nommé responsable de L'ECC au Togo par SBJ OSCHOFFA le 21 juin 1985 à Kétu-Ikeja, Lagos State (Nigéria).

3. **1988**, 28 mai le Régent, Benoît D. AGBAOSSI confirme la nomination de Papa BOUKPESSI à Porto-Novo (Bénin).

4. **1993**, Récépissé de Déclaration d'Association N° 1354/ MATS-SG-APA-PC du 31 décembre 1993 dans le Journal Officiel du Togo datant du 19 janvier 1994, p. 5.

5. **2001**, LA FRATERNITÉ CHRÉTIENNE est révélée le dimanche 04 février 2001 à Asnières-sur-Seine (France) : **CONTRIBUER À LA RÉHABILITATION DE L'ECC EN FAISANT ASSEOIR L'AUTORITÉ DE MARIE**, par des **PRIÈRES EFFICACES** et des **PREDICATIONS INSPIRÉES**.

6. **2002** La Réorganisation du Diocèse du Togo.

7. **2007**, Martin N. BARARMNA-BOUKPESSI oint 1er Pasteur du Togo par le Révérend Pasteur Benoît D. AGBAOSSI Le 31 août 2007 à Porto-Novo (Bénin).

8. **2012**, 14 septembre le Devancier Paul Adetola BELLOW devient Pasteur.

On peut aussi distinguer quatre périodes dans l'évolution de L'ECC au Togo.

Sommaire

1. 1962 - 1978 : Alagba, Jean KPAKPAVI, et l'Église de la Rédemption

2. 1978 - 1991 : La Refondation du Diocèse du Togo

3. 1991 - 2007 : La Renaissance du Diocèse du Togo

4. De 2007 à nos jours : À la recherche de L'Unité du Diocèse du Togo

*Figure 30 - **Jésus Miséricordieux***

TROISIÈME PARTIE

Quelques étapes de L'ECC dans le Diocèse du Togo

1. 1962, ALAGBA JEAN KPAKPAVI, FONDATEUR DU DIOCÈSE DU TOGO (1962-1978) ET L'ÉGLISE DE LA RÉDEMPTION

1.1. 1962, Introduction de L'ECC au Togo

1.2. 1971, Éclatement de l'Église de la Rédemption

1.3. 1972, Fondation de la Paroisse de Jérusalem de Lomé

1.4. Nos rencontres avec SBJ OSCHOFFA (1975 - 1977)

1.1. 1962. Introduction de L'ECC au Togo

« Faisant tous les jours son chemin dans le monde entier, L'ECC a été introduite du Bénin au Togo en **février 1962**, par un frère Togolais nommé **Alagba Jean KPAKPAVI**, employé de la société Mobil (basée à Cotonou au Bénin), affecté à Lomé au Togo, dans le cadre de son service ».

Autour de lui, nous rapporte AGNITHEY A. Séwa, ancien chargé de la Paroisse JÉRUSALEM, « sont réunis certains doyens comme les Papas SITTI Simon, LAWSON Fessou Sédjro, ASSOGBA Alphonse, GOUDJO Jules, NOMENYON Samuel… ». Nous les avions rencontrés en arrivant à la Paroisse de JÉRUSALEM le 02 janvier 1975.

« Elle (L'ECC du Togo) est reconnue officiellement par l'État Togolais le 1er décembre 1964, suivant le Récépissé de Déclaration d'Association, paru au Journal officiel de la République Togolaise N° 271 du **16 décembre 1964** à la page **858**. »

« En **mars 1965**, le Révérend Prophète Pasteur Samuel Biléou Joseph OSCHOFFA, fondateur de cette Église, arriva au Togo pour sa première visite. Il avait organisé des séances publiques d'évangélisation, suivies de guérisons miraculeuses devant la maison du Chef de canton d'Amoutivé, Monsieur ADJALLE. Ceci a valu pour l'Église une adhésion massive et progressive des Togolais. »

1.2. Éclatement de l'Église de la Rédemption

« Mais, il eut un important différend entre OSCHOFFA et KPAKPAVI qui transforma la Paroisse sise à Tokoin, Avenue des hydrocarbures, en une nouvelle Église : *l'Église de la Rédemption*. Cet épisode douloureux est rappelé dans l'Avant-propos du premier ouvrage des *Fondamentaux de L'ECC*, écrit par le Devancier **ADETONAH** Apollinaire [266] et par notre frère en CHRIST, Lévi M. **YANSUNNU** [267]. »

« Ce différend entraîna l'éclatement de ce premier noyau de L'ECC au TOGO. De nouvelles Paroisses se sont créés comme celles du **Temple d'ISRAËL**, de **BETHLÉHEM**, de **SAINT SAMUEL**, de **SAINT RAPHAËL**, de **SAINT JOSEPH**, de **JÉRUSALEM**, etc. »

Je salue, à cet effet, la mémoire de nos grands Devanciers aujourd'hui disparus : Papas **ASSOGBA, LAWSON, DOWOKU** dit **TOGO - CARREAU, HOUNGBASSE** et tant d'autres. Les Devanciers **ADJOVI** et **ANANI** qui avaient accompagné Papa **BARARMNA - BOUKPESSI** au Nigéria en 1985 chez SBJ OSCHOFFA, qui le nomma **Assistant Évangéliste** et **Responsable** de L'ECC au Togo le 21 juin 1985 à Ketu, Lagos (Nigéria).

« Et j'entendis du ciel une voix qui disait : Écris : Heureux dès à présent les morts qui meurent dans LE SEIGNEUR ! Oui dit

---

[266] Appendice 1
[267] Tome III de sa Biographie sur OSCHOFFA, 2013, p. 175

L'ESPRIT, *afin qu'ils se reposent de leurs travaux, car leurs œuvres les suivent* » (*Ap 14 : 13 ; 2 Ti 4 : 7 - 8*).

1.3. 1972, Fondation de la Paroisse de Jérusalem de Lomé

« … C'est ainsi qu'en 1971, **Maman GABA**, alors malade, connut l'Église qui se trouvait à Tokoin–Gbonvié, au domicile de feu Alagba KPAKPAVI et responsable de l'Église à cette époque.

« Le **25 décembre 1971**, à la plage de Sèmè, au Bénin, lors du pèlerinage habituel, Maman GABA a reçu LE SAINT–ESPRIT au cours d'un bain de mer. Un événement étonnant : prise par les vagues, elle allait très loin dans la mer et revenait à la rive et ceci plusieurs fois sans être noyée. (Pour information, elle ne savait pas nager).

« De retour à Lomé, l'on a constaté qu'une grande force spirituelle l'animait. Elle fut autorisée à créer un groupe de prières dans sa maison à Abobokomé.

« En **Octobre 1972**, le Révérend Prophète–Pasteur, Fondateur Biléou Samuel Joseph OSHOFFA, compte tenu de la force que DIEU avait donnée à Maman GABA, quoique femme, *l'autorisa, exceptionnellement par écrit*, à transformer son **Groupe de prières** en une **Paroisse**. C'est ainsi que la **Paroisse JÉRUSALEM** est née au domicile de **Maman GABA** qui en est devenue la *responsable*, mais supervisée par le feu Supérieur Senior Évangéliste *ABIASSI Godwill* venant de Porto-Novo, et avec lequel travaillait le jeune Assistant-Leader **Séwa AGNITHEY** avec vigueur et énergie ».

Une Révélation du **04 novembre 2013** devrait annoncer plus tard ceci, devant Dieu et devant les hommes :

« C'est MOI-MÊME, L'ÉTERNEL DIEU qui ai fondé cette Paroisse en 1972 pour honorer **LA MÈRE** (*MARIE*) de MON FILS (*JÉSUS*), que vous célébrez dans le *Premier Chant Révélé* [268]

---

[268] Cf. 2e Partie, chapitre 1

à l'Église du Christianisme Céleste. Mais vous avez voulu en faire autre chose. » [269] .

L'on comprend pourquoi la Paroisse Jérusalem a été fondée par l'intermédiaire d'une femme, Maman Hélène Gaba, une première dans l'Église du Christianisme Céleste, et que MARIE se révèle souvent aux fidèles de la Paroisse, où qu'ils se trouvent.

---

[269] Cf. Annexe 2

Figure 31 - **_V S M W Hélène A. GABA née ACOLATSÉ (1912-1984)_**

Fondatrice en 1972 de la
Paroisse JÉRUSALEM de Lomé (Togo) avec **l'autorisation
exceptionnelle** de SBJ OSCHOFFA.

Maman GABA est décédée à Lomé le 10 septembre 1984 (confirmé par Papa
BOUKPESSI qui a assisté à son dernier soupir)

(Pour rappel, SBJ OSCHOFFA mourra le mardi 10 septembre 1985).

*Figure 32 - **Les Jeunes de la Paroisse JÉRUSALEM (1975)***

On reconnaîtra entre autres :

- *accroupi, 2e à partir de la gauche, Koffi APARA ;*
- *debout : à l'extrême gauche, Max NOMENYO ; à l'extrême droite, le Chargé de Paroisse, Séwa AGNITHEY et entre Paul MIKANDO (plus tard Chargé de Paroisse et Chef Diocèse 2009-2010)*
- *et au tam-tam, Jean AGNITHEY, dit Jeanvi, qui possède actuellement avec son épouse Sylvana JOHNSON, une jolie petite Paroisse, ÉBENEZER, en France.*

Figure 33 - La Chorale de la Paroisse JÉRUSALEM (1975)

Encadrée par quelques Dignitaires dont le Chargé de la Paroisse, Séwa AGNITHEY accroupi à l'extrême gauche ; et au milieu avec une croix (paix à son âme) VENAVINO la grande choriste de « non-stop » pendant les Actions de grâces.

Je vis **Séwa AGNITHEY**, Chargé de la Paroisse, le **2 janvier 1975** à la première chapelle construite dans la seconde partie de la maison d'AHO GABA. Je fus accueilli par **Maman Hélène GABA** en présence de la Devancière Maman Philomène **AMENDAH-SATCHIVI** à qui je tiens à rendre un hommage particulier pour avoir été la première personne à me parler de L'ECC.

La grâce est passée par elle. Qu'elle en soit remerciée au Nom de NOTRE SEIGNEUR JESUS-CHRIST ! Amen !

Autour d'*Assistant* comme on appelait **Séwa AGNITHEY**, il y avait **Paul MIKANDO, François ADAWOUSSO, Louis EKLU, NYAVOR André, Lucas AMEGNINOU** le Visionnaire, etc. C'étaient les *PILIERS* de la Paroisse JÉRUSALEM [270].

Je tiens aussi à leur rendre un hommage bien mérité sans oublier :

---

[270] Lire 40 ans de vie, de cheminement de la Paroisse Jérusalem 1972 - 2012

- les *Wolis* **JOHNSON, APARA Koffi,** le jeune **KOVI** actuellement aux USA,

- Visionnaires puissants, comme celui que j'appelais affectueusement *Woli* **Dahomey, MEMEVEGNI** (que j'ai retrouvé plus tard le jour de mon onction de **Suprême Senior Évangéliste** le **07 juillet 2007** des mains du **Révérend Pasteur Benoît D. AGBAOSSI, à la Paroisse-Mère d'Aubervilliers** (en France) près de Paris). Cette paroisse était dirigée par le Devancier **Pierre ALOKPO.**

J'y ai revu également la Devancière **Régine BANDEIRA** de la Paroisse **JÉRUSALEM** de Lomé, qui reçut ma Première Vision au cours de l'été 1983 à Paris. La Vision se réalisa en moins de 24 heures.

Que LE DIEU d'OSCHOFFA en soit loué !

« En **1975**, la pièce qui abritait la Paroisse, était devenue trop étroite pour contenir la communauté. La Paroisse fut transférée au quartier Togbato, non loin du Collège Saint Joseph, jusqu'au **09 mai 1978,** *date de la dissolution de certaines Églises dont L'ECC.* »

« Notons ici que la Mission de **Maman GABA** dans la Prophétie, accomplie honnêtement avec grand succès, lui a valu *deux tenues sacerdotales* accordées par le Prophète-Pasteur lui-même : celle de **Vénérable Senior Maman WOLI** avec le *surplis jaune* et celle de **Vénérable Senior Maman WOLIJAH** avec *surplis bleu exclusivement réservé aux hommes visionnaires* (en ce moment-là). »

« Quelques minutes avant sa mort le **10 septembre 1984**, la Vénérable Senior **Maman Woli GABA Hélène**, confia avec recommandation, la Paroisse JÉRUSALEM à **Papa BARARMNA–BOUKPESSI Nossa Martin** en présence de plusieurs membres de la communauté, dont : **SEV EKLU Kossi Louis, SEV MIKANDO Kodjo Paul, AGNITEY Séwa Augustin, SEV BAMEZON Justin, VSM ANKRAH Adoulé Irène, feue VSM HOUEDAKOR Dédé Véronique** et feue **VSM SAMSON Aba Naomi.** »

« En **1991**, la communauté de JÉRUSALEM, reprit les séances de prières, mais cette fois-ci au domicile de la **Vénérable Senior Maman Woli GADJEKPO Ablavi Ophenia** au 52, rue de DAHOMEY, sous la houlette du **Supérieur Senior Évangéliste BARARMAN-BOUKPESSI Nossa Martin**, jusqu'à la reprise normale des activités religieuses en **avril 1993**. »

La Paroisse JÉRUSALEM, est ensuite transférée le dimanche **04 juin 1995** à Tokoin–Doumasséssé sur son propre terrain où elle est maintenant implantée.

Ce terrain où s'édifie la Paroisse est un don de l'Évangéliste **OCLOO Kodjo Antoine** depuis **1982**.

« Le Leader **NOMENYO Samuel**, fut le 1er chargé de la Paroisse, suivi par l'Assistant **Séwa AGNITEY** lorsque le premier prit la direction de la chorale. J'ai toujours apprécié chez eux, L'ESPRIT de discernement. ». Cette chorale fut toujours bien tenue par le **Devancier Désiré** à notre arrivée à Tokoin-Doumasséssé, sous la supervision du **Devancier LASSISSI**. »

*Figure 34 - **Vue d'ensemble du Temple et de la Paroisse de JÉRUSALEM** (Octobre 2012)*

1.4. Nos rencontres avec SBJ OSCHOFFA : 1975-1977

L'année **1975** (année de mon entrée dans L'ECC), fut comblée d'une joie particulière en CHRIST dans la mesure où j'accompagnais souvent **Maman Hélène A. GABA** chez SBJ OSCHOFFA directement en sa résidence, ou à la Paroisse-Mère de Porto-Novo à l'occasion de certains grands cultes d'Actions de grâces ou de celui de la Fête des Moissons.

Nous nous arrêtions quelquefois à Cotonou, à la Paroisse du **Grand Devancier Paul GONÇALVES**, Secrétaire Général de L'ECC. En effet, il existait un jumelage entre sa Paroisse et celle de JÉRUSALEM de Lomé.

L'année **1975** était donc fructueuse pour nous. En effet, en compagnie de Maman **GABA**, et du persévérant dans l'ŒUVRE, le Devancier **TOGBEVI**, nous avions eu droit à un accueil extraordinaire de SBJ OSCHOFFA comme toujours dans sa résidence personnelle quand **Maman EDITHNON** le prévenait de notre arrivée.

C'était aussi l'année de mon *Baptême avec immersion* [271] par l'**Assistant–Pasteur OKE** à Lomé au bord de la lagune de Bè.

L'année **1976** était marquée par ma première Onction reçue des mains de **SBJ OSCHOFFA** le **24 décembre** à Makoko au Nigéria, avec le grade d'Assistant–Alagba. Il est à noter que les premiers grades dans l'Église relèvent de l'appréciation du Chargé de la Paroisse, de son Comité Paroissial et du Chef du Diocèse.

L'année **1977** fut celle d'un tête-à-tête, le **07 janvier**, avec *SBJ OSCHOFFA* à Makoko où il n'y avait personne à la résidence sauf une Maman occupée à la cuisine. Ce fut d'ailleurs elle qui m'introduisit auprès du Révérend Prophète-Pasteur Fondateur de L'ECC. Je portai à sa connaissance une information qui, sans le savoir, était, d'après lui, la raison pour laquelle CHRIST lui avait dit de ne pas organiser Sèmè en décembre 1976 au lieu habituel.

Cette même année, le **11 juillet**, pendant les grandes vacances, ce jour-là, à Makoko, nous étions reçus par SBJ OSCHOFFA dans la nouvelle salle d'audience aux murs décorés de tableaux de scènes de la vie de JÉSUS. Il y avait Maman GABA, TOGBEVI, Juliette AZIALE-AKAKPO et un autre fidèle.

D'emblée, nous échangeâmes les salutations fraternelles ponctuées de grands Alléluia. Le fidèle qui était avec nous fut invité à se mettre à genoux pour la prière pastorale. Il était sous l'emprise d'un démon puissant dit *Abiku*. Le Prophète - Pasteur Fondateur de L'ECC lui demanda de tenir sa soutane et de le regarder droit dans les yeux. Au bout de quelques secondes, en moins d'une minute le Révérend Pasteur - Fondateur OSCHOFFA le fit lever et lui dit : « *Au nom de NOTRE SEIGNEUR JÉSUS- CHRIST, tu es guéri.* ».

Puis SBJ OSCHOFFA se lança dans un monologue : « **Je ne sais pas ce qui m'arrive. Je ne comprends plus rien. N'est-ce pas ce que CHRIST m'a dit de faire.** Et il montra au mur le tableau de

---

[271] Cf 1ᵉ Partie, chap. 3.4

la scène « [25] *d'une femme atteinte d'une perte de sang depuis douze ans* » ... et qui [28] disait : *Si je puis seulement toucher ses vêtements, je serai guérie.* » Ce qu'elle fit et elle fut guérie. «[30] *JÉSUS connut aussitôt en LUI- MÊME qu'une force était sortie de LUI ; et IL se tournait au milieu de la foule, IL dit : Qui a touché mes vêtements ?...* [34] *Mais JÉSUS lui dit : Ma fille, ta foi t'a sauvée ; va en paix, et soit guérie de ton mal.* », (Mc 5 : 25 - 34).

Ce fut à mon tour de recevoir la prière de SBJ OSCHOFFA avec la fidèle Juliette AZIALE-AKAKPO.

Aujourd'hui, on peut se poser la question de savoir comment on avait pu effectuer ce voyage sans encombre dans la mesure où il y avait un possédé, d'un esprit impur puissant dans la voiture ? Il est vrai que des travaux spirituels avaient été effectués avant le départ et que le frère en question était coincé durant le voyage sur le siège arrière, entre les deux grandes forces spirituelles de Maman GABA et de TOGBEVI.

Quelles leçons pouvons–nous tirer de toutes ces rencontres avec le Prophète - Pasteur Fondateur de L'ECC ?

1. *L'esprit d'humilité et d'obéissance* dans l'exécution de tout ce que CHRIST lui dit de faire.

2. La *grande force spirituelle* qui agissait à travers cet homme durant son existence. Cette force est perceptible quand il se lève pour aller au pupitre pour la Prédication ; tous les *Wolis*, les Visionnaires, sont en transe.

3. L'accueil chaleureux qu'il a toujours réservé aux Délégations Togolaises. Je le vois encore dévalant l'escalier de sa résidence de Porto-Novo avec sa taille de 2,04 m. quand **Maman EDITHNON** lui annonçait l'arrivée des Togolais.

C'est le lieu de rappeler :

1. cette Prophétie d'OSCHOFFA qu'a toujours rapportée Maman GABA : *L'évolution positive de L'ECC, quoiqu'il arrive, passera par le Togo.*

2. Et cette seconde Prophétie que notre Grande Devancière recevait elle-même, de temps en temps : *Il arrivera un moment* *où on aura plus besoin de travaux spirituels à coup de bougies et autres ingrédients pour effectuer des miracles ; la prière seule suffira ;* et cela se réalise déjà dans l'Église de LA FRATERNITÉ CHRÉTIENNE dont la **Mission est de Réhabiliter L'ECC en faisant Asseoir l'Autorité de MARIE,** soulignée par le *Premier Chant Révélé : Oh Bien chers frères croyants.* **Tout ceci à une condition : pratiquer L'ECC comme SBJ OSCHOFFA l'a reçue** et donc aller aux sources qu'il a laissées ou qu'il a fait écrire, **LA DOCTRINE de L'ECC** que l'on peut lire à l'*Appendice 1.*

C'est le lieu de rendre hommage à tous les **Visionnaires** de la Paroisse JÉRUSALEM de Lomé, dont PAPA BOUKPESSI me confia la restructuration en 1991 à la réouverture le **23 avril 1991** de nos Paroisses fermées avec d'autres Églises le **09 mai 1978.** Nous avons retrouvé, non sans quelques émotions, leurs noms durant nos réunions où Maman **NADEDJITO** s'occupait de notre réconfort.

Le **12 octobre 1991,** l'Ordre du jour était le suivant :

1.   Nous connaître

2.   La formation du Bureau, composé comme suit : Président : AKAKPO Maurice ;
     Vice-Président : SALIMA Mama ;
     Secrétaire Générale : ZOGLI Lambert ;
     Trésorier : AGUIAR Bouraïma.

3.   Notre programme de travail devait consister à recenser dans LA BIBLE tous les passages relatifs à la Vision et au Visionnaire

4.   Point Divers : il y avait les interventions de DZIFANOU Pius, AMEGNINOU Lucas, DICK Christophe, ANKRAH Adude, GADJEKPO Ablavi Ophélia, HOUEDAKOR Vero.

À la fin de l'**année 1991,** la Paroisse JÉRUSALEM comptait *20 Wolis* sur un effectif de 150 fidèles.

Parmi les *fidèles, 11 hommes* : **AMEGNINOU** Lucas, **DZIFANOU** Pius, **AGUIAR** Bouraïma, **ZOGLI** Lambert, **SALIMA** Mama, **AKAKPO** Maurice, **AYI** Mensah, **SOSSOU** Mensah, **BOUKPESSI** Martin, **ADAWOUSSO** François, **DICK** Christophe.

Parmi les *fidèles*, *09 femmes* : **GBEGNEDJI** Blandine,
GADJEKPO Ablavi Ophélia, **MATHIA-** Florence, **DA MARIE**
d'Abidjan, Maman **NYAVOR**, **AMENDAH-SATCHIVI**
Philomène, **AZIALE-AKAKPO** Juliette, **BLANTARE** Agathe,
DA SILVEIRA Lankuélé.

Nous rendons un hommage particulier à la devancière COUFO
Viviane pour son engagement au service de la Paroisse, sans
oublier TAMEKLOE Ida pour ses permanences à Abobokomé,
Maman ANKRAH Adoudé dite Maman ADJOINTE de Maman
GABA, au Devancier KABRAITEMA pour sa persévérance
dans l'Œuvre. Maman MATTHIA, Maman Maîtresse et son
mari, et tant d'autres.

Les Chargés de la Paroisse JÉRUSALEM de Lomé :

1. ABIASSI Godwill
2. NOMENYO Samuel
3. AGNITHEY Sewa
4. BARAMNA-BOUKPESSI Martin
5. MIKANDO Paul
6. NADEDJITO Jérémie.
7. QUASHIE Samuel

Les Présidents du Comité Paroissial :

1. BLAVO Efoé   1973 - 1992
2. ADAWOUSSO François 1992 - 2005
3. TAKO Koffi   2005 - 2009
4. MIKANDO Paul   2009 - 2011

Nb : Le Président du Comité Paroissial nommé par le Chef de
Diocèse est en même temps le Chargé Paroissial [272].

---

[272] Constitution de L'ECC, Saint-Siège, Porto-Novo, Titre II, Organisation
administrative, chap. La Paroisse, **Art. 14**

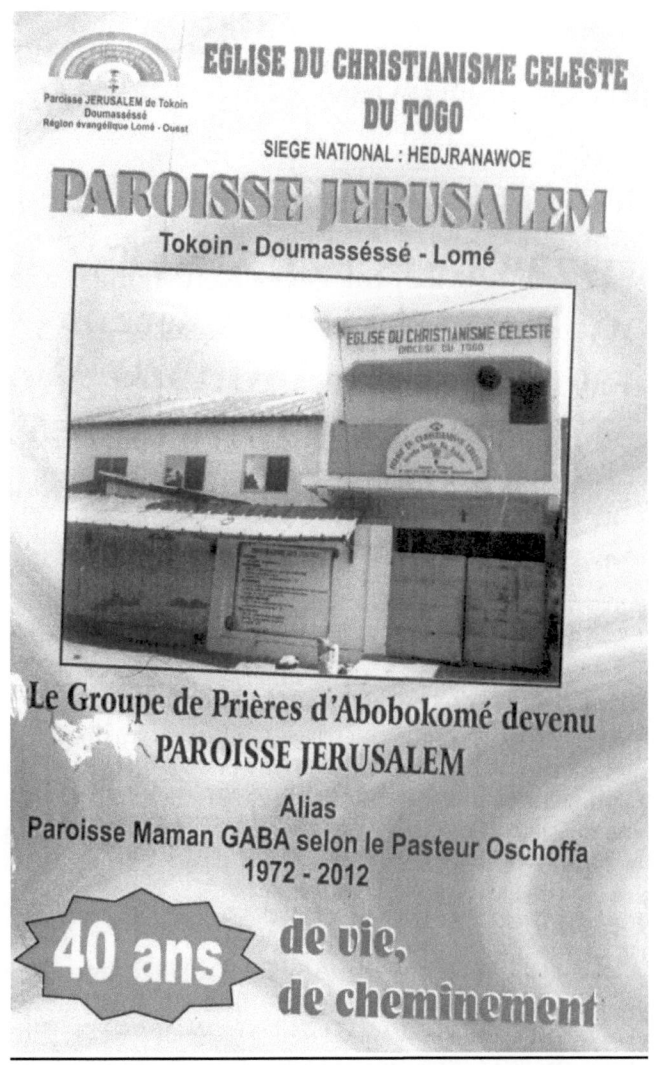

*Figure 35 - **Paroisse de Jérusalem - 40 ans de vie, de cheminement***

TROISIÈME PARTIE

Quelques étapes de L'ECC dans le Diocèse du Togo

2. 1985, Martin N. BARAMNA-BOUKPESSI nommé Responsable de L'ECC au Togo par SBJ OSCHOFFA le 21 juin 1985 à Kétu-Ikeja, Lagos State (Nigéria)

Sommaire

2.1. 21 juin 1985, SBJ OSCHOFFA nomme Martin N. BARARMNA-BOUKPESSI, Responsable de L'ECC au Togo avec le grade d'Assistant-Évangéliste.

2.2. Grand Travail de Refondation dans la plus grande discrétion.

2.3. Des Chants Révélés à la VSMW Juliette AZIALE-AKAKPO (1985 - 1991).

Cette période fut marquée par la fermeture le **09 mai 1978** de certaines Églises dont L'ECC en raison du désordre qui y régnait. La nomination par SBJ OSCHOFFA d'un Responsable de L'ECC au Togo en la personne de Martin Nossa BARARMNA-BOUKPESSI, avait pour objectif d'instaurer l'**ordre** et la **discipline**.

En effet, beaucoup de fidèles passèrent les frontières le dimanche jusqu'à la réouverture le **23 avril 1991**. Notre frère en CHRIST, Lévi M. YANSUNNU (petit-fils du premier éducateur du Prophète-Pasteur Fondateur de L'ECC, SBJ OSCHOFFA), a rapporté en 2013 ces évènements dans le Tome 3 de sa Biographie consacrée à SBJ OSCHOFFA [273].

---

[273] Cf. la Bibliographie

2.1. 21 juin 1985, SBJ OSCHOFFA nomme Martin N. BARARMNA-BOUKPESSI Responsable de L'ECC au Togo

Cette nomination est précédée d'un Procès-Verbal dans lequel BARARMNA-BOUKPESSI A. ADJOVI et ANANI s'étaient mis d'accord sur le nom de BARARMNA-BOUKPESSI.

*Figure 36 - **L'Esprit Saint***

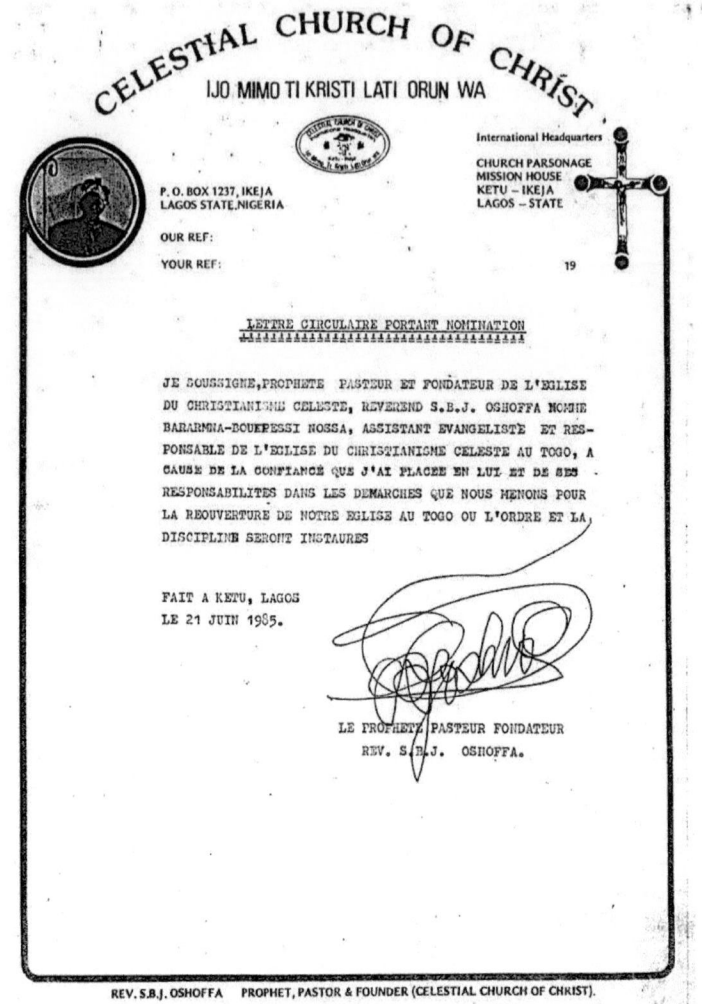

Figure 37 - __Lettre Circulaire portant la nomination de NOSSA BARAMNA-BOUKPESSI Assistant Évangélique et Responsable de L'ECC au Togo par SBJ OSCHOFFA le 21 juin 1985 à Ketu, Lagos (Nigéria)__

Papa BOUKPESSI était *Déhoto* (Prieur), le premier grade dans la Hiérarchie de L'ECC. Avec son humilité légendaire, il n'osa pas accepter une telle responsabilité que lui confiait OSCHOFFA. La nuit portera conseil, lui dit ce DERNIER.

Mais la nuit fut terrible, me raconta Papa BOUKPESSI. **LA VOIX** grave venue du Ciel, le menaça de le détruire avec toute sa famille s'il refusait la Charge qui lui était confiée. Le lendemain **21 juin 1985**, Papa BOUKPESSI accepta la Mission et le Procès-Verbal fut signé, suivi de la LETTRE CIRCULAIRE PORTANT NOMINATION (cf. le document ci-contre).

À son retour, un Comité Directeur National provisoire fut constitué et installé au rez-de-chaussée de l'un des deux bâtiments à étages de Combe-Lota à Bè. Nous assumions la fonction de Secrétaire Général provisoire. C'est le lieu de rappeler que toute révélation d'une telle importance nécessite d'être matérialisée par un document officiel comme ce Procès-Verbal à partir duquel OSCHOFFA rédigea sa Nomination.

Papa BOUKPESSI était un grand chrétien pratiquant, qui récitait régulièrement le **Rosaire de La BIENHEUREUSE VIERGE MARIE**. En cela, il a vite compris le rôle important de MARIE dans L'ECC [274].

Il était un grand administrateur de son état, Officier dans l'Ordre du Mono, en fin de carrière, avant d'intégrer L'ECC. SBJ OSCHOFFA, en nommant BARARMNA–BOUKPESSI Responsable de L'ECC au Togo avec le grade d'Assistant-Évangéliste, avait appliqué l'**Article 188** de la *CONSTITUTION DE L'ECC de* 1980 appelée communément *Constitution Bleue* à cause de la couleur bleue de sa couverture, mais qui ne comportait aucune illustration (cf. Appendice 1).

« LE PASTEUR EN QUI RÉSIDE TOUTE L'AUTORITÉ DE L'ÉGLISE PEUT, À SA SEULE DISCRÉTION, FAIRE DES NOMINATIONS DIRECTES À N'IMPORTE QUEL GRADE

---

[274] Cf. 2e Partie, chapitre 1er

Y COMPRIS CELUI D'ASSISTANT-ÉVANGELISTE ET AU–DESSUS » (Art. 188).

2.2. Grand Travail de Refondation dans la plus grande discrétion

Toute cette période de treize années où L'ECC était fermée au Togo avec d'autres Églises, fut marquée par un grand travail de refondation dans la plus grande discrétion, auquel se livra l'infatigable Papa BOUKPESSI.

Il rencontrait les brebis perdues, leur expliquait ce que les Autorités du Togo attendaient d'elles, ainsi que le Prophète Fondateur de L'ECC.

2.3. Des Chants révélés à la VSMW Juliette A. AZIALÉ-AKAKPO (1985 - 1991)

Pendant ces temps difficiles pour le Diocèse du Togo, L'ESPRIT-SAINT se manifestait puissamment parmi les fidèles, à l'exemple des chants révélés à la Sœur Juliette.

Les chants sont révélés dans L'ECC [275]. Le culte de dimanche matin et de certaines grandes fêtes sont accompagnés obligatoirement de sept (7) de ces chants révélés [276].

« Il nous reste à recevoir en esprit beaucoup de cantiques ; et à mesure que nous les chanterons, nous verrons la manifestation de la force spirituelle ».

« On tend généralement à diminuer ce nombre de sept chants comme nous l'avons reçu. Que DIEU nous pardonne car sachons bien que nous n'avons pas le droit de rien diminuer du nombre des sept chansons. » [277].

Les **douze (12) cantiques** suivants sont reçus à Lomé (Togo) entre 1985 et 1991 et sont extraits d'un album de 40 cantiques. Ils sont publiés pour la première fois en 1991 dans une brochure

---

[275] Ép 5 : 19 ; Col 3 : 16 ; OSCHOFFA, 1980, **Art. 77 et 99 § g**
[276] cf 2e Partie, chapitre 1 : *Le Premier Chant Révélé* à L'ECC
[277] SBJ OSCHOFFA, Lumière sur le CC..., 1974, p. 8 § 1 ; p.10 § 1

de 123 pages : *ECC, les Paroles du SEIGNEUR,* diffusée avec l'autorisation du Régent Benoît D. AGBAOSSI.

Aujourd'hui, le Grand Devancier **Lévi M. YANSUNNU**, a publié 2 Tomes des chants révélés avec leur histoire et 4 Tomes d'une remarquable Biographie de SBJ OSCHOFFA.

Il rappelle quelques *chants adoptés* par L'ECC, notamment ceux de son grand père qui fût l'un des éducateurs du jeune OSCHOFFA : « *les nombreuses chansons de Moïse (YANSUNNU) sont en vigueur* » écrit SBJ OSCHOFFA, 1974, p. 8 § 1.

D'autres chants sont adoptés depuis, comme ceux autorisés par OSCHOFFA à Philibert SYLVANIELO « *Semons dès l'aurore* », premier Antillais entré dans L'ECC en 1953, et ceux venant d'autres Églises chrétiennes.

Quelques Chants ont été révélés à la VSMW Juliette A. AZIALE-AKAKPO. Elle est arrivée à la Paroisse JÉRUSALEM le 29 novembre 1976. À sa première séance de vision, un samedi matin, il lui a été annoncé une puissante force spirituelle. Le lendemain, au culte de dimanche matin, elle reçoit LE SAINT-ESPRIT. L'après-midi, en présence de Maman GABA, elle commença à recevoir des visions. C'était à la première Paroisse d'Anèho, dans la maison des DE GONZAGUE, au bord des rails, quartier Xlensi.

Le 11 juillet 1977, à Makoko, Lagos (Nigéria), elle reçut avec l'Assistant-Alagba, Maurice Amouzouvi AKAKPO, en présence toujours de Maman GABA et, cette fois, de TOGBEVI (APEDO), une prière de consécration de SBJ OSCHOFFA.

Les Chants Révélés

Chant Révélé N°1 : CELESTAVIWO MIWO DEKA

1) Celestaviwo miwo deka
Milo mia noewo
Celestaviwo miwo deka
Milo mia noewo le xose me
/ / : Dekawowo nu nyuie de (bis)
Milo mia noewo le xose me :/ /

2) Celestaviwo Milo mia noewo
Milo mia noewo ye YESU gblo
Celestaviwo Milo mia noewo
Milo mia noewo ye YESU gblo
/ / : Novilolo nu nyuie de (bis)
Milo mia noewo ye YESU gblo :/ /

3) Celestaviwo tsri voèwowo
Ne wowo vo la mayi Dzifo o
Celestaviwo mitro dzime
Tro dzime nayi dzifo
Dzifo yiyi nu nyuie de (bis)
Nakpo dzidzo kple Dolawo
Dzifo yiyi nu nyuie de (bis)
Nakpo dzidzo mavomavo

AMEN !

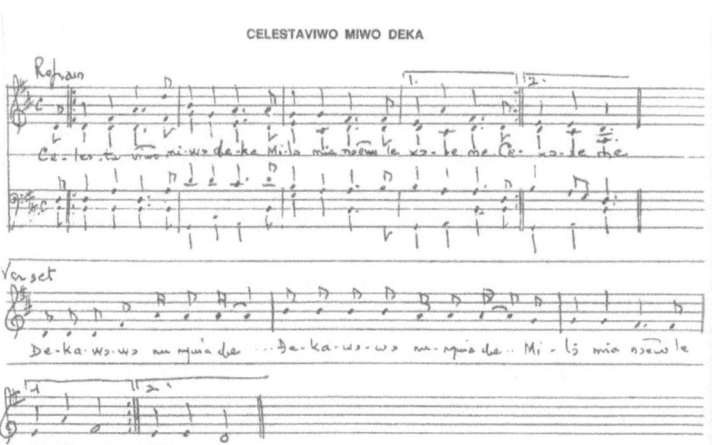

Figure 38 - Notes de Musique du Chant Révélé N°1 - CELESTAVIWO MIWO DEKA

Chant Révélé N°2 : GBOGBO KOKOE

1) Gbogbo kokoe Akofala
Gbogbo kokoe Nuseto
Diva do mia me
Na klo mia n'ti
Diva do mia me
Nado nuse mi

2) Gbogbo kokoe Nublanui kpola
Gbogbo kokoe Amenuvela
Diva do mia me
Na klo mia n'ti
Diva do mia me
Nado nuse mi.

AMEN !

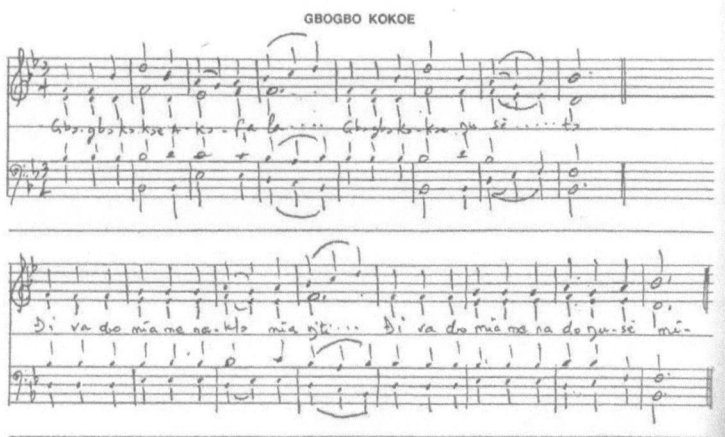

Figure 39 - __Notes de Musique du Chant Révélé N°2 - GBOGBO KOKOE__

Chant Révélé N°3 : NOVIWO MIWO DEKA

1) Noviwo 2 Noviwo, miwo deka
Le lolo vava me
Elabena YESU gbloe di
"Milo mia noewo"

2) Noviwo 2 Noviwo, Milo mia
noewo
Le lolo vava me
Elabena YESU gbloe di
"Milo mia noewo"

AMEN !

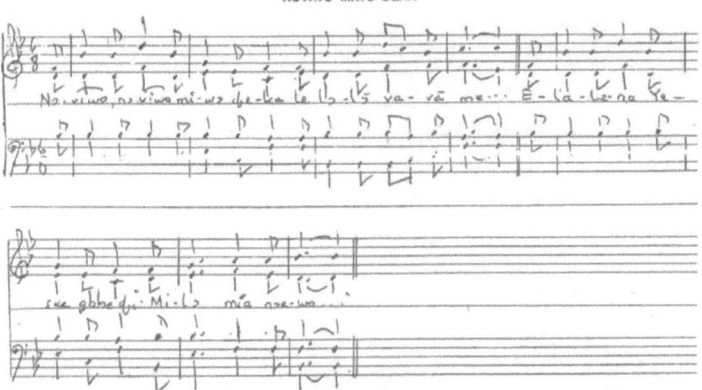

*Figure 40 - **Notes de Musique du Chant Révélé N°3 - NOVIWO MIWO DEKA***

Chant Révélé N°4 : QUI EST SEMBLABLE À L'ÉTERNEL, NOTRE DIEU ?

Qui est semblable
À L'ÉTERNEL, NOTRE DIEU ?
Qui est semblable
À L'ÉTERNEL ?
L'ÉTERNEL est juste et bon
Ô L'ÉTERNEL est juste et bon.
AMEN !

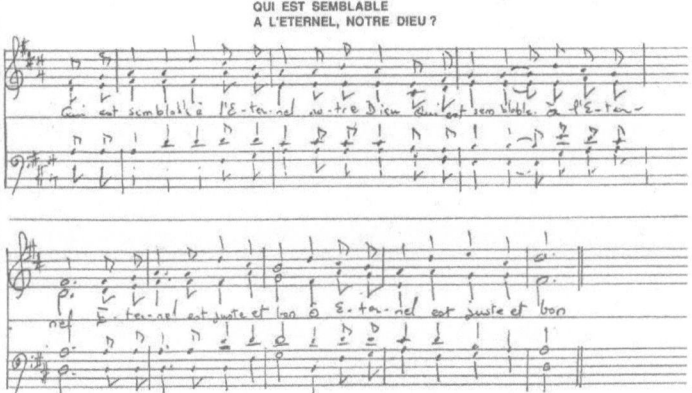

Figure 41 - Notes de Musique du Chant Révélé N°4 - QUI EST SEMBLABLE À L'ÉTERNEL, NOTRE DIEU ?

Chant Révélé N°5 : L'ÉTERNEL, JE CHERCHE EN TOI MON REFUGE

1) L'ÉTERNEL, je cherche en TOI mon refuge ;
Que jamais je ne sois confondu.
Dans ta justice, sauve-moi, délivre-moi.
Incline vers moi Ton oreille, vers moi.

2) Mon DIEU, délivre-moi de la main du méchant,
De la main de l'homme cynique et violent !
Car TU es mon espérance, DIEU-L'ÉTERNEL !
En TOI, je me confie dès ma jeunesse.

3) Je suis pour plusieurs comme un prodige.
En TOI, TU es mon puissant refuge.
Que ma bouche soit remplie de Tes louanges
Et que, chaque jour, elle TE glorifie.
AMEN !

*Figure 42 - **Notes de Musique du Chant Révélé Chant Révélé N°5 - L'ÉTERNEL, JE CHERCHE EN TOI MON REFUGE***

Chant Révélé N°6 : IL EST BEAU DE LOUER L'ÉTERNEL

1) Il est beau de louer L'ÉTERNEL
Et de célébrer Ton Nom, Ô TRES-
HAUT
D'annoncer, le matin, ta bonté,
Ta fidélité pendant la nuit.

2) Tu me réjouis par tes œuvres, Ô
ETERNEL,
Et je chante avec allégresse
l'ouvrage de tes mains.
Que Tes œuvres sont grandes,
Ô ÉTERNEL ! Ô ÉTERNEL !

AMEN !

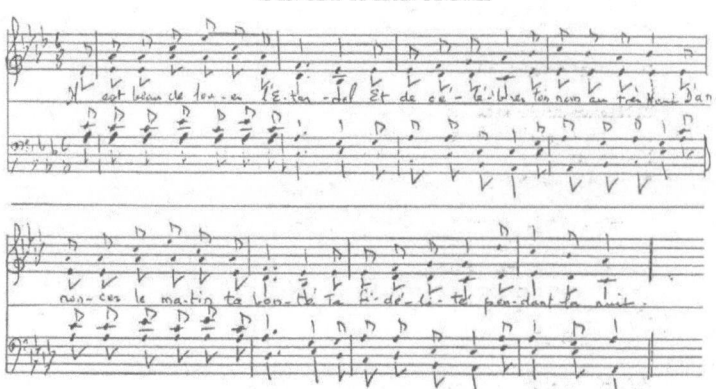

*Figure 43 - **Notes de Musique du Chant Révélé N°6 - IL EST BEAU DE LOUER L'ÉTERNEL***

Chant Révélé N°7. ÉTERNEL, PARDONNE-MOI

ÉTERNEL, pardonne-moi tous mes péchés.
ÉTERNEL, je T'en supplie.
Écoute-moi, exauce ma prière.
AMEN !

*Figure 44 - **Notes de Musique du Chant Révélé N°7 - ÉTERNEL, PARDONNE-MOI***

Chant Révélé N°8 : NOVIWO MIVA ABO LA ME

1) Noviwo miva abo la me.
Miva miakpo dzidzo vàvà.
Noviwo miva abo la me
Miva, Noviwo miva.

Refrain
O ! Noviwo miva,
Miva, miva abo la me.
O! Noviwo miva,
Miva miakpo agbe mavo.

2) Noviwo miva abo la me.
Miva miakpo dzidzo mavo.
Noviwo miva abo la me.
Miva, Noviwo miva.
Refrain O ! Noviwo miva,

3) Noviwo miva abo la me.
Miva miakpo dzidzo mavo.
Noviwo miva abo la me.
Mivakpo dzidzo mavo. AMEN !
Refrain O ! Noviwo miva,

*Figure 45 - **Notes de Musique du Chant Révélé N° 8 - NOVIWO MIVA ABO LA ME***

Chant Révélé N°9 : NOVIWO MIFO FU

Noviwo mifo fu	O ! MAWU nyo !
Mia dziha be MAWU enyo	O ! MAWU nyo !
Labe Elomi ye WO demi	O ! MAWU nyo !
Kpo alesi MAWU nyoe da !	O ! MAWU enyo !
	AMEN !

*Figure 46 - **Notes de Musique du Chant Révélé N°9 - NOVIWO MIFO FU***

Chant Révélé N°10 : NOVIWO KATA MIFO FU

Noviwo kata mifo fu miadzi ha	/ / : Midoe de dzi
Ne miado MAWU de dzi.	Mido MAWU de dzi.
Noviwo kata mifo fu miadzi ha	Mikafui da
Ne miado MAWU de dzi.	Mikafu MAWU da ! : / / AMEN !

Figure 47 - Notes de Musique du Chant Révélé N° 10 - NOVIWO KATA MIFO FU

Chant Révélé N°11 : XOLA NA MADI WO

1) XOLA na madi wo
KRISTO na madi wo
Ne tetekpo tum hà la
Ne dzogbevoe tum hà la
Ne mele nu xam hà la
YEHOWA, YEHOWA, na madio.

2) YESU na madi wo
YESU na madi wo
Ne tetekpo tum hà la
/ / : Ne dzogbevoe tum ha la
Ne lele nu xam hala
YEHOWA, YEHOWA, na madio: //

3) YESU na madi wo
YESU na madi wo
Ne mele nu xam hà la
Ne dzogbevoe tum hà la
YESU, YESU na madi wo
Ne dzidzo nuwo tum hà la
YESU, YESU na madi wo

4) YESU na madi wo
YESU na madi wo
/ /: Ne mele dzidzo kpom hala
Ne mele aseye tsom la
YESU, YESU na madi wo: / /

*Figure 48 - **Notes de Musique du Chant Révélé N°11 - XOLA NA MADI WO***

Chant Révélé N°12 : CELESTAVIWO, MIKPO DZIDZO

1) Celestaviwo, mikpo dzidzo
Mitso aseye elabe MAWU nyo
Celestaviwo, mikpo dzidzo
Mitso aseye elabe MAWU nyo
Refrain
Enyo n'to, Enyo n'to,
Enyo n'to, MAWU enyo

2) Celestaviwo mitso dzi na
MAWU eye miano esinu kpom
Celestaviwo mitso dzi na
MAWU eye miano esinu kpom
AMEN!
Refrain : Enyo n'to.

Figure 49 - Notes de Musique du Chant Révélé N°12 –
CELESTAVIWO MIKPO DZIDZO

Chant Révélé N°13 : J'ENTENDS TA DOUCE VOIX

1) J'entends ta douce voix
Qui m'appelle toujours
JÉSUS ! Je viens à toi.
Oh ! SAUVEUR lave-moi
Dans le sang de ta Croix
Rends-moi pur(e) et saint(e)
Refrain
Sans TOI, je ne suis rien.
Sans TOI, je ne suis rien.
Oh ! SAUVEUR lave-moi
Dans le sang de ta Croix
Rends-moi pur(e) et saint(e).
Amen !

2) Messe wogbe vivi
Siyom bé na mava
XOLA ! me gbona gbowo
O ! DELA lem
Le wovù kokoe lamè
Nabe mano dzadze
Refrain
Towo manoe mèla
Léké woa nonam / Nyèmè nyè
nadekeo
O ! DELA lém
Lé wovù kokoe lamè
Nabé mano dzadzé. AMEN !

NB : Dans la répétition du refrain ÉWÉ, il y a un changement à la deuxième ligne.

Chant Révélé N°14 : LE SAUVEUR NOUS EST NÉ

LE SAUVEUR nous est né
Venez ! Adorons !
Car DIEU nous a tant aimés
Nous donnant son FILS
Glori Glori Glori Glori Gloria.
Amen!

Wodzi DELA nami
Miva mia suboè
Labéna MAWU lonmi
Etso VIA nami
Glori Glori Glori Glori Gloria.
Amen.

(Le cantique 14 est reçu en ÉWÉ)

Chant Révélé N°15 : ÉTERNEL, JE CHERCHE EN TOI MON REFUGE

1) ÉTERNEL, je cherche en TOI mon refuge.
Que jamais je ne sois confondu.
Dans ta justice, sauve-moi, délivre-moi.
Incline vers moi Ton oreille, vers moi.

2) Mon DIEU, délivre-moi de la main du méchant,
De la main de l'homme cynique et violent !
Car TU es mon espérance, DIEU-ÉTERNEL !
En TOI, je me confie dès ma jeunesse.

3) Je suis pour plusieurs comme un prodige.
En TOI, TU es mon puissant refuge.

Que ma bouche soit remplie de Tes
louanges
Et que, chaque jour, elle TE glorifie.
AMEN !

NB : Le Répertoire de la brochure de 1991 s'est enrichi de trois nouveaux Chants Révélés. (cf ci-dessus les Chants N° 13, 14 et 15). Nous avons pris quelques libertés avec l'orthographe ÉWÉ (langue du Togo et du Ghana) car nous ne disposons pas de ses caractères sur notre clavier. Veuillez-nous en excuser.

TROISIÈME PARTIE

Quelques étapes de L'ECC dans le Diocèse du Togo

3. 28 mai 1988, Le Régent Benoît D. AGBAOSSI confirme la nomination de Papa BOUKPESSI

*Figure 50 - **Papa AGBAOSSI***

SOMMAIRE

3.1. 1985-1996, Benoît D. AGBAOSSI, Régent de L'ECC, confirme, le 28 mai 1988, la nomination de Papa BOUKPESSI

3.2. 14 septembre 1996, le Régent Benoît D. AGBAOSSI élu Pasteur

3.3. Son ange se manifeste souvent à la FRATERNITÉ CHRÉTIENNE

3.1. 1985 - 1996, BENOÎT D. AGBAOSSI, Régent de L'ECC

Rappelons que Papa Benoît D. AGBAOSSI était Régent de L'ECC au lendemain de la mort de SBJ OSCHOFFA le mardi 10 septembre 1985. Il veillait donc sur Porto-Novo (Bénin) qui est le *Siège Suprême de l'Église* d'après l'**Article 1** de la Constitution de SBJ OSCHOFFA de *1980*, aux 200 Articles.

Nous ne saurions retenir la version sur Internet, qui modifie sensiblement le texte de 1980, dans son **Article 9**, avec Une histoire d'*Imeko Terre Sainte, Siège Mondial* et *Lieu de Pèlerinage* de L'ECC. Papa AGBAOSSI confirme, le 28 mai 1988, la nomination de Papa BOUKPESSI.

Papa AGBAOSSI, avec sa modestie légendaire que nous lui connaissons et qui conviendrait à tout responsable chrétien, garda ce titre de Régent lorsqu'il fit une longue Mission Pastorale au Togo en **avril 1994**. Au cours de ce voyage, il reçut un accueil populaire et enthousiaste à travers le pays, ce qui fait penser à l'adage : *Vox populi, vox DEI* (La voix du peuple, c'est la voix de DIEU).

3.2. LE 14 SEPTEMBRE 1996, le Régent Benoît D. AGBAOSSI devient Pasteur

« Le **14 septembre 1996**, Papa AGBAOSSI est élu Pasteur, titre, que lui est confirmé aussi naturellement le **31 juillet 2002** par *le conclave des Hauts Dignitaires sur la Réconciliation* au sein de L'ECC, lors d'une session tenue sur la Paroisse Sainte Anne d'Ibukun.

L'un des rares survivants parmi les tous premiers collaborateurs d'OSCHOFFA, AGBAOSSI devenait de ce fait **Président du Comité Supérieur Mondial de la Sainte Église Venue des Cieux** » [278].

3.3. IL SE MANIFESTE SOUVENT À LA FRATERNITÉ CHRÉTIENNE

Rappelons qu'il avait prié devant **l'Autel de LA FRATERNITÉ CHRÉTIENNE** à Asnières-sur-Seine (France) durant sa Mission Pastorale de **juillet 2007.**

À partir de 1996 jusqu'en 2000 où mourut le Révérend Pasteur **Alexander A. BADA** (1930 - 2000), la HIME (Haute Instance Mondiale de l'Église [279]), n'avait pas été respectée. L'Homme propose, DIEU dispose.

Nous l'aimions bien Papa AGBAOSSI et IL se manifeste souvent, devant DIEU et devant les hommes, dans **FRATERNITÉ CHRÉTIENNE** [280].

---

[278] cf. p. 30 de la brochure publiée au lendemain de sa mort : « Le Révérend Pasteur D. AGBAOSSI, digne successeur du Prophète Pasteur Fondateur Samuel Biléou OSCHOFFA », Porto-Novo, 2010

[279] Institué par OSCHOFFA le 29 octobre 1982 - cf Dédicace ci-dessus p.2

[280] Cf. ci-dessous, 3e Partie, chapitre 5

Figure 51 - <u>Révérend Pasteur Benoît AGBAOSSI - photo prise lors de la fête de la moisson de la Paroisse-mère de France à Aubervilliers le 08 juillet 2007</u>

TROISIÈME PARTIE

Quelques étapes de L'ECC dans le Diocèse du Togo

4. Récépissé de Déclaration d'Association

SOMMAIRE

4.1. 1993, La Légalité : Les STATUTS

4.2. 1994, La Grande Mission Pastorale du Régent Benoît D. AGBAOSSI au Togo

4.3. Les Différentes Associations Nationales du Diocèse

4.1. 1993, La Légalité : Les STATUTS

La reprise des activités du Diocèse après sa réouverture le 23 avril 1991 était marquée par une douloureuse division où des frères et sœurs du Temple d'Israël de Nyékonakpoè s'étaient proclamés *Groupe I* autour du Devancier AWORDEMA et se réclamaient de Lagos.

Ceux qui se réclamaient de Porto-Novo se retrouvaient alors autour du Devancier BARARMNA-BOUKPESSI, oint Responsable de L'ECC au Togo par SBJ OSCHOFFA le 21 juin 1985, et devenaient dès lors *Groupe II*.

Ce groupe déposa ses *Statuts* auprès de l'État Togolais et reçut le Récépissé publié au Journal Officiel du Togo du 19 janvier 1994, en page. 5, 2e colonne : **Récépissé de déclaration d'association n° 1354/MATS-SG-APA-PC du 31 décembre 1993. Titre de l'association « Église du Christianisme Céleste du Togo » (Groupe II) Siège : Lomé.**

C'est ici, le lieu de rendre hommage particulier aux qualités de grand Administrateur de Papa BARARMNA-BOUKPESSI. N'était-il pas Ancien Préfet et Officier dans l'Ordre National du Mono. Il rendait compte régulièrement aux Autorités du pays et au Révérend Pasteur Benoît D. AGBAOSSI de toutes les décisions à prendre, ce qui faisait sa force et lui valut d'être **oint Pasteur** le 21 août 2007 à Porto-Novo par Papa AGBAOSSI.

Je n'oublierai pas le Devancier *Woli* Georges de Nyékonakpoé qui, un dimanche, au cours d'une prédication à la Paroisse JÉRUSALEM, fit publiquement repentance du rôle négatif qu'il avait joué dans ces moments difficiles du Diocèse. Qu'il en soit exaucé !

Je n'oublierai pas non plus l'autre Devancier du Groupe I, Chargé de la Paroisse de Davié, paix à son âme, qui comptait parmi ses fidèles d'honorables personnalités de la localité, et qui collabora avec Papa BOUKPESSI. Quel que soit le Groupe auquel nous appartenions, Oschoffistes ... ou autres, nous sommes tous des frères et sœurs en CHRIST et œuvrons tous ensemble pour l'avancement de L'ECC.

« *CHRIST est-IL divisé ?... (1 Co 1 : 13).*

4.2. 1994, La Grande Mission Pastorale du Régent Benoît D. AGBAOSSI au Togo

L'année **1994** était marquée par une importante Mission pastorale de Papa AGBAOSSI à Lomé depuis la reprise des activités dans le Diocèse du Togo en 1991. Aucune Paroisse ne pouvait contenir la foule des chrétiens célestes.

Le Diocèse avait dû trouver des places dans la grande salle du Palais des Congrès en vue de l'organisation d'un grand culte pour la paix.

Le Régent AGBAOSSI, accompagné de l'infatigable Papa BOUKPESSI, sillonna ensuite le pays pour prendre contact avec les frères et sœurs des autres régions. À partir de ce moment, les visites de Papa AGBAOSSI au Togo étaient devenues fréquentes avec des responsabilités pour le Diocèse, de Relations Internationales que nous devions assumées avec Maman Blandine GBEGNEDJI auprès du *Siège Suprême* de Porto-Novo avec le Pasteur GABA.

*Figure 52 - **Des fidèles à la sortie de Culte au Palais des Congrès en 1994 lors d'une grande Mission Pastorale de Benoît D. AGBAOSSI***

4.3. Les différentes Associations Nationales du Diocèse

Cette période fut marquée dans le Diocèse par d'intenses activités au niveau national.

1. C'étaient d'abord les femmes regroupées en Association sous la Présidence de la Devancière Maman Véronique KINDE et autour d'elle, toutes les mamans régulières de toutes nos Paroisses, dont Agathe BLANTARE, Blandine GBEGNEDJI, Marguerite LANTOUKOU, AKAKPO d'Agonyivé, sans oublier toutes celles que nous rencontrions dans nos tournées avec Papa BOUKPESSI.

2. Le Devancier *Woli* Alain Atavi MOTCHON, grand musicien du Diocèse, regroupa autour de lui avec, SESSI Désiré de la Paroisse Jérusalem, **tous les Maîtres de chœur** et organisa, au Centre Culturel de Bè, un grand festival présidé par Patrice AGBAOSSI, Grand Maître de la Chorale du Siège Suprême à Porto-Novo.

3. Le Devancier Charles KPADE animait une Radio qui contribuait à élever le niveau des chrétiens célestes dans la **connaissance de LA BIBLE** et de **L'ECC.**

4. Ces Associations trouvèrent une audience particulière dans l'organisation des séminaires de formation comme le Séminaire National de Formation des Évangélistes et Chargés de Paroisses du 11 au 14 avril 1996 à Lomé.

TROISIÈME PARTIE

Quelques étapes de L'ECC dans le Diocèse du Togo

5. RÉVÉLATION de La FRATERNITÉ CHRÉTIENNE (FC) en 2001 pour CONTRIBUER À LA RÉHABILITATION DE L'ECC EN FAISANT ASSEOIR L'AUTORITÉ DE MARIE PAR DES PRIÈRES EFFICACES ET DES PRÉDICATIONS INSPIRÉES

Figure 53 - __Christ-Roi__

Sommaire

5.1. La Révélation de LA FRATERNITÉ CHRÉTIENNE (FC) est faite à Asnières sur Seine en 2001 (*dans le département des Hauts-de-Seine en France*) mais annoncée le 15 janvier 1993 à la Paroisse JÉRUSALEM de Lomé (Togo).

5.2. LA DÉNOMINATION : le nom est révélé le 24 janvier 2005 à Pantin (*dans le département de la Seine Saint Denis en France*).

5.3. SON BUT : contribuer à la Réhabilitation de L'ECC en faisant Asseoir l'Autorité de MARIE par des prières efficaces et des prédications inspirées.

5.4. Le Premier Siège : Asnières sur seine. L'Autel est béni en 2004 par le Révérend Pasteur Benoît D. AGBAOSSI.

5.5. Activités provisoires en domicile : séances de prières, cultes de dimanche et de grandes fêtes.

5.6. Confirmation de l'Existence Spirituelle de la FC le 11 juillet 2011.

5.7. L'ordre de mission donnée par MARIE le jeudi saint 17 avril 2014.

LA FC devient une ÉGLISE le dimanche de Pâques 20 Avril 2014 : « LA FC vient de MOI » a dit CHRIST.

5.8. Attribution de l'EMBLÈME de la FC, le 09 décembre 2019.

5.9. 2020, la Tenue des fidèles

5.10. Notes Complémentaires

LA FRATERNITÉ CHRÉTIENNE

Le Révérend Pasteur Benoît D. AGBAOSSI bénit LA FRATERNITÉ CHRÉTIENNE (FC) le 22 octobre 2008 à Blanc-Mesnil (France).

5.1. La Révélation

LA FRATERNITÉ CHRÉTIENNE est révélée le **dimanche 4 février 2001** à Asnières-sur-Seine (dans le département 92 en France) à un Togolais, Werner K. M. GUNUBU, et à une Française originaire de la Guadeloupe, Carole M-L. LOBEAU.

Son Emblème était déjà montré le vendredi 15 janvier 1993 à la Paroisse JÉRUSALEM de Lomé (Togo) au culte de 13 heures. Ce jour-là, il était également annoncé une *UNION GÉNÉRALE DU CHRISTIANISME CÉLESTE* qui sera la structure mondiale de L'ECC.

LA FC est composée d'une dizaine de fidèles qui se retrouvent pour prier ensemble autour de ces deux Devanciers. « *Ne vous inquiétez pas pour l'effectif.* » avons-nous reçu, devant DIEU et devant les hommes.

5.2. La Dénomination

Le nom « **LA FRATERNITÉ CHRÉTIENNE** » est révélé le **24 Janvier 2005**. Les membres sont appelés « fidèles de LA FRATERNITÉ CHRÉTIENNE ».

5.3. But

« **Allez révéler au monde, l'Amour du DIEU TOUT-PUISSANT** » [281] par une bonne connaissance et une réelle pratique de la **DOCTRINE de L'ECC**, basée sur LA BIBLE et **4 Fondamentaux** fondés eux aussi sur LA BIBLE [282] ce qui permettra *d'Asseoir l'Autorité de MARIE et de contribuer ainsi à la Réhabilitation de L'ECC.*

---

[281] Voire Note 1 dans les Notes Complémentaires
[282] Cf. Appendice 1

La strophe II du cantique, nous est attribuée le 10 octobre 2010 pour être l'Hymne de LA FC, *devant DIEU et devant les hommes* [283].

Voici la liste des 4 **Fondamentaux** :

- les **2 ouvrages** « *Lumière sur le CC* » d'ADETONAH, A., 1972 et d'OSCHOFFA, SBJ, 1974.
- *ECC, Constitution d'OSCHOFFA*, 1980 ;
- *ECC, Les 10 Fondements d'ABIASSI, G., 1987*, texte posthume à la suite d'une recommandation faite par SBJ OSCHOFFA le vendredi 05 avril 1985 à Makoko (Nigéria) ;
- *ECC, Les 10 Fondements* sont devenus, avec la Communion, les **Onze Ordonnances**, dans « Sacrements, *Ordonnances & Prescriptions* » (SO&P), Porto-Novo (Bénin), 2e édition, p. 29.

5.4. Le Siège

Les fidèles de LA FRATERNITÉ CHRÉTIENNE, se réunissaient provisoirement au domicile de Werner K.M. GUNUBU et de Carole M-L. LOBEAU (*1 Co 16 : 19 ; Col 4 : 15 ; Ro 16 : 5*).

L'Autel a été béni par le Révérend Pasteur Benoît D. AGBAOSSI au cours de **l'été 2004**, lors d'une Visite Pastorale en France.

Le nouveau Chef de mission, **Joël DA PIEDADE** accueille la FRATERNITÉ CHRÉTIENNE à Gentilly depuis le 29 octobre 2019 avec un culte de consécration le **dimanche 29 mai 2022**.

5.5. Les Activités

5.5.1. Des séances de prières sont organisées selon les rites de L'ECC, autorisés en domicile (cultes de dimanche et de grandes fêtes). Les premiers « bénéficiaires » étaient Prosper, le Président du Comité paroissial de la Paroisse Saint Raphaël de Bobigny (2005 - 2007) pour son *Programme d'Actions* ; le Devancier Mathurin ADJOVI et la Devancière Grâce AGBAOSSI.

---

[283] Pour le cantique complet, cf. YANSUNNU, 2012, n° 1256 § II

5.5.2. Le Chef de la Mission, Werner K. M. GUNUBU avait proposé le **mercredi 22 octobre 2008** à 17h30 au Blanc-Mesnil (France) au Révérend Pasteur Benoît D. AGBAOSSI que LA FC puisse se transformer en une Paroisse. Il participa à toutes les activités des **autres Paroisses quelles que soient leurs tendances.**

5.5.3. Le Révérend Pasteur Benoît D. AGBAOSSI pria sur les premiers fidèles pour ces intentions. Son fils, le Devancier Abel AGBAOSSI était présent.

5.6. Confirmation de l'Existence Spirituelle de La FC

Le **Révérend Pasteur Bennett D. ADEOGUN** confirma la FC, le 11 juillet 2011, à 21 heures à la Paroisse - Mère à Aubervilliers (en France). Il donna des objets de culte : 21 bougies et 1 flacon d'eau de Cologne ambrée, fournis par Le Chef du Diocèse de France (Pierre Bourtoire ALOKPO) pour le démarrage effectif de LA FC. Tout ceci se passa en présence des Devanciers J. KOKOYE et D. ABIASSI.

Il fut remis, ce jour-là, pour la première fois, au Révérend Pasteur, la **Présentation de LA FC** ainsi que la page de garde de la **DOCTRINE de L'ECC, LA BIBLE** et **Les 4 Fondamentaux** [284].

---

[284] Cf. Appendice 1

5.7. L'ordre de MISSION

En 2014, LA FC reçoit son Ordre de Mission et devient une Église.

ORDRE DE MISSION DE
LA FRATERNITÉ CHRÉTIENNE

Qu'apporte la Sainte Communion à LA FC en ce Jeudi Saint 17 avril 2014 ?

C'est LA TRÈS SAINTE VIERGE MARIE qui a répondu, devant DIEU et devant les hommes.

A) « *(1)* **La Patience**, *(2)* **La Persévérance**, car le rythme imprimé par MON FILS (JÉSUS) à LA FC est lent [**LA FC est révélée le dimanche 04 février 2001 à Asnières-sur-Seine (France)**], pour vous permettre de bien comprendre l'Ordre de Mission : **Contribuer à la Réhabilitation de l'Église du Christianisme Céleste (ECC) en faisant ASSEOIR L'AUTORITÉ DE MARIE** avec la puissance de l'Église Chrétienne primitive [285] (cf. Texte de l'Emblème de LA FC, *És 58 :12*).

3. « Vous devez donc bien connaître les Messages reçus par SBJ OSCHOFFA, le Serviteur de MON FILS. Ils sont contenus dans la Doctrine : **LA BIBLE** et les **4 FONDAMENTAUX**.

4. « Les faire connaître aux autres.

5. « Supprimez en votre sein toutes pratiques venues d'ailleurs, qui ne confessent pas LE NOM de MON FILS, et qui font que L'ECC patine et n'évolue pas ».

B) « LA FC devient une ÉGLISE le dimanche de Pâques **20 avril 2014** : « LA FC vient de MOI » a dit CHRIST. »(*)[286]

« La Mission est donc d'Asseoir cette Autorité de MARIE par des **prières efficaces** [(*Mc 9 : 29 ; Jc 5 : 14-16*) « La prière sera

---

[285] Voir la Note 3

[286] Lire la présentation par JEAN PAUL PP. II à la page 324

l'ultime salut de l'humanité » (OSCHOFFA, 1980, **Art. 65**)] et des **prédications inspirées** (*Ac 8 : 30-31 ; 1 Co 1 : 17*) [287].

LA FRATERNITÉ CHRÉTIENNE contribue ainsi à la réhabilitation de L'ECC dont **elle a conservé le rituel**. ».

Se faisant, les membres de LA FC révèleront au monde, avec d'autres frères et sœurs, « l'Amour du DIEU TOUT-PUISSANT, annonçant le jour naissant au peuple sans espérance ».

Message révélé le dimanche 20 Août 2017

Je me devais de faire la Prédication à partir de textes du jour (*Ps 103 : 20-22 et Mc 8 : 38*). Voici ce qui m'a été dicté, devant DIEU et devant les hommes. (*).

« **Les Anges sont mes messagers** (*Ps 103 : 20*).

« 1. À l'origine, ceux qui M'ont désobéi sont appelés :

- diable (celui qui disperse)

- et Satan (le calomniateur, le séducteur - *Ap 12 : 9*).

« Les hommes leur ont donné d'autres noms.

« 2. Aujourd'hui, les anges déchus continuent de travailler pour la perte de l'humanité. Ceux qui pactisent avec eux font pareil.

« C'est pourquoi, J'ai envoyé L'ECC pour détruire leurs stratagèmes.

« Mais, il se trouve que certains fidèles ne M'adorent pas pleinement comme JE l'aurais souhaité.

« 3. Vous de LA FRATERNITÉ CHRÉTIENNE, JE vous ai donné toutes les forces pour que vous évitiez le commerce avec les anges déchus.

« Ce que JE vous demande, c'est de n'utiliser que **la prière**, sauf si MOI-MÊME Je révèle autre chose. Relisez *Mc 9 : 14 - 29* ».

5.8. 2019. L'Emblème de LA FC

- La FC est annoncée= à Lomé (Togo), le vendredi 15 janvier 1993 au cours du culte de vendredi 13 heures au Jardin de prières, à la Paroisse JÉRUSALEM. Devant DIEU et devant

---

[287] Cf. l'ouvrage : LA PRÉDICATION À LA FC

les hommes, nous avons vu un **Triangle Équilatéral avec L'ŒIL au centre**. À la question de savoir ce que cela pouvait bien signifier, nous avions entendu : **NOUVELLE ÉGLISE** sans plus de détail.

Depuis ce temps, nous ne nous sommes pas posés d'autres questions.

- Asnières-sur-Seine (FRANCE), le dimanche 09 mai 2014 : Apparition du **Triangle équilatéral avec L'ŒIL au centre**. Ce jour-là, nous étions assurés de l'Assistance divine. LA FC est vraiment une **NOUVELLE ÉGLISE**.
- Asnières-sur-Seine (FRANCE), le dimanche 02 décembre 2018. Nouvelle Apparition du **Triangle équilatéral avec L'ŒIL** au centre. Cette fois, Il brille. C'est **ÉLOHIM** qui veut dire Un seul DIEU en trois (3) personnes et qui signifie LA TRINITÉ (*Gn 1 : 1, 26 ; 3 : 22 ; Ml 3 : 8 ; Mt 28 : 19*).

MARIE donne à LA FC, la Paroisse JÉRUSALEM de Lomé (Togo) à restaurer.

- Asnières-sur-Seine (France), le dimanche 09 décembre 2018. Réapparition du **Triangle équilatéral avec L'ŒIL au centre**. Il est soutenu par deux (2) pieds. Il a été reçu ce qui suit « *Dire à Werner que c'est le symbole, le signe figuratif de LA FC, à planter* » dit L'ÉTERNEL DIEU, **devant DIEU et devant les hommes.**

« *Les tiens rebâtiront sur d'anciennes ruines, tu relèveras des fondements antiques ; on t'appellera réparateur des brèches, celui qui restaure les chemins, qui rend le pays habitable.* » (*És 58 : 12*)

ÉLOHIM signifie TRINITÉ et veut dire aussi DIEU en 3 PERSONNES : LE PÈRE, LE FILS, LE SAINT-ESPRIT. (*Gn 1 : 1, 26 ; 3 : 22 ; Mt 28 : 19*).

FRATERNITÉ CHRÉTIENNE en DEMI-CERCLE, c'est L'ARC-EN-CIEL, symbole de la NOUVELLE ALLIANCE (*Lc 22 :20*)

Lire la présentation par JEAN PAUL PP. II à la page 324

[« LA FC devra transférer la Paroisse JÉRUSALEM sur la route de Kpalimé pour éviter des nuisances sonores à son environnement. LA FC s'installera à Bruxelles également. Elle devra aussi ouvrir une Paroisse dans le quartier d'Adjido à *Aného*. LA FC construira une grotte dédiée à MARIE à *Tokpli*.

LA FC devra ouvrir une Paroisse à **Kara** par la suite. Celle-ci travaillera en étroite collaboration avec l'Église Catholique particulièrement durant les fêtes de LA SAINTE VIERGE MARIE », a dit MARIE. »].

5.9. 2020 : Tenue des Fidèles

Elle est blanche sauf le surplus bleu du Visionnaire, et le surplus jaune des Vénérables Mamans. Les Pasteurs ont une chasuble bardée sur la poitrine d'une Croix à dominance blanche dont LE CHRIST est légèrement relevé de la Croix, et tourné vers la gauche. Au pied de la Croix, un ruban doré horizontal pour le Pasteur de fonction et deux rubans dorés horizontaux pour le Révérend Pasteur.

5.10. Notes Complémentaires

Note 1 – Cantique attribuée à la FC

II « *Allez révéler au monde*
L'Amour du DIEU TOUT –PUISSANT !
Dans l'obscurité profonde,
Annoncez le jour naissant ;
Aux peuples sans espérance,
Dîtes : « JÉSUS est venu,]
Apportant la délivrance,
Aux cœurs coupables et perdus ! » bis ...
AMEN. »

Avec un tel Hymne, les fidèles de LA FC ne peuvent donc rester cloîtrés dans leurs Paroisses. Ils ont l'obligation d'aller vers les frères et sœurs, toutes les tendances confondues, pour contribuer à la réhabilitation de L'ECC. Ses fidèles devront, dès lors, se conformer à cette DOCTRINE et célébrer LA TRÈS SAINTE VIERGE MARIE sans laquelle, nous ne pouvons valablement évoluer dans L'ECC comme le dit Le Premier Chant Révélé : *Oh Bien chers frères croyants* [288].

« Oh bien chers frères croyants,
Levez donc haut la tête !
Et, prêtez oreilles à ce que dit JEHOVAH :
Savez-vous pourquoi vous êtes
Dans cette Grande Église ?
Savez-vous pourquoi vous êtes
Dans cette Sainte Assemblée ?
Que LA SAINTE-MARIE,
Vienne nous accompagner.
Et, qu'ensemble, tous les Saints
Puissions-nous accompagner. AMEN ! »

Note 2

Le Visionnaire ne peut mentir, sinon, il perd sa Vision (*Mi 3 : 6*). Et celle-ci est remplacée dès lors par l'esprit de Python (*Ac 16 : 16 - 40 ; 1 Jn 4 : 1 - 6*), ou il meurt (*Dt 18 : 20 ; Jér 28 : 15 - 17*).

C'est pourquoi, avant de donner sa Vision, il fait le serment, une fois, de dire la vérité **« devant DIEU et devant les hommes »**, **« la main gauche tenant une BIBLE et la droite levée devant un crucifix »** [289].

Note 3

L'ECC *« est une Église primitive, teintée du sang des martyrs... Le Christianisme Céleste est une Église chrétienne primitive, c'est l'Église du CHRIST. Tous les fidèles portent le nom de chrétiens. La dénomination vient de la vision par laquelle JÉSUS annonçait à nos visionnaires que les membres de cette assemblée l'adoreront comme le font les Anges dans le Ciel. »* de ADETONAH Apollinaire, 1972, Lumière sur le Christianisme Céleste, nouvelle édition, p. 19 - 20, § 3, 8, Porto-Novo (Bénin).

Elle est le **« Reflet de l'Église chrétienne primitive »** selon Samuel Biléou Joseph OSCHOFFA en 1976, le Fondateur, L'Église du christianisme céleste [290].

---

[288] Lire SBJ OSCHOFFA, 1980, **Art. 77** et **99** § g
[289] ADETONAH, 1972, p. 52, § 6; p. 78, **Art. 38**; OSCHOFFA, 1980, **Art. 72**; *Lc 24: 19*
[290] L'Église du Christianisme Céleste, de Albert de Surgy, 2001, p.27, § 3, Éditions Karthala

TROISIÈME PARTIE

Quelques étapes de L'ECC dans le Diocèse du Togo

6. 2002 - La Réorganisation du Diocèse du Togo

1991 - 2007 : Renaissance du Diocèse du Togo

Sommaire

6.1. La Réorganisation du Diocèse du Togo

6.2. Les Instances Dirigeantes de L'ECC du Togo

6.3. Le Bureau Permanent ou Exécutif

L'année **2002** est importante dans l'histoire de L'ECC. En effet, elle est marquée par la tentative de Réconciliation après les divisions au lendemain de la mort de SBJ OSCHOFFA le 10 septembre 1985 à Lagos (Nigéria).

Tous les Hauts Dignitaires s'étaient réunis le 31 juillet 2002 en conclave autour du Révérend Pasteur Benoît D. AGBAOSSI sur la Paroisse SAINTE ANNE Ibukun dans la banlieue de Cotonou (Bénin), seul survivant de la HIME [291].

À l'issue de ce conclave, Papa AGBAOSSI « devient de ce fait **Président du Comité Supérieur Mondial** de la Sainte Église venue des Cieux.

Papa BOUKPESSI, Supérieur Senior Évangéliste est confirmé à nouveau dans ses fonctions de *Chef du Diocèse du Togo* par la lettre N° Réf : **038/03/ECC/SS/CSM/SA Porto-Novo**, du 26 février 2003, adressée aux Autorités Togolaises, afin de continuer son œuvre de redressement de l'Église dans le pays.

---

[291] Cf. ci-dessus la Dédicace

Il procède dès lors, à une Réorganisation du Diocèse. Nous avons préféré reproduire ici le texte de notre infatigable Chef de Diocèse.

6.1. LA RÉORGANISATION DU DIOCÈSE DU TOGO

6.1.1. Réorganisation

Un Comité Directeur National, dont la liste ci-jointe, présidé par le Supérieur Senior Évangéliste Martin Nossa BARARMNA-BOUKPESSI, a été mis en place pour diriger l'Église.

Ce Comité s'emploie aujourd'hui à une réorganisation adéquate au sein de l'Église, conformément aux dispositions des STATUTS et RÈGLEMENT INTÉRIEUR de l'Église du TOGO et compte tenu des lois en vigueur au Togo …

Le Diocèse comporte douze (12) Régions Évangéliques, dirigées par des Comités Régionaux Évangéliques …

« Les chargés spirituels des paroisses seront nommés et affectés sur les paroisses par le Chef de Diocèse, sur proposition du Comité Directeur National.

« Le profil des chargés spirituels est le suivant :

a. être de bonne moralité ;

b. jouir d'une bonne santé ;

c. être un rassembleur d'hommes ;

d. respecter scrupuleusement les Saintes Écritures ;

e. savoir officier les cultes et savoir faire la prédication ;

f. avoir une attitude digne d'un responsable ;

g. être disponible pour les activités spirituelles ;

h. avoir suivi une formation adéquate ;

i. se conformer aux lois en vigueur dans le pays de résidence ;

j. savoir donner le bon exemple aux fidèles dans le respect des règlements de l'Église et du code civique ;

En complément de cela,

1. Les sanctions disciplinaires seront appliquées à tons les niveaux dans l'Église.

2. Les Ressources de l'Église serviront à la stricte construction de l'Église et au développement économique du Pays.

3. La réorganisation se fera à tous les niveaux dans l'Église à savoir :

- Adoration de Dieu

- Les onctions annuelles à Sémè Plage au Bénin

- Les gradations à tous les niveaux

- Les visions dans l'Église et non dans les domiciles.

- Réglementer l'accès aux paroisses pour éviter que les paroisses ne se transforment en maisons d'habitation des fidèles et des visiteurs.

- Les travaux spirituels se dérouleront dans les paroisses et non dans les domiciles.

4. Regroupement des paroisses de moins de vingt-cinq (25) fidèles.

5. Fermeture des paroisses où il y a du désordre, de l'adultère, de l'escroquerie et des querelles.

6. Contrôle régulier de la gestion des fonds provenant des quêtes et des diverses cotisations des fidèles au niveau de chaque paroisse.

Les actions de toutes les différentes commissions au sein du Comité Directeur National, contribueront à la réorganisation totale de l'Église du Christianisme Céleste du Togo pour la meilleure adoration de Dieu, pour le bien-être des fidèles et pour le développement économique, social et culturel du pays, le TOGO.

6.2. Les Instances Dirigeantes de L'ECC du Togo

Les Instances dirigeantes de l'Église sont :

6.2.1. Le Diocèse

<u>Chef de diocèse</u> : **Supérieur Senior Évangéliste Martin Nossa BARAMNA-BOUKPESSI**

- nommé **responsable de L'Église au Togo** par lettre circulaire du feu Prophète Pasteur Fondateur Samuel Biléou Joseph OSHOFFA le 21 juin 1985 ;

- confirmé par le **Supérieur Évangéliste** Benoît D. AGBAOSSI par lettre N°0052/ECC/DB/SG du 28 Mai 1988 ;

- nommé **Chef du Diocèse de la République du Togo** par décision N°**271/94/ECC/SS/SG** du 24 septembre 1994 par le Régent de l'Église du Christianisme Céleste, Benoît D. AGBAOSSI.

Le Diocèse comporte douze (12) régions Évangéliques dirigées par les Comités Régionaux Évangéliques dont leurs Présidents sont membres actifs du Comité Directeur National.

6.2.2. Le Comité Directeur National

Il était composé de TRENTE SIX (36) Membres qui sont :

1. *Président National* : Supérieur Senior Évangéliste **Martin Nossa BARARMNA-BOUKPESSI** ;
2. *1ᵉʳ Vice-Président* : Vénérable Senior Évangéliste **Maurice Amouzouvi AKAKPO** ;
3. *2ᵉᵐᵉ Vice-Président* : Vénérable Senior Évangéliste Woli **Alain Komlan MONTCHO** ;
4. *Secrétaire Général* : Vénérable senior Évangéliste **Samuel Djénou EKOUE** ;
5. *1ᵉʳ Secrétaire Adjoint* : Senior Évangéliste **Samuel Comlanvi QUASHIE** ;
6. *2ᵉᵐᵉ Secrétaire Adjoint* : Évangéliste Woli **Kwami TAROUGUE** ;
7. *Trésorier Général* : Senior Évangéliste **Théodore Kouassivi QUASHIE** ;
8. *Trésorier Adjoint* : Senior Évangéliste **Dzodji AKIBODE** ;

9. *2ème Trésorier Adjoint* : Senior Évangéliste **Antoine Kodjo OCLOO** ;

10. *Organisateur Général* : Vénérable Senior Évangéliste **Emmanuel Zinsou OBA** ;

11. *1er Organisateur Général Adjoint* : Vénérable Senior Évangéliste **Georges Messan TONA** ;

12. *2ème Organisateur Général Adjoint* : Senior Évangéliste **Philippe Akovi PRINCE AGBODJAN** ;

13. *Président de la Commission de la Formation Religieuse et des Promotions* : Vénérable Senior Évangéliste Woli **Pierre Anani Mawunyo AGUH** ;

14. *Président de la Commission des Finances et du Patrimoine de l'Église du Christianisme Céleste* : Senior Évangéliste **Théodore Kouassivi QUASHIE** ;

15. *Président de la Commission des Infrastructures et des Affaires domaniales* : Vénérable Senior Évangéliste **Paul Mawuèna PADONOU** ;

16. *Président de la Commission des Manifestations Religieuses Officielles* : Vénérable Senior Évangéliste **Emmanuel Zinsou OBA** ;

17. *Présidente de la Commission de la Santé et des Affaires Sociales* : Vénérable Senior Maman **Jeannette Nadouvi LAWSON-BODY** ;

18. *Président de la Commission de la Discipline, de la Justice et du Contentieux* : Senior Évangéliste **Laurence Adjété KPOTI** ;

19. *Président de la Commission de la Communication et de la Presse* : Évangéliste **Emile Kuma APETO** ;

20. *Président de la Commission des Relations avec les autres Confessions Religieuses* : Senior Évangéliste **Antoine Komlan MIDODJI** ;

21. *Président de la Commission de l'Éducation de l'Alphabétisation et de la Formation à l'auto-emploi* : Vénérable Senior Évangéliste **Basile ADOMOU** ;

22. *Président de la Commission de l'Animation Culturelle* : Assistant-Leader **Nestor Fo-Koffi TAKO** ;

23. *Président de la Commission de la Vigile, Chargée de la Sécurité des personnes et des biens* : Assistant Évangéliste **Paul Dominique ALFA** ;

24. *Président de la Commission des Relations avec les autres Diocèses et le Siège Mondial* : Vénérable Senior Évangéliste **Maurice Amouzouvi AKAKPO** ;

25. *Président de la Région Évangélique Commune de Lomé-Ouest* : Vénérable Senior Évangéliste **Alexis KINDE** ;
26. *Président de la Région Évangélique Commune de Lomé-Centre* : Vénérable Senior Évangéliste **Ferdinand Etsevi HOUNKPATI** ;
27. *Président de la Région Évangélique Commune de Lomé-Est* : Vénérable Senior Évangéliste **Paulin Yaovi APEDO** ;
28. *Président de la Région Évangélique des Lacs* : Vénérable Senior Évangéliste Woli **Célestin TOHA** ;
29. *Président de la Région Évangélique de Yoto- Afagna-vo* : Senior Évangéliste **Augustin Yao ADJABLI** ;
30. *Président de la Région Évangélique du Zio–Avé* : Vénérable Senior Évangéliste **Paul Messan KOUVAHE** ;
31. *Président de la Région Évangélique du Haho* : Senior Évangéliste **Daniel Kodjo AGBOSSOU** ;
32. *Président de la Région Évangélique de Kloto* : Vénérable Senior Évangéliste **Ruben Komlan DZIBA** ;
33. *Président de la Région Évangélique de Wawa* : Leader **Dzifa ATIEGO-NOGLO** ;
34. *Président de la Région Évangélique de l'Ogou-Amou* : Senior Évangéliste **Laurent HOUNZAGLI** ;
35. *Président de la Région Évangélique de l'Ogou-Est-Mono* : Évangéliste **Hervé ODIN** ;
36. *Président de la Région Évangélique Centrale–Kara-Savanes* : Vénérable Senior **Allagba Raphaël KALAO** ;

6.2.3. Le Bureau Permanent ou Exécutif

Les membres composant ce Bureau étaient les suivants :

1. *Président National* : S. S. Ev. **Martin Nossa BARARMNA-BOUKPESSI** ;
2. *1er Vice-Président* : V. S. Ev. **Maurice Amouzouvi AKAKPO** ;
3. *2e Vice-Président* : V. S. Ev. **K. Alain Komlan MONTCHO** ;
4. *Secrétaire Général* : V. S. Ev. **Samuel Djenou EKOUE** ;
5. *1er Secrétaire Adjoint* : S. Ev. **Samuel Comlanvi QUASHIE** ;
6. *2e Secrétaire Adjoint* : Ev. W. **Kwami TAROUGUE** ;
7. *Trésorier Général* : S. Ev. **Théodore Kouassivi QUASHIE** ;
8. *1er Trésorier Adjoint* : S. Ev. Dzadji **AKIBODE ;**
9. *2e Trésorier Adjoint* : S. Ev. Antoine Kodjo **OCLOO** ;
10. *Organisateur Général* : V. S. Ev. Emmanuel Zinsou **OBA** ;
11. *1er Organisateur Adjoint* : V. S. Ev. Georges Messan **TONA** ;

12. *2e Organisateur Adjoint* : S. Ev. Philippe Akovi **PRINCE AGBODJAN** ;

6.2.4. Le Comité Directeur National

Le Comité Directeur National est composé comme suit :

1. un bureau permanent de douze (12) Membres ;
2. les douze (12) Présidents des douze (12) différentes commissions ;
3. les douze (12) Présidents des douze (12) Régions Évangéliques ;

*Figure 54 - **Pasteur Martin N. BARAMNA-BOUKPESSI - Chef du Diocèse du Togo***

TROISIÈME PARTIE

Quelques étapes de L'ECC dans le Diocèse du Togo

7. 2007 Martin N. BARARMNA-BOUKPESSI oint 1er Pasteur du Togo par le Révérend Pasteur Benoît D. AGBAOSSI le 31 Août 2007 à Porto-Novo (Bénin)

Sommaire

7.1. Des Jours Heureux auprès du Révérend Pasteur Benoît D. AGBAOSSI

7.2. Rendons Hommage

7.3. À la recherche d'une Solution pour le Diocèse du Togo avec le Révérend Pasteur Bennett B. A. ADEOGUN

De retour de son importante Mission pastorale en France Métropolitaine et dans les Antilles, inspiré par L'Esprit-Saint, le Révérend Pasteur Benoît D. AGBAOSSI donna l'Onction de Pasteur à Papa BOUKPESSI le 31 août 2007 à Porto-Novo (Bénin). Il mourut le 06 décembre 2007 à Lomé.

7.1. Des jours heureux auprès du révérend pasteur Benoît D. AGBAOSSI

Durant ce mois de juillet 2007 de sa Mission pastorale en France, il nous avait été recommandé, devant DIEU et devant les hommes, de passer la journée auprès du Révérend Pasteur aussi bien dans sa première résidence que chez son fils Abel. Nous arrivions le matin pour n'en repartir que le soir. Nous n'avions cependant pas pu assister à la séance de la soirée où, à la Paroisse Mère d'Aubervilliers, il fut remis au Devancier Pierre ALOKPO la double responsabilité de Chargé de la

Paroisse et de Chef du Diocèse. Qu'il persévère dans cette double mission *(1 Co 15 : 58)*.

Dès le lendemain et les jours suivants, nous avions été témoin des suites de ce scénario, jusqu'à son départ le 11 juillet 2007 aux Antilles Françaises où il passa quelques jours. Si nous évoquions ces épisodes, c'était pour montrer que nous avions passé modestement des jours heureux aux côtés de ce Grand Homme de DIEU que nous aimions tous, et avions assisté à certains moments de la vie du Diocèse et de ses préoccupations.

Nous avions eu par ailleurs la chance, durant ce mois de juillet 2007, d'échanger avec Papa AGBAOSSI, sur le Diocèse du Togo où tout le monde a une place dans le bercail de l'Église, fort en cela dans le fondement de la Doctrine de NOTRE SEIGNEUR JÉSUS - CHRIST, qui est l'AMOUR, et celui entre ses disciples *(Mt 22 : 36 - 40 ; Ga 5 : 14 ; Jn 13 : 34 - 35)*.

Et c'était avec une grande joie que nous avions appris cette **onction au grade de Pasteur**, de Papa BOUKPESSI **le 31 août 2007** en présence du 2ème Vice-Président du Comité Directeur National du Diocèse du Togo, le Grand Devancier Woli **Alain Komlan MONTCHO**. Nous tous qui avions fait l'ŒUVRE à ses côtés savions qu'il avait bien mérité cette onction de Pasteur compte tenu de toutes les actions qu'il avait menées à la tête du Diocèse du Togo, particulièrement durant les années difficiles **(du 09 mai 1978 au 24 avril 1991)** où L'ECC avait été fermée avec d'autres Églises ; puis le **rayonnement** et le **respect** qu'il a su lui insuffler à partir de 1991.

7.2. Rendons Hommage

Vous tous chrétiens célestes, vous êtes tous dans notre cœur quelle que soit votre tendance. Et vous aussi de **l'Ordre Sacré Éternel des Chérubins et Séraphins** [292], sans oublier les frères et sœurs du **Renouveau Charismatique** avec lesquels nous entretenons d'excellentes relations de compréhension mutuelle.

---

[292] OSCHOFFA, 1980, Art. **27, 28, 29**

Ensemble, nous défendons la même cause, la victoire sur les forces des ténèbres (*2 Pi 1 : 19*).

C'est le lieu de rendre hommage à tous ceux que Papa BOUKPESSI a mentionnés dans les structures de direction [293].

Et vous ! Papa KOUVAHE, la famille et toute la Paroisse Saint MICHEL de Tsévié ; Papa ASSIMADI, la famille et toute la Paroisse BETHPHAGE de Kpalimé ; les Devanciers et Devancières : Maman BOUKPESSI, Céline BOUKPESSI, TCHEDRE, KPADE, LASSISSI, MIDODJI, GBEGNEDJI, Dr Jeannette LAWSON, Pierrette TIGOE, Juliette AKAKPO, les QUASHIE, les KPOTI, les KINDE, Jean-Marc SONDOU, Charles BOUKPESSI, les AGBODJAN, la Paroisse Saint MICHEL de Lomé, les Paroisses Saint RAPHAËL de Papa Aubin ADJOVI, de Lomé, Bobigny et des Antilles Françaises, *Woli* KOVI (USA), EDORH (CANADA) la Paroisse de Papa ANANI à Bè (Lomé), *Woli* ALEXIS, Maman *Woli* LAWSON et son Fils, *Woli* KPEVI, LAWSON, la famille et toute la Paroisse, KPOKPOLI et toute sa Paroisse, le Devancier BAMEZON Justin de la Paroisse JÉRUSALEM, AGBANYO Seth, le Grand Devancier GOMEZ, beau-père du Grand Secrétaire Général de L'ECC , Paul GONÇALVES, les Devancières DE GONZAGUE, ANKRAH, SEMEGLO, AGBO Pétrina, ABA, MANKOUVI, le Grand Responsable Spirituel NOUVI de **L'Ordre Sacré Éternel des Chérubins et Séraphins** (OSECS) qui œuvrent aussi avec LA FRATERNITÉ CHRÉTIENNE (FC) pour **Asseoir l'Autorité de MARIE**, affirmée par le Premier Chant Révélé à L'ECC [294].

LA FC est une *œuvre divine* accordée à notre compatriote Werner M. K. GUNUBU. Il réunit autour de lui : Carole M.-L. LOBEAU, Maurice A. AKAKPO, Fleurette LOBEAU, Rose-Marie BONALAIR, Joël DA PIEDADE, Jérôme GUNUBU, Christine ASSAGBA, Juliette A. AZIALE-AKAKPO, Éric ABALO.

---

[293] cf ci-dessus
[294] 3e Partie, chapitre 5

Rappelons que comme L'ECC, La FC et L'OSECS [295] constituent, devant DIEU et devant les hommes, les sommets d'un même Triangle Équilatéral.

Le Premier Chant Révélé à L'ECC [296]
« Oh bien chers frères croyants,
Levez donc haut la tête !
Et, prêtez oreilles à ce que dit JEHOVAH :
Savez-vous pourquoi vous êtes
Dans cette Grande Église ?
Savez-vous pourquoi vous êtes
Dans cette Sainte Assemblée ?
Que LA SAINTE-MARIE,
Vienne nous accompagner.
Et, qu'ensemble, tous les Saints
Puissions-nous accompagner.
AMEN !!! »

Mes salutations fraternelles au *Révérend Pasteur EMMANUEL M. F. OSCHOFFA.*

Ceux qui, dans le **Diocèse de France**, inlassablement, ont toujours cherché à pratiquer le véritable MESSAGE D'OSCHOFFA [297], à procéder à des regroupements, ou à chercher l'évolution juridique de L'ECC, je tiens à les féliciter tous : Pierre **ALOKPO**, son Comité paroissial, le Comité National du Diocèse et **J. AHOYO**, fondateur de la Paroisse de BETHLÉHEM, M. **SHOBOWALE OLORUNSHOLA**, Franck **TUTUAKU** et tous les autres Devanciers et Devancières dont Celestial Mother Maman **MAGUY**, que j'ai rencontrés le dimanche 05 juin 2011 à Bethléhem au culte en mémoire de Papa AGBAOSSI. Je fus désigné pour la Prédication avec les Textes Bibliques (*2 Rois 2 : 1 - 11* et *Romains 8 : 31*).

Le *Groupe de Réflexion des 7* pour un nouveau statut juridique de l'Église en France, avec JF VENTURA, D. ABIASSI, CHRIST, R. BANDEIRA, A. AGBAOSSI, M. AKAKPO, A. CROCQFER, a

---

[295] OSCHOFFA, 1980, **Art. 28, 29 et 30**
[296] Cf. 2e Partie, chapitre 1
[297] Cf. Appendice 1

permis de rassembler les Textes Fondamentaux de L'ECC, que nous avons présentés sous le titre de : *ECC, LA DOCTRINE ; 1. BIBLE ; 2. Les 4 FONDAMENTAUX* avec une Introduction sur LA BIBLE version Louis Segond et LA BIBLE TOB.

Une copie de la première page rappelant les 4 *Fondamentaux* fut remise au Révérend Pasteur Bennett A. ADEOGUN le 11 juillet 2011, à la Paroisse – Mère d'Aubervilliers (France) en présence des Devanciers J. **KOKOYE** et **D. ABIASSI**.

Je salue mon jeune frère en Christ, **Jean AGNITHEY**, dit *Jeanvi*, qui continue avec beaucoup de détermination, secondé par son épouse **Sylvana JOHNSON**, le travail que nous avions commencé ensemble à la Paroisse JÉRUSALEM de Lomé. Ils évoluent dans leur jolie petite Paroisse **FAVEUR DE DIEU**.

Je salue également les grands Devanciers et Devancières, Yves AMAÏZO, Lévi M. YANSUNNU, Natacha LOCOH-DONOU, Lévi BAKALA, ANDREA, ANITA, AGOH, AGBOANOU et son Groupe, SODJI et son Groupe, MATHURIN et GRACE, PROSPER, BRILLANT, SALOMON, SONG, AGOSSOU FORTUNA, TCHIBOZO, AGBAOSSI Abel et Esaïe, les Mamans ADJOVI, ABIASSI, WATHA, CERALINE, JOHNSON et toute la Paroisse Saint RAPHAËL de Bobigny où nous avions œuvré en 2005 et 2006 avant de nous consacrer entièrement à LA FC.

Mes salutations fraternelles à tous les Frères et Sœurs à travers le monde.

7.3. À la recherche d'une solution pour le Diocèse du Togo avec le Révérend Pasteur Bennett B. A. ADEOGUN

Figure 55 - Révérend Pasteur Bennett ADEOGUN entouré de : de la gauche vers la droite AZIALE-AKAKPO Juliette, Dr LAWSON Jeannette et de TIGOE Pierrette, (08 décembre 2011)

TROISIÈME PARTIE

Quelques étapes de L'ECC dans le Diocèse du Togo

8. 2012, le 14 Septembre Paul Adétola BELLOW devient Pasteur

À la recherche de l'Unité du Diocèse du Togo

Sommaire

8.1. De la succession de Papa BOUKPESSI
8.2. Le Devancier Paul Adetola BELLOW devient Pasteur
8.3. Perspectives de L'ECC au Togo

8.1. De la succession de Papa BOUKPESSI

Après le décès, le 06 décembre 2007, du Chef du Diocèse, le Pasteur Martin Nossa BARARMNA-BOUKPESSI, une forte délégation se présenta à Porto-Novo pour régler le problème de la succession à la tête du Diocèse.

Après de longues discussions, le choix se porta sur Le Secrétaire Général du Diocèse, Samuel Djenou EKOUE. Puis ce fût le tour, après un an, du Chargé de la Paroisse de Jérusalem de Lomé : Paul MIKANDO pour deux ans, puis Alexis KINDE.

Devant cette situation, le Devancier Paul Adétola BELLOW organisa la succession, fort de l'Équipe Internationale de Réconciliation du 31 juillet 2002 à Cotonou, où, pour le Togo, le Chef du Diocèse devrait être successivement BOUKPESSI, AWORDEMA puis BELLOW.

8.2. Paul Adetola BELLOW devient Pasteur.

Ci-dessous sa photo et le texte de la Déclaration de l'Église du Christianisme Céleste du Togo informant l'opinion nationale et internationale de sa décision de prendre son autonomie vis-à-vis de l'Église du Christianisme Céleste du Bénin et du Siège de Porto-Novo.

*Figure 56 - **Révérend Pasteur Paul Adetola BELLOW***

DECLARATION DE L'EGLISE DU CHRISTIANISME CELESTE DU TOGO, GROUPE II

Fondée par le **Pasteur Prophète Samuel B. J. OSCHOFFA**, l'Eglise du Christianisme Céleste a vu le jour au TOGO en 1962 avec la Paroisse de Jean KPAKPAVI d'abord à Amoutivé puis à Tokoin Gbonvié.

Elle connaîtra son essor avec la création d'autres paroisses notamment à Lomé puis à l'intérieur du pays.

Compte tenu d'un malentendu né d'un dysfonctionnement au sein de l'Eglise du Christianisme Céleste notamment entre les premiers responsables togolais et le siège mondial à Porto-Novo au Bénin, l'Etat a été amené à la fermer en 1978 pour 13 ans.

Grâce à l'Article 25 de la Constitution Togolaise, l'Eglise du Christianisme Céleste a connu une réouverture avec à sa tête le Feu Pasteur BARARMNA-BOUKPESSI Martin qui a réécrit les statuts de l'Eglise. Ceci a permis l'obtention de l'agrément auprès des autorités togolaises.

Malheureusement les malentendus se sont poursuivis avec les nouveaux dirigeants togolais et le siège mondial.

Le motif des discordes demeure l'imposition par le siège mondial d'un expatrié à la tête de l'Eglise au Togo. Or les statuts stipulent l'élection du responsable national par l'Assemblée Générale des Délégués des paroisses.

Compte tenu du fait que le siège n'entend pas reconnaître l'élection du Suprême Evangéliste Bellow Adétola Paul par l'Assemblée Générale du 05 juillet 2009 comme Premier Responsable de l'Eglise au Togo, les fidèles togolais de l'Eglise du Christianisme Céleste ont décidé de proclamer leur autonomie et déclarer Bellow Adétola Paul comme Révérend Pasteur de l'Eglise du Christianisme Céleste du Togo.

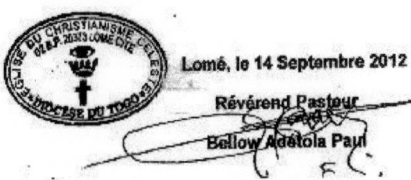

Lomé, le 14 Septembre 2012

Révérend Pasteur
Bellow Adétola Paul

Figure 57 – __Déclaration de l'Église du Christianisme Céleste du Togo, Groupe II__

8.3. LES PERSPECTIVES DE L'ECC AU TOGO

Elles sont rassurantes compte tenu de la prophétie d'OSCHOFFA plusieurs fois rappelée par Maman Hélène A. GABA, et malgré les dissensions constatées aujourd'hui.

Elles sont rassurantes mais à deux conditions :

1. Tous les fidèles doivent avoir une *très bonne connaissance* et pratiquer le vrai **MESSAGE d'OSCHOFFA**, c'est-à-dire, la *Doctrine de l'Église*, en l'occurrence LA BIBLE et les *Quatre Fondamentaux* [298]. Tous ces Textes sont disponibles en *Annexe 1* à la fin de l'ouvrage dans laquelle la **Lumière sur le Christianisme Céleste** de 1972, d'Apollinaire ADETONAH est tout simplement rappelé, étant récemment réédité.

Des *Séances de Formation* doivent donc être organisées à cet effet dans toutes les Paroisses de l'Église, et tout avancement en grade ne peut *effectivement* se faire sans une connaissance parfaite de ces Textes. Car, le drame de L'ECC est que beaucoup de fidèles ignorent même l'existence de ces Textes.

2. L'ECC ne peut pas se réduire aux visions et aux travaux spirituels d'origine quelquefois douteuse (**Ac 16 ; 16 - 18+**). MARIE, dont on ne peut pas se passer dans cette Église avec le Premier Chant Révélé à L'ECC [299], a dû nous dire ceci, *devant DIEU et devant les hommes* [300], le Jeudi Saint 17 avril 2014 :

« **Supprimez en votre sein toutes pratiques venues d'ailleurs, qui ne confessent pas le Nom de MON FILS, et qui font que L'ECC patine et n'évolue pas** » [301].

---

[298] Environ 173 pages, compte tenu de la traduction des 200 Articles de la Constitution de SBJ OSCHOFFA de 1980, promulguée en anglais au Nigéria
[299] SBJ OSCHOFFA, op. cit., Art. **77, 99** § g
[300] ADETONAH A., 1972, nouvelle édition, p. 52 § 6 ; p.78, **Art. 38** / OSCHOFFA SBJ, 1980, **Art. 72**
[301] cf. 3ᵉ Partie, chapitre 5. 7

Dès lors, on ne peut pas perdre de vue l'importance de LA **TRÈS SAINTE VIERGE MARIE** dont il faut **Asseoir l'Autorité affirmée par le Premier Chant Révélé** [302].

C'est le lieu de rappeler que c'est à la femme que sont dévolues, durant les cultes, la *prière de combat* (**Gn 3 : 14 - 15 ; Ap 12 : 1 - 18**) et la *prière de clôture des cultes*. La femme, la Samaritaine, est la première à savoir que JÉSUS est LE MESSIE attendu (**Jn 4 : 25 - 26**), et la première, *Marie de Magdala*, à laquelle « apparut d'abord » JÉSUS ressuscité le premier jour de la semaine (**Mc 16 : 9 ; Ac 2 : 29 - 32**).

« La Femme est l'être humain *le plus fort spirituellement.* », et l'Amour maternel est plus fort que tout amour manifesté dans l'humanité (**És 49 : 15**). Bien que Samuel fût l'Exaucé de DIEU, sa MERE **ANNE** dit : « *Aussi je veux le prêter à L'ÉTERNEL : il sera toute sa vie prêtée à L'ÉTERNEL. Et ils se prosternèrent là devant L'ÉTERNEL.* », (**1 S 1 : 28**) [303].

C'est ainsi que se révèlent çà et là, des Missions voire des Églises en vue de **contribuer à la Réhabilitation de L'ECC**. LA **FRATERNITÉ CHRÉTIENNE** fait partie de celles-là pour Asseoir l'Autorité de MARIE [304].

En effet, au **70ᵉ Anniversaire**, il est révélé pour L'ECC, devant DIEU et devant les hommes, que « **le bilan est peu élogieux** ».

---

[302] « Oh bien chers frères croyants, Levez donc haut la tête ! ... », cf. 2ᵉ Partie, chap. 1)

[303] cf. 2ᵉ Partie, chap. 3 : La Femme dans L'ECC

[304] cf. 3ᵉ Partie, chap. 5

PRÉSENTATIONS
DE L'ORDRE DE MISSION ET DE L'EMBLÈME DE LA FC
PAR JEAN PAUL PP. II

PRÉSENTATION
DE L'ORDRE DE MISSION DE LA FC
PAR JEAN PAUL PP. II

« NOUS avons commenté l'Emblème de LA FC avec toi, dit JEAN PAUL PP. II.

« Aujourd'hui, l'Ordre de Mission doit être bien compris.

« Quand vous observez la date où MARIE l'a donné, vous constaterez que c'est en pleine Semaine Sainte.

« Une semaine où commence la Rédemption.

« C'est dire que vous aussi devez sauver L'ECC.

« Ce n'est donc pas une tâche facile.

« Toi qui écris, JE te demande de casse les oreilles des tiens ces temps-ci, avec l'Ordre de Mission.

« Tu saisiras les 2 textes de commentaires de l'Emblème et de l'Ordre de Mission de LA FC et tu en fais l'envoi.

« MOI, LE FONDATEUR DE LA FC, JE te demande :

« Qui peut ME détruire ?

« Alors, n'ayez peur de personne !

« Tout ce que JE vous demande, c'est beaucoup de patience comme MA MÈRE vous l'a dit.

« Maîtrisez aussi les 4 Fondamentaux sans lesquels il n'y a pas de véritable ECC.

« Toi qui écris, JE crois t'avoir dit de les mettre sur la toile.

« JD s'en chargera

« Quant à la Grande Dame, elle doit elle-même, les télécharger à toutes ses connaissances de L'ECC.

« MOI, MARIE, cela préparera le terrain à l'accueil de l'ouvrage à sortir sur L'ECC.

« Toi, JD, je te confirme, NOUS te rendrons 7 fois ce que tu fais.

« Que la paix du SEIGNEUR soit avec vous !

AMEN ! ».

PRÉSENTATION
DE L'EMBLÈME DE LA FC
PAR JEAN PAUL PP. II.

« NOUS sommes le Socle de LA FC, dit JEAN PAUL PP. II. au sujet de l'Emblème de LA FC.

« Que peuvent faire les hommes sans le concours de LA TRINITÉ ?

« Toi qui écris, tu l'as déjà pris pour ton compte.

« Tu remarqueras que les NOMS inscrits dans le Triangle correspondent aux positions de 3 bougies allumées sur un Autel de DIEU : LE PÈRE, LE FILS, LE SAINT-ESPRIT.

« Le choix de *Ésaïe 58 : 12* signifie ceci :

« *Les tiens rebâtiront sur d'anciennes ruines* » signifie que LA FC a un fondement antique, celui du Peuple de DIEU dans le désert, avec ses turbulences.

« Toi qui écris, tu diras ceci à la Grande Dame et au Jeune homme :

« Respectez les Interdits pour être solides.

« Toi, tu calmeras tes ardeurs.

« Tu *relèveras des fondements antiques* ».

« Vous, particulièrement dans LA FC, NOUS vous avons donné des forces antiques que ne peuvent combattre les sorciers sans perdre des plumes.

« On t'app*ellera réparateur des brèches* ».

« Vous avez pour Mission de réparer L'ECC qui a oublié un peu MARIE.

« Le culte de dévotion du 1er vendredi de juillet ne suffit pas, au regard du contenu du Premier Chant Révélé à L'ECC.

« ELLE est l'Intermédiaire indispensable pour la réussite de la Mission de L'ECC.

« Mais, comme vous de LA FC, vous avez pour Mission d'Asseoir l'Autorité de MARIE, vous êtes donc le vrai réparateur de L'ECC.

« **Celui qui restaure les chemins, qui rend le pays habitable**

« Si tous les fidèles de L'ECC suivent vraiment MARIE, elle retrouverait sa force initiale du 29 septembre 1947.

« Toi qui écris, **JE te donnerai des occasions**, dit JEAN PAUL PP. II., comme la dernière fois, au mariage religieux de ton fils Didier avec Viviane, de diffuser ces infos.

« Quant aux citations bibliques, elles doivent être rappelées régulièrement.

« Que la Paix de MON PÈRE, soit avec LA FRATERNITÉ CHRÉTIENNE !

AMEN ! ».

Figure 58 - __Jean Paul PP.II__

CONCLUSION GÉNÉRALE

Au terme de ce long cheminement pour essayer de faire mieux connaître et comprendre L'Église du Christianisme Céleste (ECC), que pouvons-nous retenir ?

1. L'ECC est une *Église spirituellement puissante* avec tous ses charismes énumérés dans des Épîtres de Paul (*1 Co 12 : 4 - 11 ; 28 - 31 ; 2 Co 12 : 1 - 10 ; Ep 4 : 11 - 12*), bien entendu, chez tous les *Prophètes* (*Joë 2 : 28 - 32 ; Am 3 : 7...*), et dans tous les Évangiles [305].

2. En dehors de LA BIBLE, les Textes Fondamentaux de L'ECC [306] qui sont d'ailleurs entièrement basés sur LA BIBLE, ne sont pas encore bien connus de certains fidèles.

3. Dès lors, la *Formation* s'impose plus que jamais dans L'ECC. Elle doit devenir la préoccupation essentielle des Dirigeants et doit conditionner *effectivement* tout avancement en grade dans la Hiérarchie de l'Église.

4. Tous les fidèles doivent se dispenser, entre autres, de la consommation des produits enivrants et de la viande de porc sous toutes ses formes de peur d'être fragilisés. (*Lv 11 : 7 ; Mc 5 : 12 - 13 ; Lc 1 : 15 - 17*)[307] car ils sont incompatibles avec L'ESPRIT-SAINT [308].

5. L'ECC doit renaître, être réhabilitée, car « *elle patine et n'évolue pas* » a dit MARIE, le Jeudi Saint 17 avril 2014, *devant DIEU et devant les hommes*. L'Église s'empêtre dans des travaux spirituels qui n'honorent pas le Nom du CHRIST.

Certaines Missions et Églises s'emploient déjà à cette noble mission de réhabilitation comme LA FRATERNITÉ

---

[305] Cf. 2ᵉ Partie, chap. 5 : Le Visionnaire, la Vision ; chap.8 : De la toute-puissance de L'ECC
[306] Cf. Appendice 1
[307] En complément lire OSCHOFFA, SBJ, 1980, **Art. 93** § 2, 3, 4
[308] Cf. 2ᵉ Partie, chap. 8.

CHRÉTIENNE [309], qui contribuent ainsi, par une bonne connaissance de la *Doctrine* de L'ECC, à Asseoir l'Autorité de **LA TRÈS SAINTE VIERGE MARIE** dont on ne peut se passer si on veut bien évoluer dans cette église [310]. Les prières sont plus efficaces et les prédications bien inspirées.

6. Tous les « *Chefs Mondiaux* » et tous les « Chefs de Diocèse » d'un même pays ont l'impérieux devoir de se retrouver en vue d'une meilleure organisation administrative de L'ECC ! « *CHRIST n'est pas divisé...* » de *1 Co 1 : 13.*

Ils s'organiseront dans une **Union Générale du Christianisme Céleste** comme cela avait été révélé le vendredi 15 janvier 1993 au culte de 13 heures à la Paroisse JÉRUSALEM de Lomé, *devant DIEU et devant les hommes.*

7. Nous ne saurions terminer ce travail sans rappeler, une nouvelle fois, les deux Grandes Révélations que nous tenons de la **VSMW Hélène A. GABA** [311], auprès de laquelle nous avions œuvré à la Paroisse JÉRUSALEM de Lomé (Togo) à partir du 02 janvier 1975, et dans nos déplacements pour rencontrer SBJ OSCHOFFA [312].

7.1. En effet, **Maman GABA** avait toujours rapporté que, selon une Prophétie de SBJ OSCHOFFA, l'évolution positive ultérieure de L'ECC passerait forcément par le Diocèse du Togo quoiqu'il arrive et c'est chose faite avec la FC. Peuvent témoigner tous ceux qui l'avaient côtoyée, particulièrement les anciens fidèles de la Paroisse de JÉRUSALEM fondée en 1972 par la Grande Devancière, avec l'autorisation exceptionnelle du Révérend Prophète Pasteur Fondateur de L'ECC, et qui fut la Première Visionnaire à endosser le surplus bleu des *Wolis*.

On comprend mieux le *Rôle Marial* dévolu à cette Paroisse lorsqu'une révélation de 03 novembre 2013 transmise par le Chargé de la Paroisse, NADEDJITO Jérémie, nous demanda de

---

[309] Cf. 3e Partie, chap. 5
[310] Cf. Premier Chant Révélé à L'ECC - Voir 2ème Partie, chap. 1, 3 et la 3ème page de la couverture
[311] Cf. la page de la Dédicace
[312] Cf. 3e Partie, chap. 1 :1.4. Nos rencontres avec SBJ OSCHOFFA, 1975-1977

prier pour notre Paroisse et que des messages nous seront donnés pour les fidèles. Dès le premier jour, le lundi matin (04 novembre 2013), nous recevions ceci devant Dieu et devant les hommes :

« C'est MOI-MÊME, l'ÉTERNEL DIEU, qui ai fondé cette Paroisse en 1972, pour honorer LA MÈRE DE MON FILS, que vous célébrez dans le *Premier Chant Révélé* à L'ÉGLISE DU CHRISTIANISME CÉLESTE. Mais vous avez voulu en faire autre chose. » [313].

Les messages ont fusé pendant trois jours (3), matin, midi, soir, suivis de sept (7) travaux spirituels qui étaient, avant tout, des *prières* et des *concertations*. Mais ils n'ont pas été effectués à notre connaissance. Tout le monde connaît la suite (*1 Th 5 : 19 - 21*).

7.2. La **deuxième grande Révélation** est une Prophétie que Maman GABA en personne recevait souvent, **que les travaux spirituels vont disparaître et que les prières suffiront à faire obtenir les mêmes résultats qu'aujourd'hui** (*Mc 9 : 14 - 29*). Nous le vérifions à La FRATERNITÉ CHRÉTIENNE.

Que pensez de tout ceci ? C'était toujours avec un enthousiasme extraordinaire franc et sincère que manifestait ce grand homme d'OSCHOFFA quand il recevait la Délégation Togolaise. Je peux le confirmer, soit en 1975 dans sa résidence à Porto-Novo en présence d'Edithnon, la mère d'Edith (sa fille) qui, la première, se maria selon les rites de L'ECC, soit en janvier 1977 et en juillet 1977 dans sa nouvelle salle d'audience à Makoko (Nigéria). Cela ne faisait aucun doute sur le rôle dévolu au Togo dans le redressement de L'ECC malgré la situation actuelle.

Dans les Missions et Églises qui reconnaissent à **MARIE** la place que CHRIST lui a dévolue dans L'ECC par le Premier Chant Révélé, il se produit des miracles avec la prière sans travaux spirituels et les prédications sont inspirées.

---

[313] Cf. Annexe 2

*Figure 59 - **<u>Christ Roi</u>***

Maire AKAKPO Maurice croix à la main
Mme GBEGNEDJI Blandine
M. QUASHIE Kossivi Théodore

Figure 60 – *Photo de 1991 : de gauche à droite : AKAKPO Amouzouvi Maurice, GBENEDJI Blandine, QUASHIE Kossivi Théodore*

Il est à rappeler, comme SBJ OSCHOFFA, que Maman GABA rendit l'âme après un dernier miracle. Elle évita à une jeune femme qui partageait avec elle, sa chambre d'hospitalisation, d'être opérée, mais d'avoir connu la guérison miraculeuse au nom de NOTRE SEIGNEUR JÉSUS - CHRIST.

QUE LA PAIX DU SEIGNEUR SOIT AVEC NOUS TOUS !

AMEN !

Figure 61 - *Jésus Christ sur la Croix*

APPENDICE 1

LA DOCTRINE

1. LA BIBLE

2. Les 4 Fondamentaux

2.1. Lumière sur le Christianisme Céleste par ADETONAH Apollinaire, 1972, Porto-Novo (Bénin) avec une *Dédicace* de Samuel Biléou Joseph OSCHOFFA, Révérend Prophète Pasteur Fondateur de L'ECC : « À mes Bien-Aimés frères et sœurs en CHRIST ». Nouvelle édition en 2010 ; texte inchangé, 96 pages.

2.2. Lumière sur le Christianisme Céleste de 12 pages, du Révérend Pasteur SBJ OSCHOFFA, Fondateur du Christianisme Céleste, du Vendredi 25 octobre 1974, Porto-Novo (Bénin). Document signé par le Révérend Pasteur SBJ OSCHOFFA, Fondateur de l'Église du Christianisme Céleste, par le Supérieur Senior Évangéliste BADA et Sénior Évangéliste AGBAOSSI.

2.3. ECC, Constitution par SBJ OSCHOFFA, de **29 mars 1980,** au Nigéria, 200 Articles, de 54 pages. Traduction en Français disponible.

2.4. Église du Christianisme Céleste, Les 10 Fondements par ABIASSI Godwill, 11 pages, **1987**, Cotonou (Bénin). Texte posthume écrit, à la suite d'une recommandation faite par SBJ OSCHOFFA le vendredi 05 avril 1985 à Makoko (Nigéria).

« **Les 10 Fondements** » deviennent, avec la « **Communion** », les « **Onze Ordonnances** », dans « Sacrements, Ordonnances & Prescriptions », Porto-Novo (Bénin), 2ᵉ édition, p. 29.

1. LA BIBLE

L'ÉGLISE DU CHRISTIANISME CÉLESTE UTILISE LA BIBLE, VERSION LOUIS SEGOND.

Cette BIBLE est la plus répandue. Elle est traduite dans plusieurs langues africaines. Mais il est souhaitable que nos Prédicateurs et les Devancières en charge des instructions des jeunes fidèles possèdent également **LA BIBLE TOB (Traduction Œcuménique de LA BIBLE**), qui a le mérite, comme son nom l'indique, d'être une œuvre commune de trois grandes Églises : *Catholique*, *Protestante* et *Orthodoxe*. Elle contient, comme LA BIBLE de **JÉRUSALEM**, les Livres dits **Deutérocanoniques** dont le *Livre de Tobit* où nous trouvons mentionné l'Archange **RAPHAËL** (*DIEU a guéri*) qui nous dit qu'ils sont « **7 anges** ».

« *Je suis* **RAPHAËL**, *l'un des sept anges qui se tiennent devant la gloire du SEIGNEUR et pénètrent en sa présence.* », de *Tb 12 : 15.* Autres passages mentionnant l'Archange Raphaël dans le *Livre de Tobit* : *Tb 3 : 17 ; 5 : 4 ; 8 : 3 ; 11 : 1, 4, 7.*

Dans son édition de 2010, **LA BIBLE TOB** avec **Notes Intégrales**, contient un « *Quatrième Livre d'Esdras* » qui signale l'Archange Uriel révélé à L'ECC, (**Jn 14 : 26**).

« *L'ange qui m'avait été envoyé et dont le nom était Uriel me répondit et me dit :* « *Ton cœur est tout à fait égaré à propos de ce monde-ci et tu penses appréhender la voie du TRÈS-HAUT. ?* », (**4 Esd 4 : 1 – 2**).

« *Et moi, je jeûnais sept jours, hurlant et pleurant, comme l'ange Uriel me l'avait ordonné. Au bout de sept jours, les pensées de mon cœur m'étaient de nouveau très pénibles. Mon âme recouvra l'esprit d'intelligence et, de nouveau, je commençai à discourir devant LE TRÈS - HAUT.* » (**4 Esd 5 : 20 – 22**).

« *Où est l'ange Uriel qui est venu vers moi au commencement ? Car c'est lui qui m'a mis tout à fait hors de moi ; ma fin est devenue vaine, et ma prière un affront.* », (**4 Esd 10 : 28**).

L'**Archange URIEL** figure également sur deux tableaux de Léonard de Vinci, le peintre de la « Joconde ». Un des tableaux est visible au **Musée du Louvre à Paris** (Vierge à l'Enfant avec Jean Baptiste et un ange, appelée « *LA VIERGE aux Rochers* », peint vers 1483-1490), et un autre au **National Gallery à Londres** avec quelques variantes [THE VIRGIN of the Rocks (THE VIRGIN with the Infant Saint John adoring THE INFANT CHRIST accompagnied by an Angel), about 1491-1508].

L'**Archange URIEL** (*Feu de DIEU ou Lumière de DIEU*) est l'Archange de l'intelligence et de la connaissance. Il est souvent invoqué comme tel pour les apprentis, les scolaires et les universitaires et dans d'autres circonstances.

Rappelons également les références bibliques dans LA BIBLE version Louis Segond, de l'**Archange Michel** (*Qui est semblable à DIEU*), Chef de l'Armée céleste, (**Dn 10 : 13, 21 ; 12 : 1 ; Jud 9 ; Ap 12 : 7**), et de l'**Archange Gabriel** (*Héros de DIEU*), envoyé à Daniel, Zacharie et à LA TRÈS SAINTE VIERGE MARIE (**Dn 8 : 16 ; 9 : 21 ; Lc 1 : 19, 26**).

Les **trois** (**03**) autres *Archanges* : **BARACHIEL, JEHUDIEL, ZEADCHIEL** sont mentionnés dans des récits rabbiniques de moindre importance [314].

Les **quatre** (**04**) *Archanges* : **MICHEL, GABRIEL, RAPHAËL** et **URIEL** qui se retrouvent dans la Tradition juive [315], figurent sur notre Grand Chandelier à **sept** (**07**) branches en dégradé de forme triangulaire équilatérale visible sur le Grand Autel (*Za 1 : 1+ ; Ap 1 : 12, 13, 20*). Il y a aussi un Petit Autel placé devant le Chœur, pour les cultes du soir, ceux de mercredi matin pour les femmes stériles et autres nécessiteux (hommes et femmes), et celui de jeudi pour les femmes enceintes. Il porte le *petit chandelier* à **trois** (**03**) branches, lequel est autorisé sur l'autel particulier des fidèles dans leur domicile [316].

Ce Grand Chandelier représente **LA TRINITÉ** aux trois extrémités : **LE PÈRE** au sommet ; **LE FILS** en bas à droite et **L'ESPRIT SAINT** en bas à gauche.

Sur le côté droit, les *Archanges* **MICHEL** et **RAPHAËL**, de bas en haut. Sur le côté gauche, les *Archanges* **GABRIEL** et **URIEL**, de bas en haut [317].

Ses **sept** (**07**) bougies sont allumées au grand culte de dimanche matin et à ceux des grandes fêtes ainsi qu'à celui du 1er jeudi minuit, mais sans accès au Grand Autel.

Soyons toujours dans LA BIBLE, lire les passages suivants : *Josué 1 : 8 ; 2 Timothée 3 : 16 - 17 ; Romains 15 : 4.*

---

[314] GERARD André-Marie, Dictionnaire de LA BIBLE, 1989, Paris, R. LAFFONT p. 99, 1e col. § 3

[315] BIBLE TOB, op. cit., p. 2026, note 4.1.

[316] ADETONAH, Apollinaire, op. cit. Art. **43**

[317] OSCHOFFA dixit

2. LES 4 FONDAMENTAUX

Cf. la page de Doctrine.

Mais nous ne saurions reproduire dans l'Appendice 1, l'ouvrage d'ADETONAH Apollinaire, réédité par Porto-Novo.

*Figure 62 - **Esprit-Saint Consolateur***

Lumière sur le Christianisme Céleste, provenant du Révérend Pasteur SBJ OSCHOFFA, Fondateur du Christianisme Céleste, du Vendredi 25 octobre 1974, Porto-Novo (Bénin).

Document de 12 pages, signé par le Révérend Pasteur SBJ OSCHOFFA, Fondateur de l'Église du Christianisme Céleste ; BADA, Supérieur Senior Évangéliste et AGBAOSSI, Senior Évangéliste.

*Figure 63 - **LE FILS***

LUMIÈRE SUR LE CHRISTIANISME CÉLESTE
Couverture

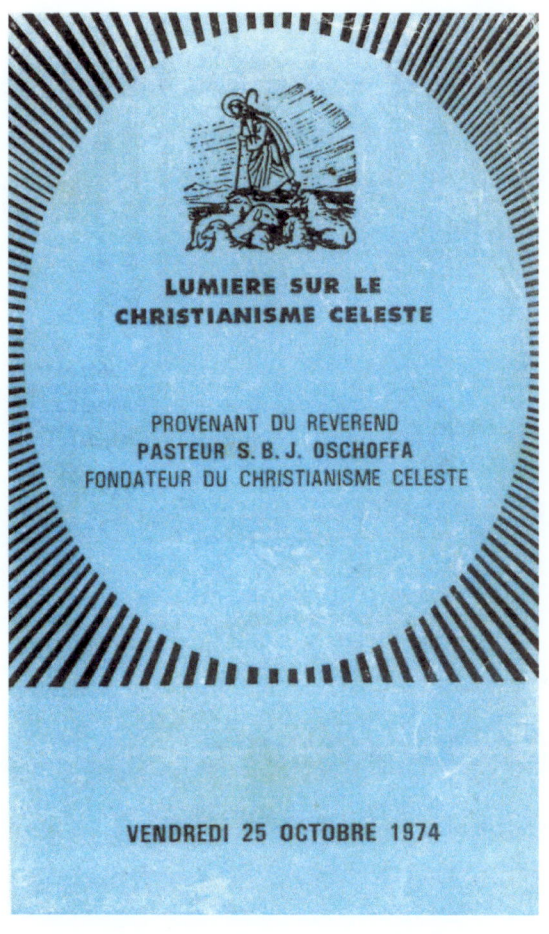

LUMIÈRE SUR LE CHRISTIANISME CÉLESTE
OSCHOFFA, 1974 - p. 1

Paroles essentielles prononcées
par le Révérend Pasteur S. B. J. **Oschoffa**
Fondateur du Christianisme Céleste
à tous ses adhérents dans le monde entier.

Publié par la Paroisse du Christianisme Céleste

LUMIÈRE SUR LE CHRISTIANISME CÉLESTE
OSCHOFFA, 1974 - p. 2 - 3

Révérend Pasteur S. B. J. Oschoffa
Fondateur du Christianisme Céleste

PAROLES ESSENTIELLES
de la bouche du Révérend Pasteur S. B. J. Oschoffa
Fondateur du Christianisme Céleste

Voici une partie des préceptes du règlement qui me restent à mettre en place, préceptes pour lesquels Dieu, dans sa miséricorde, m'accorda en plus vingt ans pour parachever et asseoir comme base du Christianisme Céleste ; c'est ce que je porte aujourd'hui à votre connaissance.

Je remercie le Seigneur pour m'avoir préservé la vie afin de me retrouver aujourd'hui parmi vous.

Lorsque je fus malade au point de mourir, des anges m'ont apparu et m'ont dit que ma mission dans le Christ Céleste n'est pas terminée ; que Dieu, dans son infinie bonté, m'accordait encore vingt ans, desquels je suis en train de vivre depuis lors.

Je ne savais pas à cette époque là qu'il y avait tant de choses en perspective. Ces Esprits ont vu certes que les hommes chercheront à changer le visage de l'Eglise si je disparaissais ainsi. Je suis donc très content du réveil que vous opérez en moi pour commencer ce travail.

Le Christianisme Céleste, lorsqu'il fut créé, avec ses institutions, vous pouvez ainsi constater que notre façon de faire le Culte est différente, de même que notre façon de prier. Nos pratiques sont différentes de celles des autres religions. Si vous faites bien la remarque, vous verrez que tout ce que nous faisons diffère ; ceci n'est pourtant pas venu d'une idée humaine. Vous savez que je fus charpentier de mon état et n'ai fait nulle part de hautes études, mais l'Esprit de Dieu vivant demeure en moi ; qu'il ne m'abandonne jamais (Amen).

3

LUMIÈRE SUR LE CHRISTIANISME CÉLESTE
OSCHOFFA, 1974 - p. 4 – 5

Lorsque le Christianisme Céleste commença à Porto-Novo, la force divine y était telle, que le diable s'arma en conséquence pour lui barrer la route et pour semer en son sein la mauvaise semence qui est (l'ivraie). Ceci se manifesta d'abord mains d'un devancier de Porto-Novo dont je voudrais taire le nom ici. Ce dernier décida de changer beaucoup de choses de ma main ; mais je rends grâce à Dieu car la vérité a triomphé.

C'est donc cette mauvaise semence que je suis en train d'arracher maintenant, et Dieu l'effacera définitivement (Amen).

Lorsque l'Eglise du Christian ne Céleste vint dans mon pays natal, disais-je, des prêt. atholiques blancs dont le Père Bothuas, soulevaient une lutte acharnée au point de détourner de moi plusieurs fidèles. En ce moment, mon compagnon le Senior Evangéliste Benoît Agbaossi partageait toutes mes peines car lui-même s'était converti depuis que le Christianisme Céleste avait trois mois. La lutte que le Père Bothuas m'imposait était telle que je ne saurais conter ici, mais malgré les grands moyens dont il disposait à l'époque, le Dieu du Christianisme Céleste fut avec moi. Et c'est sous leur pression continue que je partis de Porto-Novo pour les Toffins, (1).

Lorsque je fus chez les Toffins, je commençai à faire ce travail spirituel avec un peu de soulagement. De là donc partaient pour le Nigéria les échos de l'œuvre gigantesque que Dieu opérait par mes mains. C'était les habitants du village de Gbadji qui portaient les premières nouvelles de cette religion au Nigéria et lorsque les Lagossiens virent combien cette force spirituelle se développa parmi ceux-ci, ils me firent dire qu'ils désiraient me voir.

Je refusai de partir une première fois, p.. .ne deuxième, mais au troisième appel, l'Esprit me dit de m'apprêter et de partir avec eux pour Lagos. C'est à Makoko que je débarquai et les Lagossiens me reçurent avec chaleur.

Je pus mettre en place et fis asseoir dans ce pays toutes les structures que je n'avais pas la facilité de faire ni à Porto-Novo, ni chez les Toffins.

Le Suprême Evangéliste A. A. BADA était alors à mes cotés et une certaine femme du nom de Maman Oré Ofè.

Mes parents de Porto-Novo, alliés au Père Bothuas, apprenant là-bas comment l'œuvre de Dieu avançait au Nigéria, commençèrent à se demander : "Pourrons-nous appeler les gens de Lagos et petites gens sans intelligence comme ceux de Toffins ? ". Pendant ce temps, un de mes amis dont je veux aussi taire le nom, commença à lutter contre les Lagossiens, mais le Suprême Evangéliste A. A. BADA lui répliqua en ces termes : " Aucun prophète n'est bien reçu dans sa patrie. Ce dont que vous avez reçu là-bas, si vous ne le gardez précieusement, Lagos est décidé à vous l'arracher aujourd'hui."

4

5

LUMIÈRE SUR LE CHRISTIANISME CÉLESTE
OSCHOFFA, 1974 - p. 6 – 7

QUELQUES IDEES FORCES DU REGLEMENT INTERIEUR

Le Flux Menstruel

Lorsqu'une femme du Christianisme Céleste est en période de Flux menstruel durant trois ou cinq jours, elle ne peut s'approcher des lieux saints qu'après le septième jour. Impure, elle restera sept jours en dehors de la maison de Dieu qui est Sainte. Nous devons conserver un corps sain et un esprit saint dans le travail spirituel. Si l'esprit est saint et le corps malsain, c'est une impureté. Si le corps est saint et l'esprit malsain c'est aussi une impureté. Quand un homme proprement habillé est taché par la boue, cette boue diminue la valeur de son habit et de tout son corps. De même est l'homme bien lavé qui endosse un habit sale, ne voyez-vous pas que son habit sale diminue la valeur de cet homme ? Le corps doit être saint, l'esprit aussi afin que tout soit sanctifié.

La femme du Christianisme Céleste en période de flux menstruel doit se purifier après le septième jour. Il faut donc que cette femme se présente devant la maison de prière pour sa purification. La raison est que les femmes qui sont stériles comme Anne, puissent faire le voeu devant l'éternel et dire : "Mon Dieu, Toi qui sais que je finis cette période, daigne que ce flux ne parte pas en vain après cette purification. Ecoute ma prière comme tu écoutes celle de Anne ". C'est pour cette raison qu'elle doit se présenter devant la maison de l'Eternel.

Dans leurs vœux, les femmes qui ne manquent pas d'enfants diront : "Que l'enfant qui me viendrait au monde soit sanctifié de là-haut. O Dieu Tout-Puissant ". Cette prière n'a pas besoin de la présence de plusieurs. Le devancier de l'Eglise seul suffit alors pour lui faire la prière

de purification. Cette règle doit être la même partout et j'insisterai pour qu'elle devienne une loi. Celui qui n'observera pas celle-ci sera considéré comme rebelle aux règlements de l'Eglise.

Femme nouvellement convertie

Pour les femmes nouvellement converties au Christianisme Céleste, la purification se fera devant la maison de prière de l'Eglise et on entonnera la chanson suivante :

> Jésus t'appelle, Viens à lui
> Pécheur Viens
> Jésus priera pour toi
> Pécheur viens
> Il ne t'abandonnera pas
> Pécheur viens
> Il ne t'abandonnera pas
> Pécheur viens.

Après cette chanson, le devancier lèvera la voix pour une prière fervente. Cette femme aura soin d'apporter une bougie et de l'eau dans un récipient. Elle peut avoir aussi, si elle le veut, de l'éponge et du savon parfumé pour se laver après la prière de purification. En aucun cas ce bain ne remplace le baptême.

CHANSONS

Pour les chants dans les églises du Christianisme Céleste, nous ne devons entonner que des chansons données par l'Esprit et éviter des cantiques venus d'autres

6

7

LUMIÈRE SUR LE CHRISTIANISME CÉLESTE
OSCHOFFA, 1974 - p. 8 – 9

religions. Les nombreuses chansons de Moïse sont en vigueur et il nous reste à recevoir en Esprit beaucoup de cantiques ; et à mesure que nous les chanterons, nous verrons la manifestation de la force spirituelle.

LES PSAUMES

Le Christianisme Céleste n'emploie pas de Psaume et il ne jeûne pas non plus. Notre jeûne est de marcher pieds nus quand nous endossons notre robe de prière. Plus d'autres carêmes pour nous, sauf pendant les six ou sept jours pour commémorer la semaine marquant la souffrance de Notre Seigneur Jésus-Christ.

VISITE A LA PLAGE

Pour les visites à la plage, je mets présentement un terme, car cela ne cadre pas avec notre règlement. Il doit y avoir une différence entre les autres sectes et nous. Que l'on ajoute ou ne retienne rien a cet règlement. Les lois du Christianisme Céleste doivent être appliquées par tous ses fidèles comme nous l'avons reçues de notre Seigneur Jésus-Christ.

Pour les sacrifices à faire à la plage, je l'interdis complètement ; qu'aucun esprit ne l'exige et que personne ne l'applique. Chaque paroisse possède son lieu de sacrifice et sa maison de prière à cet effet. Que toutes vos mauvaises actions de la plage se fassent au grand jour, devant l'église et qu'on ne surprenne personne qui aille à l'encontre de cette règle, s'il ne veut pas supporter les graves conséquences. Une telle personne peut être dégradée de son rang dans l'assemblée, ou même suspendue à temps. Pour cela, que les devanciers prennent garde. Il n'y aura plus de tolérance ou de demi-mesure. Je suis donc décidé à l'appliquer comme j'en ai reçu; mission.

8

PRIERE

Pour toutes prières à faire dans la maison de Dieu, le devancier fera dos à l'Autel et celui pour qui l'on prie se met à genoux devant lui, face à l'Autel.

Pour ceux qui aiment monter en lieu élevé, ou sur la montagne pour prier, cette pratique n'est pas dans nos lois et je ne l'ai jamais imposée ; qu'aucun de nos fidèles ne fasse cette pratique-là.

RAMEAUX

Pour ce qui concerne l'emploi de rameaux de palmier pour fouetter une personne pour qui l'on prie, cette pratique est contraire à nos lois, je ne l'ai jamais recommandée ni à une église, ni à un devancier. Jetez les rameaux, priez dans vos églises pour la guérison des malades et à mesure que vous priez avec foi, l'Esprit saint descendra et accomplira son œuvre. Vous pouvez vous servir de votre bande de ceinture (Amouré) ou du linge blanc de l'Autel.

L'emploi de rameau n'est autorisé que dans les cas suivants :

Lorsque nous voulons faire une prière de combat nécessitant la présence de sept devanciers, et que nous ne pouvons réunir les sept personnes, on peut, avec des brindilles de rameaux, confectionner autant de croix qu'il manque de devanciers (trois ou quatre croix en rameaux). De même lorsque nous voulons faire la prière nécessitant sept bougies et que nous n'avons pas les moyens d'acheter sept bougies, on peut fabriquer alors avec les feuilles de rameaux autant de croix qu'il manque de bougies.

9

LUMIÈRE SUR LE CHRISTIANISME CÉLESTE
OSCHOFFA, 1974 - p. 10 - 11

D'autre part on tend généralement à diminuer ce nombre de sept chants comme nous l'avons reçu. Que Dieu nous pardonne car sachons bien que nous n'avons pas le droit de rien diminuer du nombre des sept chansons.

VEILLEES

Au sujet des veillées de trois, de sept ou vingt-et-un jours de prière, cela est aussi contraire à nos règlements et ne vient pas de l'Esprit. Débarrassez- vous donc de ces pratiques-là.

DES IMITATEURS

D'aucuns se plaisent à imiter le Pasteur Phophète lors de la prédication ou en séance publique de guérison miraculeuse et ils demandent aussi aux étrangers de fixer leur regard sur eux ; ceci est de leur propre imagination et non de l'Esprit. Que ceci ne se répète pas car toute personne commettant un tel acte s'amasse des épines sur sa tête ; que chacun s'observe et observe ses voies. Priez avec amour et l'Esprit saint viendra accomplir son œuvre au nom de Jésus-Christ Notre Seigneur.

VISIONNAIRE

Au sujet des visionnaires qui fouettent les malades de leur (Amouré) et fouettent ensuite le mur, il faut que cela cesse car cette pratique est de anti-Christ.

EAU

Qu'il s'agisse, aussi pour certaine prière, qu'il faille recueillir l'eau de la montagne ou au creux des arbres, qu'il s'agisse de l'œuf de poule que l'on casse sur une pierre ou sur un carrefour de trois routes, d'un régime de banane qu'on va enterrer. Qu'il s'agisse de se mettre à genoux sur

un linge blanc pour ces prières de combat, autant de choses contraires à nos voies et qui doivent prendre fin car le Christianisme Céleste n'est pas venu instituer des pratiques qui tiennent du paganisme. C'est du syncrétisme.

BAIN

D'autres se lavent la nuit en pleine rue ou au carrefour de routes, en pleine brousse ou au desert, et cassent la jarre après ce bain, toutes ces pratiques n'ont rien de commun avec le Christianisme Céleste. Il est donc juste qu'elles cessent complètement parmi vous.

Le Chrétien Céleste peut puiser l'eau dans une jarre (eau de puits, de rivière, de lagune, de mer) toutes ces eaux peuvent être employée pour le bain, selon ce que nous avons reçu et que je vous ai donné ; mais casser la jarre est irreligieux et doit disparaître.

COUTEAU

N'employez ni couteau, épée, attaché au seuil de la porte d'entrée ou enterré. Jetez tout cet attirail qui n'a rien à voir avec le Christianisme Céleste.

10

11

LUMIÈRE SUR LE CHRISTIANISME CÉLESTE
OSCHOFFA, 1974 – p. 12 avec les 3 signatures

Que le Seigneur grandisse la foi de son Eglise (Amen).

Nota (1) pêcheur des villages lacustres du district rural de PORTO-NOVO.

Senior Evangeliste
DAHOMEY

Senior Supérieur Evangeliste
NIGERIA

Révérend Pasteur S. B. J. Oschoffa
Fondateur du Christianisme Céleste

12

ECC, Constitution par SBJ OSCHOFFA, du 29 mars 1980, au Nigéria, 200 Articles. Traduction en Français disponible. 54 pages.

ECC, CONSTITUTION, par SBJ OSCHOFFA, 1980
PHOTO REV. SBJ OSCHOFFA

REV. S. B. J. OSHOFFA
Pastor Prophet Founder

ECC, CONSTITUTION, par SBJ OSCHOFFA, 1980
OSCHOFFA, 1980, Copyright

Printed by Design Production Nigeria Limited

ECC, CONSTITUTION, par SBJ OSCHOFFA, 1980
OSCHOFFA, 1980, N° 489

Lands 20

No. 489

NIGERIA

The Land (Perpetual Succession) Ordinance, Cap. 107

CERTIFICATE OF INCORPORATION

of the Registered Trustees of CELESTIAL CHURCH OF CHRIST MAKOKO VILLAGE YABA

I HEREBY CERTIFY THAT :

SAMUEL OLATUNJI AJANLEKOKO, ALEXANDER ABIODUN BADA,

.....................ALFRED FOLABI BABATUNDE OWOAJE.............................

the duly appointed Trustees of CELESTIAL CHURCH OF CHRIST MAKORO VILLAGE YABA

have this day been registered as a corporate body, subject to the below mentioned

conditions and directions.

Given under my hand at Lagos this....*twenty sixth*..........day of

.........*November*.............19.58.

J. W. Robertson

Governor.-General.

CONDITIONS AND DIRECTIONS

THIS CERTIFICATE is liable to cancellation should the objects
or the rules, of the body as set out in the annexures hereto be
changed without the previous consent in writing of the Governor-
General or should the body at any time permit or condone any
divergence from or breach of such objects and rules.

GP Lagos 525/753/500

ECC, CONSTITUTION, par SBJ OSCHOFFA, 1980
OSCHOFFA, 1980, BOARD OF TRUSTEES

S. O. BANJO
Superior Senior Leader

O. O. OGUNLESI
Superior Senior Leader

J. K. OWODUNNI
Superior Senior Leader

O. A. ADEFESO
Superior Senior Leader

S. O. AJANLEKOKO
Superior Senior Evangelist

A. A. BADA
Supreme Evangelist

REV. S. B. J. OSHOFFA
Pastor Prophet Founder

BOARD OF TRUSTEES
CELESTIAL CHURCH OF CHRIST

ECC, CONSTITUTION, par SBJ OSCHOFFA, 1980
THE DEED OF CONSTITUTION...avec les 7 signatures

THE DEED OF CONSTITUTION OF "CELESTIAL CHURCH OF CHRIST, NIGERIA DIOCESE" formerly registered as "CELESTIAL CHURCH OF CHRIST MAKOKO VILLAGE YABA" under The Land (Perpetual Succession) Ordinance, Cap. 107, made

the 29th day of March, 1980 and duly executed for and on behalf of CELESTIAL CHURCH OF CHRIST, NIGERIA DIOCESE (hereinafter referred to as "THE CHURCH") by persons whose names are set out in the first Schedule to this Deed having been authorised to do so by the Reverend Pastor Prophet Founder in whom resides the authority of the Church.

WHEREAS the Church has its National (Diocesan) Headquarters at 12/15 Church Street, Makoko, Yaba, Lagos State and the worldwide International Headquarters of Celestial Church of Christ is at Mission House, Ketu, Lagos State.

AND WHEREAS the Church was duly incorporated in Nigeria on the twenty-fourth day of November 1958 under the Land (Perpetual Succession) Ordinance CAP. 107 as a Spiritual Community of Christian believers and worshippers.

AND WHEREAS the Constitution under which it was incorporated was by a notice dated the 28th day of March, 1980 ammended and replaced by this New Constitution which is of a more comprehensive nature based on the set of rules, regulations and Christian tenets forming the body of worship of the Church and of its evangelical mission of redemption.

BE IT ENACTED and it is hereby enacted that the New Constitution of the Church to be known as "CONSTITUTION OF CELESTIAL CHURCH OF CHRIST (NIGERIA DIOCESE)" as set out in the Second Schedule to this Deed is hereby inaugurated.

IN WITNESS whereof each and every one of us duly accredited so to do in the capacity aforesaid hereunto set our respective hand and seal.

SAMSON OLATUNDE BANJO   OLUREMI OLUSOGA OGUNLESI

JOSIAH KAYODE OWODUNNI   OLAYINKA AFOLABI ADEFESO

SAMUEL OLATUNJI AJANLEKOKO   ALEXANDER ABIODUN BADA

SAMUEL BILEHOU JOSEPH OSHOFFA

ECC, CONSTITUTION, par SBJ OSCHOFFA, 1980
OSCHOFFA, 1980, FIRST SCHEDULE - p. 2

FIRST SCHEDULE

Names of persons accredited tɔ execute the Deed of Constitution on behalf of Celestial Church of Christ (Nigeria Diocese):

1. SAMSON ỌLATUNDE BANJỌ
2. OLUREMI OLUSỌGA OGUNLESI
3. ỌLAYINKA AFỌLABI ADEFẸSỌ
4. JOSIAH KAYỌDE OWODUNNI
5. SAMUEL ỌLATUNJI AJANLEKOKO
6. ALEXANDER ABIỌDUN BADA
7. SAMUEL BILEHOU JOSEPH OSHOFFA

SECOND SCHEDULE

THE CHURCH

1. The Name of the Church is "Celestial Church of Christ (Nigeria Diocese)". Celestial Church of Christ (Nigeria Diocese) is part of the one spiritual, world-wide, united, indivisible Holy Church which came into the world from heaven by DIVINE ORDER on the 29th of September 1947 in PORTO NOVO, REPUBLIC OF BENIN (formerly REPUBLIC OF DAHOMEY) through a single individual, a man who is the founder of the Church, the Reverend Pastor Prophet Founder SAMUEL BILEHOU JOSEPH OSHOFFA. The Church is a Diocese of the world-wide Celestial Church of Christ with National (Diocesan) Headquarters at 12/15 Church Street, Makoko, YABA, LAGOS STATE, the Supreme Headquarters in Porto Novo, Republic of Benin and with International Headquarters at Mission House, KETU, LAGOS STATE, FEDERAL REPUBLIC OF NIGERIA.

DIVINE ORDER

2. On the 29th of September, 1947, in the deep mystery of the divine appearance, during prayer, of the winged angel bathed in intense light, word came from God to the Founder:

"It is the wish of God to send you on an errand of preaching to the world. Many nominal Christians there are who, when confronted by difficulties and problems of this world, they run after fetish priests and other powers of darkness for all kinds of assistance. Consequently, on their death, they cannot see Christ because, by their action, Satan has left his spiritual mark on them. To assist you in your work so that men may listen to and follow you, miraculous works of Holy divine healing will be carried out by you in the name of Jesus Christ.

2

ECC, CONSTITUTION, par SBJ OSCHOFFA, 1980
OSCHOFFA, 1980 - p. 3

These works of divine healing and God's spiritual mark on you will testify to the fact that God sent you".

Thus was born the world-wide CELESTIAL CHURCH OF CHRIST.

3. The name of the Church came down from Heaven by divine revelation through MR. ALEXANDER YANGA, who was at that time undergoing spiritual healing at the residence of the Pastor Founder and who was held in trance for seven days. At the end of the seventh day, he asked for a piece of chalk and wrote the name of the Church on the wall thus: "EGLISE DU CHRISTIANISME CELESTE", meaning "Celestial Church of Christ".

4. Apart from also being a prophet, the Founder was allowed by DIVINE ORDER to use the name "EPASTORAL" in angelic language, which was also translated for him as "PASTOR". This was after he had spent the first five years since the birth of the Church as "EVANGELIST".

He is thus Reverend Pastor Prophet Founder (hereinafter referred to as "Pastor"), whose unquestionable authority on earth on all matters of the Church symbolises the oneness, unity and indivisibility of the Church. "Pastor" shall refer not only to the present Pastor but also to his successors in eternity.

5. The final sole authority in the Celestial Church of Christ Nigeria Diocese is vested in the Pastor or the person who succeeds him on his death.

6. Whoever is chosen to succeed as Pastor should have his Headquarters in the land set aside for the Pastor in Porto Novo, Republic of Benin.

7. The Prophet Pastor Founder Reverend S. B. J. OSHOFFA asserts that if he should die in the Republic of Benin, he should be buried in the land he had pointed out in Porto Novo, Republic of Benin.

8. If he should die in Nigeria, he should be buried in the town of IMEKO in Egbado Division of Ogun State near his mother on the family land given to him.

9. The Pastor asserts that his burial ground wherever it is should be set aside as Holy ground and a place of pilgrimage.

FOUNDATION HISTORY

10. Herewith the English Translation of the History of Celestial Church of Christ as told by the Reverend Pastor Prophet Founder S. B. J. OSHOFFA during evening service on Wednesday, 18th

3

ECC, CONSTITUTION, par SBJ OSCHOFFA, 1980
OSCHOFFA, 1980 - p. 4

January 1969 at MAKOKO, the headquarters Church of Celestial Church of Christ, Nigeria Diocese. The History was related in place of the regular sermon for the Church service.

11. "It is a thing of pleasure that I am still alive today twenty one years and some months after the birth of Our Church.

"Right here today at MAKOKO, the Headquarters Church of Celestial Church of Christ in Nigeria, I have been asked to give a short history of the Church for posterity. But before doing so, I shall start by giving a short history of myself to clarify matters.

12. "My father was a Methodist born and bred in Dahomey (now Republic of Benin). His Father, OJO, and his mother, KOSHINA, came from Abeokuta in Nigeria to Dasatre where they settled. The artificial boundary between Nigeria and Dahomey set up by Europeans meant that my father was a Dahomean. His name was OSHOFFA (this is obtained from 'OJU KI IŞE ỌFA TI ỌTA LE TA BANI KA ŞUBU', or, for short, 'OJU KỌ ŞỌ FA', which was shortened further to ỌSỌFA', in Yoruba language; and it means, in English, 'the human eye is not a missile that an enemy can fire at one to make one fall'). He had many wives each of whom bore him up to five to six children. All the children were, however, female and only one survived. This made him entreat God according to Methodist doctrine: 'O Lord if thou would give me a boy, I shall give him up to thy service just as Hannah and Elkana did". As a result, I was born in 1909 in Porto Novo of a Nigerian mother named ALAKẸ IYAFO from IMẸKỌ, Egbado Division, Abeokuta Province. I was named SAMUEL and also BILEWU (BILEAIYEBAWU KOGBE, ŞUGBỌN MO MỌ WIPE MO TI TỌRO RẸ LỌDỌ ỌLỌRUN) which means 'if you prefer to live in this world, then you are welcome but if you prefer to live above in heaven, then you are equally welcome to go, but I know I specially requested for you from God'.

13. "In fulfilment of my father's vow to God, I was sent at the age of seven for God's service to a Methodist Catechist MOSES YANSUNU, father of Evangelist NATHANIEL YANSUNU of our Church. Because my father was not happy with the way I was treated he brought me back home and later sent me at the age of thirteen to stay with Revd. Bishop David Hodonu Loco, the Methodist Bishop of Porto Novo, formerly of Methodist Church, Olowogbowo, Lagos, Nigeria. I was there with some other children. After a number of years, Rev. D. H. Loco was replaced by Bishop Garner from London. The new Bishop ordered that we pupils should participate in making blocks for a new College building. We all refused and so he sent us all back to our parents. When I got back home, my father admonished me that I was different from the others because he had specially requested for me from God and so I had to do

4

ECC, CONSTITUTION, par SBJ OSCHOFFA, 1980
OSCHOFFA, 1980 - p. 5

the work. Whereupon he took me back to the Bishop, but the Bishop would not reverse his decision. Whereupon, my father said there was no alternative but that I should learn to be a carpenter like himself.

14. "I became proficient as a carpenter. I was good at roofing buildings, wood planing and working with ebony which I bought regularly from a friend. I kept on working happily as a carpenter until my father died on June 15th, 1939.

15. "After my father's death, I continued to bear the burden until December 1946 when I decided that I would henceforth trade in ebony. I would myself go into the forest to purchase ebony and bring this into the town to sell to carpenters. I began this trade, going into the forest areas in search of ebony. I bought it cheaply and brought it to town to sell at a premium. I continued this lucrative trade until one such trip in May 1947 during the floods. As usual I had my Bible with me. I also loved much to pray.

16. "On the 23rd May 1947, the day of the eclipse of the sun, as I was praying in the forest on this trip, I heard a voice and could not open my eyes. The voice I heard was 'LULI', and the same voice told me 'This means The Grace of Jesus Christ'. When I opened my eyes, I saw a white monkey with two teeth each top and bottom with winged hands and feet like those of a bat. When it wants to fly, it flaps its wings forward. But it was stationary. I saw a bird with yellow feet, yellow beak and long tail. It would sometimes fan out its tail like a peacock does, and it was multi-coloured. It was also stationary. I also saw a short snake about one foot long. As it stood stationary, it was coiled and its mouth was puffed like a cobra. When I heard this voice, I noticed I felt quite different from my normal self. I now found myself toying with the snake. The bird stood for a time and then went into the bush. The monkey also flew away and I then noticed that there was a complete change in me.

17. "I had been rowed to the forest by a canoe paddler I hired from TOFFIN in GANVIE. I always gave him money for his own food. But he stole some of my soup. Soon after, he began to have stomach pains and groaned to my hearing. I ran to him enquiring what was the matter. He said all he did was taste some of my soup. I then admonished him that he should not have eaten any of my soup since I gave him money for his own food. I lay my hand on his stomach and the pains left him. He ran away leaving me alone and saying that he did not wish to stay with this odd man who lives in the forest and whose soup he tastes only to find he has stomach pains which this odd man removes simply by placing his (odd man's) hand on his stomach. I was thus left with a canoe without paddler, and I myself did not know how to paddle. This was precisely why I

5

ECC, CONSTITUTION, par SBJ OSCHOFFA, 1980
OSCHOFFA, 1980 - p. 6

wandered about in the forest for three months.

18. "During these three months, I did not cook and I could not paddle the canoe. But I soon discovered a hole in a tree into which bees flew. I soon made fire by lighting two pieces of dry wood together. I would take a dry leaf, light it and stick it in the hole at night. Once the bees have run away, the bees' honey was my food. My drinking water was the flowing stream nearby.

19. "But there I saw many visions and experienced many changes in me. The forest was so thick that one looked up and saw no skies but trees, snakes, boar, monkeys and birds singing. In the midst of all this, I prayed a lot. I did not hunger, I felt no fear and I had no illness but basked in the glory of Jesus Christ.

20. "As I wandered about in the forest, I came to a hillock called FAGBE (after the township of ZINVIE) where I met a man who became Senior Leader MICHEL when he subsequently joined Celestial Church of Christ. It was he who told me the name of the village. I saw a lot of children and prayed there. I returned into the forest wandering round looking for the canoe and soon came by a lake called GODRO near which there is a village named HUNGON. I continued my wandering past WHEDO and on to AGLANGOUN until I found the canoe tied up along an isthmus (narrow stream) from AGLANGOUN well into the forest.

21. "Not knowing how to paddle, I got into the canoe and just allowed myself to be carried down stream by the current of the stream which was then in full flood. While the canoe was thus carried from side to side by the current, snakes fell from trees into the canoe, but I carried them from the canoe with my hand back into the stream unhurt. I continued my trip down the river and soon got to AGANGE. There I found a Methodist young man called KUDIHO at the point of death who was reported to have been very very ill for a long time. I touched him and Jesus raised him up. He is alive today and so are his children, all in AGANGE.

22. "I now went to collect more ebony wood from the forest, On my return after five days from the forest, the whole of AGANGE was in ferment. 'What kind of a man is this?' They said, 'We will certainly follow him in his Church'. I told them I did not have a Church. They would not listen and I prayed for them. I stayed with YESUFU in AGANGE who was a neighbour of mine back in Porto Novo. After the miracle of raising KUDIHO on the first day of my arrival in Agange and before my return from the forest, YESUFU had gone back to Porto Novo to tell my relations that he had seen me at Agange, that I looked very odd and like a mad man, that my hair was long, unkept and matted, that even my dress was rough and untidy and that I touched the dead and they rose up, he did not know

6

ECC, CONSTITUTION, par SBJ OSCHOFFA, 1980
OSCHOFFA, 1980 - p. 7

what was the matter with me. My relations replied him that the reason for my untidy appearance could not be anything but laziness.

23. "I began to prepare to return home to Porto Novo on the fifth day. I engaged ZINSOU as my new paddler. On my return there, all those who had known me before were curious. I began to have crowds of visitors.

"About three days after my return to Porto Novo, my elder sister, ELIZABETH ẸKUNDAYỌ, came to me to say that her son, EMMANUEL MAWUYON (i.e. OLỌRUNDARA) GUTON, had died. I went to him and found native doctors there who had tried unsuccessfully to bring him back to life. When they saw me, they quickly packed out of the room. What the native doctors failed to do, Christ did: for I touched the deceased, and he came back to life all in the name of Jesus Christ. It was this miracle that made my sister leave U.A.M. (Ẹleja) Church and follow me. Her son, Emmanuel, immediately received the holy gift of prophecy and thus became the first prophet of the Church. It was through him that a lot of our worship was revealed such as PAJASPA, the specially designed receptacle for taking collection at services (with a candle lit at one end).

DIVINE ORDER

24. "On the 29th of September 1947, while I was praying in my house with some visiting friends, I saw a strong ray of light rather like that from the headlamp of a car. I then saw a winged being whose body was like fire and whose eyes were tiny flying towards me behind the beam of light. As it approached me, the beam of light shortened until the being stood about a yard from me. This being then proceeded to say to me: 'God wishes to send you on an errand of preaching to the world. Many Christians there are who, during their lifetime, when confronted by problems and difficulties of this world they seek after fetish priests and other powers of darkness for all kinds of assistance. On their death, they think they are Christians, but they are no longer Christians because Satan has left his mark on them. For this reason, such people, after death, cannot see Christ. God wants to send you to the world on a mission of preaching and exhortation, but the world will not believe you. To assist you in your work so that men may listen to and follow you, miraculous works of holy divine healing will be wrought by you in the name of Jesus Christ. These works of divine healing and God's spiritual mark on you will testify to the fact that God sent you.

25. "Immediately after I got this message, MARRIE, the wife of FREDERIC ZEVENU, one of those present, exclaimed that she saw Jesus. I asked her how? She said she saw a cross made of wood,

7

ECC, CONSTITUTION, par SBJ OSCHOFFA, 1980
INDEX 1

INDEX

ECC, CONSTITUTION, par SBJ OSCHOFFA, 1980
INDEX 2

ECC, CONSTITUTION, par SBJ OSCHOFFA, 1980
INDEX 3

The drafting of this New Constitution, which was commenced on the 29th day of February, 1976, was, by the Grace of God, completed on the 29th day of February, 1980. The New Constitution was promulgated on the 29th day of March, 1980.

ECC, CONSTITUTION, par SBJ OSCHOFFA, 1980
Appendix

A P P E N D I X
LIST OF PERSONS RAISED FROM THE DEAD
BY   CHRIST
THROUGH REV. S. B. J. OSHOFFA

In Republic of Benin

1. KUDIHO in Agange, via Porto Novo
2. MAWUYON GUTON in Porto Novo
3. ABRAHAM ZANUTE in Agange
4. TINAVIE, daughter-in-law of HUASU KUWAKAMU
5. Daughter of JOSEPH ZEVUNNU in Gavie
6. MOSES AFOYAN
7. Daughter of ANDRE YE in Shamwe. Toffin
8. JOSEPH AWHANGBE, a son of Senior Leader MATTE
GUGBE.

In Nigeria

1. HUNSU (7 year old boy) at Makoko, Lagos
2. THERESA at Makoko, Lagos
3. OLUSOLA at Makoko, Lagos
4. Son of OYEDEJI in Abeokuta
5. Leader (Now late Evangelist) R. A. COLE in Abeokuta
6. Elder (later Senior Leader) LADIPO at Yemetu, Ibadan.

The above List is by no means exhaustive. Many more persons have been and continue to be raised from the dead by Christ through Rev. S. B. J. Oshoffa since the last of the above List occurred. Glory be to God on High. Halleluyah!

54

ECC, CONSTITUTION, par SBJ OSCHOFFA, 1980
Traduction Sommaire - p.1

ECC, CONSTITUTION, par SBJ OSCHOFFA, 1980
Traduction Sommaire - p.2

ECC, CONSTITUTION, par SBJ OSCHOFFA, 1980
Traduction en français - p. 1 – L'Église

L'EGLISE

1. « Le nom de l'Eglise est *'Eglise du Christianisme Céleste'* (Diocèse du NIGERIA). L'Eglise du Christianisme Céleste (Diocèse du NIGERIA) est une partie de *La Sainte Eglise Spirituelle, Universelle, Unie, Indivisible. Elle est venue des cieux par L'ORDRE DIVIN, le 29 septembre 1947 à PORTO-NOVO, REPUBLIQUE DU BENIN* (auparavant REPUBLIQUE DU DAHOMEY) par l'intermédiaire d'un seul homme qui est le fondateur de l'Eglise, le Révérend Pasteur Prophète Fondateur *SAMUEL BILEHOU JOSEPH OSCHOFFA*. L'Eglise (du NIGERIA) est un Diocèse de l'Eglise du Christianisme Céleste universelle avec un *Siège National* (Diocésain) aux 12/15 Rue de l'Eglise, Makoko, YABA, LAGOS STATE, *le Siège Suprême* à PORTO-NOVO, REPUBLIQUE DU BENIN, et avec *le Siège International* à la Maison de la Mission, KETU, LAGOS STATE, REPUBLIQUE FEDERALE DU NIGERIA. »

ORDRE DIVIN

2. Le 29 septembre 1947, au cours d'une prière, dans le profond mystère de l'apparition divine de l'Ange ailé baigné dans une lumière intense, des paroles venant de DIEU s'adressèrent au Fondateur :

« C'est la volonté de DIEU de t'envoyer en mission pour prêcher au monde.

Il y a beaucoup de chrétiens de nom qui, quand ils se trouvent confrontés à des difficultés et à des problèmes de ce monde, courent après des féticheurs et d'autres puissances des ténèbres pour toute sorte d'assistance. Par conséquent, à leur mort, ils ne peuvent pas voir CHRIST car, à cause de leur action, satan les a marqués de son sceau.

Afin que les hommes t'écoutent et te suivent, je t'assisterai dans ta mission par des œuvres miraculeuses de guérisons divines que tu opéreras au Nom de JESUS CHRIST.

Ces guérisons divines et la marque spirituelle de DIEU sur toi, témoignent que c'est DIEU qui t'a envoyé. ».

C'est ainsi qu'est née l'Eglise du Christianisme Céleste.

3. Le nom de l'Eglise est venu des Cieux par révélation à M. ALEXANDRE YANGA qui attendait, en ce moment, une guérison spirituelle à la résidence du Pasteur Fondateur, et qui entra en transe sept jours durant.

À la fin du septième jour, il demanda un morceau de craie et écrivit sur le mur le nom de l'Eglise :

1

ECC, CONSTITUTION, par SBJ OSCHOFFA, 1980
Traduction en français - p. 2

EGLISE DU CHRISTIANISME CELESTE.

4. Outre celui de Prophète, le Fondateur est autorisé, par ordre divin, à porter le nom « *Epastoral* » en langage angélique, ce qui était également traduit pour lui comme « Pasteur ». Ceci est arrivé après qu'il a passé les cinq premières années comme « *Evangéliste* » depuis la naissance de l'Eglise.

Il est donc Révérend Pasteur Prophète Fondateur (appelé désormais « Pasteur »).dont il est l'incontestable autorité sur terre en toute matière concernant l'Eglise. Il est le symbole de l'unicité, de l'unité et de l'indivisibilité de l'Eglise. Le nom « Pasteur » de l'Eglise se rapporte non seulement à l'actuel Pasteur mais aussi à ses successeurs dans l'éternité des temps.

5. La seule et ultime autorité dans l'Eglise du Christianisme Céleste est le Pasteur ou la personne qui va lui succéder à sa mort.

6. Quiconque est choisi pour succéder au poste de Pasteur doit fixer son siège dans le domaine réservé au Pasteur à Porto-Novo en République du Bénin.

7. Le Révérend Prophète Pasteur SBJ OSCHOFFA fait savoir que s'il mourait en République du Bénin, il devrait être enterré à l'endroit qu'il avait indiqué à Porto-Novo.

8. S'il mourait au Nigeria, il devrait être enterré dans la ville d'IMEKO dans la Circonscription d'Egbado dans l'Etat d'Ogun près de la tombe de sa mère sur le terrain familial qui lui a été attribué.

9. Le Pasteur a fait savoir que le lieu où se trouvera sa tombe soit considéré comme un lieu Saint et une place de pèlerinage.

HISTOIRE DE LA FONDATION

10. Voici la traduction française de l'Histoire de l'Eglise du Christianisme Céleste telle que racontée par le Révérend Pasteur Prophète Fondateur au cours d'un culte du soir le Mercredi 18 janvier 1969 à MAKOKO, Siège de l'Eglise du Christianisme Céleste, Diocèse du Nigeria. L'Histoire était racontée à la place de l'habituel sermon du culte.

11. « C'est un grand plaisir pour moi d'être encore en vie aujourd'hui vingt et un an et quelques mois après la naissance de notre Eglise.

« Juste là, aujourd'hui, à MAKOKO, Siège de l'Eglise du Christianisme Céleste au Nigeria, il m'a été demandé de faire un récit bref de l'Histoire de l'Eglise pour la postérité.

2

ECC, CONSTITUTION, par SBJ OSCHOFFA, 1980
Traduction en français - p. 3

Mais avant de la faire, je commencerai par une brève histoire de moi-même afin de rendre les choses claires.

12 - "Mon père était né méthodiste et élevé au Dahomey (aujourd'hui République du Bénin). Son père, OJO, et sa mère KOSHINA, venus d'Abeokuta, Nigéria, s'installèrent à Dasatre.

La frontière artificielle entre le Nigéria et le Dahomey a fait que mon père était dahoméen. Son nom était OSHOFFA (ceci obtenu à partir de OJU K I ISE OFA TI OTALE TA BANI KA SUBU, ou, raccourci, OJUKOSOFA ce qui est devenu plus tard OSOFA, en Yoruba, et qui signifie en français "l'oeil humain n'est pas un missile qu'un ennemi peut lancer (tirer) sur quelqu'un pour ℓ_e faire tomber. Il avait plusieurs femmes dont chacune lui donna cinq à six enfants. Tous les enfants étaient cependant des filles et seule une d'entre elles a survécu. Cela l'amena à supplier Dieu selon la doctrine méthodiste : "O Seigneur, si tu daignes me donner un garçon, je le consacrerai à ton service juste comme l'ont fait ANNA et ELKANA".

Comme résultat, je suis né en 1909 à Porto-Novo, d'une mère Nigériane nommée ALATE GYOFA d'Iméko, circonscription d'Egbado province d'Abeokuta.

On me prénomma Samuel et aussi Biléou (BILEAIYBAWU KOGBE SUGBON MOMO WIPEMOTITORORE LODO OLORUN), ce qui signifie : "Si tu préfères vivre dans ce monde, alors tu es bienvenu, mais si tu préfères vivre là-haut dans les cieux tu es également libre d'y retourner ; quant à moi, je sais que j'ai spécialement supplié Dieu pour toi.

13 - " A l'âge de sept ans, pour accomplir son voeu à Dieu, mon père m'envoya pour le service de l'Eternel chez un catéchiste méthodiste Moïse GNANSOUNOU, père de l'Evangéliste Nathanaël GNANSOUNOU de notre Eglise. Comme mon père n'était pas satisfait de la manière dont j'étais traité, il me ramena à la maison et plus tard à l'âge de treize ans me mit au service du Révérend Pasteur David HODONOU LOCO, le Pasteur méthodiste de Porto-Novo, anciennement de l'Eglise méthodiste d'Olowogbowo, Lagos, Nigéria. J'étais avec quelques autres enfants.

Après des années le Révérend D. H. LOCO fut remplacé par le Pasteur GARNER venu de Londres. Le nouveau Pasteur ordonna la participation des élèves à la fabrication des briques pour la construction du nouveau collège.

Nous avons tous refusé et ainsi il nous renvoya à nos parents. De retour à la maison, mon père me fit savoir que j'étais différent des autres parce qu'il m'avait spécialement consacré à Dieu et que je devais faire le travail. Sur quoi il me ramena au Pasteur, mais ce dernier n'était pas homme à revenir sur ses décisions.

Ainsi mon père déclara devant ces faits, qu'il n'avait aucune autre alternative que de faire de moi un charpentier comme lui-même.

3

ECC, CONSTITUTION, par SBJ OSCHOFFA, 1980
Traduction en français - p. 4

14 - "J'étais très bon charpentier, montant les toitures des maisons, rabotant le bois et travaillant avec le bois d'ébène que j'achetais chez un ami. Je continuai à travailler avec enthousiasme jusqu'à la mort de mon père le 15 janvier 1939.

15 - " Après la mort de mon père, j'ai continué à supporter ce dur labeur jusqu'en 1946 quand je décidai de m'adonner dorénavant au commerce d'ébène.

J'allais moi-même dans la forêt acheter le bois et venais les revendre en ville à des charpentiers. Je commençai cette négoce, allant dans les forêts à la recherche du bois d'ébène. Je l'achetais moins chère et l'apportais en ville pour le vendre à prix d'or. Je continuai ce commerce lucratif jusqu'à ce voyage en mai 1947 pendant les inondations. Comme d'habitude, j'avais ma Bible avec moi. J'aimais beaucoup prier aussi.

16 - " Le 23 mai 1947, le jour où il y eut l'éclipse du soleil, pendant que je priais dans la forêt au cours de ce voyage, j'entendis une voix et je ne pouvais pas ouvrir les yeux. La voix me dit "LULI", et cette même voix me donna l'explication : "Ceci signifie la grâce de Jésus Christ"! Lorsque j'ouvris les yeux, je vis un singe blanc allé avec deux dents l'une à la mâchoire supérieure et l'autre à la mâchoire inférieure et les pieds comme ceux d'une chauve-souris. Il battit les ailes pour s'envoler ; mais resta sur place. Je vis un oiseau avec des pattes et un bec jaune et une longue queue qui parfois prenait la forme d'un éventail comme un paon. Il se maintint sur place également. Je vis aussi un petit serpent d'environ trente centimètres. Il s'était enroulé et se tenait sur place et sa bouche était comme un cobra.

Quant j'entendis cette voix, je me sentis tout à fait différent de moi-même. Je me mis à caresser le serpent (à jouer avec le serpent). Après quelques instants, l'oiseau s'envola dans le buisson. Le singe disparut également et je sentis alors un changement total en moi.

17 - " Je pris en location, un piroguier chez les Toffins en Ganvié qui m'accompagnait dans la forêt. Je lui donnais de l'argent toujours, pour sa nourriture, mais il vola une partie de ma soupe et après, commença à se plaindre de maux de ventre. Je lui demandai ce qu'il avait mangé et il me répondit qu'il avait seulement goûté à ma soupe ; je lui fis savoir qu'il n'aurait pas dû en manger puisque je lui avais donné de l'argent pour sa nourriture. Je lui imposai la main (je lui ai mis la main sur le ventre) et la douleur le quitta. Il s'enfuit me laissant seul en disant qu'il ne souhaite pas rester avec une telle personne dont le simple fait de goûter à la nourriture provoque de violents maux de ventre, qu'il fait disparaître par simple imposition des mains. Ainsi, livré à moi-même, avec une pirogue sans piroguier alors que je ne savais pas pagayer je décidais d'errer dans la forêt pendant trois mois environ.

18 - " Pendant ces trois mois, je ne cuisinais ni n'utilisais la pirogue. Tôt, je découvris dans le creux d'un arbre un essaim d'abeilles. Je fis du feu avec deux morceaux de bois sec. La nuit, à l'aide d'une feuille sèche j'allumais un feu que je portais

4

ECC, CONSTITUTION, par SBJ OSCHOFFA, 1980
Traduction en français - p. 5

au creux de l'arbre ; ainsi je fis du miel ma nourriture. L'eau que je buvais était celle de la rivière.

19 - "Mais là j'eus beaucoup de visions et j'ai éprouvé beaucoup de changements en moi. La forêt était si dense qu'il était impossible de voir le ciel mais seulement des arbres, des serpents, des sangliers, des singes et des oiseaux. Au milieu de tout ceci je priais beaucoup: Je n'éprouvais ni la faim, ni la peur, je n'appréhendais aucune maladie mais, baignais dans la gloire de Jésus-Christ.

20 - "Comme j'errais dans la forêt, je parvins à une petite colline appelée Fagbé (après la commune de Zinvie) où je rencontrai un homme qui est devenu par la suite Senior Leader Michel lorsqu'il s'est converti au Christianisme Céleste. C'était lui qui me dit le nom du village. Je rencontrai beaucoup d'enfants et je priai là. Je retournai dans la forêt, errant au hasard à la recherche de la pirogue et arrivai soudain au bord d'un lac nommé Godro près d'un village appelé Hungon. Je continuai ma randonnée passant par Whedo, de là à Aglangoun jusqu'à ce que j'ai retrouvé la pirogue attachée au bord d'un ruisseau qui, d'Aglangoun finissait dans la forêt.

21 - "Ne sachant pas pagayer, je montai dans la pirogue et me laissai entraîner vers l'aval par le courant de la rivière qui était en crue. Pendant que la pirogue glissait d'un bord à un autre, des serpents y tombaient des arbres, mais je les saisissais et les jetais à l'eau sans être mordu. Je continuai mon voyage et soudain arrivai à Agonguè où je trouvai un jeune méthodiste Kudiho qui était très malade depuis fort longtemps et sur le point de mourir. Je le touchai et Jésus le guérit. Il vit encore aujourd'hui ainsi que ses enfants, tous à Agonguè.

22 - "Je partis chercher encore du bois d'ébène dans la forêt. J'y passais cinq jours et à mon retour tout Agonguè était en agitation. "Quel genre d'homme est-ce ?", disaient-ils. Nous le suivrons tous dans son Eglise. Je leur dis que je n'avais pas d'Eglise. Ils ne voulaient rien entendre et je priais pour eux. Je demeurai chez Yesufu, un voisin de Porto-Novo. Après le miracle de résurrection de Koudiho et avant mon retour de la forêt, Yesufu était allé à Porto-Novo dire à mes parents qu'il m'avait vu à Agange et que j'avais l'air bizarre et ressemblais à un fou avec de longs cheveux en broussaille et comme en nattes et mes habits en haillons et sales et qu'au seul toucher des morts, ils ressuscitaient ; il ne comprenait pas ce qui m'arrivait. Mes parents lui répondirent que cette attitude de ma part n'était nul doute que par pure paresse.

23 - "Le cinquième jour je m'apprêtai à regagner Porto-Novo, j'utilisai Zinsou comme   mon nouveau piroguier.

De retour à Porto-Novo, j'étais devenu le point de mire de tous ceux qui m'avaient connu auparavant et nombre de visiteurs se succédaient.

" Trois jours après mon arrivée à Porto-Novo, ma grande soeur Elisabeth Ekundayo est venue me voir pour me dire que son fils Emmanuel Mawuyon (i.e. Olorundara) Guton était mort. Je me rendis à son chevet et trouvai des guérisseurs qui essayaient sans succès de lui redonner la vie. Quand ils me virent, tous quittèrent

5

ECC, CONSTITUTION, par SBJ OSCHOFFA, 1980
Traduction en français - p. 6

vite la pièce. Ce que les guérisseurs n'ont pas réussi à faire, Christ l'a fait ; car je touchai le mort et il ressuscita au Nom de Jésus-Christ. C'était ce miracle qui a incité ma soeur a quitté l'Eglise d'U.A.M. (Eleja) pour me suivre.

Son fils Emmanuel reçut aussitôt le Saint Esprit, don de la prophétie et devint ainsi le premier visionnaire de l'Eglise. C'est par lui qu'a été révélé une bonne partie de notre culte tel que PAJASPA, le "panier" spécialement indiqué pour la quête pendant le culte (avec une bougie allumée à un bout).

ORDRE DIVIN

24 - " Le 29 septembre 1947, pendant que je priais à la maison avec quelques amis venus me rendre visite, je vis un rayon de lumière forte, pareille à celle des phares d'une voiture. Je vis un être aîlé dont le corps était comme du feu, aux petits yeux, qui volait vers moi, derrière le rayon de lumière. A mesure qu'il s'approchait de moi, le rayon de lumière devenait court jusqu'à ce que l'être aîlé se tint debout à environ quatre vingt-dix centimètres de moi. Cet être me dit : "Dieu veut te confier la mission d'évangéliser le monde. Beaucoup de chrétiens, pendant leur vie, quand ils ont confrontés à des difficultés et aux problèmes de ce monde courent après des féticheurs et d'autres puissances des ténèbres pour toutes sortes d'aide. A leur mort, ils se croient toujours chrétiens alors qu'ils ne le sont plus, car satan les a marqués de son sceau. Pour cette raison, ces gens à leur mort ne voient pas le Christ. Dieu veut t'envoyer dans le monde pour une mission d'évangélisation et d'exhortation, mais le monde ne te croira pas.

Pour t'assister dans ta tâche afin que les hommes t'écoutent et te suivent, tu accompliras des oeuvres miraculeuses par des guérisons divines au nom de Jésus-Christ. Ces guérisons divines et l'Esprit de Dieu en toi témoigneront que c'est Dieu qui t'a envoyé.

25 - " Immédiatement après que j'ai reçu ce message, Marie, la femme de Frédéric Zevounou, l'un de ceux qui étaient présents, s'écria qu'elle a vu Jésus. Je lui demandai comment ? Elle me dit qu'elle a vu une grande croix. Elle dit qu'il était descendu de la croix, étendit la main, et elle vit que le sang coulait des deux mains percées de clous ainsi que des pieds percés également de clous et d'autres parties du corps. Alors, dit-elle : Jésus découvrit ses côtés et vit l'endroit où il avait été transpercé par la lance. Il prit le Pasteur et le fit entrer dans une chambre. Quand ils en ressortirent ajouta la femme, le Pasteur était vêtu d'une tunique blanche avec des étoiles et de ses yeux sortait une lumière si aveuglante qu'elle ne pouvait les regarder. Mais maintenant, continua-t-elle, elle est étonnée de le voir sans la tunique à la lumière éblouissante. A mon tour je lui racontai ce que j'avais vu et entendu. Elle, son mari et les et les autres partirent.

6

ECC, CONSTITUTION, par SBJ OSCHOFFA, 1980
Traduction en français - p. 7

26- " Je ne pouvais pas dormir toute la nuit. Des anges descendaient et me parlaient. Le lendemain matin à dix heures, Frédéric Zevounou, le mari de Marie, un catholique de Porto-Novo, rencontra un groupe de jeunes gens qui jouaient à "AYO" dans un quartier Porto-Novo appelé Jogrey. Il leur raconta ce qui était arrivé chez moi la veille, ce que j'avais vu et ce que sa femme avait vu pendant que nous prions à genou. Il leur dit que sa femme était à la maison et qu'elle n'avait pas dormi toute la nuit, mais avait parlé tout le temps, et les choses qu'elle disait étaient plutôt mystérieuses et nettement au-dessus d'elle. Douze de ces jeunes gens environ coururent chez moi ne croyant pas que de telles choses pouvaient arriver. Aussitôt sept d'entre eux entrèrent en transe, pris par l'Esprit Saint, émettant différents messages concernant les préceptes de l'Eglise et ils ne pouvaient bouger. Les cinq autres retournèrent à Zevu, Porto-Novo pour propager la nouvelle. Ceux qui les entendirent, coururent chez moi dans le doute que de nos jours de telles choses ne pouvaient arriver. Mais eux aussi virent les mêmes choses que les précédents.

27 - " Il y eu du bruit dans tout Porto-Novo que je faisais de la magie. Toutes les Eglises étaient désorientées, l'Eglise Méthodiste, était ébranlée au plus profond d'elle et soutenait que je traitais avec les puissances du diable. Durant treize jours il m'était impossible de fermer l'oeil, car ma maison était envahie par une foule de gens, féticheurs (au nombre d'environ deux cents). J'envoyai alors Dominique ADANDE muni d'un mot auprès du commissaire de police d'alors, responsable de la ville que moi, dont il se souvient probablement pour avoir été musicien dans cette ville, je le priai d'envoyer des policiers pour évacuer ma maison de tous ces gens car depuis treize jours, il m'était impossible de dormir. Dominique lui confirma que j'étais citoyen de la ville et il demanda à me voir.

J'allai donc le voir et lui racontai toute l'histoire. Il répondit qu'il n'avait pas le droit d'envoyer des policiers chasser les gens de ma maison. Plutôt, il suggéra de trouver un lieu de réunion en plein air le samedi suivant et d'y inviter les gens par des moyens d'affiches dans les bureaux ou toute autre forme de publicité, car il a l'impression que Dieu veut se servir de moi pour un (certain) but. Il dit qu'il y serait lui-même. Comme son père était chrétien, il n'avait pas le pouvoir de chasser quelqu'un.

Cette réponse me découragea complètement de toute cette situation. Mais ceux qui étaient avec moi étaient d'accord avec la suggestion de l'officier et parmi eux, ceux qui étaient lettrés préparèrent des notes et les distribuèrent dans tout Porto-Novo.

7

ECC, CONSTITUTION, par SBJ OSCHOFFA, 1980
Traduction en français - p. 8

REUNION EN PLEIN AIR

28 " A la lecture de ces affiches, beaucoup de gens qui n'avaient entendu que des rumeurs, s'assemblèrent maintenant dans ma cour attendant de voir ce qui se passerait. Nous érigeâmes une estrade en bois sur laquelle j'étais assis, un visionnaire à ma droite et un autre à ma gauche. J'étais guidé par l'Esprit qui me conseilla d'ouvrir une Bible devant moi, mais de ne pas la lire et d'allumer trois bougies devant moi, ce que je fis. A chaque question qu'on me posait, la réponse que je devais donner, me venait généralement de Celui qui m'a envoyé.

29 - " La première question vint d'un nommé Alex AGANYIMI, membre de l'Eglise des Chérubins & Séraphins. C'était un togolais. Chaque fois qu'une question était posée, il y avait un bruit perçant dans l'une de mes oreilles, qui m'empêchait d'entendre la question pendant que l'autre, silencieuse, l'enregistrait. Alex dit qu'il a appris que Moïse Orimolade était envoyé par Dieu et il fit toutes sortes d'oeuvres spirituelles, maintenant, moi aussi j'arrive et je clame que c'est Dieu qui m'a envoyé, lequel d'entre ces envoyés de Dieu, devrait-il suivre ? L'oreille où il y avait le bruit devint silencieuse et j'entendis ceci comme réponse. A ta question, Jean-Baptiste vint avant Jésus ; tu dois sûrement savoir que les Chérubins & Séraphins sont des anges qui servent tous et adorent notre Seigneur Jésus. L'Eglise du Christianisme Céleste est l'Eglise de Christ, alors que l'Eglise des Chérubins & Séraphins appartient aux anges de Dieu et n'est donc que le précurseur pour préparer la voix de l'Eglise du Christianisme Céleste. Que le monde le veuille ou non sa gloire sera bientôt connue de l'humanité toute entière. A mesure que j'entendais ceci, je le transmettais à Alex.

30 - " Des catholiques et des membres des autres églises étaient présents car la publicité avait suscité un intérêt dans les réponses que je donnerais aux différentes questions qui me seraient posées. Je ne savais moi-même comment répondre si ce n'est que transmettre les réponses qui m'étaient données. Un catholique me dit que tout le monde sait que c'est St Pierre et St Paul qui ont envoyé l'Eglise catholique à Rome, et ils savaient que c'était par la force de Jésus. Le même Jésus m'aurait envoyé comme je le proclame alors ? qui suivre alors ? Comme il parlait mon oreille entra en action, l'oreille bruyante donna son bruit perçant, pendant que l'oreille silencieuse écoutait. J'entendis alors ce qui suit : Jeune homme, nous t'avons donné un kobo et tu l'as pris ; maintenant nous te demandons de jeter ce kobo et d'en accepter deux, car la gloire de deux kobos est plus grande que celle d'un kobo. Mais si tu refuses de rejeter un kobo pendant qu'il est temps, et quand plus tard tu verras la gloire de deux kobos, tu voudras retourner pour t'en emparer, mais il sera trop tard, car d'autres personnes l'auront prise à ta place. Selon l'instruction que je recevais, je répondis successivement aux questions venant de gauche et de droite. Nous sommes préparés glorifiant Dieu ce jour là. Et, comme résultat du succès obtenu à la réunion, un grand nombre de gens commencèrent à se joindre à moi. C'était l'ère de l'Eglise et de son épanouissement.

8

ECC, CONSTITUTION, par SBJ OSCHOFFA, 1980
Traduction en français - p. 9

31 - " Je suis né méthodiste. Je voudrais maintenant parler de la visite du Révérend Pasteur Méthodiste PARRINDER qui avait été muté de Porto-Novo (j'étais dans son circuit) à un institut d'Ibandan. Il était grand de taille. Il entendit parler de moi et vint me voir. L'Eglise avait alors trois années d'existence Il me demanda pourquoi, lorsque j'étais méthodiste, je n'ai pas déployé ce pouvoir spirituel qui m'a été accordé au service de l'Eglise Méthodiste. Je répondis que sa remarque était juste, mais que le pasteur méthodiste de Porto-Novo d'alors, le nommé GBEYANGBE était celui qui au pupitre demandait qu'aucun méthodiste ne devait me rendre visite parce que j'avais acheté des pouvoirs magiques par lesquels je trompais le peuple. Ceci détourna beaucoup de méthodistes contre moi et aucun ne m'approchait. En outre, mon cher Révérend, continuai-je, si le Pasteur Méthodiste m'avait envoyé en ce moment un mot pour s'informer sincèrement et en temps opportun à mon sujet, ne pensez-vous pas que ce serait avec plaisir que j'aurais utilisé ces forces ... au sein de l'Eglise Méthodiste, car moi-même je ne comprenais rien de ce qui m'arrivait au point que j'ai envoyé chercher la police pour évacuer ma maison de ces foules de gens.

32 - " Cependant, avant votre visite, continuai-je, celui qui m'a envoyé m'a dit qu'un Européen viendrait me voir et que je devrais lui parler avec patience et calme.

Il m'a dit de vous demander de rester un moment jusqu'au dimanche prochain pour célébrer le culte avec eux au temple méthodiste de Porto-Novo ; et après le culte, de vous tenir à l'entrée, la porte à moitié ouverte de sorte à pouvoir serrer la main des fidèles lorqu'ils sortiront. Vous remarquerez à leur doigts des bagues, celles qui ne sont ni bagues de fiançailles, ni bagues d'alliance et qui sont faites en métal ou quelque chose de ce genre, vous saurez qu'à l'intérieur des maisons de ces gens, il y a des idoles, des sorciers et autres puissances des ténèbres et que ces gens sont des adorateurs d'idoles. C'est ceux-là qui emploient les pouvoirs magiques, alors que Dieu a interdit cela. Le commandement de Dieu ne dit-il pas que ceux qui L'adorent et Le servent en vérité ne doivent servir aucun autre dieu. Le message que j'ai reçu est qu'il y a beaucoup de chrétiens qui à la mort ne voient pas Christ car ils étaient devenus des adorateurs d'idoles. C'est la tâche que Dieu m'a confiée. Après que je lui ai donné ce message, il demeura sans mot dire, pendant près d'une demi-heure, se frappant le front avec un stylo, les jambes croisées. Puis il sortit pour aller se mettre sous la porte de la maison de mon père (qui est le lieu où tout commença, non dans ma maison actuelle), resta debout près de sa voiture pendant une demi-heure encore en compagnie d'Adihu, un autre pasteur de la République du Bénin qui l'avait accompagné pendant sa visite. Après s'être consultés un moment, il promit repasser ; mais je ne l'ai pas revu avant son départ.

33 - " Mais selon la promesse de Dieu (et Dieu ne manque jamais à sa promesse), au même moment où ces choses arrivaient, une femme Tinavie du quartier de Zevu à Porto-Novo mourut à l'hôpital après une courte maladie.

9

ECC, CONSTITUTION, par SBJ OSCHOFFA, 1980
Traduction en français - p. 10

L'Eglise avait à peine deux mois d'existence, la petite soeur de Tinavié, Mawulàwoe (Dieu Obligera) prophétisa que le corps de Tinavie devrait être apporté devant moi et que Jésus la ressusciterait de la mort. Des membres de l'Eglise vinrent me parler de sa mort et je leur demandais d'apporter son défunt chez moi. On l'apporta sur un brancard et je leur demandai de le déposer sur le sol nu.

34 - "Tous mes parents de la cour (concession) étaient musulmans. Seul mon père était chrétien. Mais nous étions tous Yoruba. Nous avions huit balafres sur la joue selon la tradition des Yoruba. Quand on apporta le corps défunt, mes proches parents qui étaient tous musulmans, s'exclamèrent à la manière des musulmans "Lahila, Hilalawu, qu'est-ce que ce garçon a fait encore ? Un corps (un mort) apporté dans la cour·. Mais je demandais aux porteurs de laisser le corps sur le sol. En un rien de temps, Jésus-Christ, mon Sauveur ressuscita Tinavie de la mort. Elle revint à la vie et je demandai de la conduire à l'hôpital pour saluer le Docteur qui a constaté sa mort. Le nom du Docteur était Alexandre. Lorsque le Docteur la vit vivante, il courut en faisant claquer la porte, pensant que que la défunte était en train de lui parler. Il ne réalisa pas que c'est Dieu, le Roi, qui ramène les morts à la vie. C'est également Mawulawoe, qui à la première fête de Noël à la plage donna ce cantique (en Yoruba) traduit ainsi :

> "Jésus, je t'adorerai
> Seigneur Jésus, je t'adorerai
> En ce lieu très saint
> Dans ta Sainte Eglise
> Je t'adorerai, jusqu'aujourd'hui
> J'entrerai, rempli de ta gloire.

35 - "Un autre miracle concerne un ami Moïse SOUROU Afoyan de ZEVU, Porto-Novo, qui était mort. Ses parents sont venus me dire que mon ami était mort et qu'ils étaient venus acheter son cercueil et qu'ils sont simplement passés pour m'en informer. Je partis pour la maison de Moïse et je vis son corps défunt étendu sur le sol. C'était un ami. Je portais trois habits. J'enlevai un et le couvris avec et je demandai à tout le monde de sortir de la chambre. Quand Jésus décida que Sa Volonté soit accompli, Moïse revint à la vie à minuit.

36 - "Je revins le lendemain et Moïse me dit qu'il souhaiterait vivement me dire ce qui s'était passé. Il dit qu'il a vu un vieillard à la barbe et aux cheveux tout blancs debout sur le balcon d'une maison à étage. Le vieillard m'amena et me montra à lui (Moïse) et lui demanda s'il me connaissait. Il répondit que oui. Alors le vieillard lui dit que lui Moïse était mort mais qu'à cause de mon honneur, il retournerait à la vie ; et en outre il (Moïse) ne mourrait pas encore jusqu'à ce que la personne (le Pasteur) qui l'a ramené à la vie ait construit une maison à étage.

10

ECC, CONSTITUTION, par SBJ OSCHOFFA, 1980
Traduction en français - p. 11

37 - " C'est ainsi donc que Moïse prédit que je construirai une maison à étage.
Alors qu'en ce moment précis, je n'avais même pas les moyens financiers de
m'acheter une seule brique. J'ai gardé cette promesse car je savais que la
parole (promesse) de mon Dieu ne manque jamais de s'accomplir. Je rends grâce à
Dieu que Moïse SOUROU et ses enfants vivent encore aujourd'hui et que la maison
à étage a été construite de son vivant comme il l'a prédit.

38 - " L'événement notable suivant eut lieu dans la ville de GRAND-POPO où la mer avait
débordé constituant ainsi un sérieux problème. La nouvelle de nombreux miracles
opérés par Christ à travers ma personne lui était parvenue, le responsable de la
ville m'envoya un mot à Porto-Novo pour me dire que la mer avait envahi la ville
et qu'elle avait détruit toutes les maisons. Il dit qu'ils sont convaincus que
c'est Dieu qui m'a envoyé et qu'il n'y a rien d'impossible à Dieu. Il supplia
de venir arrêter la mer afin qu'elle ne rase pas la ville entière. Je partis avec
un groupe de six personnes comprenant : Wolileader AFOSE, GNANGA, son épouse,
Alagba Silvestine, Yaman et Leader Mathias de DANNOU.

39 - " Quand nous sommes arrivés en face de la mer de Grañpopo, je vis un prête catholique
européen, portant un bâton de berger et debout près de la mer ; la mer le repoussa
comme il priait avec le bâton. Arrivé, Celui qui m'a envoyé me dit que devant lui le
monde est comme un oeuf et la mer comme une aiguille. En outre, il me recommanda
donc de mettre une aiguille dans un oeuf à la vue de tous les habitants de Grañpopo
et de jeter l'oeuf avec l'aiguille dans la mer qui l'emportera. Ce que je fis selon la
recommandation, me conformant non à ma volonté mais à celle de Celui qui m'a
envoyé. Un miracle se produisit. La mer se retira complètement.

40 - " Il est important de mentionner le développement consécutif de cet événement.
La lagune de la ville de Grañpopo qui normalement communique avec la mer, avait
le point de communication qui était devenu dangereux et de nombreux bateaux y
avaient échoué. La mer s'était tellement retirée que cet endroit était à sec.
Lorsque les féticheurs de la ville qui n'acceptaient pas Jésus-Christ virent ce qui
s'était passé, ils étaient contrariés et protestèrent que le retrait de la mer
était trop excessif. Ils apportèrent des vaches pour offrir en sacrifice, les
traînèrent et les jetèrent à la mer. A cause de cet acte d'incrédulité, la mer
revint avec une furie doublée après trois mois et fit plus de dégâts qu'auparavant.

41 - " La nouvelle de ces faits se répandit partout. Par conséquent, les habitants
de Toffin se joignirent à l'Eglise d'Agonguè, l'Eglise se propagea jusqu'à Gbéko,
de Gbéko à Gogbo. Comme l'Eglise se répandait dans toutes les villes du pays, les
catholique de Porto-Novo, les musulmans et les méthodistes commencèrent à
conspirer et à se mobiliser contre moi. Ils avaient tous des informateurs chez moi
Les catholiques avaient les leurs, les musulmans également, ainsi que les méthodistes.
Tous étaient immédiatement informés par leurs agents respectifs se trouvant sous
mon toit. De ce fait, j'allais m'installer à Wémé, une sous-division de Toffin.

11

ECC, CONSTITUTION, par SBJ OSCHOFFA, 1980
Traduction en français - p. 12

ENTREE AU NIGERIA

42. " Quand mes détracteurs ne me voyaient pas à Porto-Novo, ils pensèrent que la force de l'Eglise diminuait. Mais c'était le contraire qui se passait parmi le peu de fidèles que j'avais laissés à Porto-Novo.

Entre-temps, quelques membres de Toffin établirent une autre paroisse à Gbadji d'où l'Eglise s'étendit jusqu'à Lagos au Nigéria.

Ceux qui introduisirent l'Eglise dans Lagos étaient des pêcheurs, au nombre d'environ sept - des gens comme l'actuel Leader Samuel François, l'actuel Senior Leader Leyon qui est ici présent parmi nous, des gens comme Johana de Gbadji et feu Sepo.

43 - " Leur unique paroisse et leurs oeuvres spirituelles que les gens ont remarquées parmi eux ont amené à demander avec insistance à me voir. J'étais déjà de retour à Porto-Novo; l'Eglise avait pris de l'ampleur et s'était solidement implantée. Quand je reçus le mot que Lagos souhaitait me voir, je craignis d'aller ou à Lagos ou à tout autre endroit au Nigéria. Etant le seul enfant mâle survivant de mon père, je craignis de me rendre au Nigéria qui était, comme je l'ai appris, un pays actif et difficile. L'émissaire de Lagos était toujours Moïse Ajovi de Ijofin, Nigéria actuellement un Senior Leader.

Après avoir refusé à deux reprises d'aller à Lagos, je reviens sur ma décision à la troisième fois, entendu que Moïse Ajovi serait toujours avec moi. Et ainsi nous nous rendirent ensemble à Lagos pendant la semaine de la Passion en 1951.

44 - " Aussitôt après mon arrivée à Lagos, j'appris qu'une jeune femme était devenue folle, étendue dans sa chambre. J'allais la voir et Jésus la guérit à l'instant même. Ceci causa une grande agitation et vers le Jeudi Saint le bruit s'était répandu autour de ce fameux miracle.

45 - " Un nombre de religieux envoyèrent me chercher pour une rencontre avec eux le Vendredi Saint dans un hall à Yaba où il y a un piano à un coin. Ils m'ont dit qu'ils avaient entendu des histoires de miracles de morts ressuscités et ainsi de suite. Bien qu'ils fussent tous chrétiens, ils souhaiteraient me faire savoir que je devrais les considérer comme des "Saint-Thomas". Ils voudraient bien croire que Dieu m'a effectivement envoyé, mais à condition que j'accomplisse des miracles là même devant eux.

J'ai accepté. Je leur demandai qui parmi eux, voudrait voir la gloire de notre Seigneur Jésus-Christ et connaître que c'est Dieu qui m'a envoyé. Ils répondirent qu'ils voulaient tous.

46 - " Je choisis alors deux femmes parmi l'assistance, l'une mariée, l'autre non et leur demandai de s'étendre. j'enlevais deux des habits que je portais, plaçai un sur chacune des deux femmes. Après une heure environ rien ne se passa. Je leur dis de se lever. La plus âgée dit qu'elle sentit quelque chose l'effleurer

12

ECC, CONSTITUTION, par SBJ OSCHOFFA, 1980
Traduction en français - p. 13

mais quand elle leva les yeux elle ne vit rien. L'autre dit qu'elle a eu l'impression que quelque chose allait lui arriver, mais elle ne vit rien. A ce stade ils ont commencé à penser qu'ils ne verraient aucun miracle.

47- " Je me rappelai alors et chantais le cantique que la fille de 11 mois de Marie Zevounou nous a donné sous l'inspiration du saint-Esprit, qui est le suivant (en Yoruba) dont la signification en français est :

> "O Saint Esprit, descends parmi nous,
> Nous espérons ta bienvenue
> descends en nous, nous ceindre de la force
> la force pour vaincre l'ennemi
> Tu ne promets sans tenir ta parole
> Souviens toi de ta promesse. Amen

48- " Soudain, comme ils chantaient, le Saint-Esprit descendit sur eux. Quelqu'un parmi eux dit : "Il est mon bien aimé. C'est moi qui l'ai envoyé, écoutez-le Un autre dit : Toi femme mariée, tu es en période de menstruation et tu veux voir la gloire de Jésus ; demandez-lui si elle est ou non dans sa période.

Un autre dit encore : toi jeune femme, tu sais très bien que tu viens d'avoir des relations sexuelles et tu ne t'es pas lavée pour te rendre propre. je suis un Dieu Saint. Ils étaient tous confondus quant à tout ce qu'ils voyaient et entendaient venant d'eux-mêmes. Tout le hall remuait car ils avaient vu la gloire de Dieu.

49 - " Maintenant, ces gens présents à Yaba qui connaissaient beaucoup de chants religieux de leurs propres églises   étaient tellement impressionnés qu'ils déclarèrent qu'ils ne feraient rien d'autre que chanter car ils ont vu la gloire de Jésus. Aussi commencèrent-ils une fête de chants. Quelques temps après, je leur dis qu'il était temps de rentrer. Ils dirent qu'ils ne rentreraient pas et qu'ils n'arrêteraient pas de chanter jusqu'à la tombée de la nuit. En outre, ils ajoutèrent qu'il pleuvait et lorsqu'il se mettait à pleuvoir dans ces endroits, il ne cessait pas de si tôt. Je répondis que ce qu'ils voyaient comme pluie. n'était en réalité qu'une partie de l'oeuvre de Dieu ; c'était une pluie spéciale qui s'arrêterait aussitôt que je voudrais rentrer. Quand je vis qu'ils avaient cotisé beaucoup d'argent, je leur dis que je n'en voulais pas. Une femme parmi eux me donna du pain pour 60 F, que j'acceptai, disant "Jésus a dit que l'ouvrier mérite son salaire". Je dis que je rentrais et ils répondirent que je ne pourrais pas encore. Je regardai dehors, étendis la main sous la pluie Elle s'arrêta net et je m'en allai. Ce miracle tout récent les étonna réellement et commença ici une affluence de gens sur l'Eglise. voilà comment l'Eglise commença réellement au Nigéria.

13

ECC, CONSTITUTION, par SBJ OSCHOFFA, 1980
Traduction en français - p. 14

50 - " Ensuite arriva le miracle de résurrection de Hunsu, un garçon de sept ans. On l'a trouvé serré sur la poitrine d'une vieille femme. On retira de force le corps du garçon de la femme et on me l'amena devant l'Eglise. Guidé par l'Esprit-Saint, je l'aspergeai d'eau bénite et immédiatement il se leva. Ceci causa une sensation. L'Iman de Lagos, de passage pour l'inauguration d'une nouvelle mosquée (La Mosquée d'Owodunni à Ywaya) et tous ceux qui l'accompagnaient s'arrêtèrent pour voir si oui ou non le nom de "Anɔbi Yissa" (Jésus-Christ) ferait des miracles comme on avait souvent dit. Ayant vu ce miracle accompli lui et sa suite s'exclamèrent : "Lahaila Hilalawu" (Dieu est Tout-Puissant)

51 - " Peu après ceci, j'ai appris la mort d'une autre jeune femme nommée Thérèse HUMPE. Elle étaient morte tôt ce matin-là dans le quartier des pêcheurs. Comme ils ne pouvaient pas trouver un docteur pour constater sa mort et leur établir un certificat de décès, leur intention était, comme c'était souvent le cas à Makoko à l'époque, d'attendre la nuit pour l'enterrer secrètement. Makoko à cette époque n'était que la brousse et cela ne présentait pas de difficulté. Mais l'Esprit-Saint était en moi et je demandai qu'on m'apportât le corps défunt. On me l'apportât en plein jour à la vue de tout le monde. Mais celui qui m'a envoyé était présent derrière moi. Je posai ma main sur Thérèse et au même instant elle se leva. Cette Thérèse vit aujourd'hui et est mère de plusieurs enfants.

52 - " C'est pourquoi la propriétaire de Makoko, feue Ramatou Emmanuel une musulmane est venue vers moi pour me dire qu'elle a fait un rêve qu'un homme saint venait d'entrer à Makoko, et que si elle souhaitait le titre de propriétaire du terrain de Makoko lui revînt, elle devrait aller voir cet homme.
Elle dit que j'étais l'homme en question et me supplia de prier pour elle afin que Makoko lui revienne et me demanda mes conditions. Elle vint avec son fils Raimi, son commis et Bologun son gardien. Je lui répondis que je ne prenais rien. Je lui demandai seulement de venir avec une bougie blanche que j'utiliserais pour prier pour elle. Les prières furent exaucées. A partir de ce jour Makoko devint sa propriété indiscutable. Bien qu'elle fut musulmane, elle se souvint que Dieu l'avait aidé à travers cette église ; aussi donna-t-elle à l'Eglise le terrain sur lequel se trouve la présente paroisse. A cause d'éventuel litige dans le futur après sa mort, elle transmit la propriété à l'Eglise (quoiqu'à mon nom) et reçut un kobo[1] en paiement. C'était donc un don à cause des miracles qu'elle a vus.

53 - " Nombreux sont les miracles opérés par notre Seigneur Jésus Christ par moi. Je ferai une référence particulière à celui de la jeune femme nommée Olusɲola qui était morte et que Jésus a ressuscitée après le troisième jour.

1) Kobo est la monnaie nigérianne.1 naira = 100 kobos

ECC, CONSTITUTION, par SBJ OSCHOFFA, 1980
Traduction en français - p. 15

54 - " Un jeune membre de l'Eglise qui aimait dire : "Dites Alléluia avec moi" et qui en un mot avait été surnommé Alléluia est venu un dimanche matin annoncer la mort d'une femme la veille à 15 heures (le samedi) dans une maison qui lui appartenait.
Il dit qu'au vu de nombreux miracles accomplis par Jésus à travers moi à Makoko, particulièrement ceux de Hunsu et de Thérèse, il était sûr qu'Olushola pouvait ressusciter des morts. Il m'en parla la première fois à dix heures le dimanche matin au moment où le culte allait commencer. Le culte finissait à quinze heures et il ne cessait de me tracasser mais toujours je ne lui répondais pas. En raison de sa persistance, cependant à seize heures j'envoyai l'Evangéliste Bada (alors Leader) muni d'une de mes soutanes ; il devrait suivre l'homme surnommé Alléluia jusqu'à la maison, mettre la soutane sur le cadavre et dire aux parents que lorsque le corps bougerait, ils devraient l'amener à l'Eglise. En partant, Alléluia devrait marcher devant et l'Evangéliste le suivre.

55 - " L'Evangéliste revint et dit qu'il avait suivi mes instructions. Vers dix-sept heures, ils apportèrent le corps dans une voiture car ils étaient surpris de voir le corps se retourner réellement bien qu'il fût encore sans vie. Je demandai que le corps fût mis dans le vestiaire des femmes.

56. " Il y avait un jeune homme d'Ondo qui vint avec eux. Il appartenait à une des églises spirituelles mais je ne me rappelle plus laquelle. Quand il vit que nous avons abandonné le corps d'Olushola dans le vestiaire pendant des heures sans aucune prière et sans nous en soucier, mais occuper à causer comme si de rien n'était, il vint me trouver pour me conseiller qu'au lieu de rester là à ne rien faire, nous devrions prier pour le corps défunt car il commençait à se décomposer et sentait déjà. Je répliquai que je n'étais pas celui qui allait redonner la vie à Olushola, qu'il devrait être prudent et ne pas aller près du cadavre. Je lui dis que s'il allait il serait responsable de tout ce qui lui arriverait. Mais il ne voulait rien attendre. Il continua de faire des va-et-vient. Finalement, aux environs de minuit, il alla soudain jeter un coup d'oeil sur le corps. Il revint vers moi en courant effrayé et dit qu'il avait vu un homme vêtu de blanc avec une raie au milieu de la chevelure et debout au chevet du corps.
Je lui ai rétorqué que je l'avais prévenu de cela. Il s'enfuit et j'allai me coucher. La mère d'Olushola aussi alla au lit. Je ne me souciais pas du corps. Ce n'est pas moi qui fais les miracles par mon propre pouvoir. Je ne suis qu'un serviteur de celui qui m'a envoyé. Point n'est donc besoin pour moi d'entrer dans une série de prières ou de veiller toute la nuit ou de jeûner ou de subir telle flagellation.

NB   Il est à signaler que nous avons vu de nos propres yeux Olushola
femme christine ▬ Maman Edith
YAMAN = Une des épouses du Pasteur la plus honorée de l'Eglise.

ECC, CONSTITUTION, par SBJ OSCHOFFA, 1980
Traduction en français - p. 16

57 "Le matin du troisième jour de la mort d'Olusola, sa mère voyant des heures passer sans aucun résultat, s'inquiétait. A neuf heures , elle vint me dire avec désespoir puisque le corps d'Olusola était toujours sans vie, puant et et recouvert d'asticots, qu'on lui permît de le ramener à la maison pour être enterré. Comme elle disait cela, son pagne tomba. Pris de compassion, je me levai et la suivis au lieu où gisait le corps. Je lui demandai le nom de sa fille et elle me dit son nom. Je tapai le corps et appelai "Olusola" et elle répondit "Monsieur". Je la tapai encore et dis : "Au nom de Jésus-Christ lève toi et marche". Aussitôt elle se leva et marcha. Elle est encore parmi vous ici, vous la connaissez tous. Sa petite soeur est la soeur Ipadeola.

APPARITION DE NOTRE SEIGNEUR JESUS CHRIST

58 - " Quant à notre Seigneur Jésus-Christ, le Seigneur des cieux et de la terre, qui m'a envoyé, il était temps qu'ils se révélât dans toute Sa Puissance et Sa Gloire ici même à Makoko. Ceci se passait en 1954 le vendredi suivant la fête des moissons de l'année qui était la troisième fête des Moissons au Nigéria. Depuis trois mois avant son apparition nos visionnaires transmettaient des messages spirituels à profusion à l'effet que notre Seigneur lui-même nous rendait bientôt visite, marchant soudain au milieu de nous, et que nous devrions nous préparer à pouvoir l'identifier à son arrivée.

A trois heures du matin le jour de son arrivée, j'étais agité par le Saint-Esprit et, comme on me l'a dit plus tard, je ne cessai de prononcer les mots suivants jusqu'environ cinq heures trente, heure à laquelle toute la maison a-t-on dit, trembla jusque dans ses fondations : Jésus, Jésus eniti iri re dabi iri oju omo kinium, eniti nti ori ekanna rè tan imolé, c'est-à-dire en français : "Jésus, Jésus, toi dont les yeux sont comme ceux d'un lionceau et des bouts des doigts auxquels sortent les rayons de lumière".

Ceci m'a été rapporté plus tard le matin par l'Evangéliste Bada (alors Leader) qui était couché tout près de moi à l'Eglise avec quelques uns des autres membres.

59 - " Le Seigneur est venu sous l'aspect d'un aveugle. Il apparut environ à neuf heures marchant vers l'Eglise. Il parla d'abord à ma femme Christine et lui demanda du tabac. Elle répliqua qu'elle n'en avait pas. Ensuite il lui demanda des cigarettes, et elle répliqua encore qu'elle n'en avait pas. Puis il lui de la cola à quoi elle répliqua avec colère qu'il la laisse tranquille, d'autant plus que les trois objets qu'il a demandés sont interdits aux chrétiens célestes. A ce moment Yaman qui était à côté intervient et lui offrit de l'argent pour acheter les choses qu'il voulait. Il déclina l'offre et la bénit (Yaman) disant que sa bourse ne sera jamais vide. Alors il dit à Yaman de mettre sa fille christine en garde car le monde est délicat. Il les quitta.

16

ECC, CONSTITUTION, par SBJ OSCHOFFA, 1980
Traduction en français - p. 17

60 - " Je n'étais pas présent, j'étais dans l'autre maison à quelques 45 mètres de là. Je vis un homme venir vers moi. Il était grand et gracieux et s'était drapé d'une seule pièce de pagne blanc enveloppant tout son corps entier, de la tête au pied. Comme il approchait, je vis spirituellement un rayon de lumière devant lui et je reconnus immédiatement que c'était le Seigneur, dont la venue avait été annoncée.

61 - " J'allai à sa rencontre. Il était aveugle, le point noir des yeux était absent les yeux étaient complètement blancs. Je lui demandai ensuite "Seigneur d'où viens-tu et où vas-tu ? Il répondit "Le Fils de l'Homme ne vient de nulle part (en particulier) ni n'a aucune destination mais va où le vent le conduit". Je répondis : Merci mon Seigneur. Je lui dis ensuite : Mon Seigneur, veux-Tu venir avec ton fils dans la maison ? Il répliqua pendant qu'il marchait à côté de moi : N'es-tu pas le prophète ? force t'a été donnée de me connaître à cause de ton amour et de ta bonté. Je viendrai avec toi dans ta maison.

Chemin faisant, je mis la main dans ma poche et lui offris de l'argent en aumône. Il déclina l'offre et dit : Ma part, ce n'est pas l'argent mais l'amour. Qu'il en soit autant pour toi aussi.

62 - " Nous cheminâmes ensemble, moi à gauche, lui à ma droite. A cette époque il y avait un fossé à l'entrée de l'Eglise pour drainer l'eau jusqu'à la lagune l'eau sortant du sous-sol de la paroisse. Arrivés au fossé, je dis : Mon Seigneur faîtes attention, il y a un fossé ici, laissez-moi vous guider. Il répliqua : Pas du tout, le Fils de l'Homme n'a pas nécessairement des yeux visibles, mais il a des yeux spirituels qui voient mieux que les tiens. Avant qu'Il n'eut fini, Il avait promptement passé le fossé avant moi. Nous continuâmes et entrâmes ensemble dans la maison.

63 - " Quand nous sommes entrés Il me demanda de l'eau et je la lui donnai dans un bol. Il demanda du sucre. Makoko n'était pas aussi développé que maintenant. Je vis en ceci, une occasion de lui plaire. Comme Il n'avait pas accepté mon aumône, je pourrais peut-être lui faire plaisir en lui offrant tout un paquet de sucre.

Je cherchai dans tout Makoko un endroit où je pouvais acheter du sucre, mais en vain. Je revins lui dire que je n'avais pas pu avoir du sucre. Alors, Il me dit que les sept morceaux qui se trouvaient dans ma chambre suffiraient. J'allais dans ma chambre et y trouvai effectivement sept morceaux de sucre que je lui apportai. Il me demanda de les mettre dans l'eau et dit : Comme aujourd'hui, qu'il y ait toujours du sucre dans ta maison. Il remua l'eau avec la main et but sept fois et me la donna en disant : Des gens se précipiteront vers toi avec différents problèmes... et continua en me disant les différents

17

ECC, CONSTITUTION, par SBJ OSCHOFFA, 1980
Traduction en français - p. 18

usages auxquels l'eau peut-être associée. Je bus aussi sept fois et je gardai
le reste de l'eau que je conserve jusqu'à ce jour.

64 - " Ensuite il demanda un pagne assez grand pour envelopper un mort. Je cherchai
et ne pus avoir que quatre vingt-dix centimètres de tissu blanc de ma femme
Christine. Je l'emballai dans du papier et, comme je m'approchais de lui par
derrière, il me dit : Ceci pourra-t-il être assez pour couvrir tout mon corps
de la tête au pied ? J'étais confondu et comme je m'apprêtais à le ranger ;
Il me dit : Puisque tu as eu l'intention de me l'offrir, ne le range pas ;
laisse le ici et trouve moi quelque chose de plus grand. L'Evangéliste Baba
qui se trouvait dans les environs attira mon attention sur la toile blanche
en coton qui avait servi d'ornement pour l'autel pour la fête des moissons
le dimanche passé. Oui cela sera assez grand pour m'envelopper de la tête aux
pieds. Sur ce, j'entrai dans la paroisse, j'enlevai la toile de l'autel, la
pliai, l'emballai et l'a Lui apportai.

Il dit : "Oui ceci est Ma propre part de la fête des moissons de cette année".
Il ne la toucha pas mais me dit de l'emballer avec le premier tissu. A ce moment
était aussi présent Emmanuel Gnansounou qui était méthodiste et qui avait
simplement accompagné son frère l'Evangéliste Nathanaël Gnansounou.

65 - " Il parla de beaucoup de choses avec moi. Entre autre, Il me confirma que nos
cultes étaient agréables au PÈRE. Dis à tous les membres de l'Eglise
Céleste qu'ils doivent être fermes dans la prière car la prière sera l'ultime
salut de l'humanité. L'amour de l'argent constituera la chute de beaucoup
dans leur tentative d'entrer dans le royaume de Dieu". Il me dit de le fixer
autant que je pouvais car je n'aurais plus l'occasion de Le voir encore comme
je le fais maintenant et de Lui parler de cette manière. Il dit que je Le verrais
sûrement encore, mais à l'heure actuelle, Il ne pouvait pas me dire comment. Il
faisait allusion au moment où je quitterai ce monde.

Il voulut prendre congé de nous en nous conseillant de ne pas annoncer son
départ. L'Evangéliste Baba qui était resté présent pendant tout ce temps nous
rejoignit dans la conversation et dit : Qui peut manquer l'occasion de voir
la gloire de ce bonheur ? Ce à quoi notre Seigneur répliqua avec surprise :
"Comment ?" et à Bada de répéter : Père, qui peut manquer de voir la gloire
de ce bonheur serein". Alors Notre Seigneur cria Alléluia sept fois.
L'Evangéliste Nathanaël Gnansounou de Porto-Novo (il n'était pas encore leader)
dormait dans l'autre chambre. Il était paralysé d'une jambe, il se réveilla et
fit un bond, sa jambe se redressa au même moment. Il est à souligner que
Nathanaël est le fils de Moïse Gnansounou, avec qui j'étais resté quand j'avais
sept ans.

18

ECC, CONSTITUTION, par SBJ OSCHOFFA, 1980
Traduction en français - p. 19

66 - " Il poursuivit pour me dire qu'il était venu pour me parler car il y avait beaucoup de choses à me dire mais aurait voulu que nous soyons à deux. Nous sortîmes ensemble, laissant derrière nous les autres. Il me demanda de prendre les deux colis de tissu que je lui avais donnés. Je les pris et nous longeâmes Church Street en plein jour et cependant ne rencontrâmes aucune âme sur tout le trajet jusqu'au pont de Makoko. Il me parla beaucoup me donnant des explications et des recommandations spécifiques sur un bon nombre de choses concernant l'Eglise. Une de ces recommandations était que nous devrions désormais célébrer la Sainte Communion lors de nos réunions annuelles de Noël à la plage de Porto-Novo et que lui-même serait présent et y prendrait part. Avant cela, nous n'avions pas célébré la Sainte Communion à nos réunions de Noël, mais après sa recommandation, nous la célébrâmes à la réunion de Noël de cette année-là qui était la septième dans l'histoire de l'Eglise.

67 - " A cette époque, on avait placé des troncs de palmier à chaque côté du pont pour maintenir la route et pour empêcher la rivière de la rendre impraticable Nous étions debout sur le tronc de droite faisant tous deux face à l'ouest Il me demanda de faire sortir les pagnes et de les laisser tomber dans la boue. Je fis ainsi, et il mit son pied gauche sur les pagnes pendant que le pied droit était resté sur le tronc du palmier. J'étais toujours debout sur le tronc Puis le pied gauche toujours sur les pagnes qui dégageaient des bulles sous son pied, il me dit : Fils de l'Homme, ici à cet endroit nous séparons. Va et ne regarde pas derrière. Je me retournai et commençai à m'en aller. Après trois pas je me fis curieux de savoir comment il partirait. Je me retournai et ne le vis plus. Il avait disparu.

68 - " Le troisième jour, il survint un incident particulier concernant une femme qui se disait chrétienne céleste alors que secrètement, elle rendait visite aux puissances des ténèbres et recherchait leur aide - féticheurs et ainsi de suite. Apparemment comme elle passait près du cimetière d'Apana, l'homme en soutane blanche qui m'avait apparu ici plus tôt lui apparut aussi et elle tomba, paralysée par la peur, on la transporta dans une maison des environs. Pendant que ceci arrivait là-bas, on me disait en prophétie à l'Eglise à Makoko, qu'il y avait des gens qui venaient à moi clamant leur foi chrétienne, alors qu'ils étaient des idolâtres - un de ceux-là, vient d'être pris et qu'on me l'amenerait.

Il faudrait qu'à son arrivée, je lui demande si un membre de l'Eglise du Christianisme céleste devrait rechercher l'aide des guérisseurs ou d'autres agents de satan. Il faudrait que je l'informe que c'est lui Christ qui lui ait apparu.

69 - " Chose vraie, quelques temps après cette prophétie, on m'amena la femme inconsciente. Lorsque je posais la main sur elle, devint consciente et se leva. Je fis ce qu'on m'avait demandé de lui dire et elle se confessa.

19

ECC, CONSTITUTION, par SBJ OSCHOFFA, 1980
Traduction en français - p. 20

70 - Une autre apparition de notre Seigneur Jésus-Christ est à noter : C. était a Bar Beach de Lagos en 1954 à l'occasion de l'onction de quelques membres de l'Eglise du Nigéria parmi lesquels se trouvaient Leyon, Samuel et quelques autres (il est bon de noter de Leyon et Samuel étaient les premiers à être élevés au grade de Leader dans l'Eglise du Nigéria). Notre Seigneur m'apparut de la mer.

Comme avant sa première visite à Makoko, j'étais rempli de l'Esprit-Saint à trois heures environ du matin ce jour-là et j'aurais prophétisé de sa venue en songe. Vers midi, pendant que nous effectuions l'onction à la plage, un bateau surgit au loin sur la mer. En un temps record, il se tint à peu près à un kilomètre de la plage. Quelques instants après, nous vîmes un homme sur la plage à demi couché, portant un morceau de pagne bleu à la hanche rappelant celui qu'il portait sur la croix. Son corps montrait des signes prouvant qu'il sortait de la mer. Il avait à côté de Lui une vieille Bible bien usée attaché d'un fil, une copie du Coran et quelques écrevisses séchées. Je sus que C'était Notre Seigneur Jésus-Christ et m'avançais vers LUI. Il me parla me donnant encore des recommandations et des explications sur un certain nombre de choses. Il me mit en garde de ne faire aucun culte pour la gloire humaine.

Pendant que cela se passait, une femme modestement vêtue, tourna autour de LUI, pas trop près pour le regarder avec un intérêt, puis s'éloigna. Elle fit cela à plusieurs reprises. Je savais que c'était la Ste Marie, la grâcieuse Mère de Notre Seigneur. Il était midi et le soleil dardait sur nous ses rayons de plomb, comme nous cherchions de l'ombre sous les cocotiers. Lorsque je me dirigeais vers LUI le sable brûlant chauffait la plante de mes pieds ; mais arrivé aussitôt à son niveau, tout était frais comme à l'ombre. Après qu'Il m'eut parlé, je retournai vers l'assemblée et leur fis savoir que Celui dont j'avais phophétisé la venue était arrivé et se reposai là-bas. Les membres présents se ruèrent vers LUI et Il parla à beaucoup d'entre eux. Il convient de mentionner une particularité, celle d'une dame, Mme Adekoya, qui richement habillée en tenue traditionnelle des Yoruba reçut le message suivant du Seigneur : "Pourquoi es-tu nue" toute étonnée, Yaman intervient pour lui donner les explications suivantes: "Parce que tu n'es pas habillée en soutane comme les autres. Certains membres de confessions spirituelles qui priaient également à la plage, le virent aussi. Ils rentrèrent en transe et affirmèrent son identité et sa présence.
Plusieurs variétés de poissons, plongeaient et replongeaient dans l'eau en signe de salutation.

71 - Nous continuâmes nos prières et j'avais l'oeil sur Lui tout le temps et continuai à le voir. Nous fermâmes les yeux pour recevoir la bénédiction ; lorsque nous les ouvrîmes après la bénédiction, Il avait disparu. Ainsi que la Vierge Marie et le bateau. Les gens le cherchèrent partout mais il ne le trouvaient nulle part.

72 - Les miracles qui s'accomplissent par jour sont trop nombreux pour être consignés dans un livre. Devant Dieu et les hommes, avant 1958, plusieurs personnes avaient

20

ECC, CONSTITUTION, par SBJ OSCHOFFA, 1980
Traduction en français - p. 21

été ressuscitées des morts. Et pour la seule année de 1958, il y en avait trois dont deux à Abéokouta et une à Ibadan. Elles sont toutes ici parmi nous. Gloire soit rendue à Dieu au plus haut des cieux. Alléluia.

73 " Les aveugles voient par la grâce de Jésus-Christ, quelquefois jusqu'à dix-huit par jour, les muets parlent, les boiteux marchent, les malades sont guéris, les femmes stériles deviennent mères; celles qui sont enceintes mais perdent leur grossesse, par la puissance de ce monde, sont délivrées. Je ne citerai que le cas particulier de la mère de Nimbé dont les tests médicaux attestaient qu'elle n'était pas en grossesse, mais amenée à l'Eglise, notre Seigneur démontra qu'Il était au-dessus des tests médicaux et le résultat fut probant avec la naissance de Oluwambé i.e. Dieu est vraiment présent). Il est devenu maintenant un jeune homme. Pareil est le cas de Mme Somorin dont la grossesse était niée par la médecine, et qui accoucha aussi d'une fille appelée Mojisola.

74- " Les miracles sont vraiment des événements journaliers chez nous. Ils attestent que celui qui m'a envoyé et qui a promis que ces miracles m'accompagnent afin que le monde croit que Celui qui m'a envoyé est toujours avec moi. Gloire soit rendue à Son Nom au plus haut des cieux. Alléluia. Plaise à Dieu que l'Eglise du Christianisme continue d'être fortifiée. AMEN

Supplément de l'Histoire par le Prophète-Fondateur telle que racontée ci-dessus au siège de Makoko

75 - " Une réunion du Conseil d'Administration tenue le mardi 22 mai 1979 au Siège International de l'Eglise du Christianisme Céleste à Mission House à Ketu, Etat de Lagos, République Fédérale du Nigéria, on avait demandé au Pasteur-Fondateur de donner de plus amples explications afin de savoir comment les différents aspects du culte de l'Eglise furent réellement transmis avec tous les événement qui l'entourent. Voici dans les paragraphes qui suivent, la réponse du Pasteur Fondateur.

76 - " Quelques jours après mon retour à Porto-Novo de mon séjour dans la forêt passant par Agonguè où, vous en souvenez-vous, Koudiho fut ressuscité des morts par notre Seigneur Jésus-Christ à travers ma personne, je reçus un mot de ma grande soeur (Elisabeth OSHOFFA mariée à Gouton) dont le fils unique, Emmanuel Mawüyon Gouton (devint plus tard notre évangéliste en Côte d'Ivoire) était mort. J'étais en habits de prière et j'envoyai un mot pour dire qu'il n'était pas mort. A mon arrivée je trouvai le corps mort et je fis sortir tout le monde de la chambre.

Les féticheurs qui quelques instants plus tôt essayaient de lui redonner la vie quittèrent la pièce avec précipitation et, lorsque je le touchai, Jésus le releva et il reçut immédiatement le don du Saint-Esprit et devint le premier visionnaire de l'Eglise du Christianisme Céleste.

21

ECC, CONSTITUTION, par SBJ OSCHOFFA, 1980
Traduction en français - p. 22

ORDRE DE FONDER UNE NOUVELLE EGLISE

77 - " Pendant la première semaine d'octobre 1947 et le cinquième après que j'ai reçu l'Ordre divin le 29 Septembre 1947, nous étions tous rassemblés tôt le matin lorsque le mot me parvint (j'entendais régulièrement des voix et je les entends toujours) que la Divine Mission que j'ai reçue était de fonder une nouvelle Eglise et je devrais le faire immédiatement et ici même dans ma maison. La première chanson qui nous a été donnée était en Yoruba.

Que tous les frères croyants	Pourquoi sommes-nous appelés
Lèvent haut leur tête	dans la Sainte Église
Ecoutant la voix de Jéhovah	Que la Mère Marie nous
qui nous dit	aide à nous maintenir
Pourquoi sommes nous venus	Que cette Sainte créature
en ce grand monde	Nous y maintienne tous! Amen

ALLIANCE AVEC CHRIST

78 - " Plus tard le même jour au soir alors que j'étais seul dans une chambre intérieure de la maison de mon père, j'entendis une voix (et je l'entends toujours) me disant d'aller chercher une petite blanche. Je sortis et coupai un morceau de bois du premier arbre que je rencontrai. Etant charpentier, je je le rabotai et l'apportai à l'intérieur. La voix me recommanda de le mettre quelque part car lui Christ désirait établir une alliance avec moi et j'allais être une fiancée de Christ. Je vis alors une main qui fit le signe de la croix. Je reçus l'instruction d'utiliser la queue d'une feuille coupée (ramenée du dehors) et de l'encre violette pour faire le signe de la croix en mémoire de Christ. On me dit : "CECI EST LE SYMBOLE DE L'ALLIANCE entre toi et Moi". Je trempai mon doigt trois fois dans l'encre que nous employions, on me demanda de prier pour la puissance la plus prodigieuse et la plus insondable du Saint-Esprit. Je dormis tard cette nuit-là à cause de la venue des visiteurs célestes qui me parlaient.

CHANTS   CELESTES DE LOUANGE

79 - " Mawunyon, l'unique fils de ma grande soeur était guidé par le Saint-Esprit depuis la maison de son père à environ un kilomètre et demi de la mienne. Il arriva chantant un chant . (dans une langue inconnue que nous semblons avoir oubliée plus tard.

NB : Voilà pourquoi on peut faire un lieu de prière dans une chambre pour prier au cas où il n'y aura pas de paroisse dans une ville

22

ECC, CONSTITUTION, par SBJ OSCHOFFA, 1980
Traduction en français - p. 23

Yah rih gorimah
Yah rih goriyeh
Ngo yeh
Yah rih yah

On le traduisit en Goum (une ethnie largement parlée au Bénin) et en Yoruba qui donne ceci en français :

O louez le Seigneur
Vous toutes les armées célestes
le grand jour
Est venu.

Il le chanta à genou.

RECOMMANDATIONS CONCERNANT LA SAINTE COMMUNION DANS LA NOUVELLE EGLISE

80 -" C'était aussi Mawounyon qui cette même nuit-là donna une recommandation que ne devrions pas utiliser le vin pour la Sainte Communion mais plutôt un mélange de jus de :

a) ananas
b) Orange
c) Lait de coco sec

Il travailla beaucoup par des messages spirituels cette nuit-là.

RECOMMANDATION SUR LE CHANDELIER

81 - " C'est Mawunyon qui donna la recommandation que nous devrions faire le culte avec sept bougies et prit un morceau de bois et dessina la forme du chandelier. A ce propos, il donna une chanson puissante que nous semblons avoir oubliée également par la suite.

Awon Agba ton fitila meje
Wa gbadura wa

RECOMMANDATION SUR PAJASPA-RECIPIENT DE LA QUETE

82 - " C'est également Mawuyon qui donna la description de ce que nous devrions utiliser pour la quête pendant les cultes et l'appela PAJASPA - un récipient cerné en métal avec un trou pour une bougie qui devrait être allumée pendant la quête.

23

ECC, CONSTITUTION, par SBJ OSCHOFFA, 1980
Traduction en français - p. 24

RECOMMANDATIONS CONCERNANT LES APPELS A LA PRIERE

8 3- " C'est Mawunyon qui indiqua comme dans les cieux on balance un encensoir accompagné de la chanson suivante :

> Yah Rah Sah Rah   (bis)
> Yah Rah Sah Mattah
> Allumez les lampes saintes des cieux (bis)

Cette même nuit, il nous dit que cette chanson devrait être suivie de :

> Yah Rah Mah
> Hi Yah Rah Mah
> Yah Rah Mah
> Yah Man Yah Rah Mah
> Allons vers le Seigneur, Allons vers le Seigneur

Mais il dit qu'avant de chanter cette (dernière) chanson nous devrions fabriquer une boîte que nous appellerions MATTAH, au fond de laquelle nous devrions placer une croix et le morceau de bois qui est le symbole de l'alliance de Christ avec moi, surmontée de bougies à utiliser à l'autel.

Ayant enlevé nos chaussures, porté nos soutanes blanches ou tuniques blanches, pris les bougies une à une du Mattah (devenant ainsi des bougies utilisées là-haut dans les cieux) et les ayant allumées en position, nous devons du fond du coeur chanter le cantique ci-dessus et sonner la cloche pour adorer (ceci arriva plus tard) et nous approcher de Dieu oubliant tout de ce monde, à genoux et le front touchant le sol en signe d'obéissance au Dieu Tout-Puissant et prêts à communier avec LUI.

Cette nuit-là Mawunyon n'a quitté qu'à deux heures du matin. Christ lui-même me donna la communion.

84 - " Aussitôt après cette nuit, j'entrai en transe (j'étais très éveillé), les yeux clos. Je me vis gravissant les marches d'un escalier vers le ciel jusqu'à ce que je parvinsse au sommet où je vis le dessus d'une table suspendue. Je me mis à genoux à un côté pendant que l'autre côté se tenait debout mon Seigneur et Maître, mon Créateur. Il me donna la Sainte Communion. Je mangeai et bus de SA MAIN.

Alors soudain, le dessus de la table s'affaissa et je réalisai pour la première fois que sous moi il n'y avait que du vide. Comme je criais de peur, je poussais des ailes dont je fis usage pour descendre. Le lendemain matin, avant même que j'eusse l'occasion de relater cet incident, une femme m'a dit que lorsqu'elle revenait des toilettes, elle m'a vu soudain avec des ailes

24

ECC, CONSTITUTION, par SBJ OSCHOFFA, 1980
Traduction en français - p. 25

et tout mon corps ardent. Elle courut et ferma la porte mais me vit encore dans le même état et s'étonna car elle me savait pas morte. Je lui répondis en lui racontant ce qui m'était arrivé la nuit suivante. Elle mourut dans les trois mois qui suivirent pour m'avoir vu dans cet état. (Elle était diable)

RECOMMANDATIONS CONCERNANT LA SONNERIE DE LA CLOCHE POUR LE CULTE

85 - « Cela fut révélé à travers moi sept ans après la naissance de l'Eglise (1954).

Tu te rappelles, Suprême Evangéliste Bada, que lorsque je racontais cet incident à la congrégation à Makoko, j'ai tenu une Bible à la main en guise de témoignage. J'étais en transe et je vis dans l'espace une maison sans murs ou toit solides, mais c'était quand même une maison. Certains étaient à l'étage supérieur et nous, étions à l'étage inférieur, les deux paliers n'étant pas solides, mais suspendus dans l'espace et réels néanmoins.

Quand la cloche sonna trois fois tous ceux qui étaient à l'étage supérieur et nous de l'étage inférieur, étions tous à genou et prosternés, front contre terre et dirent en Yoruba :

Mimo, Mimo, Mimo si Oluwa Oba omo Ogun ce qui signifie en français :

Sainteté, Sainteté, Sainteté à l'Eternel, Dieu des Armées.

La cloche sonna trois fois et nous répondîmes trois. Dans ma vision c'était après ceci que nous avons commencé le culte. Voilà pourquoi la cloche fait partie de notre culte dans l'Eglise du Christianisme Céleste.

RECOMMANDATIONS CONCERNANT LES LOUANGES FAISANT FACE AUX QUATRE POINTS DE LA TERRE

(Les sept Alléluia aux quatre points cardinaux)

86 - « Ceci fut révélé par l'intermédiaire de Joseph Awangonou, Baba Martha. Il dit qu'il a vu une Eglise sans murs ni toit mais apparemment avec quatre entrées donnant sur les quatre points cardinaux, et lorsque la cloche sonna il vit des gens de toutes races entrer dans l'Eglise en courant venant des quatre points de la terre. Comme ils entraient, ils chantaient (en Yoruba):

Eyin Jesu, Eyin Jesu etc...

25

ECC, CONSTITUTION, par SBJ OSCHOFFA, 1980
Traduction en français - p. 26

En français :

Louons JESUS, Louons JESUS,} bis
Pour l'Eglise venue des Cieux. }

1. C'est par le sacrifice de JESUS,
Que L'ETERNEL L'a envoyé.

Refrain

2. Les sorciers sont couverts de honte
Les enchanteurs sont confondus

Louons JESUS, Louons JESUS,
Pour l'Eglise venue des Cieux.

3. Satan a tremblé et a disparu
Devant la puissance de DIEU.

Plus les multitudes augmentaient, plus il semblait y avoir de la place dans l'église.

CHANTS DE PRIERES POUR LA PUISSANCE ET LA GLOIRE DE DIEU

87. « J'ai reçu le chant suivant au cours d'un voyage en barque au milieu de la mer, en provenance de IGBESU en allant au lieu où je priais DIEU, et l'arbre que j'étais venu spécialement détruire brûle durant sept jour et sept nuits. Comme ma barque était en train d'accoster, j'entendis un chant qu'il me semblait chanter avec d'autres personnes (que je ne connaissais ni ne voyais) comme suis (en Yoruba).

« Baba a a
Ni wakati yi
Gbe işę owo o rę ę ga a a
Ki gbogbo aiye le mo
Ni 'rę lo ran mi nişę
Lasan a a l'aiye e ngbe ogun
Wakati na de t'aiye o wa riri
L'abę agbara Mimo YESU '. ».

C'est un chant de force qu'on ne devrait pas chanter avec légèreté.

RECOMMANDATIONS AU SUJET DE LA VEILLEE MENSUELLE DE PRIERE

88. « Au cours d'un culte en mémoire de la prière de NOTRE SEIGNEUR JESUS CHRIST à Gethsémané peu avant sa mort, on nous dit que le chant suivant qui fut encore révélé par l'intermédiaire de MAWUNYON, *était le chant que chanta NOTRE SEIGNEUR en ce moment-là à genoux le front contre terre, à Gethsémané,* lorsqu'IL supplia ses disciples de veiller pendant que LUI priait (durant le chant, IL cherchait à les entraîner dans sa prière à adorer LE SEIGNEUR DIEU ne sachant pas qu'il étaient endormis).

"Ya Gol Lah Mari Yah Nga Rih Yeh
Ya Gol Lah Mari Yeh"

En Français:

« Prosternez-vous devant LE SEIGNEUR DIEU !
JE ME prosterne MOI-MEME devant LUI. ».

26

ECC, CONSTITUTION, par SBJ OSCHOFFA, 1980
Traduction en français - p. 27

C'est Jésus Lui-même qui parlait. C'est le seul chant que Jésus chanta au Jardin de Gesthémané cette nuit-là. Comme il chantait et priait intensément, il transpira tellement que les gouttes de sueur se mirent à lui tomber du corps comme du sang (Luc 22 Vers. 40-45) et à cette occasion une voix répondit ainsi à notre Seigneur : "Je t'ai glorifié sur la terre et dans les cieux."

Nous chantons ce cantique dans l'Eglise du Christianisme Céleste au cours de la veillée de prière mensuelle (La nuit du premier jeudi au vendredi matin de chaque mois) en mémoire de l'occasion, et aussi à Pâques pendant la veillée de prière de la Sainte Communion du Jeudi Saint à Vendredi Saint.

Un chant entonné à cette même occasion que nous avons reçu à un autre moment, est :

Hi Ram Jah Mah	Ô ! SAINT-ESPRIT
Jari Bam	COLOMBE DU CIEL
Hi Ram Jah Mah	DESCENDEN NOUS

immédiatement traduit en Yoruba pour que nous puissions comprendre ce que l'on nous enseignait :
Nous avons fait express de laisser la traduction en français pour garder le vrai sens.

Emi Mimo
Adaba Orun
E sokalé wa

REFLEXION HISTORIQUE

89 - " Il est intéressant de noter que, bien que mon père crût que ma naissance était la réponse à sa prière mentionnée plus haut, aucun de nous (y compris mon père) ne soupçonnait que le genre de l'oeuvre de Dieu à laquelle je serais appelé serait de si grande importance. En rétrospective, le moment précis, où mon père parvint à prédire cet important avenir était sur son lit de mort, lorsqu'il m'a appelé et a prié ainsi : en Yoruba traduit en français :

Tu seras pourvu en argent
Tu seras pourvu en enfants
Des hommes te serviront

Cela se révéla plus tard non comme une simple prière mais comme une prophétie car à cette époque-là, je n'entrevoyais aucun dénouement.

27

ECC, CONSTITUTION, par SBJ OSCHOFFA, 1980
Traduction en français - p. 28

RECONNAISSANCE DE L'EGLISE

90 -¹ Particularité de l'Enregistrement : L'Eglise fut dûment enregistrée conformément à l'Arrêté domanial (Titre définitif) Cap. 107 le 24 novembre 1958. Le certificat d'Enregistrement fut signé sous le numéro 489 par le Gouvernement Général d'alors de la Fédération, Sir James Robertson.

Miracle autour de l'Enregistrement : Il importe de noter les circonstances de la reconnaissance de l'Eglise. La demande de reconnaissance conformément remplie était envoyée au gouvernement en 1958 (à l'époque coloniale).

Au début, il était à croire que le Gouvernement n'était pas disposé à accéder à la demande car aucune Eglise spirituelle d'origine africaine n'avait jusque-là été reconnue. Les Eglises du Nigéria officiellement reconnues étaient les catholiques, les anglicanes et les protestantes celles qui avaient leur origine en Europe ou en Amérique.

Etant informé de la résistance des Autorités, le Pasteur fit remarquer qu'il n'y avait pas lieu de s'inquiéter car Celui à qui appartient l'Eglise (i.e. Notre Seigneur Jésus Christ) se révélerait Lui-même aux Autorités compétentes. Quelques jours après, le Pasteur demanda à feu Leader Owoayé d'aller voir où on n'en était avec la demande.

Arrivé au lieu, il eut l'agréable surprise de voir que le Certificat d'Enregistrement, dûment signé et cacheté l'attendait depuis quelque jours. On l'informa également que le Gouverneur Général d'alors, Sir James Robertson, avait raconté que, dans son rêve, un Blanc, grand de taille, aux cheveux longs avec une raie au milieu et en robe toute blanche, Lui est apparu et Lui a recommandé de signer le certificat de reconnaissance de l'Eglise du Christianisme Céleste car l'Eglise Lui appartient.

Le matin suivant, il signa le certificat.
Voilà le miracle de l'enregistrement.

L'EGLISE SOUS LE COMMANDEMENT ABSOLU DU SAINT ESPRIT

91 -¹ Il est à noter avec insistance que :

(a) le nom de l'Eglise,
(b) les préceptes et la façon d'adorer dans l'Église,
et   (c) les cantiques de culte de l'Eglise

sont révélés par le Saint-Esprit comme promis par notre Seigneur Jésus Christ (voir Jean 14 : vers. 25-26) ainsi : "Je vous ai dit ces choses pendant que je demeure avec vous. Mais le Consolateur, l'Esprit-Saint, que le Père enverra en mon Nom, vous enseignera toute chose, et vous rappellera tout ce que je vous ai dit".

28

ECC, CONSTITUTION, par SBJ OSCHOFFA, 1980
Traduction en français - p. 29

LE NOM DE L'EGLISE

92. Le nom de l'Eglise « EGLISE DU CHRISTIANISME CELESTE » signifie « CELESTIAL CHURCH OF CHRIST » en Anglais, et « IJO MIMO TI KRISTI LATI ORUN WA » en Yoruba, fut révélé par L'ESPRIT SAINT comme indiqué plus haut à l'Article 3.

LES PRECEPTES

93. *« Il est recommandé par LE SAINT-ESPRIT que :*

(1) Il est interdit aux fidèles de l'Eglise du Christianisme Céleste, sous n'importe quelle forme, de participer aux cérémonies ou aux cultes fétichistes et d'idolâtrie, à la magie noire ou au charme.

(2) La cigarette, le tabac ou toute herbe à fumer ou à priser sont interdits aux fidèles de l'Eglise du Christianisme Céleste.

(3) La consommation sous toutes ses formes de l'alcool, du vin ou de toute boisson forte qui peuvent intoxiquer, est interdite aux fidèles de l'Eglise du Christianisme Céleste car l'odeur de ces - cigarettes, tabac, alcool, etc - n'est pas compatible avec L'ESPRIT-SAINT,

(4) La consommation de la viande de porc ou de toute nourriture offerte en sacrifice aux idoles ou à toute force des ténèbres est interdite aux fidèles de l'Eglise du Christianisme Céleste.

(5) Il est interdit aux fidèles de porter des habits de couleur noire ou rouge sauf pour des raisons professionnelles.

(6) Les fidèles ne peuvent pas être en chaussures quand ils sont en soutane ou dans l'enceinte de l'église.

(7) Il est interdit aux fidèles hommes et femmes de s'asseoir côte à côte dans l'église et dans l'enceinte de l'église.

(8) Les femmes en période de menstruation ne sont pas autorisées dans l'enceinte de l'église jusqu'à leur sanctification après sept jours ; et quand leur menstruation va au-delà de sept jours, deux jours doivent être ajoutés avant la sanctification.

29

ECC, CONSTITUTION, par SBJ OSCHOFFA, 1980
Traduction en français - p. 30

(9) Les fidèles femmes ne sont pas autorisées à entrer dans l'aire de l'autel ou à conduire la congrégation au cours d'une réunion.

(10) Dans l'Eglise du Christianisme Céleste, seules les bougies blanches sont utilisées. Les bougies de couleur sont strictement interdites.

(11) La fornication et l'adultère sont interdits dans l'Eglise du Christianisme Céleste.

(12) Sainte est l'Eglise du Christianisme Céleste et tous ceux qui y œuvrent doivent s'efforcer d'être propres de corps et d'âme ».

MANIERE D'ADORER

94 Toutes les pratiques dans l'Eglise du Christianisme Céleste sont entièrement révélées par L'ESPRIT-SAINT. Ceci inclut la disposition de l'Autel, la disposition des sièges à l'Autel, le nombre de bougies utilisées pour les différentes sortes de cultes et la disposition des chaises étant révélée par un visionnaire qui, sous l'influence du SAINT-ESPRIT, le vendredi 5 octobre 1947, schématisa dans le vide la disposition des sièges en utilisant des oranges.

ORDRE DES CULTES

95 Il y a un Ordre de Culte établi dans l'Eglise du Christianisme Céleste pour différentes occasions telles que le mariage, les funérailles, la messe en mémoire des morts etc...L'Ordre pour chaque occasion respective, révélé par L'ESPRIT-SAINT, se trouve dans le livret intitulé 'Ordre de Culte' disponible au Siège Suprême, à Porto-Novo, au Siège du Nigeria à Makoko, Lagos et dans plusieurs Paroisses dans tout le pays

96 L'Ordre de Culte, tel qu'il est révélé, contient certains Saints Noms qui habituellement précèdent des lectures tirées du Livre des Psaumes. La signification de certains de ces Saints Noms se présente comme suit :

EH-YIBAH = DIEU CLEMENT ET MISERICORDIEUX
ELI-YAH = DIEU CREATEUR
ELI-BAMAH-YABAH = DIEU-SOUFFLE DE VIE-MICHAEL
AGASHADUAL = L'ETERNEL DES ARMEES
JEHOVAH JECHO-HIRAMI = ROI DE L'ABONDANCE

30

ECC, CONSTITUTION, par SBJ OSCHOFFA, 1980
Traduction en français - p. 31

97 .' LES ANNONCES ET LA PREDICATION

Les annonces pendant les cultes doivent être faites par le Secrétaire de la paroisse et doivent être destinées à porter à la connaissance de la Congrégation, les intérêts de l'Eglise, le programme biblique à venir, les remarques sur la pratique des préceptes de l'Eglise, et de temps en temps, des annonces telles que celles ordonnées par le Pasteur ou par le Siège du Diocèse.

98 - " La prédication, pendant le culte, doit être faite par n'importe quel devancier désigné par le Responsable de la Paroisse pour l'occasion (Représentant du Pasteur). Le Devancier désigné doit se conformer strictement aux directives suivantes :

a) La prédication doit être tirée des textes bibliques lus pour le jour. Le strict attachement au texte, un principe directeur.

b) Des références à des publications des journaux, à des idées d'ordre politique ou ayant rapport avec la politique du Gouvernement ou à des articles pouvant être interprétés comme un antagonisme avec d'autres organisations religieuses, sont interdites.

99 .' SAINTES CEREMONIES OU SACREMENTS

Il y a un nombre de Saintes Cérémonies ou Sacrements dans les pratiques au sein de l'Eglise du Christianisme Céleste qui sont de la plus haute importance. Les membres doivent être disposés à participer à ces cérémonies ou Sacrements :

a) Le Baptême

Il est fait par immersion. Avant d'être accepté comme membre de l'Eglise, On doit être baptisé ou rebaptisé selon la foi de l'Eglise du Christianisme Céleste. Référence : (Actes 19, vers. 1-6)

b) La Sainte Communion

L'importante cérémonie de la sainte Communion a lieu trimestriellement aussi bien le Jeudi Saint (Précédant Pâque), et le Jour de Noël à la Plage de Porto-Novo. Elle peut aussi avoir lieu à des occasions spéciales telles que le mariage, les funérailles, les messes en mémoire des Ames défuntes, etc..

31

ECC, CONSTITUTION, par SBJ OSCHOFFA, 1980
Traduction en français - p. 32

c) Lavage annuel des pieds

Il a lieu le Jeudi de la Semaine Sainte (Semaine de la Passion. C'est en commémoration de L'événement lorsque Jésus-Christ lava les pieds de ses disciples pendant le dernier repas. A cet effet, il est stipulé que les responsables de toutes les paroisses doivent se retrouver au Siège de de chaque Diocèse, le Samedi précédant le Dimanche des Rameaux.

Après un bref culte les responsables paroissiaux retourneraient à leurs Paroisses respectives le dimanche (c'est-à-dire le dimanche des Rameaux) et effectueraient le lavage des pieds aux membres de leurs Paroisses respectives le Jeudi suivant (Jean 13, 5-6)

d) Convocation Annuelle à Porto-Novo - Nuit de Noël

Il est ordonné par le Saint-Esprit que tous les membres de l'Eglise du Christianisme Céleste, où qu'ils se trouvent, doivent se rassembler à Noël au bord de la Mer à Porto-Novo, République du Bénin. Ceci en commémoration de la naissance du Christ, pendant le recensement décrété par César Auguste. (Luc 2, 1)

e) Rassemblement Annuel de Pâques à Makoko

C'est un Rassemblement de tous les membres de l'Eglise du Christianisme Céleste de chaque Diocèse à la paroisse mère, à partir du matin. L'après-midi du Vendredi-Saint jusqu'à Dimanche de Pâques. Trois cultes ont lieu dans l'Eglise du Christianisme Céleste le Vendredi-Saint pour célébrer l'anniversaire de l'arrestation, du jugement, de la condamnation, de la crucifixion et de la sépulture de notre Seigneur Jésus-Christ. Ils ont lieu à 9 heures, à 12 heures et 15 heures locales. Les responsables de chaque paroisse du Diocèse doivent assister au culte de 15 heures à Makoko et après cela participer au festin de fruit et d'eau à 17 heures 30 environ. Les célébrations du jour prendront fin après cela vers 18 heures environ.

Le lendemain Samedi, la nuit, il y aura une procession jusqu'au cimetière pour un culte de dévotion (à Dieu) à minuit.

Ensuite, le Dimanche matin de Pâques, il y aura un grand culte de dévotion, de joie et de victoire à l'Eglise.

32

ECC, CONSTITUTION, par SBJ OSCHOFFA, 1980
Traduction en français - p. 33

f) Le Culte de la Fête de Moisson Annuelle

Il est aussi stipulé que chaque Paroisse de l'Église du Christianisme Céleste doit observer la Fête de la Moisson en célébrant le Culte de la Fête de Moisson accompagné de Vente de Moisson. Ceci se fera en deux phases : Juvénile et Adulte.

La phase de la Moisson Juvénile sera célébrée par toutes les Paroisses le premier dimanche de Juin chaque année, alors que pour la phase Adulte, les Paroisses doivent informer le Siège du Diocèse à Lagos, de leurs dates respectives et ensemble se mettre d'accord pour ces dates, pourvu qu'aucune Paroisse ne fasse sa fête de Moisson le premier dimanche d'octobre, qui est la date fixée pour le Siège Suprême à Porto-Novo ou le premier dimanche d'Août, jour réservé au Siège du Diocèse à Makoko, Lagos.

g) Le Jour de la Sainte Vierge-Marie[1]

C'est la commémoration de l'apparition de la Vierge-Marie au Prophète le 15e jour de Juillet 1977.

L'importance de Sainte-Marie dans la foi du Christianisme Céleste remonte aux premiers jours de l'Eglise du Christianisme Céleste, car la toute première chanson donnée à l'Eglise par l'intermédiaire d'une de nos premières visionnaires (Wolisata) est le cantique qui dit ceci (cantique n° 762 du livre de cantique de l'E.C.C.) :

> "Que tous les frères croyants
> lèvent haut leur tête
> Ecoutant la voix de Jéhovah qui nous dit
> Pourquoi sommes-nous venus en ce grand monde ?
> Pourquoi sommes-nous appelés dans la sainte Eglise ?
> Que la mère Marie nous aide à nous maintenir
> Que cette Sainte créature nous y maintient tous". Amen

Effectivement, trente ans plus tard, le 15e jour de Juillet 1977, le Pasteur, en vision, s'est vu gravissant un escalier jusqu'à ce qu'il soit arrivé à une plate-forme jonchée de feuilles et ait aperçu une belle dame banche vêtue de la tête au pied d'un habit bleu et debout dans une attitude comme si elle lui cachait quelque chose.

---

[1] Le Pasteur étant né protestant méthodiste était obligé de reconnaître la place de la Sainte Vierge Marie

33

ECC, CONSTITUTION, par SBJ OSCHOFFA, 1980
Traduction en français - p. 34

Ensuite le Pasteur s'est trouvé descendant des marches d'un escalier jusqu'à ce qu'il ait perçu une Eglise d'où est sorti un Révérend Père et fit à plusieurs reprises la révérence lui rendant ainsi hommages. Puis le Pasteur s'est vu montant encore l'escalier jusqu'à l'endroit où il avait vu la dame plus tôt. Cette fois, la belle dame découvrit ce qu'elle protégeait auparavant pour montrer que c'était un bébé avec une couronne sur la tête et Elle dit en montrant l'enfant:

> "C'est Jésus-Christ
> Il est Saint en Esprit
> Il est Saint en pensée
> Il est la Vie Eternelle
> Dis aux gens que ceux qui voudraient l'adorer doivent
> suivre le chemin de la Sainteté."

A ce moment, le Pasteur réalisa que la belle dame était la Sainte-Marie. Elle répéta la recommandation dans la chanson qui suit :

> "Jésus a le Saint Esprit
> Il a un coeur saint
> c'est le Roi de vie
> Celui qui veut l'adorer
> doit le faire dans la Sainteté"

Poursuivant, elle dit au Pasteur qu'il ne devrait pas être intimidé par la couleur de sa peau car la race n'a aucun sens dans les choses spirituelles. Elle ajouta:

> "Okan Mimo re la nwo ti a fin ngbe inu re"

signifiant : "C'est à cause de la pureté de ton esprit que nous demeurons en toi".

Presque exactement un an après l'incident ci-dessus décrit, le Pasteur tomba malade et au cours de sa maladie, il fut spirituellement révélé (en vision également) qu'on doit accorder une reconnaissance méritée à la Sainte Marie dans l'Eglise du Christianisme Céleste par la commémoration annuelle de l'incident ci-dessus. En conséquence, le Pasteur a déclaré le premier Vendredi de Juillet de chaque année comme Jour de Sainte-Marie. Je sera célébré par un grand culte dans toute l'Eglise du Christianisme Céleste, à travers le monde entier. La première observation du Jour de la Sainte Marie, a eu lieu le Vendredi 7 Juillet, 1978.

34

ECC, CONSTITUTION, par SBJ OSCHOFFA, 1980
Traduction en français - p. 35

BROCHURES DE L'EGLISE

100. Seul le Conseil Pastoral aura la responsabilité de la publication de toute Ecrit de l'**Eglise du Christianisme Céleste**. Sont compris dans ces Ecrits : les Textes bibliques, les Almanachs, les Recueils de cantiques, les Calendriers, les Périodiques paroissiaux, et tout autre Ecrit susceptible d'être autorisé par ou émané de l'**Eglise du Christianisme Céleste**.

APPARTENANCE A L'EGLISE

101. Tous ceux qui désirent sérieusement et sincèrement être sauvés et par conséquent acceptent JESUS-CHRIST comme LE FILS DE DIEU et le SEUL SEIGNEUR et SAUVEUR de l'humanité et veulent L'adorer et LE servir dans l'Eglise; démontrant leur sens de conversion en acceptant les obligations et les privilèges que comporte la qualité de membres, sont les bienvenus dans l'Eglise.

102. Nul ne peut être considéré comme membre de l'Eglise tant qu'il n'est pas baptisé dans l'Eglise du Christianisme Céleste, sans tenir compte des baptêmes précédents quelles que soient l'Eglise chrétienne.

103. « **Tout adorateur désirant devenir un membre devra :**
(1) Renoncer à l'adhésion à tous cultes secrets, à toutes sociétés secrètes, à toutes fraternités secrètes, etc…

(2) Renoncer à l'œuvre de tous idoles et fétiches.

(3) Renoncer à l'adhésion à Satan et à tous ses œuvres, à suivre tous prêtres fétichistes et à s'engager dans la magie ou dans tous pouvoirs sataniques.

(4) Renoncer à tous titres, positions ou associations qui directement ou indirectement entrent en conflit avec les recommandations ci-dessus mentionnées (c'est-à-dire tout genre de chefferie).

(5) Déclarer que vivant ou mort, il appartient entièrement à l'Eglise du Christianisme Céleste et qu'à sa mort, il devrait être enterré selon les préceptes et les rites de l'Eglise du Christianisme Céleste.

(6) Signer une déclaration d'adhésion aux engagements ci-dessus.

Tous les engagements ci-dessus sont basés sur l'enseignement de la Sainte Bible ».

35

ECC, CONSTITUTION, par SBJ OSCHOFFA, 1980
Traduction en français - p. 36

Exode 20 : 3 « *Tu n'auras pas d'autres dieux devant ma face.* ».
2 Corinthiens 6 : 14-15 « *Ne vous mettez pas avec les infidèles sous un joug étranger. Car quel rapport y a-t-il entre la justice et l'iniquité ? Ou qu'y a-t-il de commun entre la lumière et les ténèbres ? Quel accord y a-t-il entre CHRIST et Bélial ? Ou, quelle part a le fidèle avec l'infidèle ?*».

104 Les membres ne doivent utiliser au sein de l'Eglise comme en dehors de l'Eglise que ces appellations et/ou titres afférents à leur grade dans l'Eglise. Ils peuvent aussi, en dehors de l'Eglise, utiliser ces appellations et/ou afférents à leur profession (ex. Dr...Pr..., etc...) ou à leur genre (ex. M. ..., Mme,...Mlle...).

105 Les nouveaux membres doivent, avant leur admission comme fidèles, subir la sanctification à l'aide d'un seau d'eau et une bougie pour éviter la souillure dans l'Eglise. La prière de sanctification doit être dirigée par le Chargé de Paroisse ou celui qu'il aura désigné. Comme chant :

Regarde vers LUI, JESUS t'appelle
O pécheur viens !
JESUS priera pour toi pécheur
O pécheur viens !
JESUS saura guider tes pas} bis
O pécheur viens !.} bis

Le joug pesant qui t'accable
O pécheur viens !
JESUS saura t'en décharger
O pécheur viens !
Il faudrait que tu l'acceptes tout de suite} bis
O pécheur viens !} bis. Amen.

SOLENNITE DES CULTES DE L'EGLISE

106 Pendant les Cultes, la solennité la plus absolue et l'attention doivent être observées. Toutes façons d'agir pouvant aller à l'encontre de cela, comme les causeries, les chuchotements, ou flanquer des billets de banque aux membres de la chorale en appréciation de leur musique doivent être entièrement évitées.

STRUCTURE DE L'EGLISE

107 L'Eglise du Christianisme Céleste est une et indivisible. En vue de l'organisation et dans le cadre de cette organisation, les points suivants, où qu'ils soient utilisés et où qu'ils apparaissent dans cette Constitution doivent avoir le sens respectif ci-dessous qui leur est assigné.

36

ECC, CONSTITUTION, par SBJ OSCHOFFA, 1980
Traduction en français - p. 37

a) Siège international : L'Eglise du Christianisme Céleste est Universelle. Alors que son Siège Suprême est à Porto-Novo, République du Bénin (ancien Dahomey), qui est aussi son lieu de naissance, le Siège international de l'Eglise Universelle est à Mission House, Kétu, Etat de Lagos, Nigéria.

b) Diocèse : Désigne l'Eglise entière du Nigéria avec son siège national ou siège diocésain à 12/15 Church Street, Makoko, Yaba, Etat de Lagos. Il comprend aussi pour le moment, ces Paroisses en dehors du Nigéria (c'est-à-dire celles des Etats-Unis d'Amérique, du Royaume-Uni, de l'Europe de l'Ouest) qui sont administrées à partir du Nigéria.

c) Districts : Désignent un groupe de paroisses au sein du Diocèse supervisées par le représentant du Pasteur au grade d'Assistant Evangéliste et au-dessus. De tels assistants Evangélistes (et au-dessus) doivent normalement être basés dans une Paroisse d'où ils ont assignés pour les Saintes cérémonies qui ne peuvent être effectuées que par ceux ayant le grade d'Assistant Evangéliste et plus.

d) Paroisse : Désigne individuellement une Paroisse à l'intérieur du Diocèse. En exemple, nous avons :

- La Paroisse de Badagny
- La Paroisse de Yemetu
- La Paroisse de Oke-Ado
- La Paroisse de Harton Street...

108 - LE PASTEUR

Le Pasteur en tant que Chef Spirituel Suprême de l'Eglise du Christianisme Céleste, dans le monde entier doit être ou est investi de l'autorité suprême et indiscutable dans toutes les matières affectant la vie de l'Eglise, que ce soit le programme, l'organisation, les doctrines générales et la divulgation des doctrines, l'éducation, la législation ou la discipline, par dérogation aux articles de cette Constitution.

109 - L'Eglise du Christianisme Céleste a un Chef qui est connu et appelé sous le nom de "Pasteur" (Jean 10 : 14-16).

110 - Dans l'histoire de l'Eglise du Christianisme Céleste, il ne peut y avoir qu'un seul Fondateur ou Pasteur-Fondateur est exclusif au premier Chef de l'Eglise, l'unique et seul Fondateur de l'Eglise, le Révérend-Pasteur Samuel Biléou Joseph Oshoffa. Tout futur Chef de l'Eglise sera simplement appelé "Le Pasteur".

37

ECC, CONSTITUTION, par SBJ OSCHOFFA, 1980
Traduction en français - p. 38

111 - SUCCESSION DANS LA FONCTION DE PASTEUR

Alors que le Pasteur et Fondateur de l'Eglise du Christianisme Céleste a publiquement déclaré, que, par inspiration divine, le mode de nomination ou du choix d'un Successeur au poste de Pasteur et Chef Spirituel de l'Eglise lui a été révélé, il est formellement établi ici que :

a) Le Successeur au poste de Pasteur peut être de n'importe quel grade dans la hiérarchie de l'Eglise et doit, à un moment choisi par Dieu de révéler ceci au titulaire du poste de Pasteur, être nommé et proclamé successeur.

b) En lui succédant à ce poste, le nouveau Pasteur doit occuper la Chaise du Pasteur au grand Autel.

12 - ADMINISTRATION DE L'EGLISE : LES FONCTIONNAIRES DE L'EGLISE, LES REPRESENTANTS DU PASTEUR

(* équivalents de chargés de Paroisse*).

Il doit y avoir un Représentant du Pasteur dans chaque Paroisse, c'est-à-dire un Ancien (Alagba) ou Leader ou autre grade en charge, qui effectuerait toutes les fonctions d'un Leader spirituel dans la Paroisse soumis aux articles de cette Constitution.

113 - Les Représentants du Pasteur doivent avoir tous les privilèges de faire directement au Pasteur le rapport de toutes les affaires.

114 - En l'absence du Pasteur, un Représentant du Pasteur peut, cependant, se reporter au Chef du Diocèse qui, à son tour, en fera le rapport au Pasteur.

115 - NOMINATION DES REPRESENTANTS DU PASTEUR

La nomination du Représentant du Pasteur à une Paroisse doit être faite par le Pasteur en consultation avec le Chef du Diocèse. Le Pasteur peut cependant nommer directement son Représentant à une Paroisse et informer le Chef du Diocèse en conséquence.

116 - Le Représentant du Pasteur, une fois nommé conformément aux articles de cette constitution, doit prêter serment de fidélité en présence du Pasteur et de l'Assemblée de Paroissiens parmi les oints de l'Eglise, à savoir :

a) servir Christ et Christ seul ;

38

ECC, CONSTITUTION, par SBJ OSCHOFFA, 1980
Traduction en français - p. 39

b) prendre l'engagement total de faire connaître Christ par l'enseignement basé sur la Sainte Bible ;

c) la stricte observance des règles et préceptes de l'Eglise ;

d) exercer ses fonctions gratuitement de quelque nature qu'elles soient (Matt. 10 : 8).

117 -" Il doit obtenir du Pasteur une lettre de créance attestant sa nomination.

118 -" Chaque fois qu'un Représentant du Pasteur change de Paroisse, il doit rendre sa lettre de créance pour en obtenir une nouvelle, qui doit être valable pour la Paroisse où il va.

119 -" Toute personne se disant Représentant du Pasteur et exerçant dans une Paroisse sans avoir obtenu la lettre de créance valable pour cette Paroisse particulière n'a aucune autorité sur la Paroisse où il exerce et par conséquent sera passible de sanction disciplinaire appropriée.

120 -" Les procédures pour la nomination de Représentant du Pasteur et les amendements à ces procédures qui de temps en temps peuvent paraître nécessaires et auxquelles on peut se référer sous le titre de Ordre Pastoral doivent faire l'objet d'une proclamation de l'Eglise.

121 -" COMITES PAROISSIAUX

Le Comité paroissial est le gouvernement local de la Paroisse et a le pouvoir de délibérer sur le progrès de la Paroisse. Il est placé sous le Comité-directeur qui, à son tour, est responsable devant le Comité supérieur au Siège Suprême à Porto-Novo, République du Bénin.

122 -" Le Comité paroissial de chaque Paroisse a le pouvoir de traiter des mesures disciplinaires de moindres importance affectant sa Paroisse. Les comités paroissiaux ne doivent avoir aucun pouvoir de suspendre ou d'expulser et ne doivent, en aucun cas quelles que soient les circonstances, suspendre ou expulser aucun de ses membres de l'Eglise. Les comités paroissiaux peuvent, dans des circonstances nécessitant des mesures disciplinaires aussi sévères, se reporter au Comité-directeur dont le rôle est de rechercher, juger, concilier et de prendre les mesures appropriées.

123 -" Par dérogation à l'article 122 ci-dessus, le Pasteur peut à son seul niveau, ou en consultation avec le C.A., prendre les mesures qu'il considère comme appropriées.

39

ECC, CONSTITUTION, par SBJ OSCHOFFA, 1980
Traduction en français - p. 40

124 - "Les points complets de cette constitution ayant trait à la Discipline sont traités dans les clauses 168 et 169 ci-dessous.

125 - "Chaque Paroisse doit avoir un Comité paroissial dont les arguments sont pris parmi ses membres et qui est responsable des affaires journalières de la Paroisse. Le Comité paroissial comprenant trente trois membres doit être composé de la manière suivante :

1. Un Président et deux Vice-Présidents
2. Un Secrétaire Général et deux Secrétaires-adjoints
3. Un Trésorier Général et deux Trésoriers-adjoints
4. Six commissaires-hommes
5. Six commissaires-femmes
6. Six conseillers
7. Six conseillères

Cependant, le Pasteur peut approuver un Comité d'une composition réduite comme bon lui semble.

126 - "Là où le Pasteur juge que le Comité paroissial ne fonctionne pas pour les meilleurs intérêts de l'Eglise, il doit dissoudre un tel comité et en ordonner le renouvellement.

127 - COMITE DIRECTEUR

Le Comité-directeur doit être le premier corps gouvernant auquel tout Comité paroissial doit se reporter. Il doit fonctionner sous l'autorité supérieure du Comité Suprême et sous l'autorité finale du Pasteur.

128 - "Le Comité-directeur doit délibérer sur toute matière dont il est saisi par les Comités paroissiaux et d'une manière générale sur toutes matières affectant le progrès de l'Eglise au sein du Diocèse y compris le maintien et l'interprétation des principes de l'Eglise, l'établissement et la surveillance des lois de l'Eglise, l'organisation de la vie de l'Eglise, et le maintien de la discipline.

129 - COMPOSITION DU COMITE DIRECTEUR

Le Comité-directeur en session doit comprendre :

1. Le Pasteur (qui doit être le Président permanent)
2. Le Chef du Diocèse et son Délégué
3. Les membres du Conseil d'Administration
4. Tous les Evangélistes de tous grades du Diocèse
5. Les membres du Comité paroissial de la Paroisse-Mère (du Siège) du Diocèse National.
6. Des représentants de Paroisse comme :

40

ECC, CONSTITUTION, par SBJ OSCHOFFA, 1980
Traduction en français - p. 41

- Le représentant du Pasteur de la Paroisse (Responsable de Paroisse)
- Le Président du Comité paroissial
- Le Secrétaire de la Paroisse
- Le Trésorier de la Paroisse
- Deux autres membres désignés par la Paroisse : un homme et une femme
- D'autres membres qui peuvent de temps en temps être nommés par le Pasteur.

130 - MEMBRES TITULAIRES DU COMITE DIRECTEUR
(* Equivalent : Bureau Exécutif du C.D.)

Le Bureau Exécutif du Comité-directeur est composé de :

- Un Président (le Pasteur ou son mandataire)
- Un Secrétaire Général
- Deux Secrétaires Généraux-adjoints
- Un Trésorier Général
- Deux Trésoriers Généraux-adjoints

et tels autres membres que le Comité peut de temps en temps désigner.

131 - LE SECRETAIRE GENERAL DU COMITE

Le Secrétaire du Comité-directeur doit être élu parmi les membres par vote populaire.

132 - Il doit être élu à la première session du Comité-directeur à laquelle il doit entrer en fonction.

133 - Il doit exercer pendant une période de deux ans et est rééligible pour deux autres années.

134 - Il doit fidèlement prendre note des réunions et veiller aussi à l'application de toutes les décisions du Comité-directeur.

135 - En cas d'absence du Secrétaire et des adjoints et par dérogation à l'article 131, le Comité-directeur peut désigner un membre pour faire office de Secrétaire pour toutes ses réunions.

41

ECC, CONSTITUTION, par SBJ OSCHOFFA, 1980
Traduction en français - p. 42

136 -"LE TRESORIER GENERAL DU COMITE DIRECTEUR

1. Le Trésorier Général du Comité-directeur doit être élu par le Comité-directeur par vote populaire.

2. Le Trésorier Général doit exercer pour une période de deux ans et est éligible et doit :

    a) Recueillir et administrer les fonds du Comité-directeur selon les directives du Comité Général.

    b) Remplir d'autres fonctions concernant les finances telles qu'elles peuvent être ordonnées de temps à autre par le Comité-directeur.

137 -"AUTRES MEMBRES TITULAIRES DU COMITE DIRECTEUR

Le Comité-directeur peut désigner et compter d'autres membres comme peut l'exiger la situation de temps en temps pour l'exécution particulière de ses affaires.

138 -" REUNIONS DU COMITE DIRECTEUR

Le Comité-directeur se réunit à la date et lieu fixés à la réunion précédente ou comme prévu par les procédures normales, pourvu que :

    a) Si à la dernière réunion, le Comité-directeur a omis de fixer et la date et le lieu ou si pour toute autre raison il s'avère impossible de se réunir à la date et au lieu fixés, le Pasteur fixe une date et un lieu pour la réunion du Comité-directeur.

    b) En outre, si pour cause d'urgence, le Pasteur le juge nécessaire, il peut convoquer une réunion extraordinaire du Comité-directeur à une date et à un endroit et pour un cas qu'il pense raisonnable.

139 -" Le Pasteur doit présider toutes les réunions du Comité-directeur pourvu que :

    a) Si le Pasteur est absent à la réunion de la Session représentative, le Chef du Diocèse préside ou en son absence, tout membre nommé par le Pasteur ou par le Conseil Pastoral.

    b) Dans toutes ces réunions du Comité-directeur, où le Pasteur n'est pas présent, les décisions prises soient l'objet d'une ratification par le Pasteur.

42

ECC, CONSTITUTION, par SBJ OSCHOFFA, 1980
Traduction en français - p. 43

140 - DEFAUT DE QUALIFICATION OU AUTRE IRREGULARITE

Tout défaut subséquent découvert dans la qualification ou la nomination d'une personne qui prétend agir comme membre du Comité-directeur ou l'absence à la réunion du Comité de toute personne ou classe de personnes ou l'omission de donner une convocation préalable à toute personne ou toute autre irrégularité similaire ne doivent affecter la validité de tout vote ou décision prise à une réunion du Comité-directeur et la même chose sera valide comme si la réunion avait été tenue dans les normes et toute les personnes prétendant agir comme membres avaient été entièrement qualifiées, une telle action ou décision faisant toujours l'objet de ratification par le Pasteur.

141 - CONVOCATIONS, ORDRES DU JOUR ET PROCES-VERBAUX

1. Les convocations mentionnant les matières à débattre à la réunion du Comité-directeur seront remises aux membres suivants les procédures réglementaires.

2. L'ordre du jour des réunions du Comité-directeur sera préparé suivant les procédures réglementaires.

3. Il sera tenu un registre de Procès-verbaux, dans lequel seront consignés tous les procès-verbaux de toutes des affaires traitées aux réunions du Comité-directeur ainsi que des copies de documents comme le Comité peut l'exiger par résolution ou selon la procédure réglementaire.

4. Tout ce qui entre dans le Registre de procès-verbaux doit être lu ou porté devant le Comité-directeur pendant se assemblées et sera vérifié selon les procédures réglementaire et tout point vérifié doit avoir rapport au sujet débattu à l réunion du Comité-directeur.

5. Les travaux du Comité-directeur doivent être largemer diffusés selon les procédures réglementaires et de la manièr telle que le Comité-directeur l'aura décidé.

6. Tout défaut dans les procédures stipulées au 140 (1) à 1 (4) ci-dessus ne rendent pas nuls les travaux et les décisio prises à de telles réunions à condition que ces décisic reçoivent la ratification du Pasteur.

43

ECC, CONSTITUTION, par SBJ OSCHOFFA, 1980
Traduction en français - p. 44

142 - PROCEDURES REGLEMENTAIRES

Sous réserve des articles de cette constitution, le Pasteur ou le Conseil Pastoral peut, selon les procédures réglementaires, décider de toute matière touchant l'Eglise et ses fonctions. De telles décisions doivent immédiatement prendre effet et respectées par tous les membres et toutes les Paroisses du Diocèse.

143 - BUREAU DU CONSEIL D'ADMINISTRATION (* ou Bureau Exécutif)

Il doit y avoir un Corps administratif pour l'Eglise du Christianisme Céleste du Diocèse du Nigéria, connu sous le nom de "Bureau d'Administration de l'Eglise du Christianisme Céleste du Diocèse du Nigéria", ci-dessous appelé "Le Bureau".

144 - Les membres du Bureau doivent être nommés par écrit à la seule discrétion du Pasteur et exerceront jusqu'à ce qu'ils soient révoqués par écrit par le Pasteur.

145 - Les premiers Administrateurs de l'Eglise dans la Constitution sont :

1. Révérend-Pasteur-Prophète-Fondateur Samuel Biléou Joseph OSHOFFA (Président)

2. Suprême Evangéliste Alexandre Abiodun Bada

3. Vénérable Senior Evangéliste Samuel Olatundji Ajanlékoko

4. Vénérable Senior Leader Olayinka Afolabi Adefeso

5. Vénérable Senior Leader Josiah Kadode Owodunni

6. Vénérable Senior Leader Oluremi Olusoga Ogunlesi

7. Vénérable Senior Leader Samson Olatundé Banjo.

Le Pasteur-Fondateur, Révérend Samuel Biléou Joseph Oshoffa insiste ici sur le fait que les quatre derniers membres ont atteint le rang d'Evangélistes pleins mais n'ont pas été oints ainsi à cause de la nature de leur travail (journalier).

44

ECC, CONSTITUTION, par SBJ OSCHOFFA, 1980
Traduction en français - p. 45

146 - "**FONCTIONS DU BUREAU DU CONSEIL D'ADMINISTRATION**

Comme l'autorise la loi, le Bureau doit être investi des fonctions suivantes :

1. Gardien de toute propriété foncière et bâtiments de toute durée ou description, de toute école, collège ou institution, désignés comme institution de l'Eglise du Christianisme Céleste au sein du Diocèse.

2. Gardien de toute autre forme de propriété, mobilier ou immobilier, qui n'est pas mentionnée ci-dessus, et qui pourrait appartenir à l'Eglise du Christianisme Céleste ou à une quelconque de ses organisations ou Ecoles ou Collèges ou autres Institutions pourvu que de telles propriétés se trouvent dans le Diocèse.

3. La seule autorité à représenter l'Eglise pour toutes relations entre l'Eglise et le Gouvernement de la République Fédérale du Nigéria à tous les niveaux.

4. La seule autorité à représenter l'Eglise du Christianisme Céleste en matière de relations entre l'Eglise d'une part et d'autres organisations ou corps religieux d'autre part.

5. Autres fonctions de nature consultative, en matière de conseil, de recherche, de nature législative et exécutive telles que le Pasteur peut demander de temps en temps dans toutes les affaires concernant l'Eglise.

147 - " Le Bureau doit de temps en temps avoir le pouvoir de demander au Comité-directeur, ou à tout autre Comité ad-hoc, à tout membre ou tous membres concernés par la gérance ou l'administration des propriétés de l'Eglise du Christianisme Céleste, tous renseignements ou rapports dont il a besoin concernant telle propriété dont le Bureau est jugé être investi en vertu de cette constitution ou tout acte, loi ou toute autre autorité compétente.

148 - " Le Bureau a le pouvoir de demander au Comité-directeur, au Trésorier général du Comité-directeur, à tous autres comités ou sous-comités, et à tous membres concernés par l'administration des fonds de l'Eglise du Christianisme Céleste, des informations telles que le Bureau peut en avoir besoin concernant la gestion des fonds d'un comité particulier, sous-comité, ou autres organisations de l'Eglise du Christianisme Céleste. Le Bureau peut, s'il le désire, ordonner une investigation dans les finances de tout comité, sous-comité, ou autre organisation de l'Eglise du Christianisme Céleste.

45

ECC, CONSTITUTION, par SBJ OSCHOFFA, 1980
Traduction en français - p. 46

149 -" Le Bureau peut de temps en temps donner des directives quant à l'investissement dans n'importe quel domaine qu'il juge nécessaire et adéquat, des fonds de tout comité, sous-comité ou toute autre organisation de l'Eglise du Christianisme Céleste. De telles directives financières de la part du Conseil doivent toujours être obligatoires.

150 -" Le Conseil doit avoir autorité de faire tels arrangements et de donner telles directives qu'il juge utile pour la gestion et la disposition de la propriété de l'Eglise mentionnée à l'article 146.

151 - REUNIONS DU CONSEIL D'ADMINISTRATION

Le Bureau se réunit à la date et au lieu tels que fixés par le Pasteur qui seul a l'autorité de convoquer une réunion du Bureau.

152 -" En l'absence du Pasteur, ou là où le Pasteur n'est pas disponible, et où il apparaît nécessaire de convoquer une réunion du Conseil, le Chef du Diocèse (si possible avec le consentement du Pasteur) peut faire convoquer une réunion par le Secrétaire du Bureau et en accord avec l'article 153 (3) et (4) ci-dessous.

153 -" Dans les circonstances telles que stipulées à l'article 152 une telle réunion doit être jugée comme réunion "d'urgence". Les décisions prises à de telles réunions d'urgence ne sont valables qu'après ratification du Pasteur, par écrit.

154 -" Le Conseil nomme un Secrétaire parmi ses membres. En vertu de cette constitution le Secrétaire du Bureau doit avoir les fonctions suivantes :

1. Il doit remplir ses fonctions jusqu'à ce que le Conseil décide autrement.

2. Il doit exercer en tant que Secrétaire à tout moment pendant les réunions du Conseil dans tout domaine de ses différentes fonctions qui lui sont conférées par cette Constitution.

3. Il doit envoyer des convocations pour une réunion du Conseil et doit s'assurer de la validité de ces convocations en prenant soin de vérifier qu'elles sont signées par le Pasteur.

4. L'ordre du jour des sujets à débattre à une réunion du Conseil doit être préparé par le Secrétaire après consultation préalable avec le Pasteur.

46

ECC, CONSTITUTION, par SBJ OSCHOFFA, 1980
Traduction en français - p. 47

5. En l'absence du Secrétaire, le Conseil peut nommer un de ses membres agissant en qualité de Secrétaire à toute réunion particulière et pour une période spécifique.

6. Dans de telles circonstances où le Secrétaire du Conseil est absent ou indisposé, le Pasteur peut donner des instructions à un autre membre qui agit en qualité de Secrétaire et qui envoie ainsi des circulaires pour convoquer une réunion conformément à l'article 153 (3) et (4) comme énuméré ci-dessus.

7. Il doit remplir d'autres fonctions telles que dictées par le Conseil.

155 FONCTIONS DU TRESORIER DU CONSEIL D'ADMINISTRATION

Le Bureau désigne un Trésorier parmi ses membres. En vertu de cette constitution, les fonctions du Trésorier sont les suivantes :

1. Il remplira ses fonctions jusqu'à ce que le Conseil décide autrement.

2. Il recueillera et administrera les fonds du Conseil selon les directives du Conseil.

3. Sous l'autorité du Conseil, il exécutera toutes fonctions ayant rapport à tous les aspects de la propriété et des finances de l'Eglise du Christianisme Céleste du Diocèse du Nigéria, en matière de conseil, de consultation, d'investigation, de législation et d'exécution selon les directives du Bureau.

4. Il mettra à jour les documents comptables des finances du Bureau et finances et propriété de l'Eglise du Christianisme Céleste du Diocèse du Nigéria selon les directives du Conseil.

5. Il remplira d'autres fonctions telles que lui demandera le Conseil de temps en temps.

6. Chaque fois que le Conseil le désire, il doit avoir un Assistant qui agisse à sa place en son absence.

156 LE CONSEIL PASTORAL

Le sommet de la machine administrative de l'Eglise du Christianisme Céleste, Diocèse du Nigéria et la Direction de ses affaires appartiennent au Conseil Pastoral (auquel on doit ci-dessous se référer sous le nom de "Conseil") qui est sous l'autorité finale du Pasteur.

47

ECC, CONSTITUTION, par SBJ OSCHOFFA, 1980
Traduction en français - p. 48

157 - COMPOSITION DU CONSEIL PASTORAL

Les membres du Conseil Pastoral sont :

Le Pasteur (Président)
Le Chef du Diocèse et son Délégué
Les autres membres du Bureau Exécutif ou Conseil d'Administration
Des membres non permanents que le Pasteur peut de temps en temps désigner.

158 - FONCTIONS DU CONSEIL PASTORAL

Le Conseil Pastoral, sous l'autorité du Pasteur et composé en accord avec cette Constitution, doit avoir les décisions finales sur toutes les matières se rapportant au Diocèse, y compris :

1.   La garde de la Constitution de l'Eglise du Christianisme Céleste, Diocèse du Nigéria.

2.   L'Amendement et l'Interprétation de la Constitution de l'Eglise et s'assurant de sa mise en application et de son observance.

3.   La Garde des Lois et Règles de l'Eglise.

4.   Le Maintien et l'Interprétation de la Doctrine de l'Eglise.

5.   Le Maintien de la Discipline.

6.   La publication du calendrier de l'Evangile, Almanachs, livres de cantiques, périodiques de l'Eglise et toute autre littérature de l'Eglise.

159 - REUNIONS DU CONSEIL PASTORAL

Le Conseil Pastoral se réunit à la date et lieu fixés par le Pasteur qui seul a autorité de convoquer une réunion du Conseil.

160 - En l'absence du Pasteur, ou là où le Pasteur n'est pas disposé, et, où il s'avère nécessaire de convoquer une réunion du Conseil, le Chef du Diocèse (si possible avec le consentement du Pasteur) peut faire convoquer une réunion par le Secrétaire du Conseil et en accord avec l'article 161 (3) et (4) ci-dessous.

48

ECC, CONSTITUTION, par SBJ OSCHOFFA, 1980
Traduction en français - p. 49

161 -" Dans les circonstances ainsi stipulées à l'article 160, une telle réunion doit être estimée comme d'"urgence". Les décisions prises à toutes les réunions d'urgence ne sont valables qu'après ratification par écrit du Pasteur.

162 ᵘ ROLES DU SECRETAIRE DU CONSEIL PASTORAL

Le Conseil choisit un Secrétaire parmi ses membres. Le Secrétaire du Conseil doit, en vertu de cette constitution, remplir les fonctions suivantes :

1. Il doit exercer jusqu'à ce que le Conseil décide autrement.

2. Il doit agir en tant que Secrétaire à tous moments pendant les réunions du Conseil dans tous domaines de ses différentes fonctions telles qu'elles lui sont conférées par cette Constitution.

3. Il doit envoyer des circulaires pour convoquer une réunion du Conseil, et doit s'assurer de la validité de telles convocations en prenant soin de vérifier qu'elles sont dûment signées par le Pasteur.

4. L'ordre du jour à traiter à la réunion du Conseil doit être préparé par le Secrétaire après consultation préalable avec le Pasteur.

5. En l'absence du Secrétaire, le Conseil choisit en son sein un membre agissant en qualité de Secrétaire pour toute réunion particulière et pour une période spécifique.

6. Dans les circonstances où le Secrétaire du Conseil est absent ou indisposé, le Pasteur peut donner des instructions à un membre qui agit en qualité de Secrétaire et qui ainsi envoie des circulaires pour convoquer une réunion conformément à l'article 161 (3) et (4) ci-dessus énuméré.

7. Il doit accomplir d'autres fonctions telles que décidées par le Conseil.

163 ᵘ ROLE DU TRESORIER DU CONSEIL PASTORAL

Le Conseil choisit un Trésorier parmi ses membres. Les fonctions du Trésorier du Conseil, en vertu de cette constitution, sont les suivantes :

1. Il doit exercer jusqu'à ce que le Conseil décide autrement.

2. Il doit recueillir et administrer les fonds du Conseil selon les directives du Conseil.

49

ECC, CONSTITUTION, par SBJ OSCHOFFA, 1980
Traduction en français - p. 50

3. Sous l'autorité du Conseil, il doit accomplir au nom du Conseil tous les devoirs ayant rapport avec les finances de l'Eglise du Christianisme Céleste du Diocèse du Nigéria comme le Conseil peut lui demander de temps en temps.

4. Il doit tenir des documents comptables des finances de l'Eglise.

5. Il exécutera toutes les autres fonctions que lui demandera le Conseil de temps en temps.

6. Chaque fois que le Conseil le désire, il doit avoir un adjoint qui agira à sa place en son absence.

164 -" OUVERTURE DE NOUVELLES PAROISSES

Les membres ayant l'intention d'ouvrir une Paroisse pour quelle que raison que ce soit, doivent, comme tout au début, obtenir par écrit, l'autorisation du Pasteur qui seul est investi de l'autorité finale pour l'approbation de l'ouverture de nouvelles Paroisses.

165 -" En l'absence du Pasteur, cependant, le Chef du Diocèse peut donner l'autorisation d'ouvrir de nouvelles Paroisses sous réserve de ratification par le Pasteur.

166 -" La présentation de la preuve de l'acquisition de terrain (c'est-à-dire au moins, un reçu de cette acquisition portant le nom de l'Eglise du Christianisme Céleste, Diocèse du Nigéria, ou simple Eglise du Christianisme Céleste) doit être une condition précédente à l'accord de la permission d'ouverture d'une nouvelle Paroisse.

167 -" Le récépissé original d'acquisition dans le cas de terrain acheté pour l'Eglise ou d'un acte de transfert à l'Eglise dans le cas de terrain remis comme don à l'Eglise doit être soumis au Bureau du Conseil d'Administration qui fera les démarches nécessaires pour sa conservation et sa mise en sécurité.

168 -" Il est du devoir du Bureau du Conseil d'Administration de faire les recherches appropriées et complètes quant à l'authenticité du titre avant d'en accepter sa garde. Les futures Paroisses doivent, cependant, s'assurer que des soins nécessaires ont été pris dans la vérification la validité des droits du vendeur de la propriété sur laquelle est projetée la construction des bâtiments de la nouvelle Paroisse.

169 -" DISCIPLINE

Le Comité paroissial de chaque Paroisse a le pouvoir d'appliquer les mesures disciplinaires dans les cas mineurs affectant sa Paroisse.

50

ECC, CONSTITUTION, par SBJ OSCHOFFA, 1980
Traduction en français - p. 51

170 - " Chaque fois qu'il s'avère nécessaire de prendre une mesure disciplinaire sévère, le Comité paroissial doit rapporter l'affaire au :

     a)   Pasteur
     b)   Chef du Diocèse ou, en son absence, son Délégué
     c)   Conseil Pastoral.

La sanction disciplinaire à prendre, bien qu'elle dépende de la gravité de l'offense commise ou délit prouvé, doit dans ces circonstances toujours porter la ratification du Pasteur.

171 " OCCUPATION D'EGLISES D'AUTRES DENOMINATIONS

L'occupation d'Eglises existantes d'autres dénominations chrétiennes ne doit être faite que sur la seule responsabilité et autorité du Pasteur.

172 -" Des Eglises d'autres dénominations désirant devenir des Eglises de l'Eglise du Christianisme Céleste doivent notifier leur souhait par écrit au Pasteur, par l'intermédiaire du Bureau du Conseil d'Administration renonçant aux préceptes et règles de leur ancienne Eglise et déclarer leur résolution d'embrasser totalement les préceptes et règles de l'Eglise du Christianisme Céleste tels qu'ils stipulent dans sa constitution.

173 -" Le Pasteur peut, s'il le désire, ordonner une recherche complète sur une telle Eglise désirant fusionner avec l'Eglise du Christianisme Céleste. Après investigation complète telle que souhaitée par le Pasteur, rapport lui sera envoyé par l'intermédiaire du Bureau du Conseil d'Administration.

174 -" Une Eglise déjà enregistrée doit remettre au Bureau du Conseil d'Administration son Certificat d'Enregistrement avant sa fusion avec l'Eglise du Christianisme Céleste. Une telle Eglise doit notifier sa décision de fusionner avec l'Eglise du Christianisme Céleste aux Services Gouvernementaux compétents.

175 -" Dans tous les cas, enregistrées ou non, les Eglises désirant fusionner avec l'Eglise du Christianisme Céleste doivent remettre au Bureau du Conseil d'Administration toute propriété terrienne et bâtiment de toute durée ou description lui appartenant. Cela échoit au Bureau du Conseil d'Administration.

51

ECC, CONSTITUTION, par SBJ OSCHOFFA, 1980
Traduction en français - p. 52

176-" Le Pasteur peut, après mûre considération de tous les faits portés devant lui, sur sa seule responsabilité et autorité, décréter ce qui suit :

a) Rejeter carrément la fusion

b) Approuver la fusion avec ou sans modifications du ou de tous les points stipulés ci-dessus.

c) Où la décision du Pasteur est comme contenue dans l'article 175 (b) ci-dessous, le Pasteur peut :

1. Ordonner la fermeture d'une telle Eglise existante cherchant à fusionner
avec l'Eglise du Christianisme Céleste en dirigeant tous ses membres sur une Paroisse de l'Eglise du Christianisme Céleste établie dans le voisinage.

2. Autoriser l'Eglise occupée à rester et fonctionner comme une Paroisse selon les arrêtés de cette constitution.

Dans les cas contenus à l'article 176 (b) ci-dessus, la procédure à adopter inclut tout ce qui suit :

1. Nécessité du baptême (Actes 19 : 1-6)
2. Modifications de la structure du bâtiment de l'Eglise existante, si nécessaire.
3. Reconsécration et sanctification du bâtiment de l'Eglise existante à occuper.
4. Nomination d'un représentant du Pasteur à la nouvelle Paroisse (Responsable de Paroisse).

177 - LES BATIMENTS DE L'EGLISE

En conformité avec la révélation faite par le Saint-Esprit, la partie de l'Autel à l'intérieur de tous bâtiments de l'Eglise du Christianisme Céleste doit avoir une forme rectangulaire orienté vers l'Est. La partie de l'Autel doit être séparée du reste de l'Eglise par une rampe sur toute la largeur de l'Eglise.

178 -" L'Autel Central devrait être démarqué par une rampe avec une seule entrée centrale; la disposition des sièges au Grand Autel, à part la table du Grand Autel, doit comprendre la chaise du Pasteur-Fondateur à droite (faisant face à l'Autel) près du mur et celle du Suprême Evangéliste A.A. BADA plus loin à gauche loin du mur, les deux chaises étant de dimensions inégales. La disposition est prise sur le modèle de celle de la Paroisse du Siège Suprême à Porto-Novo.

52

ECC, CONSTITUTION, par SBJ OSCHOFFA, 1980
Traduction en français - p. 53

179 -" A part soumission totale aux conditions spécifiques ci-dessus, des variétés dans les desseins architecturaux et structuraux sont autorisées.

180 - BIENS DE L'EGLISE

Tous biens de l'Eglise tels que terrain, argent, instruments de musique et autres matériels ou objets utilisés pour glorifier Dieu n'appartiennent ni à un individu ou un groupe d'individus, ni ne sont des choses qu'un groupe de personnes peuvent se partager entre elles ou entre leur famille. En rapportant avec ceci, l'accent est mis ici sur le fait que tous biens de l'Eglise devraient être enregistrés et conservés au nom de l'Eglise du Christianisme Céleste.

181 - Un bien acquis pour l'utilisation spécifique pour l'Eglise doit être réservé uniquement pour ce but. Toute Paroisse qui, pour une raison ou pour une autre, est fermée, doit envoyer tus ses biens au Siège pour la continuation de l'oeuvre de Dieu. Toute personne ou Paroisse qui fait fi de ces règles et se partage les biens de l'Eglise est passible de poursuite judiciaire.

182 - LA PART DU PASTEUR

La part du Pasteur est celle dont le Pasteur, le Suprême Evangéliste, le Vénérable Senior Evangéliste, le Senior Evangéliste, l'Evangéliste, les Assistants-Evangélistes et tous les travailleurs à plein temps de l'Eglise tirent leurs traitements, dont le montant n'est pas fixé, ne sont pas des salaires mais des parts des recettes mensuelles (Malachie 3 : 8-12) ; Nombres 18 : 8-26 ; 1 Corinthiens 9 : 13 et 14 : 1-3).

183 - AUTORITE FINALE DANS L'INTERPRETATION DE LA CONSTITUTION

Le Conseil Pastoral, sous l'autorité finale du Pasteur, est responsable de la qualité de la Doctrine de l'Eglise, et de toutes matières se rapportant à toute question quant à l'interprétation, construction, de la validité ou tout article de cette constitution et de ses procédures réglementaires comprenant toutes règles, directives, résolutions ou ordres faits par elle s'y rapportant, conformément cependant aux points de l'article 161.

184 - PROCEDURE POUR LA MODIFICATION DE LA CONSTITUTION

Le Pasteur seul ou avec la recommandation du Conseil Pastoral, peut retirer, modifier tout article ou ajouter (quelque chose) à tout article de cette Constitution.

53

ECC, CONSTITUTION, par SBJ OSCHOFFA, 1980
Traduction en français - p. 54

185 - LES GRADES ET LES ROBES

L'Eglise du Christianisme Céleste a une hiérarchie dans laquelle on distingue les grades par les robes portées. Les membres doivent adhérer strictement à l'article se rapportant à l'ancienneté, aux robes et aux grades tels qu'on les trouve dans la publication de l'Église "Ordre de Devanciers" (Ancienneté) et de Promotion et Habillement grade par grade avec la carte qui l'accompagne et les dessins des robes.

186 -" Normalement, le grade le plus élevé dans la hiérarchie de l'Eglise auquel les membres peuvent être élevés par promotion est celui correspondant aux grades de Vénérable Senior Leader, Vénérable Senior Wolider et Vénérable Senior Alagba.

Par conséquent, ceux qui ont atteint ces grades ne devraient pas s'attendre à un avancement automatique au grade supérieur d'Assistant Evangéliste et au-dessus qu'ils soient ou non des travailleurs à plein temps de l'Eglise.

187 -" Là où il y a un poste vacant dans le rang supérieur d'Assistant Evangéliste et au-dessus, une sélection parmi les grades correspondants de Vénérable Senior Leader, Vénérable Senior Wolider et Vénérable Senior Alagba sera faite après sérieuse considération quant à l'aptitude des candidats respectifs par le Pasteur assisté, si nécessaire, d'un comité spécial du Conseil Pastoral.

188 -" Le Pasteur en qui réside toute l'autorité de l'Eglise, peut à sa seule discrétion, faire des nominations directes à n'importe quel grade y compris celui d'Assistant Evangéliste, d'Evangéliste et au-dessus.

189 -" ROLE DES FEMMES

Pour insister, il est répété ici que, pendant leur menstruation, les femmes ne sont pas autorisées à venir dans l'enceinte de l'Eglise jusqu'après leur sanctification après sept jours pleins ; là où la menstruation excède sept jours, elles doivent ajouter deux jours pleins après l'arrêt avant la sanctification (Lév. 15 : 19, Mat. 5 : 17-19).

190 -" Dans l'Eglise du Christianisme Céleste, les femmes ne sont pas autorisées à prêcher (faire la prédication), à faire la lecture ou à faire les annonces pendant les cultes. Vraiment elles ne sont autorisées à jouer aucun des rôles spirituels liés aux cultes dans l'Eglise à l'exception des prières qui leur sont demandées et la lecture des passages de la Bible cités par le prédicateur.

191 -" Dans l'Eglise du Christianisme Céleste, dans aucune circonstance, les femmes ne doivent pas donner la bénédiction pendant les cultes ou diriger les hommes dans les prières. Ceci est en accord avec la recommandation de St Paul (1 Cor. 14 : 34-35, Gen. 3 : 16).

192 -" Mais, en dehors de l'Eglise, dans une assemblée de femmes et dans des exhortations ayant lieu hors de l'Eglise, les femmes peuvent remplir des fonctions spirituelles de prêche.

54

ECC, CONSTITUTION, par SBJ OSCHOFFA, 1980
Traduction en français - p. 55

193 - " Les femmes après un accouchement, ne sont autorisées dans l'enceinte de l'Eglise qu'après quarante et un jours où elles sont obligées de se rendre à l'Eglise pour un don de remerciement.

194 - " Les femmes, huit jours après leur période de menstruation, doivent se rendre à l'Eglise pour la sanctification dans les conditions prescrites avant d'entrer à l'Eglise. Le processus de sanctification à cet effet, est comme suit :

La femme concernée viendra à l'entrée de la cour de l'Eglise avec un seau d'eau, une bougie, une éponge et du savon.

Elle se mettra à genou à l'entrée ouest de la cour de l'Eglise en faisant face à l'Autel devant le représentant du Pasteur ou ses mandataires et tiendra sa bougie à la main, le seau d'eau, l'éponge et le savon devant elle.

Le responsable de la Paroisse ou son mandataire allumera la bougie et après des chansons appropriées, fera une prière de pardon et de sanctification. Après ceci, il mettra la bougie dans l'eau et la femme ira se laver en utilisant l'éponge et le savon. Elle est maintenant libre d'entrer à l'Eglise.

On ne doit pas confondre ce processus de sanctification avec celui, normal et obligatoire, de tous les fidèles, hommes et femmes, qui en entrant dans l'Eglise par n'importe quelle entrée, devraient tremper la main dans l'eau bénite placée à côté de la porte et faire le signe de la croix avant d'entrer à l'Eglise.

195 - MARIAGES

L'Eglise du Christianisme Céleste respecte les mariages saintement célébrés en accord avec la convention intervenue entre le mari et l'épouse devant Dieu à son Saint-Autel.

196 - " Tous mariages saintement célébrés dans d'autres Eglises chrétiennes sont reconnus par l'Eglise du Christianisme Céleste. Tous voeux émis à de tels mariages chrétiens sont reconnus par l'Eglise du Christianisme Céleste comme inviolés, car toute personne qui fait alliance avec Dieu mais manque d'honneur, cette alliance pèche devant Dieu (Ecc. 5 : 4-6).

197 - " Tous mariages célébrés dans l'Eglise du Christianisme Céleste doivent être faits conformément à l'Acte de Mariage sous lequel notre Eglise est autorisée.

55

ECC, CONSTITUTION, par SBJ OSCHOFFA, 1980
Traduction en français - p. 56

198 - ONCTION

L'onction est un acte spirituel dont la raison d'être remonte à la chute d'Adam. A la suite de cette chute et de la destruction subséquent du monde par le déluge au temps de Noé, Dieu chercha à donner au Peuple d'Israël et au monde les dix commandements par Moïse réglant la conduite de l'homme. Pendant que Moïse s'était éloigné pour communier avec Dieu en vue de recevoir les commandements, Aaron pécha en élevant des images gravées que le peuple devait adorer.

Quand Moïse vit cela à son retour, il était si fâché qu'il brisa la table ; mais par la suite, Moïse supplia Dieu en faveur d'Aaron. Dieu dit que si le péché d'Aaron devait être effacé, lui Moïse, le oindrait d'huile. C'est ce que fit Moïse et Aaron devant ainsi le premier homme oint. Après son onction, il fut appelé Lévi. Il commença ainsi l'onction que tous les "fils de Lévi" suivirent.

Encore, quand
Dieu choisit David et le oignit roi à la place de Saül (Samuel 16 : Verset 11-15) Pareillement l'onction de Salomon établit la rivalité entre lui et Adonijah quant à savoir qui succéderait à David comme roi. Par la suite, tous les rois d'Israël étaient pareillement oints.

Quant à notre Seigneur Jésus-Christ, son cas unique avait été prédit dans l'Ancien Testament (Esaïe 7 : 14-15) où il était question de lui sous le nom d'"Emmanuel", signifiant "Dieu est avec nous".

Ses deux noms, Jésus-Christ, définissent deux de ses différents aspects : Jésus signifie "Sauveur" alors que Christ signifie "Celui qui est oint Roi du sein de sa mère" (Luc 1 : 30-33, 2 : 11).

C'était le nom Christ qui troubla le plus Hérode. Lui, Hérode, avait été oint Roi comme les autres avant lui, mais il lui semblait que, par la définition du mot Christ, ce nouveau-né avait été oint Roi avant même qu'il ne fût né. (Matt. 2 : 1-5 et Esaïe 9 : 6).

C'est cet acte spirituel d'onction que l'Eglise du Christianisme Céleste a glorieusement hérité par grâce. L'onction dans l'Eglise du Christianisme Céleste, après le baptême est très importante. La cérémonie d'onction est effectuée seulement par le Pasteur habituellement une fois par an pendant la période de Noël/Nouvelle Année.

56

ECC, CONSTITUTION, par SBJ OSCHOFFA, 1980
Traduction en français - p. 57

199 : SENS DE L'ONCTION DANS L'EGLISE DU CHRISTIANISME CELESTE

Tôt dans la vie de l'Eglise du Christianisme Céleste sur terre, le Pasteur fit une supplication (qui fut agréée) que Dieu permette à ceux qui sont oints par lui soient dotés d'une portion de la puissance (Saint-Esprit) qui lui a été donnée afin qu'en absence, ils puissent oeuvrer pour la puissance et la gloire de Dieu (Nombres 11 : 16 et 17). Ceci se manifeste par le fait que toutefois qu'une personne ointe prie Dieu un but spécifique, le Saint-Esprit, par connaissance de la marque d'onction sur le suppliant, descendra pour accomplir la demande et se retirera ensuite (Nombres 11 : 24 et 25). Ceci est différent du genre de celui qui réside en permanence dans les envoyés de Dieu comme Moïse, Elie, Elisée, le Pasteur-Fondateur S.B.J. Oshoffa, etc...

200 : PRESENCE DES MEMBRES DU CONSEIL D'ADMINISTRATION

Les membres du Bureau du Conseil d'Administration sont au nombre de sept dont quatre (cités en dernier à l'article 145 ci-dessus) ne sont pas des travailleurs à plein temps de l'Eglise. Ces quatre ont cependant déjà longtemps atteint le grade d'Evangéliste plein et auront sur eux l'insigne de leur position spéciale comme membres du Conseil d'Administration.

Ces quatre auront la préséance sur tous membres de l'Eglise nommés Assistant-Evangélistes ou Evangélistes pendant la période de l'onction de 1979/1980 ; cela veut dire que, en s'alignant pour entrer à l'Eglise ou sortir de l'Eglise ou dans toute assemblée pour les cultes, ces quatre membres du Conseil d'Administration se mettront derrière tout Assistant-Evangéliste ou Evangéliste. Seuls ceux qui sont oints Senior Evangélistes en 1979/1980 s'aligneront derrière ces quatre membres du Conseil d'Administration.

ECC, CONSTITUTION, par SBJ OSCHOFFA, 1980
Traduction en français - p. 58

APPENDICE

Liste de personnes ressuscitées par Christ à travers le Révérend S.B.J. Oshoffa.

REPUBLIQUE DU BENIN

1. Koudiho à Agange, via Porto-Novo
2. MAwụ̃yon Gouton à Porto-Novo
3. Abraham Zanute à Agange
4. Tinavie, belle-fille de Huason Kuwahomo
5. La fille de Joseph Zévounou à Gavie
6. Moïse Afoyan
7. La fille d'André Yé à Ibamwe, Toffin
8. Joseph Awhangbé, fils du Senior Leader Matté Ogbé.

NIGERIA

1. Hunsu (un garçon de 7 ans) à Makoko, Lagos
2. Thérèse à Mokoko, Lagos
3. Olusola à Makoko, Lagos
4. Le fil d'Oyedéji à Abéokuta
5. Leader (maintenant feu Evangéliste R.A. Cole à Abéokuta)
6. Alagba (plus tard Senior Leader) Ladipo à Yamétu, Ibadan.

La liste ci-dessus n'est en aucune façon exhaustive. Beaucoup de personnes encore ont été et continuent d'être ressuscitées des morts par Christ par le Révérend S.B.J. Oshoffa depuis la résurrection du dernier de la liste ci-dessus.

Gloire soit rendue à Dieu au plus haut des Cieux. ALLELUIA !

58

Église du Christianisme Céleste, Les 10 Fondements par ABIASSI Godwill, 1987, Cotonou (Bénin), 11 pages

Texte posthume à la suite d'une recommandation faite par SBJ OSCHOFFA le vendredi 05 avril 1985 à Makoko (Nigéria). Il décéda le mardi 10 septembre 1985 à Lagos (Nigéria).

« **Les 10 Fondements** » deviennent, avec la « *Communion* », les « **Onze Ordonnances** », dans « **Sacrements, Ordonnances & Prescriptions** », Porto-Novo (Bénin), 2ᵉ édition, p. 29.

EGLISE DU CHRISTIANISME

CELESTE.

Les 10 Fondements par ABIASSI, 1987
p. 1 - 2

AVANT - PROPOS

Ce n'est pas fondamentalement le désir d'ajouter un manuel de plus aux ouvrages écrits sur l'Église du Christianisme Céleste qui m'a poussé à rédiger ce travail.

Il s'agit davantage de réaliser un voeu de notre regretté, feu Révérend Prophète Pasteur S.B.J. OSCHOFFA.

Ce voeu, le missionné de Dieu l'a exprimé, le Vendredi 5 Avril 1985 à Makoko Lagos, lors de la célébration des fêtes anniversaires de la crucifixion de Notre Seigneur Jésus-Christ.

En effet au cours de la prédication, ce Vendredi Saint, son dernier, puisqu'il sera rappelé par Dieu le 10 Septembre 1985 le feu Révérend prophète Pasteur mettait l'accent sur ce qu'il est convenu d'appeler les piliers de l'Église du Christianisme Céleste. Comme s'il sentait à la fois sa mort prochaine et après lui beaucoup d'interrogations sans réponses de notre part ; peut être aussi, voulait-il prévenir une éventuelle dérive de l'Église du Christianisme Céleste vers des principes qui lui étaient étrangers et sa force et son originalité. Ce dernier Vendredi Saint, le Révérend Pasteur avait tenu à dicter les fondements de la Sainte Église venue des Cieux.

En outre, il n'a pas manqué de recommander à chacun des témoins présents à cet événement unique d'être son porte-parole auprès des fidèles absents.

Dès lors, il m'incombait de propager ces fondements, réalisant ainsi une des dernières volontés exprimées par le missionné de Dieu : le fondateur de l'Église du Christianisme Céleste.

La publication des fondements de l'Église du Christianisme Céleste répond à un besoin sans cesse croissant lié à l'expansion de l'Église. Ce besoin, pour tout fidèle, est celui de comprendre ce qu'il fait, pourquoi il le fait et comment le faire ?

Certes, l'Église du Christianisme Céleste, comme toute religion chrétienne, repose d'abord sur les enseignements du Christ, sur sa doctrine, donc sur Dieu. Mais les fondements constituent notre spécificité. C'est-à-dire ce qui fait notre différence, une sorte de "crédo du Chrétien Céleste". Ces fondements relèvent des pratiques religieuses telles l'onction, le lavement des pieds des fidèles, contenus dans la Bible.

D'aucuns diront peut-être que ces pratiques étaient des pratiques d'époque. D'autres argumenteront qu'elles ont perdu de leur efficacité. Mais alors ! Dieu a-t-il changé ? N'est-il pas le même hier, aujourd'hui et demain ?

Pour ma part, je pense que l'abandon de ce qui constitue aux yeux de plusieurs un vieux fatras nous éloigne de Dieu. Lorsque nous sommes en proie à des interrogations sans réponses immédiates, sans réponses apparentes, nous devons, tels Ézras et les enfants d'Israël, retourner aux pratiques anciennes, à la meilleure façon d'adorer Dieu, pour lui être agréable. (Néhémie 8 : 1 - 6).

Ces fondements ne sauraient remplacer les dix commandements de Dieu. Ils constituent le cadre à l'intérieur duquel le Chrétien Céleste doit mettre en application les commandements pour son salut. Le Chrétien Céleste se doit d'inscrire ces fondements sur la tablette de son coeur, pour les rendre vivants dans ses activités quotidiennes. Ce faisant, il attirera la grâce de Dieu.

J'espère que vous trouverez à travers ces fondement des réponses à beaucoup d'interrogations inhérentes à la vie chrétienne. Puissiez-vous en faire bénéficier vos frères et soeurs en Christ !

Je vous souhaite du courage et davantage de persévérance sur le sentier chrétique.

Paix profonde dans le Seigneur J.C.

1987

Supérieur Évangéliste Godwill ABIASSI

1

2

Les 10 Fondements par ABIASSI, 1987
p. 3 (10 Fondements) – p. 4 (le Baptême)

L'Eglise du Christianisme Céleste, comme son nom l'indique est la Sainte Eglise venue des Cieux...

Elle est établie sur dix fondements qui sont en fait des prescriptions.

1er FONDEMENT :

LE BAPTEME

1er	FONDEMENT :	LE BAPTEME
IIème	FONDEMENT :	L'ONCTION
IIIème	FONDEMENT :	L'ADORATION AVEC PROSTERNATION
IVème	FONDEMENT :	LES SEPT PRIERES QUOTIDIENNES
Vème	FONDEMENT :	LA NAISSANCE DE NOTRE SEIGNEUR JESUS-CHRIST
VIème	FONDEMENT :	LE LAVEMENT DES PIEDS DES FIDELES
VIIème	FONDEMENT :	LA MORT DE NOTRE SEIGNEUR JESUS-CHRIST
VIIIème	FONDEMENT :	LA RESURRECTION DE NOTRE SEIGNEUR
IXème	FONDEMENT :	L'ASCENSION DU SEIGNEUR JESUS-CHRIST
Xème	FONDEMENT :	L'EFFUSION DU SAINT-ESPRIT

L'Eglise du Christianisme Céleste prescrit le baptême comme premier fondement. Le premier acte de Notre Seigneur Jésus-Christ avant de commencer son ministère a été de recevoir le baptême, depuis, beaucoup d'églises chrétiennes l'ont inscrit comme premier sacrement. On ne saurait limiter les origines du baptême à la venue du Christ car
1 corinthiens 10 : 1-4 :

" Frères, je ne veux pas que vous ignoriez que nos pères ont tous été sous la nuée, qu'ils ont tous passé au travers de la mer, qu'ils ont tous été baptisés en Moïse dans la nuée et dans la mer, qu'ils ont tous mangé le même aliment spirituel, et qu'ils ont tous bu le même breuvage spirituel, car ils buvaient à un rocher spirituel qui les suivait et ce rocher était Christ.

POURQUOI UN BAPTEME ? ET QUEL BAPTEME ?

Voyons ce que nous donne Act. 19 : 1-6
"Pendant qu'Apollos était à Corinthe, Paul, après avoir parcouru les hautes provinces d'Asie arriva à Ephèse. Ayant rencontré quelques disciples, il leur dit : avez-vous reçu le Saint-Esprit quand vous avez cru ? Ils lui répondirent :
- nous n'avons même pas entendu dire qu'il y ait un Saint Esprit.

Il dit : - De quel baptême avez-vous donc été baptisés ? Et ils répondirent : Du Baptême de Jean. Alors Paul dit :
- Jean a baptisé du baptême de repentance disant au peuple

3

4

Les 10 Fondements par ABIASSI, 1987
p. 5 (L'Onction) – p. 6 (Adoration par prosternation)

de croire en celui qui venait après lui, c'est-à-dire en Jésus-Christ. Sur ces paroles, ils furent baptisés au nom du Seigneur Jésus.

Lorsque Paul eut imposé les mains, le Saint Esprit vint sur eux, et ils parlaient en langues et prophétisaient".

Pour le chrétien céleste, il importe d'être baptisé mais surtout d'être baptisé comme l'a été Notre Seigneur Jésus-Christ. C'est le baptême par immersion. (Mat 3 : 13-17).

IIème FONDEMENT

L'ONCTION

(Onction : action de mettre de l'huile spéciale sur une personne ou sur un objet afin de les sanctifier pour un service défini).

La bible nous apprend que pendant que Moïse recevait de l'Eternel les dix commandements sur la montagne Sainte, les enfants d'Israël s'étaient fait un veau d'or qu'ils adoraient provoquant ainsi la colère de l'Eternel qui ordonna à Moïse de oindre Aaron et ses fils, de les sanctifier pour qu'ils soient au service de Dieu dans le Sacerdoce. (Exode 30 : 30).

IIIème FONDEMENT :

L'ADORATION AVEC PROSTERNATION

L'adoration avec prosternation, lorsqu'elle précède toute prière renforce indubitablement l'efficacité ou la recevabilité de cette prière par l'Eternel Dieu. C'est pourquoi l'adoration pendant les neuf coups de cloche précède tout culte. En outre, il est impératif pour le chrétien Céleste de se prosterner lorsqu'au début de toute prière les Saints noms : JEHOVAH, JESUS-CHRIST sont prononcés. Ces saints noms sont assimilables à un numéro téléphonique permettant au chrétien Céleste d'être en contact avec les lieux célestes.

Dans les cieux, les anges non seulement rendent grâce à Dieu, mais pratiquent aussi l'adoration avec prosternation : Apocalypse 7 : 11 - 12. De même devant le trône : "Les quatre êtres vivants rendent gloire honneur et actions de grâce à celui qui est assis sur le trône, à celui qui vit aux siècles des siècles. Les vingt quatre vieillards se prosternent devant celui qui vit aux siècles des siècles, et ils jettent leurs couronnes devant le trône (Apocalypse 4 : 9)..

L'adoration avec prosternation est donc une pratique céleste, maiselle est également pratiquée par les hommes jadis, notamment par le peuple d'Israël :

- Exode (4 : 31) : "Quand les enfants d'Israël apprirent que l'Eternel les avait visités, et qu'il avait vu leur souffrance, ils s'inclinèrent et se prosternèrent."

- (Néhémie 8 : 1-6) : "Alors tout le peuple s'assemblat comme un seul homme sur la place qui est devant la porte des eaux. Ils dirent à Esdras, le scribe, d'apporter le livre de la loi de Moïse, présenté par l'Eternel à Israël. Et le sacrificateur Esdras apporta la loi devant l'assemblée, composée d'hommes et de femmes et de tous ceux qui étaient capables de l'entendre. C'était le premier jour du septième mois.

5   6

Les 10 Fondements par ABIASSI, 1987
p. 7 (7 prières quotidiennes) – p.8 (Lavement des pieds)

Esdras lut le livre depuis le matin jusqu'au milieu du jour ;
sur la place qui est devant la porte des eaux...
Esdras ouvrit le livre à la vue de tout le peuple, car il était
élevé au dessus de tout le peuple et lorsqu'il l'eut ouvert,
tout le peuple se tint en place. Esdras bénit L'Eternel, le
grand Dieu et tout le peuple répondit, en levant les mains Amen !
Amen ! Et ils s'inclinèrent et adorèrent l'Eternel le visage contre terre".
La bible rapporte que la force de Dieu se manifesta de nouveau
au sein du peuple de Dieu, laquelle force les avait quittés
quand ils étaient dans la désobéissance.
Ainsi l'adoration avec Prosternation est un devoir pour le
chrétien Céleste et en même temps une source de bénédictions.

1ème FONDEMENT :

LES SEPT PRIERES QUOTIDIENNES

Il est dit dans ps 119 : 164 :
" Sept fois le jour je te célèbre à cause des loix de ta
justice ".

" Car sept fois le juste tombe, et il se relève. Mais les
méchants sont précipités dans le malheur. " Prov. 24-16

Les horaires pour les prières quotidiennes :
GMT : 6 H 00 - 9 H 00 - 12 H 00 - 15 H 00 - 18 H 00 - 21 H 00 -
24 H 00.
S'il est une chose que de savoir prier efficacement Dieu
au travers de certains mouvements bien précis comme ; l'adoration avec prosternation il importe également que le chrétien
Céleste sache qu'il doit s'adresser sept fois par jour à l'Eternel et ceci à des heures précises.

Toutes les fois que les circonstances nous le permettent de prier
dans le temple, pour un culte des anges par exemple, ou même dans
notre sanctuaire, nous devons le faire avec les mouvements d'adoration avec prosternation précédée du cantique d'invocation : Eternel, Eternel (Olorun). Si par contre pour des raisons professionnelles ou autre il nous est impossible de prier Dieu comme il
faut, il nous faut savoir que Dieu étant esprit nous pouvons lui
adresser nos prières n'importe où et même en silence (Jean 4 : 23).

7

Vème FONDEMENT :

LA NAISSANCE DE NOTRE SEIGNEUR

JESUS CHRIST

Le chrétien Céleste se doit de participer au grand culte de
Noël du 24 Décembre à partir de 00 H GMT au 25 matin, au lieu
indiqué par le feu prophète Pasteur Fondateur.
Le culte a toujours lieu à ciel ouvert, pas sous un temple car
le Seigneur Jésus-Christ est né dans une crèche à Bethléhem le
jour du recensement. Il n'y avait plus de place dans les hôtels
par suite de l'affluence des gens arrivés pour le recensement.
(Luc 2 : 1 - 7).

VIème FONDEMENT :

LE LAVEMENT DES PIEDS DES FIDELES

LE JEUDI SAINT

Cette cérémonie instaurée par J.C. quelques heures avant sa
passion trouve sa force, son efficacité et son caractère indispensable pour le chrétien céleste dans le verset 8 de Jean 13 où
Jésus-Christ lui même confirme la nécessité nous citons : "Si je
ne te lave, tu n'auras point de part avec moi".

Dans le même ordre d'idée, il est nécessaire avant de péné-
trer dans le temple chrétien céleste ou tout autre lieu reconnu
saint d'utiliser de l'eau bénite pour signer la croix.

8

Les 10 Fondements par ABIASSI, 1987
p. 9 (La Résurrection) – p. 10 (L'effusion de l'Esprit Saint)

Un simple signe de la croix à l'aide d'eau bénite suffit.
Point n'est besoin de s'asperger comme c'est le cas souvent.

VIIème FONDEMENT :

LA MORT DE NOTRE SEIGNEUR

JÉSUS CHRIST

L'office religieux de 15 H GMT du Vendredi Saint est le plus important des trois offices religieux prévus pour ce grand jour de sacrifice.

Tous ces offices ont lieu dans le parvis saint qui évoque le cadre du jardin de Geathémané où a commencé la souffrance de notre seigneur Jésus-Christ.
Assister à tous ces offices doit être un impératif pour le chrétien Céleste.

VIIIème FONDEMENT :

LA RÉSURRECTION

Comme dans les cas précédents, l'importance de l'événement recommande au Chrétien Céleste d'assister au culte de résurrection célébré à l'entrée du cimetière de la localité où se trouve implantée toute paroisse chrétienne céleste le Dimanche à 4 h GMT du matin.
Le rassemblement commence à partir de 0 H GTM devant le cimetière.
Ce culte de résurrection n'est que le prélude au grand culte de Pâques célébré le Dimanche matin, jour de Pâques à partir de 10 H; apothéose de la joie et de la victoire de Jésus-Christ sur la mort.
L'évangéliste Mathieu relate l'événement en son chapitre 28 versets 1 à 7.

IX ème FONDEMENT :

L'ASCENSION DU SEIGNEUR J.C.

Un grand culte comme celui d'un Dimanche matin à l'église du Christianisme Céleste est célébré le jour de l'ascension pour la montée de notre Seigneur Jésus-Christ au ciel.
L'importance de ce jour vient s'ajouter à celle des autres pour renforcer certainement toute la force que puise le chrétien céleste dans l'observance stricte de ces prescriptions.
Passages bibliques à consulter : Marc 16 : 19
Actes 1 : 1-3

Xème FONDEMENT

L'EFFUSION DU SAINT ESPRIT

(PENTECÔTE)

La bible nous apprend qu'après l'ascension du Seigneur Jésus-Christ, les apôtres réunis se sont enfermés, priant et méditant les paroles du Seigneur, c'est alors que :
"Le jour de la Pentecôte, ils étaient tous ensemble dans le même lieu. Tout à coup, il vint du ciel un bruit comme celui d'un vent impétueux, il remplit toute la maison où ils étaient assis. Des langues semblables à des langues de feu, leur apparurent, séparées les unes des autres, et se posèrent sur chacun d'eux. Et ils furent tous remplis du Saint Esprit; et se mirent à parler en d'autres langues, selon que l'Esprit leur donnait de s'exprimer."Act. 2 : 1-4

9

10

Les 10 Fondements par ABIASSI, 1987
p. 11 (L'effusion de l'Esprit Saint – Suite et Fin)

Mais voici la mission qui a été confiée aux disciples

" Allez par tout le monde, et prêchez la bonne nouvelle
à toute la création. Celui qui croira et qui sera baptisé
sera sauvé, mais celui qui ne croira pas sera condamné.
Voici les miracles qui accompagneront ceux qui auront cru :
en mon nom, ils chasseront les démons; ils parleront de
nouvelles langues ; ils saisiront des serpents ; s'ils boivent
quelque breuvage mortel, il ne leur fera point de mal ; ils
imposeront les mains aux malades, et les malades seront guéris."

Aujourd'hui encore, le Saint Esprit peut descendre sur nous;
aujourd'hui encore nous sommes capables des miracles comme
nous l'avait promis le Seigneur à condition que nous ayons foi
en Jésus-Christ.

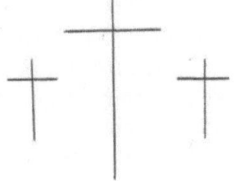

44

APPENDICE 2

RITUEL DU BAPTÊME AU BORD DE L'EAU

Chaque candidat doit avoir une bougie à la main.

1. Tous les fidèles inscrits pour le Baptême s'agenouillent face à l'Est, et l'Évangéliste Consacré fait l'appel à partir de la liste établie par le Chargé de Paroisse ;
2. Cantique : Adorons L'ÉTERNEL DIEU dans la Sainte Église ;
3. Psaume 51 ;
4. Prière de repentance et de sanctification : « NOTRE PÈRE qui est aux Cieux » ;
5. Cantique : Œuvrons pour la sanctification de l'âme ;
6. Annonces : Lecture des Art. **101, 102** et **103** de la Constitution d'OSCHOFFA, 1980, portant Conditions d'Adhésion à l'Église du Christianisme Céleste ;
7. L'Évangéliste Consacré pose les questions suivantes aux fidèles :

Voulez-vous être baptisés dans LE SEIGNEUR ?

Renoncez-vous à Satan et à ses œuvres ?

Promettez-vous de suivre les lois et les **Préceptes** de L'ECC jusqu'à la fin de votre vie ?

Les fidèles lèvent la main droite et jurent.

8. Lectures bibliques : *Mt 3 : 13 - 15* ou *Ac 19 : 1 - 5* ;
9. Credo et prière avant la Prédication ;
10. La Prédication doit être brève, bien centrée sur le Credo et les Textes bibliques ; pas de politique [318];
11. Cantique : Ô SAINT ESPRIT, descends parmi nous !

L'Évangéliste Consacré impose la main aux fidèles pendant le cantique.

12. Puis, il prie sur eux ;
13. L'Évangéliste Consacré sanctifie l'eau pendant le cantique 'JÉSUS, je croirai en Toi' ;

---

[318] OSCHOFFA, 1980, op. cit., **Art. 98**

Un autre Devancier et une Devancière accompagnent à l'eau, respectivement les hommes et les femmes.

14. L'Immersion se fait 3 fois avec la phrase : Je te baptise **au Nom du PÈRE et du FILS et du SAINT ESPRIT** ! Amen ! (*Mt 28 : 19*) ;

Un signe de croix est fait, pour chaque fidèle, sur le front, la poitrine et dans le dos. Il utilise, pour les mêmes signes, la bougie de chaque femme.

15. Cantique de clôture : 'Il nous appartient tous de remercier DIEU' ;
16. La Bénédiction de l'Évangéliste Consacré ;
17. Sept (7) Alléluia aux quatre points cardinaux ;
18. L'Évangéliste Consacré prie sur l'eau pour clôturer la cérémonie ;

Les fidèles retournent à la Paroisse.

19. Prière dans le Temple ;
20. Chaque fidèle s'expose devant DIEU, avec sa bougie, dans sa maison sanctifiée et débarrassée de toutes les choses contraires à L'ESPRIT-SAINT [319] ;

---

[319] Ordre de Cultes, Cité Céleste Imèko, État de Ogoun (Nigéria), p. 59 - 60, avec quelques légères modifications surtout au point 14

ANNEXE 1

HYMNE DU CINQUANTENAIRE DE L'ÉGLISE DU CHRISTIANISME CÉLESTE

Sélectionné à la suite d'un Concours international
(Notes originales - 1977)

Refrain

L'Église du Christianisme Céleste,
Venue des cieux grâce à l'amour que JÉSUS-CHRIST,
AGNEAU de DIEU, a pour l'humanité.

I

L'Église du Christianisme Céleste est une Église chrétienne,
Basée sur la Sainte Bible,
Et JÉSUS-CHRIST, Roi des Rois, la dirige,
Avec sa puissance divine,
Le Christianisme Céleste n'est sorti d'aucune religion mère,
Elle est prophétique, évangélique et apostolique,
Et alors JÉSUS nous tend ses bras ; allons à LUI pour le louer.

II

Elle est née le vingt-neuf septembre mille neuf cent quarante-sept au Dahomey, actuel Bénin,
Oh quelle bénédiction pour nous pécheurs,
Qui cherchons ce vrai salut.
DIEU a choisi SBJ OSCHOFFA parmi ce peuple
Afin que jaillisse du Bénin la lumière vers d'autres nations
Eh bien frères ! Le plan du TOUT-PUISSANT est insondable,
gloire à son Nom.

III

La Sainte Église du Christianisme Céleste prône chaque fois l'amour et la fraternité
C'est pourquoi nous devons unir nos cœurs
Et pensées pour suivre JÉSUS.
Tout soldat du CHRIST doit bannir en lui les œuvres de la chair.
Afin que dans la dernière barque, nous soyons tous acceptés
Frères et sœurs, le salut nous attend changeons nos cœurs pour être sauvés.

Paroles et Musique de **Jean-Marie J. KETOWU** de Lomé (Diocèse du Togo)

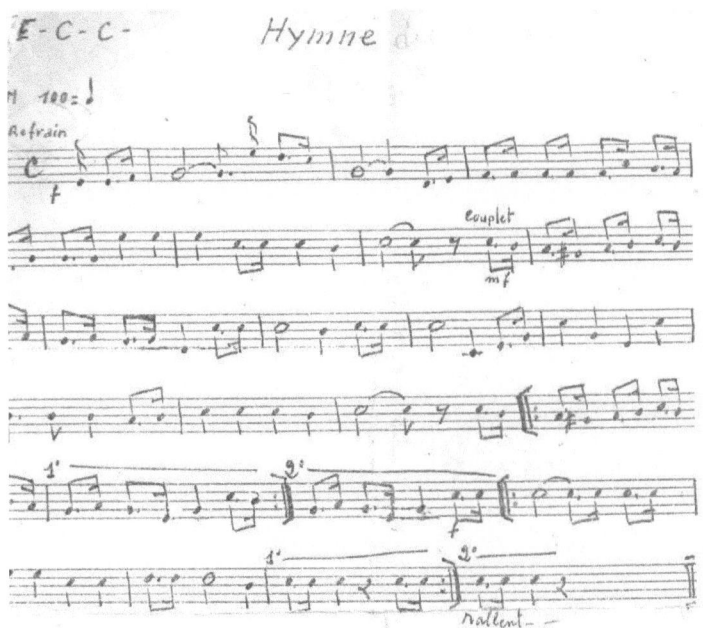

*Figure 64 - **Feuillet 1 de l'Hymne du Cinquantenaire***

Figure 65 - __Feuillet 2 de l'Hymne du Cinquantenaire__

Figure 66 - _Feuillet 3 de l'Hymne du Cinquantenaire_

*Figure 67 - **L'Annonce de la Victoire - 7ième Trompette***

ANNEXE 2

Révélations concernant la Paroisse de JÉRUSALEM - 2013

RÉVÉLATIONS

À l'intention des fidèles
de la Paroisse Jérusalem de Lomé (Togo),
à Tokoin, quartier Doumasséssé

Novembre 2013

CALENDRIER DES RÉVÉLATIONS

Devant DIEU et devant les hommes

1. À la suite d'une révélation reçue à la Paroisse JÉRUSALEM de Lomé (Togo), le dimanche 3 novembre 2013, « le frère Maurice devra prier pour la Paroisse. Il devra ensuite lui transmettre les messages reçus durant ses prières ».

2. Sur la marche à suivre, il a été révélé au frère Maurice « qu'il doit prier et demander une grande miséricorde pendant trois jours pour la Paroisse, matin, midi, soir (**Daniel 6 : 10**) à partir de lundi 4 novembre 2013 ».

Lundi 4 novembre 2013

Lundi matin 4 nov.

« C'est MOI-MÊME, L'ÉTERNEL DIEU qui ai fondé cette Paroisse en 1972 pour honorer LA MÈRE (MARIE) de MON FILS (JÉSUS), que vous célébrez dans le Premier Chant Révélé à l'Église du Christianisme Céleste.

Mais vous avez voulu en faire autre chose.

« Lorsque J'AI voulu honorer votre Paroisse une seconde fois avec le Chargé de Paroisse, après Papa Martin Nossa Bararmna–Boukpessi, n'a pas suivi les 3 recommandations que JE lui ai faites ce jour-là :

a. beaucoup prier et ne pas chercher à effectuer des travaux spirituels non révélés (Edo klui, klui) ;

b. être discret dans l'exercice de sa fonction de Chef de Diocèse,

c. et surtout réunir toutes les femmes de la Paroisse en une assemblée, et JE les leur PARLERAI par son intermédiaire.

« Il ne l'a jamais fait. Il a rejeté Ma PAROLE. MOI aussi JE l'ai rejeté comme j'avais rejeté le premier roi Saül en son temps (*1 Samuel 15 : 22 - 23*).
Vous connaissez la suite. Amen ! ».

Lundi midi 4 nov.

« Jérusalem est une belle ville. La Paroisse JÉRUSALEM aussi doit être belle. En conséquence, tous les paroissiens prieront pendant **3 jours** pour la Paroisse. Demandez la **rémission des péchés,** chacun chez soi, aux jours et heures fixés d'un commun accord ! Amen ! » [320].

Lundi soir 4 nov.

« Après les 3 jours de repentance, retrouvez-vous à la Paroisse pour une **grande séance de prière** où chacun demandera, durant la prière silencieuse, ce **dont il a besoin** pour évoluer dans la vie ! Amen ! ».

Mardi 5 novembre 2013
Mardi matin 5 nov.

« 7 Alléluia ! JE vais régénérer la Paroisse JÉRUSALEM, dit L'ÉTERNEL DES ARMÉES. Organisez une **grande réunion** de tous les fidèles et que **tout le monde prenne la parole.** Notez tout avec les noms des intervenants. Terminez-la avec une **prière d'union,** précédée du cantique **Miwo̲ deka** « **Soyons unis** ».

Le Secrétariat fera une synthèse de tout ce qui aura été dit, d'où sortira un Plan d'Action, élaboré par le Bureau. Classez les Actions par ordre de priorité et exécutez-les. Que la paix du SEIGNEUR soit avec tous les fidèles de Jérusalem ! Amen ! ».

---

[320] Ainsi tous les paroissiens seront en parfaite communion

Mardi midi 5 nov.

« JE vous invite, dit L'ÉTERNEL, à **respecter ce programme** que vous aurez élaboré vous-mêmes et vous verrez les transformations de la Paroisse de Jérusalem. JE vous enverrai de **nouveaux fidèles.** Prenez soin d'eux ! Amen ! ».

Mardi soir 5 nov.

« Écoutez-MOI, fidèles de Jérusalem, dit L'ÉTERNEL. Ne savez-vous pas que vous êtes dans **l'une des plus belles Paroisses de L'ECC** sur le plan spirituel ? Voilà pourquoi J'AI sorti ce message pour que vous vous mettiez au diapason avec vos frères et sœurs qui sont à l'étranger. Amen ! ».

Mercredi 6 novembre 2013.
Mercredi matin 6 nov.

« Nous voici au 3e jour de cette prière de **grande miséricorde pour la Paroisse JÉRUSALEM.** JE répète encore, dit L'ÉTERNEL, que J'AI fondé cette Paroisse pour honorer LA MÈRE (MARIE) de MON FILS (JÉSUS). « Aimez-vous les uns les autres comme ELLE (MARIE) a aimé SON FILS JÉSUS, et comme MON FILS-MÊME vous l'a enseigné (**Matthieu 22 : 36-40 ; Jean 13 : 34-35**). Alors tous les dons que j'ai prévus en fondant cette Paroisse vous reviendront, et aucun esprit malin et ses suppôts, ne pourront rien contre vous.

« Vous qui savez que vous êtes animés par des **esprits qui ne confessent pas Mon NOM** :

a. Vouloir vous-mêmes vous séparez de ces esprits.

b. Le Chargé de la Paroisse organisera une séance de prière pour chacun de vous dans la **plus grande discrétion. Il vous ferra une prière de délivrance. Il s'en chargera tout seul.**

JE serai avec lui en ce moment-là avec **Saint Michel et son armée.**

« Ceux qui ne voudront pas se séparer de ces esprits mais qui continueront à fréquenter la Paroisse, qu'ils s'attendent à de désagréables surprises !

« Que la paix du SEIGNEUR soit avec tous ceux qui se réclament de cette Paroisse, même de l'étranger ! Amen ! ».

Mercredi midi 6 nov.

« Les fidèles de la Paroisse de JÉRUSALEM doivent se distinguer par une **bonne connaissance de L'ECC.** En effet, il y a beaucoup de dérapages dans L'ECC parce que des fidèles ne connaissent pas toutes les révélations reçues par SBJ OSCHOFFA, qui sont publiées.

« Vous devez donc vous informer mutuellement à partir des documents que mon serviteur vous envoie [321].

« Que le Chargé soit en contact permanent avec lui pour qu'il puisse vous communiquer ses écrits sur L'ECC ! Amen ! ».

Mercredi soir 6 nov.

« **7 Alléluia** ! Écoutez-MOI bien, fidèles de la Paroisse JÉRUSALEM de Lomé ! Vous n'êtes pas dans une Paroisse de **spéculation,** mais dans une Paroisse que J'AI fondée, dit L'ÉTERNEL, pour honorer LA MÈRE (MARIE) de MON FILS (JÉSUS).

« Qu'aucun fidèle n'introduise **l'esprit de spéculation** dans cette Paroisse !

Certes, vous organisez des Fêtes des Moissons. Que toutes les recettes servent à entretenir la Paroisse. JE n'ai plus rien à ajouter, dit L'ÉTERNEL. Amen ».

---

[321] LA DOCTRINE DE L'ECC est basée sur : 1. LA BIBLE 2. Les 4 Fondamentaux.

SYNTHÈSE DES RÉVÉLATIONS

« C'est MOI-MÊME, L'ÉTERNEL DIEU, qui ai fondé cette Paroisse en 1972 pour honorer LA MÈRE (MARIE) de MON FILS (JÉSUS), que vous célébrez dans le Premier Chant Révélé à l'Église du Christianisme Céleste. », devant DIEU et devant les hommes.

(On comprend pourquoi la Paroisse JÉRUSALEM a été fondée par l'intermédiaire d'une femme, Maman Hélène A. Gaba, une première dans l'Église du Christianisme Céleste, et que MARIE se révèle souvent aux fidèles de la Paroisse, où qu'ils se trouvent).

1. Organisez trois jours de prière de demande de rémission des péchés pour la Paroisse, chacun chez soi, aux jours et heures fixés d'un commun accord ! Amen !

2. Après cela, retrouvez-vous-en une grande séance de prière à la Paroisse. Au cours de la prière silencieuse, demandez ce dont vous avez besoin pour évoluer dans la vie ! Amen !

3. Organisez une grande réunion à la Paroisse où tout le monde prendra la parole. La terminez avec une prière d'union et le cantique *Miwo deka* « *Soyons unis* ». Faites la synthèse de tout ce qui sera dit. Le Bureau en élaborera un Plan d'Action par ordre de priorité, à respecter. « JE vous enverrai de nouveaux fidèles. Prenez soin d'eux ! Amen ! » Mettez-vous au diapason avec vos frères et sœurs qui sont à l'étranger ! Amen !

4. Pratiquez le Commandement d'**Amour** et vous bénéficierez de tous les dons que L'ÉTERNEL a prévus pour la Paroisse ! Amen !

5. Le Chargé de la Paroisse fera seul, avec beaucoup de discrétion, une prière de délivrance à tous ceux qui reconnaîtront eux-mêmes qu'ils sont animés par des esprits qui ne confessent pas le Nom de L'ÉTERNEL. Saint Michel l'assistera. Amen !

6. Distinguez-vous dans L'ECC par une bonne connaissance des Révélations d'OSCHOFFA, qui sont publiées, afin d'éviter des dérapages. Faites les connaître autour de vous. Le Chargé de la Paroisse restera en contact permanent avec mon serviteur pour des échanges d'écrits sur L'ECC. Amen !

7. Utilisez les ressources des Fêtes des Moissons à l'entretien de la Paroisse ! Amen !

QUE LA PAIX DU SEIGNEUR SOIT AVEC LA PAROISSE JÉRUSALEM !

AMEN !

Révélations concernant la Paroisse de JÉRUSALEM – 2017

RÉVÉLATIONS

À l'intention des fidèles
de la Paroisse Jérusalem de Lomé (Togo),
à Tokoin, quartier Doumasséssé.

Novembre 2017

Vendredi 3 novembre 2017

A. JÉRUSALEM N'A PAS PERDU SA GRÂCE

À la question de savoir si la Paroisse n'a pas perdu sa Grâce avec tout ce qui lui arrive, devant Dieu et devant les hommes (+), voici la réponse de L'ÉTERNEL :« **JÉRUSALEM n'a pas perdu sa Grâce.** ».

1. Qu'elle est cette Grâce ?

Elle a été révélée le lundi 4 novembre et toute la journée de mercredi 6 novembre 2013. La voici :

« C'est MOI-MÊME, L'ÉTERNEL DIEU qui ai fondé cette Paroisse en 1972 pour honorer LA MÈRE (MARIE) de MON FILS (JÉSUS), que vous célébrez dans le Premier Chant Révélé à l'Église du Christianisme Céleste.

Mais vous avez voulu en faire autre chose ».

2. Comment entretenir cette Grâce ?

    a.   Invoquez LA VIERGE MARIE dans vos prières personnelles et durant les cultes de la Paroisse.

    b.   Marquez sa présence effective par des tableaux, de grandes images de MARIE, notamment sur le mur de la Chorale, à l'étage (le Premier Chant Révélé célèbre MARIE).

    c.   Organisez des fêtes en honneur de MARIE, où vous inviterez une Congrégation Catholique de MARIE et Le Renouveau Charismatique.

    d.   Participez, si possible, à des voyages à Lourdes (en France) où vous prierez pour la Paroisse.

B. À LA RÉOUVERTURE DE LA PAROISSE

Voici les Recommandations de L'ÉTERNEL, devant Dieu et devant les hommes.

    1.   Organisez une **Repentance collective** comme ce qui avait été déjà prévu le lundi 4 novembre 2013.

« Jérusalem est une belle ville. La Paroisse JÉRUSALEM aussi doit être belle. En conséquence, tous les paroissiens prieront pendant **3 jours** pour la Paroisse. Demandez la **rémission des**

péchés, chacun chez soi, aux jours et heures fixés d'un commun accord ! Amen ! »

Ainsi tous les paroissiens seront en parfaite communion.

2. Une **Assemblée Générale** s'impose où chacun dira ce qu'il a sur le cœur. En faire un **Plan d'Actions** comme ce qui avait été déjà révélé le mardi 5 novembre 2013

« **7 Alléluia** ! JE vais régénérer la Paroisse JÉRUSALEM, dit L'ÉTERNEL DES ARMÉES. Organisez une **grande réunion** de tous les fidèles et que **tout le monde prenne la parole.** Notez tout avec *les noms* des intervenants. Terminez-la avec une prière d'union, précédée du cantique **Miwo deka** « **Soyons unis** ».

Le Secrétariat fera une synthèse de tout ce qui aura été dit, d'où sortira un **Plan d'Actions, élaboré par le Bureau.** Classez les Actions par ordre de priorité et exécutez-les.

Que la paix du SEIGNEUR soit avec tous les fidèles de Jérusalem ! Amen ! ».

3. Organisez un **Grand Culte d'Actions de Grâce** où sera chanté le Premier Chant Révélé à l'Église du Christianisme Céleste, que voici :

Le Premier Chant Révélé à L'ECC [322] : « OH BIEN CHERS FRÈRES CROYANTS »

« Oh Bien chers frères croyants,
Levez donc haut la tête !
Et, prêtez oreilles à ce que dit JEHOVAH :
Savez-vous pourquoi vous êtes / bis
Dans cette Grande Église ?   / bis
Savez-vous pourquoi vous êtes
Dans cette Sainte Assemblée ?
Que LA SAINTE-MARIE,
Vienne nous accompagner.
Et, qu'ensemble, tous les Saints
Puissions-nous accompagner.

---

[322] OSCHOFFA SBJ, ECC, Constitution, 1980, **Art. 77**, 99 § g - Chant révélé le dimanche 6 octobre 1947 à Porto-Novo.

AMEN »[323]

En **Yoruba**

« *Enyin ara 'nu KRISTI / E gbe orin soke / K'e si gbo ohun ti / JEHOVAH nso / Ere di re t'e fi wa / Ninu Ijo Mimo yi ? / Ere di re t'e fi wa / Ninu egbe nla yi ? / Ki MARIA IYA wa / Le e wa a sin wa lo / K'Eni Mimo rere yi / Wa ma sin wa lo.* »

Autre version chantée dans certaines Paroisses.

« Que tous les frères croyants, / Lèvent haut leur tête, / Écoutant la voix de JEHOVAH qui nous dit : / Pourquoi sommes-nous venus /Dans ce grand monde ? / Pourquoi sommes-nous appelés / Dans la Sainte Église ? / **Que LA VIERGE-MARIE / Nous aide à nous y maintenir ! / Que la Sainte Créature / Nous y maintienne tous ! AMEN !** »

NB : Une 3e édition comporte depuis décembre 2021 des <u>appendices</u> qu'on peut retrouver dans cet ouvrage. Il s'agit de :

---

[323] YANSUNNU, Lévi. M., 1998, Recueil de Chants en Français, T II, 2012, 1495 Cantiques+ « les huit derniers que le Prophète OSCHOFFA a chantés les ultimes semaines avant de quitter ce monde. », 506 pages, N° 239, p. 152

De MARIE

« Quand tu auras fini de lire ces pages, MOI, MARIE, JE te dis ceci :

« <u>Ne plaisante plus avec cette Paroisse JÉRUSALEM !</u>

« Tous, vous l'avez retardée dans l'accomplissement de sa Mission.

« Toi qui écris, tu refais un travail que tu avais déjà fait.

« C'est là, la preuve de ce que JE dis.

« La personne qui a réclamé ce travail, tu la connais mieux que quiconque.

« MOI, CHRIST-JÉSUS, JE te l'ai confiée pour le redressement de la Paroisse.

« Prends-en soin dans tes prières pour que le travail s'accomplisse !

« Que la paix du SEIGNEUR soit avec vous ! AMEN ! ».

Samedi 25 décembre 2021 à 14 heures 23.

ANNEXE 3 - LA FEMME DANS L'ECC

A. *DIEU créa la femme Eve comme compagne de l'homme Adam.* La femme assuma sa responsabilité dans le péché originel (*Gn 3 : 1 - 24*). Bien plus, DIEU en fit la *Mère du SAUVEUR en la personne de LA SAINTE VIERGE MARIE* (**Mt 1 : 18 - 25**).

C'est à la femme, *la Samaritaine*, que JÉSUS révéla pour la première fois qu'IL était LE MESSIE attendu (*Jn 4 : 25 - 26*).

C'est la femme, *Marie de Magdala*, qui apprit, la première, la résurrection de JÉSUS et fut chargée de l'annoncer aux *Apôtres* (*Envoyés*) et de leur signifier le rendez-vous en Galilée (*Mc 16 : 9 ; Mt 28 : 1 - 10*).

Aussi DIEU racheta-t-IL désormais la femme de l'emprise du *Dragon Rouge* avec le concours de l'*Archange Saint Michel* (*Ap. 12 : 1 - 18*).

B. *Cette miséricorde sans faille de DIEU vis-à-vis de la femme doit nous faire comprendre que JÉSUS ne faisait pas un reproche à sa MÈRE à Cana quand IL lui disait :* « *Femme qu'y a-t-il entre moi et toi ?* » avant d'ajouter : « *Mon heure n'est pas encore venue.* » (*Jn 2 : 4*). En effet, cette formule était très utilisée dans la culture juive de LA BIBLE.

On la retrouve dans la bouche de la *veuve de Sarepta* quand elle dit à *Élie* : « *Qu'y a-t-il entre moi et toi ? Homme de DIEU ?* (*1 R 17 : 18*) ou chez le *Juge Jephté* qui envoie dire au roi Ammonite : « *Qu'y a-t-il entre moi et toi, que tu viennes contre moi pour faire la guerre à mon pays ?* (*Jg 11 : 12*). D'autres exemples peuvent être rappelés aussi bien dans l'Ancien Testament qu'au temps de JÉSUS (*2 Ch 35 : 21 ; Mt 8 : 29+ ; Mc 1 : 24 ; 5 : 7 ; Lc 4 : 34 ; 8 : 28*).

C. *De même, il n'y a rien de péjoratif quand JÉSUS interpellait et dit : Femme, aussi bien à sa MÈRE à Cana, qu'à la Samaritaine* (*Jn 4 : 21*) *et à la femme adultère* (*Jn 8 : 10*).

Avec LUI « *des femmes sont mises sur le même plan que les douze Apôtres* » souligne HOFFNER Anne–Bénédicte[324] qui cite Christine PEDOTTI et *Lc 8 : 2 - 3.*

JÉSUS était toujours bienveillant avec les femmes comme « la pécheresse pardonnée » (Lc 7 : 36 - 50), la femme guérie le jour de sabbat (Lc 13 : 10 - 17). La femme ne pouvait plus être répudiée comme le rappelle *Dt 24 : 1. Tout le monde peut se marier (Mt 19 : 1 - 12), mais le plus important est d'écouter la parole de DIEU et la garder (Lc 11 : 27 ; 10 : 39, 42).*

---

[324] « *Femme, Que me veux-tu ?* », La Croix, Hors-Série, 2014, *Ce que JÉSUS a vraiment dit*, p. 81, 2ᵉ col, § 1, p. 83

BIBLIOGRAPHIE

« Pour lire LA BIBLE et l'étudier, le secours du SAINT-ESPRIT qui l'inspire, est indispensable, mais il est fort utile d'avoir aussi des « instruments » qui permettent au lecteur de mieux comprendre. » [325].

Nos références citées dans cet ouvrage sont issues en partie des œuvres suivantes :

1. **ADETONAH** A, 1972, Lumière sur le Christianisme Céleste, Porto-Novo, avec Dédicace par Samuel Biléou Joseph OSCHOFFA, Prophète-Pasteur et Fondateur de L'E.C.C.

   C'est le premier ouvrage de l'Église, publié à l'occasion de son 25e anniversaire. La Nouvelle édition est présentée par le Révérend Pasteur Bennett B. **ADEOGUN**. Le texte n'a pas changé.

2. **OSCHOFFA** Samuel Biléou Joseph., 1974, *Lumière sur le Christianisme Céleste* provenant du Révérend Pasteur SBJ OSCHOFFA, Vendredi 25 octobre 1974. C'est une mise au point très importante.

3. **OSCHOFFA** Samuel Biléou Joseph., 1980, Belgique, *Constitution*, en Anglais, Nigéria, 200 Articles. Traductions en Français disponibles.

4. **ABIASSI** Godwill, 1987, *Église du Christianisme Céleste. Les 10 Fondements*, Cotonou.

5. **AGBAOSSI** D. Benoît, 2004, *Ordre des Cultes et Cérémonies*, Porto-Novo.

6. **AGBAOSSI** D. Benoît, 2008, *La Constitution de l'Église*, 10 décembre 2008, Porto-Novo.

7. *Sacrements, Ordonnances & Prescriptions*, Porto-Novo, 2e édition.

8. **GUERY** Michel, S.J., 1973, *Christianisme Céleste*, Notes de Travail. L'Église, Éditions de La Vie spirituelle.

---

[325] Pasteur Jacques BLOCHER, dans l'Introduction du **NOUVEL INDEX BIBLIQUE**

9. **DE SURGY** Albert, 2001, *Église du Christianisme Céleste, Un exemple d'Église prophétique au Bénin*, KARTHALA, Paris, réédité en 2005. *Le rite du Baptême est décrit aux pp. 75-78.*

10. **OSCHOFFA** Emmanuel Mobiyina, *Ordre de Cultes*, en Anglais, Français et Yoruba. Le rite du *Baptême* y est décrit aux pp. 59-61. Les rites s'appuient sur LA BIBLE et la Constitution de SBJ OSCHOFFA.

11. **ADEOGUN B.** Bennett, Textes Bibliques annuels, publiés en Français et en Anglais, Porto-Novo (Bénin).

12. **OSCHOFFA** Emmanuel Mobiyina, *Lectures Bibliques et Paroisses*, annuelles, publiées en Yoruba, Anglais et Français, Imeko (Nigéria).

13. **SHOBOWALE** Michael, *Lectures Bibliques*, annuelles, publiées en Français et en Anglais, Drancy (France).

14. *Guide du Prédicateur*, annuel, depuis 2010, pour aider le Prédicateur le dimanche, Porto-Novo (Bénin).

15. **WINSTON John C.**, *Nouvel Index Biblique, Petite Concordance Analytique de Mots et de Sujets Bibliques*, 2011, Le Bon Livre, Bruxelles.

16. **GÉRARD** André-Marie, *Dictionnaire de LA BIBLE*, Éditions Laffont, Paris, 1989.

17. **DENIMAL** Éric, 2006, *LA BIBLE*, Paris, First Éditions.

18. **WAGNER** Richard, Le Père Metzinger Denis, 2009, *Le Christianisme*, Paris, First Éditions.

19. **VOELTZEL** René, 1972, *Selon les Écritures, Nouveau Testament*, Yaoundé (Cameroun).

20. **DI BERARDINO** Angelo, **VIAL** François, ss la dir., 1990, *Dictionnaire Encyclopédique du Christianisme Ancien*, 2 tomes, Paris, Cerf.

21. *Mémoire du Christianisme*, 1999, Paris, Éditions Larousse.

22. **MEYER**, John Paul, *Un Certain Juif, Jésus*, 2005-2009, Paris, Cerf, 4 tomes.

23. **LENOIR** Frédéric, 2012, *Comment JÉSUS est devenu DIEU*, Paris, Fayard, Le Livre de Poche.

24. **BURNET** Régis, 2004, *Le Nouveau Testament*, Paris, Presses Universitaires de France (PUF), 2004.

25. **VALENSI** Lucette, 2002, *La Fuite en Égypte*, Histoires d'Orient et d'Occident, Paris, Éditions Seuil.

26. **YANSUNNU M.** Lévi, 2009, *Histoire des Chants*, Chœur et Chorale, Tome 1, Mérignac.

27. **YANSUNNU** M. Lévi, 1998, *Recueil de Chants en Français*, Tome 1, Cotonou. (Bénin) ; TII, 2012, Mérignac (Belgique), 1495 Cantiques.
28. **YANSUNNU** M. Lévi, SBJ OSCHOFFA, en 4 tomes.
29. **BARON**, Salo Wittmayer, 1956-1964, *Histoire d'Israël*. Vie sociale et religieuse (5 vol.), Paris, Presses Universitaires de France (PUF), coll. « Sinaï, collection des sources d'Israël »
30. **BALMARY** Marie, 1993, *La Divine Origine*, Paris, Éditions Grasset.
31. **HOUENOU** W. Simon, 2007, *LA BIBLE et les pratiques dans le Christianisme Céleste*, Porto-Novo.
32. **FEUILLET** Michel, 2011, *Lexique des symboles Chrétiens*, Paris, Presses Universitaires de France (PUF), 3ème édition.
33. **SMILEVITCH** Éric, 2012, *Histoire du Judaïsme*, Paris, Presses Universitaires de France (PUF).
34. **LEMAIRE** André, *Histoire du Peuple Hébreu*, Paris, Presses Universitaires de France (PUF).
35. **SODOKIN** Codjo, 1983-1984, *Les syncrétismes religieux contemporains et la société béninoise – Le cas du Christianisme Céleste*, thèse de doctorat de troisième cycle, Université de Lyon-2.
36. **MARY,** André, 2010, *Christianisme Africain*, dans *Dictionnaire des Faits religieux*, sous la direction de Régine AZRIA et Danièle HERVIEU-LEGER, Paris, PUF, pp. 139-145.
37. **AUBRÉE** Marion, 2010, *Pentecôtisme/Néo Pentecôtisme*, dans *Dictionnaire des Faits religieux*, op. cit., pp. 875-882.
38. **AKPAGAN** K. M., Cyrille, 2005, *Le Respect du Sacré dans la Vie chrétienne*, Paris, Éditions Édisercom.
39. **AKPAGAN** K. M., Cyrille, 2007, *Les Dimensions du Saint-Esprit et de son Œuvre*, Paris, Éditions Édisercom.
40. **AKPAGAN** K. M., Cyrille, 2012, *Les Dimensions de la Prière et de la Vie de prière*, Paris, Éditions Édisercom.
41. **HENRY** Christine, **NORET** Joël, *Le Christianisme Céleste en France et en Belgique*, juillet-septembre 2008, dans Archives de sciences sociales des religions, 2008/3 (N°143), pp. 90-109.
42. **LANDRON** Olivier, 2004, *Les Communautés Nouvelles, Nouveaux visages du Catholicisme français*, Paris, CERF Histoire.
43. *20 clés pour comprendre, Le Christianisme*, 2013, Paris, Le Monde des Religions, Éditions Albin Michel.

44. **FOCANT** Camille et **MARGUERAT** Daniel (ss la direction de), 2012, *Le Nouveau Testament Commenté*, Paris, Éditions Bayard.

45. **MIMOUNI** Simon Claude, 2017, *Le Judaïsme ancien et les Origines du Christianisme*, Paris, Éditions Bayard.

46. **DANIELOU** Jean et **MARROU** Henri, 1963, Nouvelle *Histoire de l'Église*, Tome 1, Paris, Éditions Seuil.

47. **TESTOT** Laurent (ss la direction de), *La Grande Histoire du Christianisme*, Éditions Sciences Humaines, 2019.

48. **NORELLI** Enrico, *La naissance du christianisme. Comment tout a commencé*, Éditions Gallimard, 2019.

49. **BASLEZ** Marie-Françoise, *Comment notre monde est devenu chrétien*, 216 pages, Éditions Points, 2015.

50. **BASLEZ** Marie-Françoise, *Persécutions dans l'Antiquité : Victimes, Héros, Martyrs*, 420 pages, Éditions Fayard, 2007.

51. **BASLEZ** Marie-Françoise, *Les premiers bâtisseurs de l'Église*, 2016, 304 pages, Fayard Histoire.

52. **BASLEZ** Marie-Françoise, *Bible et Histoire*, Fayard, 1998.

53. **CORBIN** Alain, (dir.), *Histoire du Christianisme*, 474 pages, Points Histoire, 2013.

54. *MARIE, Celle qui a dit oui* dans le magazine Figaro, Hors-Série, 2022.

NB : **D'autres publications et références complémentaires sont cités dans l'ouvrage.**

LE PREMIER CHANT RÉVÉLÉ À L'ECC CÉLÈBRE LA TRÈS SAINTE VIERGE MARIE.

« Oh Bien chers frères croyants,

Levez donc haut la tête !

Et, prêtez oreilles à ce que dit JEHOVAH :

Savez-vous pourquoi vous êtes

Dans cette Grande Église ?

Savez-vous pourquoi vous êtes

Dans cette Sainte Assemblée ?

Que LA SAINTE-MARIE,

Vienne nous accompagner.

Et, qu'ensemble, tous les Saints

Puissions-nous accompagner ! AMEN »

Source OSCHOFFA, 1980, Art. 77, 99 § g.

Tableau des Figures

Tables des Matières

© Amouzouvi Maurice AKAKPO, 2024
Édition : BoD · Books on Demand, 31 avenue Saint-Rémy,
57600 Forbach, bod@bod.fr
Impression : Libri Plureos GmbH, Friedensallee 273,
22763 Hamburg (Allemagne)
ISBN : 978-2-3225-5656-4
Dépôt légal : Janvier 2025